일제의 '내선일체' 표방과 황민화 정책

일제의 '내선일체', 표방과 황민화 정책

일 제 침 탈 사 연 구 총 서

사회

32

동북아역사재단 일제침탈사 편찬위원회 기획
이정선 · 김승태 · 이대화 지음

동북아역사재단
NORTHEAST ASIAN HISTORY FOUNDATION

| 발간사 |

일본이 한국을 침탈한 지 100년이 지나고 한국이 일본의 지배로부터 벗어난 지 70년이 넘었건만, 식민 지배에 대한 청산은 이루어지지 못하고 있다. 일본의 독도영유권 주장은 도를 넘어섰다. 일본은 일본군'위안부', 강제동원 등 인적 수탈의 강제성도 인정하지 않고 있다. 일본군'위안부'와 강제동원의 피해를 해결하는 방안을 놓고 한·일 간의 갈등은 최고조에 이르고 있다. 역사문제를 벗어나 무역분쟁, 안보위기 등 현실문제가 위기 국면을 맞고 있다.

한·일 간의 갈등은 식민 지배의 역사를 어떻게 볼 것인가 하는 역사인식에서 기인한다. 역사는 현재와 과거의 대화이며 이를 기반으로 미래로 나아갈 수 있다. 과거 침략의 역사를 미화하면서 평화로운 미래를 말하는 것은 불가능하다. 식민 지배와 전쟁발발의 책임을 인정하지 않고 반성하지 않으면 다시 군국주의가 부활할 수 있고 전쟁이 일어날 위험성도 배제할 수 없다. 미래지향적 한일관계를 형성하고 나아가 동아시아의 평화와 번영의 기틀을 조성하기 위해 일본은 식민 지배의 책임을 인정하고 그 청산을 위해 노력해야 할 것이다.

식민 지배의 역사를 청산하기 위해서는 식민 지배는 어떻게 이루어졌는지 그 실상을 명확하게 규명하는 일이 긴요하다. 그동안 일본 제국주의에 맞서 조국의 독립을 위해 헌신한 독립운동가들의 활동을 찾아내고 역사적으로 평가하는 일에는 상당한 성과를 거두었다. 반면 일제 식민침탈의 구체적인 실상을 규명하는 일에는 충분한 노력을 기울이지 못했다. 제국주의가 식민지를 침탈했다는 것은 너무나 당연한 사실로 여겨졌기 때문에, 굳이 식민 지배에서 비롯된 수탈과 억압, 인권유린을 낱낱이 확인할 필요가 없었는지도 모른다. 그러는 사이 일본은 식민 지배가 오히려 한국에 은혜를 베푼 것이라고 미화하고, 참혹한 인권유린을 부인하는 역사부정의 인식을 보이는 데까지 이르고 있다. 일제의 통치와 침탈 그리고 그 피해를 종합적으로 조사하고 편찬할 필요성이 여기에 있다.

일제침탈사를 체계적으로 정리하는 일은 개인이 감당하기 어렵다. 이에 우리 재단은 한국 학계의 힘을 모아 일제침탈사 편찬위원회를 꾸렸다. 편찬위원회가 중심이 되어 일제의 식민지 침탈사를 정치·경제·사회·문화 모든 방면에 걸쳐 체계적으로 집대성하기로 했다. 일제 식민침탈의 실체를 파악하기 의해 2020년부터 세 가지 방면으로 사업을 추진하고 있다. 하나는 일제침탈의 실상을 구체적이고 생생한 자료를 통해서 제공하는 일로서 '일제침탈사 자료총서'로 편찬한다. 다른 하나는 이들 자료들을 바탕으로 연구한 결과물을 '일제침탈사 연구총서'로 간행한다. 그리고 연구의 결과를 대중들이 이해하기 쉽게 '일제침탈사 교양총서'를 바로알기 시리즈로 간행한다. 자료총서 100권, 연구총서 50권, 교양총서 70권을 기본 목표로 삼아 진행하고 있다.

'일제침탈사 연구총서'는 일제침탈의 실태를 정치·경제·사회·문화 분야로 대별한 뒤 50여 개 세부 주제로 구성했다. 국내외 학계 전문가들이 현재까지 축적된 연구 성과를 반영하면서 풍부한 자료를 활용하여 집필했다. 연구자뿐만 아니라 교육 현장에서도 활용되고 일반 독자들도 이해할 수 있도록 집필하기 위해 노력했다. 연구총서 시리즈가 일제침탈의 역사적 실상을 규명하고 은폐된 역사적 사실을 기억하고 왜곡된 과거사에 대한 인식을 바로 잡음으로써 역사인식의 차이로 인한 논란과 갈등을 극복하는 데 기여하는 디딤돌이 되기를 바란다.

2024년

동북아역사재단 이사장

| 편찬사 |

1945년 한국이 일제 지배로부터 광복된 지 79년의 세월이 지났다. 그럼에도 불구하고 일본 사회 일각에서는 여전히 일제의 한국 지배를 합리화하고 미화하는 주장이 나오고 있으며, 최근에는 한국 사회 일각에서도 일제 지배를 왜곡하고 옹호하는 주장이 나오고 있다. 이는 한국과 일본 사회, 한일관계와 동아시아 국제관계의 미래를 위해서도 결코 바람직하지 않은 일이다.

이에 동북아역사재단은 일제의 한국 침략과 식민 지배에 대한 학계의 연구 성과를 총정리한 '일제침탈사 연구총서'를 발간하기로 하였다. 이에 따라 2019년 9월 학계의 전문가를 중심으로 편찬위원회를 구성하였으며, 편찬위원회는 학계의 연구 성과를 토대로 정치·경제·사회·문화 부문에서 일제의 침탈이 어떻게 이루어졌는지 정리하여 연구총서 50권을 발간하기로 하였다.

주지하듯이 1905년 일제는 러일전쟁에서 승리한 뒤, 한국에 군대를 주둔시키면서 한국의 외교권을 빼앗고 통감부를 두어 내정에 간섭하였다. 1910년 일제는 군사력으로 한국 정부를 강압하여 마침내 한국을 강제 병합하였다. 이후 35년간 한국은 일제의 식민통치를 받았다.

일제는 한국의 영토와 주권을 침탈하였을 뿐만 아니라, 군사력과 경찰력으로 한국을 지배하면서, 정치·경제·사회·문화의 모든 부문에서 한국인의 권리와 자유, 기회와 이익을 박탈하거나 제한하였다. 정치적으로는 군사력과 경찰력, 각종 악법을 동원하여 독립운동을 탄압하고, 한국인의 정치활동을 억압하고 참정권을 박탈하였으며, 집회와 결사의 자유를 억압하였다. 경제적으로는 일본 자본이 경제의 주도권을 장악하고, 일본인 위주의 경제정책을 수행했으며, 식량과 공업원료, 지하자원 등을 헐값으로 빼앗아 갔고, 농민과 노동자 등 대다수 한국인의 경제생활을 어렵게 하였다. 사회적으로는 한국인들을 차별적으로 대우하고, 한국인의 교육의 기회를 제한하고, 한국인으로서의 정체성을 박탈하여 결국은 일본의 2등 국민으로 만들고자 하였다. 문화적으로는 표현과 창작의 자유, 종교와 사상의 자유를 억압하고, 한글 대신 일본어를 주로 가르치고, 언론과 대중문화를 통제하였다. 중일전쟁, 아시아태평양전쟁을 도발한 뒤에는 인적·물적 자원을 전쟁에 강제동원하고, 많은 이들을 전장에 징집하여 생명까지 희생시켰다.

'일제침탈사 연구총서'는 침탈, 억압, 차별, 동화, 수탈, 통제, 동원 등의 단어로 요약되는 일제의 침략과 식민 지배의 실상과 그 기제를 명확히 밝히고자 하였다. 이를 통해 일제의 강제 병합을 정당화하거나 식민 지배를 미화하는 논리들을 비판 극복하고, 더 나아가 일제 식민 지배의 특성이 무엇이었는지, 식민통치의 부정적 유산이 광복 이후에 어떤 영향을 미쳤는지를 밝히고자 하였다.

편찬위원회는 연구총서와 함께 침탈사와 관련된 중요한 주제들에 관하여 각종 법령과 신문·잡지 기사 등 자료들을 정리하여 '일제침탈사 자료총서'도 발간하기로 하였다. 아울러 일반인과 학생들이 보다 쉽게 읽을 수 있는 '일제침탈사 교양총서'를 바로알기 시리즈로 발간하기로 하였다.

일제의 한국 침략과 식민 지배의 역사는 광복 후 서둘러 정리해 냈어야 했지만, 학계의 연구가 미흡하여 엄두를 내기 어려웠다. 이제 학계의 연구가 어느 정도 축적되어 광복 80주년을 맞기 전에 이와 같은 작업을 할 수 있게 된 것을 다행으로 생각한다. 한일 양국 국민이 과거사에 대한 올바른 역사인식을 갖고 성찰을 통해 미래를 향해 함께 나아갈 수 있기를 기대하면서 삼가 이 책들을 펴낸다.

2024년

동북아역사재단 일제침탈사 편찬위원회

차례

제1장
총론: 조선인 동화정책의 구조와 황민화 정책

_이정선

1. 머리말

오늘날 한국과 일본의 역사 인식이 충돌하는 뿌리에는 일제의 한국 식민 지배에 대한 서로 다른 평가가 놓여 있다. 일본 정부는 1910년 8월 29일의 이른바 「한국병합조약」이 양국 주권자의 동의 아래 합법적으로 성립했다고 본다. 아울러 병합 이후 1945년 8월 15일 연합국에 무조건 항복하기까지 일본 정부는 조선을 문명화·동화하려는 선의로써 통치했다고 주장하였다. 일본은 이러한 주장을 식민통치 기간 내내 되풀이했다. 그뿐만 아니라, 패전 직후 일본 대장성 관리국에서 일본인의 해외 식민 활동을 총정리한 『일본인의 해외 활동에 관한 역사적 조사(日本人の海外活動に關する歴史的調査)』(1948~1950)의 조선 편에서도 다음과 같이 주장했다.

> (조선 통치는: 인용자) 기존의 소위 식민지로 간주하려는 생각에서 이루어진 것이 아니라, 적극적으로 신·구 동포를 합하여 혼연일체를 형성하고, 천황(天皇) 폐하의 애무 아래 건전한 발달을 수행하여 마침내는 신·구 동포가 동일한 수준에 이르고, 반도가 마치 시코쿠(四國), 규슈(九州)와 같은 수준에 도달하는 것을 궁극의 목적으로 삼았다. (중략) 그런 까닭에 조선 통치의 근본 방침은 내선일체화(內鮮一體化)이고, 궁극의 목표는 조선의 시코쿠·규슈화이다. 그에 이르기까지 통치자의 구상은 일시동인(一視同仁)이고 채택해야 할 정책은 (반도의 민중에게 시행될 물심 양면에 걸친 전반적 시책) 이들을 일본 본국의 국민과 같은 형태로 만드는 것, 즉 반도 민중의 일본 동화에 힘쓰는 것에 통치 정책의 기조가 놓였다.[1]

즉, 일본의 조선 통치는 한반도가 시코쿠·규슈와 똑같은 일본의 지방이 될 때까지 '건전한 발달'을 촉진하고, 조선인이 일본 국민과 똑같은 수준 및 형태로 '혼연일체'가 될 때까지 '동화'시키는 것이 기본 방침이었다는 것이다. 이러한 조선 식민통치 정책을 '동화정책'이라고 부른다. 일제는 또한 조선과 조선인을 '식민지'로 간주해서 학대하지 않고, 일본인과 조선인을 똑같이 사랑하는 천황의 '일시동인' 정신 아래 '내선일체화', '동화정책'을 추진했다고 주장했다. 일제 말 전시체제기 황민화 정책은 동화를 서두른 탓에 '민족말살정책'이라는 비난을 받을 수도 있지만, 조선인의 문명화·평등화를 위한 선의의 정책인 동화정책의 일환이었다는 것이다.

그에 반해서 한국 정부는 「한국병합조약」이 처음부터 성립하지 않았다고 본다. 또한 많은 한국과 일본의 학자가 식민 지배를 미화하려는 시각을 비판했다. 초기의 비판 논리는 크게 두 가지로 나뉜다. 첫째, 동화정책은 조선 민족말살정책이었다는 것이다. 박경식은 『일본제국주의의 조선 지배(日本帝國主義の朝鮮支配)』(1973)에서 일제가 1910년대부터 일관되게 조선인을 일본의 천황에 충실한 '황국신민'으로 만들려 했고, 전시체제기에 더욱 강경한 정책을 취했다고 보았다. 하지만 유구한 역사와 우수한 문화를 가진 조선 민족의 말살은 불가능했기에 동화정책은 파탄에 이를 수밖에 없었다.[2] 차기벽 역시 일제의 식민정책은 사회경제적 수탈에 그치지 않았고, 동화정책 또는 '내선일체'라는 슬로건 아래 이민족을 말살·소멸시켜 제국 내의 종속 신분층으로 만드는 데 중점을 둔 악랄

---

1 大藏省 管理局, 1947, 『日本人の海外活動に關する歷史的調查』 3(朝鮮篇 第2分冊), 2~3쪽.

2 朴慶植, 1973, 『日本帝國主義の朝鮮支配』, 青木書店.

한 정책이었다고 비판하였다.[3] 강창일은 동화정책의 본질을 민족적·문화적 동질성과 정체성, 혈연·지연의 공동체적 통합성, 민족의 생물학적 특질 등 모든 조선적인 것을 파괴·해체하려 한 조선 민족말살주의라고 규정했다. 또한 동화정책의 본질은 조선 민족을 일본 민족과 평등하게 대우하는 것이 아니라, 조선 민족을 해체해서 천황을 정점으로 체계화된 일본 사회의 피지배층으로 편입시키는 것이었다고 지적했다.[4] 동화정책을 조선 민족말살정책으로 비판하는 연구는 대체로 조선어 사용 금지, 조선사의 일본사 편입, 신사참배 및 창씨개명 강제, '내선결혼' 강요 등을 근거로 삼는다. 동화정책이 1910년대부터 지속되다가 1937년 이후 '내선일체'와 '황국신민화' 정책으로 정점에 달한다고 보는 편이다.

둘째, 동화정책은 평등화를 표방하면서도 조선인 차별을 지속한 정책이었다는 것이다. 이러한 시각의 연구는 대체로 조선과 일본, 조선인과 일본인 사이에 서로 다른 법령이 적용되었음에 주목하였다. 조선인 평등 또는 차별의 정도를 확인하는 데 사용된 주된 지표는 일본과 조선의 법제적 통합, 조선 총독의 권한, 조선인의 참정권 여부 등이었다. 그리하여 일부 연구자는 동화정책이 처음에는 정치적 선전에 불과했지만, 평등화가 진전되는 어떤 시점에 시작되었다고 보기도 했다. '내지연장주의'를 내세우며 법제적 통합이 시작되는 1920년대,[5] 또는 조선인의 일본인화 정책과 정치

---

3 차기벽, 1985, 「일본제국주의의 식민정책의 형성 배경과 그 전개 과정」, 『일제의 한국식민통치』, 정음사.

4 강창일, 1994, 「일제의 조선지배정책」, 『역사와현실』 12; 강창일, 1999, 「일제초기 식민통치의 전략과 내용」, 『일제식민통치연구』 1, 백산서당.

5 保坂祐二, 2002, 『日本帝國主義의 民族同化政策 分析』, J&C.

적 권리 부여가 한 단계 진전된 1937년 이후[6]가 그 시작점이다. 하지만 미야타 세쓰코(宮田節子)는 1937년 이후에도 조선인에 대한 차별이 계속되었음을 지적하였다. 일본인은 '내선일체', 민족 차별 폐지를 표방하면서도 민도(民度)와 황민화 정도의 차이를 내세우면서 조선인을 차별했고, 조선인이 아무리 일본인화되려고 노력해도 일본인과의 간극을 메울 수는 없었다. 일본인의 시각에서는 일본인과 조선인의 차이가 종이 한 장 두께이든 무한한 거리이든 질적으로 차이가 없었기 때문이다.[7] 최유리도 1940년대 일제가 조선인에게 참정권을 부여하기로 한 것은 징병제를 실시하기 위해서였고, 징병제는 모든 남성에게 적용되었으나 참정권은 조선 거주자 중 2.3%만이 참여할 수 있는 극히 제한된 권리였음을 지적하였다.[8] 그렇다면 일제 식민통치 정책에서 평등화의 표방과 차별적 제도는 시종 일관된 현상이 된다.

이처럼 일제의 동화정책은 조선인의 정신적·문화적 일본인화를 촉구하면서도 법제적 평등은 뒤로 미루는 이중성을 가졌다. 이에 대해 고마고메 다케시(駒込武)는 동화정책을 법제도적 차원(평등화/차별화)과 문화적 차원(동일화/차이화)으로 나누어볼 것을 제안하였다. 그에 따르면, 두 차원이 교차하는 지점 중 동화·융합 유형(평등화·동일화) 또는 계층화 유형(차별화·동일화)이 일제의 동화정책에 해당했다. 또한 그는 통치 정책으로서의 동화정책과 추상적 이념으로서의 동화를 구분하되, 양자를 함께 검토할 것을 제안하였다. 법제도적으로 차별화 정책이 시행되는 계층화 유형

---

6 권태억, 2001, 「동화정책론」, 『역사학보』 172.

7 宮田節子 著, 李熒娘 譯, 1997, 『조선민중과 「황민화」정책』, 일조각.

8 최유리, 1997, 『일제 말기 식민지 지배정책연구』, 국학자료원.

에서도 문화적 동일화를 위한 시책이 시행되는 한, 동화라는 이념 역시 현실성을 지니게 된다. 따라서 동화 이념은 동화정책의 시책과 부합할 수도 그렇지 않을 수도 있다.[9] 고마고메 다케시의 제안은 일제가 표방한 동화의 이념과 통치 정책 사이의 괴리와 이중성을 단순한 모순이나 선전으로 치부하지 않고 다양한 각도에서 분석할 수 있는 길을 열어주었다.

이 책에서도 일제의 동화주의 이념이 1910년대부터 1945년까지 지속되었음을 전제로 삼아, 1937년 중일전쟁 이후 '내선일체'의 슬로건 아래 시행된 황민화 정책에 대하여 살펴보려고 한다. 이 글은 황민화 정책 가운데 앞으로 이 책에서 다룰 신사참배 강요 정책(제2장), 창씨개명 강제 정책(제3장), '내선결혼' 장려 정책(제4장)을 이해하는 데 도움을 주기 위한 도입부 성격을 갖는다. 먼저 2절에서는 일본이 식민통치 이념으로 동화주의를 선택한 이유와 조선인 동화정책의 특징을 다룬다. 이때 주목해야 할 것은 일본이 서구 제국주의 국가의 위협과 간섭을 의식하며 성장한 후발 제국주의 국가인 동시에, 같은 아시아의 민족들을 식민 지배했다는 점이다. 일제의 이러한 특수성이 동화주의 정책의 기본 구조를 형성하였다. 다음 3절에서는 1937년 이후 본격화된 '내선일체' 슬로건의 의미와 황민화 정책의 양상을 다룬다. 이때는 '내선일체'가 동화의 논리이자 무차별의 논리였음에 주목한다. 일제는 조선인을 전쟁에 동원하거나 적어도 일본의 배후를 공격하지 않을 정도로 만들기 위해, 조선인의 일본인화 정책을 강화하고 무차별을 약속했다. 이에 조선인은 일제의 정책에 협력하면서도 '내선일체'의 전면화를 요구하며 차별적인 정책을 비판하거나, 일본인화에 저항하면서 새로운 국민국가의 수립을 준비하였다.

---

9 駒込武, 1996, 『植民地帝國日本の文化統合』, 岩波書店.

2. 일제의 조선인 동화정책의 구조

1) 일본의 국가 이념과 동화주의

19세기 말 동아시아는 서구 열강의 무력을 동반한 개항 요구에 직면하였다. 일본도 마찬가지였다. 에도(江戶) 바쿠후(幕府)는 1825년 해안에 접근하는 외국 선박을 무조건 격퇴하라는 명령을 내렸으나, 1853년 미국의 해군 제독 페리가 무력 시위를 벌이며 개항을 요구한 것을 계기로 1854년 미일화친조약을 체결하였다. 시모다(下田)와 하코다테(函館)를 개방하여 미국 선박의 기항을 허용하고 식량과 연료를 제공한다는 내용이었다. 이는 중국이 서구 열강과 체결한 것에 비하면 비교적 유리한 조약이었지만, 바쿠후가 천황의 허가 없이 서구와 통상 조약을 체결한 탓에 일본인의 반감을 불러일으켰다. 그리하여 천황을 공경하고 서양 세력을 배격할 것을 기치로 내건 존왕양이(尊王攘夷) 운동이 바쿠후를 타도하려는 운동으로 격화되었고, 결국 1868년 1월 바쿠후 반대파가 왕정복고 쿠데타로 권력을 쥐고 신정부를 수립하였다. 신정부는 양이가 아니라 개국을 적극 추진하는 동시에, 바쿠후의 지배 체제를 해체하고 천황의 친정(親政)으로 국위를 번성하겠노라고 선언하였다. 이를 메이지유신(明治維新)이라고 한다.[10]

메이지유신은 일본에 천황 중심의 근대적 국가체제가 수립되었음을

10 한중일3국공동역사편찬위원회 지음, 2012, 『한중일이 함께 쓴 동아시아 근현대사』 1, 휴머니스트, 39~42쪽, 47~49쪽.

의미했다. 이를 제도적으로 뒷받침한 것이 1889년 제정된 「대일본제국헌법」이다. 「대일본제국헌법」은 의회의 개설과 국민의 권리를 보장하는 헌법을 요구했던 자유민권운동 세력을 제압하고, 유일한 주권자인 천황이 헌법을 하사하는 형태를 취했다.[11] 또한 다음과 같이 천황의 대권(大權)을 규정했다.[12]

> 제1조. 대일본제국은 만세일계(萬世一系)의 천황이 통치한다.
>
> 제2조. 황위는 황실전범이 정하는 바에 따라 황실의 남자손(男子孫)이 계승한다.
>
> 제3조. 천황은 신성하여 침범해서는 안 된다.
>
> 제4조. 천황은 국가의 원수로서 통치권을 총람하고 이 헌법의 조규에 따라 행사한다.
>
> 제5조. 천황은 제국의회의 협찬(協贊)으로써 입법권을 행사한다.
>
> 제10조. 천황은 행정 각 부의 관제 및 문무관의 봉급을 정하고, 문무관을 임면한다. 단, 이 헌법 또는 다른 법률에 특례를 둔 것은 각각 그 조항에 따른다.
>
> 제11조. 천황은 육·해군을 통수한다.

위 규정에서 크게 두 가지 일본의 국가 이념을 확인할 수 있다. 첫째, 천황은 주권자이자 국가 원수로서 입법권·행정권·사법권을 포함한 모든 통치권을 관할하며 육해군 군대를 통솔할 수 있는 막강한 권력을 가진다.

---

11 한중일3국공동역사편찬위원회 지음, 2012, 위의 책, 22~24쪽.

12 「大日本帝國憲法」, 『官報』, 1889. 2. 11.

하지만 동시에 헌법에 따라서 또는 제국의회의 도움을 받아서 등 천황의 통치권 행사를 제한하는 규정 또한 포함되어 있다. 이에 「대일본제국헌법」을 어떻게 해석하는지에 따라 일본 헌법학계는 두 갈래로 나뉘었다. 군권주의 학파는 '천황=국가'를 절대적 가치로 삼아 천황의 대권을 주장하는 동시에 신민(臣民)에게는 절대 복종의 의무만 부과하려 했고, 입헌주의 학파는 의회와 신민의 권리를 최대한 적극적으로 해석하려고 하였다.

둘째, 다소의 해석 차이에도 불구하고, 「대일본제국헌법」에서 '천황=국가=국체(國體)'는 절대적인 가치였다.[13] 천황은 신성불가침한 존재이며(3조), 부계 혈통을 따라서 만세일계로 계승된다는 조항이 그에 해당한다(1~2조). 이러한 일본 국체에 대해서는 「대일본제국헌법」과 함께 발표된 「헌법발포칙어(憲法發布勅語)」 및 헌법 전문에 자세히 언급된다.[14] 당시의 메이지(明治) 천황은 자신이 신성한 천황가의 조상들로부터 국가 통치의 대권을 넘겨받아서 자손에게 전한다고 전제하고, "짐의 현재 및 장래의 신민은 이 헌법에 대해 영원히 순종할 의무"를 지닌다고 선언하였다. 현재 천황의 신민은 곧 과거 천황의 "충량(忠良)한 신민의 자손"이기 때문이었다. 만세일계로 계승되어 온 천황의 대권으로 통치하고, 신민은 대대로 천황가에 충성을 바쳐 온 역사에 따라 현재와 장래에도 신성불가침한 천황에 순종하는 것이 일본의 국체였다. 이와 같은 논리로 근대 일본에서 천황은 국민을 하나로 통합할 수 있는 정신적 지주로 자리매김했다.

'천황제' 이데올로기의 일본 국민 통합 논리로서의 성격은 메이지 정

13 김창록, 1994, 「일본에서의 서양 헌법 사상의 수용에 관한 연구」, 서울대학교 법학과 박사학위논문.

14 「大日本帝國憲法」, 『官報』, 1889. 2. 11.

부가 국가신도(國家神道)를 종교가 아닌 국민의례로 규정함으로써 신사참배를 통해 천황 숭배와 조상 숭배를 결합한 내셔널리즘을 국민에게 전파하려 한 것에서 잘 드러난다. 「대일본제국헌법」에서도 일본 신민은 "신민으로서의 의무에 위배되지 않는 한 신교(信敎)의 자유를 가진다"라고 국가신도를 국민의 의무로 규정했다.[15] '천황제' 이데올로기는 모든 국민을 대상으로 한 「군인칙유(軍人勅諭)」(1882)와 「교육칙어(敎育勅語)」(1890)에도 관철되었다.[16] 「군인칙유」는 "짐이 국가를 보호하여 상천의 혜택에 응하고 조종의 은덕에 보답할 수 있느냐 없느냐는 것도 너희 군인이 그 직무를 다 하느냐 다 하지 못하느냐"에 달렸다고 했다. 천황과 군인을 운명공동체로 묶고, 천황과 상관의 명령에 대한 군인의 절대 복종을 강조한 것이다. 「교육칙어」는 국민교육의 근본 이념을 제시한 것이었다. 여기서도 역대 천황이 국가와 도덕을 확립했다고 한 후, 국민의 천황에 대한 충성심과 부모에 대한 효심이 일본 국체의 정수이자 교육의 근원이라고 강조했다.

「교육칙어」의 반포 이후, 일본에서는 대일본제국의 신민은 천황을 조상으로 하는 대가족에 속한다는 혈연적 내셔널리즘이 지배적 국체론으로 자리잡았다. 이노우에 테쓰지로(井上哲次郎)와 호즈미 야쓰카(穗積八束)가 대표적인 논자였다. 이들은 일본 국민은 건국 이래 같은 국토에 거주하고 같은 언어, 습관, 풍속, 역사 등을 지니며 살아온 굳건한 일대 혈족이라면서 단일민족 의식을 표출하고, 천황가야말로 순수 혈통 단일민족인 일본인의 조상이라고 주장하였다. 이는 서구 제국주의의 위협에 직면하고 있

15 야스마루 요시오 지음, 이원범 옮김, 2002, 『천황제 국가의 성립과 종교변혁』, 소화.

16 유지아, 2018, 「메이지유신 150년과 천황의 '원수화'」, 『일본역사연구』 48, 82~87쪽.

던 당시의 일븐이 민족의 단결을 이끌어 내어 독립을 유지하기 위해 동원한 방어적인 민족주의 이념이었다.[17] 이는 다시 충효일치론으로 이어졌다. 아래는 호즈미 야쓰카가 주도하여 편찬한 1913년판 『고등소학수신서』 제3학년용 교과서의 내용이다.

> 아이가 부모를 경애(敬愛)하는 인정은 자연스럽게 나오는 것이고 충효의 대의(大義)는 이러한 지극한 정에서 발하는 것이다. 이전에 설명했듯이 우리나라는 가족제도를 기초로 하여 온 나라가 일대 가족을 형성하고 황실은 우리의 종가(宗家)이다. 우리 국민은 아이의 부모에 대한 경애의 인정으로써 만세일계의 황위를 숭배하고 존경[崇敬]한다. 그러므로 충효는 하나이고 서로 나뉘지 않는다.[18]

정리하자면, 19세기 말 일본은 서구 제국주의 국가의 동아시아 침략을 직면한 상태에서 그에 대항하는 형태로 근대 국민국가 체제를 마련했다. 천황을 정점으로 하는 혈연적 민족주의가 국민 통합 이념으로 창출되었고, 「군인칙유」, 「대일본제국헌법」, 「교육칙어」 등을 통해 국가 제도를 정비하고 '천황제' 이데올로기를 확산시키면서 국민의 충성심을 이끌어 내고자 했다.

문제는 다른 아시아 국가와의 관계였다. 메이지기 일본은 서양 열강과의 접촉 속에서 하나의 민족으로 자각하며 근대 민족국가를 건설하는 동

---

17 오구마 에이지 지음, 조현설 옮김, 2003, 『일본 단일민족신화의 기원』, 소명출판, 76~83쪽.

18 文部省, 1913, 「忠孝」, 『高等小學修身書』 제3학년용(나카바야시 히로카즈, 2015, 「조선총독부의 교육정책과 동화주의의 변천」, 연세대학교 사학과 박사학위논문, 31쪽에서 재인용).

시에, 동아시아 지역에 대한 팽창정책을 추구하면서 제국주의 국가로 등장하였다. 이러한 이중적 관계 속에서 아시아주의가 발달하였다. 아시아주의는 세계가 아시아와 서양으로 구분되고 서세동점(西勢東漸)이 최대의 현안이며 아시아의 일부인 일본이 중심이 되어서 그에 대항해야 한다는 주장을 공통 요소로 삼는다. 즉, 서양의 아시아 침략을 저지해야 한다는 공통된 인식하에 일본과 주변 아시아 국가의 연대를 방법으로 제시한 연대주의와 일본이 아시아의 패권을 장악하는 방법을 제시한 대아시아주의로 나눌 수 있다. 그러나 1890년대 이후 연대주의는 대아시아주의에 종속되어 갔다. 일본의 주권을 보호하기 위해서는 다른 아시아 국가로 대외팽창해야 한다는 형태로 양자가 결합된 것이다.[19]

여기서 주목해야 할 것은 일본의 아시아 침략이 서양의 아시아 침략을 저지하기 위해서라는 더 큰 명분을 전제로 삼았다는 점이다. 이러한 구도는 1940년대 태평양전쟁까지 이어진다. 따라서 일본의 아시아 지배는 기본적으로 서양과 다른 아시아의 공통성을 강조했다. 그리고 아시아의 다른 민족을 국민에 포섭함에 따라 일본의 혈연적 민족주의도 확장되었다. 이 글 머리말의 『일본인의 해외 활동에 관한 역사적 조사』 인용문에서, "기존의 소위 식민지로 간주"한 주체는 서구의 국가이며 일본은 그와는 다르게 조선을 "일시동인"했다고 대조한 것도 이러한 맥락이다.

결국 일본은 아시아의 민족을 식민 지배하면서 아시아주의의 연장선에서 동화주의를 채택할 수밖에 없었다. 아시아가 하나가 되어 서양 세력에 대항해야 한다는 전제가 존재하는 한, 일본은 국가 내부를 통합하고 또 바깥으로 팽창해야 했기 때문이다. 다만 통합은 점진적으로, 그리고 장

19 함동주, 1995, 「명치기 일본의 아시아주의와 국권의식」, 『일본역사연구』 2.

소에 따라 다르게 이루어졌다. 일본은 메이지유신 이후 처음으로 1879년 류큐(琉球) 왕국을 영토로 편입해 오키나와현(沖縄縣)으로 개편했다. 오키나와와 오키나와인은 내부 식민지라고 평가될 만큼 사회적 차별을 받았으나, 「대일본제국헌법」이 시행된 1890년 당시의 일본 영토로서 제국 본토인 '내지(內地)'에 속했다. 이후 러일전쟁(1904)의 결과로 1905년에 획득한 가라후토(樺太, 남부 사할린)는 '외지(外地)'였지만, 일본 정부는 가라후토청에 입법권을 부여하지 않았고 1943년에는 내지로 편입했다. 반면에 청일전쟁(1894)의 결과로 1895년 청에게 할양받은 대만과 한국병합(1910)의 결과로 획득한 조선에서는 총독에게 입법권을 위임했고, 두 곳 모두 끝내 외지로 남았다. '일시동인' 한다면서 이러한 차이는 어디에서 온 것일까?

2) 조선인 동화정책의 특징

일본 정부는 1910년 8월 22일 한국에 「한국병합에 관한 조약」의 체결을 강제하였다.[20] 이어 8월 29일에는 대한제국을 조선으로 개칭하고 긴급칙령 第324호 「조선에 시행할 법령에 관한 건」을 공포해,[21] 식민지 조선의 행정 수반인 총독에게 다음과 같이 입법권을 위임하였다.

> 제1조. 조선에서는 법률을 요하는 사항은 조선 총독의 명령으로 그를 규정할 수 있다.

---

20 「韓國併合ニ關スル條約」, 『朝鮮總督府官報』, 1910. 8. 29.

21 「勅令 第324號 朝鮮ニ施行スル法令ニ關スル件」, 『朝鮮總督府官報』, 1910. 8. 29.

제4조. 법률의 전부 또는 일부를 조선에 시행할 필요가 있는 것은 칙령으로 그를 정한다.

제5조. 제1조의 명령은 제4조에 의해 조선에 시행한 법률 및 특히 조선에 시행할 목적으로 제정한 법률 및 칙령에 위배할 수 없다.

이로써 조선은 일본의 영토이되 「대일본제국헌법」의 통상적 입법 절차에 따라 제정된 법률이 당연 시행되지 않고, 조선 총독의 명령으로 그를 대신하는 것이 원칙인 지역이 되었다.[22] 이러한 방식은 대만에서 시작되었는데, "신부(新附) 영토에는 본토와 다른 수많은 특수 사정"이 있어서 본토와는 똑같이 통치할 수 없다는 이유에서였다. 현지의 특수 사정에 적합한 법령을 시행할 수 있도록 총독에게 입법권을 위임했다는 설명이다.[23] 이로써 법률을 요하는 사항에 대해 일본은 법률, 조선은 제령, 대만은 율령이라는 서로 다른 형식의 법령이 시행되었다.

조선총독부는 조선을 아예 헌법 비시행 지역으로 만들기 위한 논리 개발도 시도했다. 3대 통감이자 초대 조선 총독이 되는 데라우치 마사타케(寺内正毅)의 지시를 받아 아키야마 마사노스케(秋山雅之介)가 1910년 5~7월경 작성한 것으로 추정되는 보고서들에서는, 조선에서도 대만처럼 법률에 의해 또는 천황 대권으로 총독에게 입법권을 위임할 것을 주장했다. 그중 법률에 의거하지 않고도 천황이 총독에게 입법권을 위임할 수

22 이법지역에 대해서는 김창록, 1993, 「일본 제국주의의 헌법사상과 식민지 조선」, 『법사학연구』 14; 김창록, 1995, 「식민지 피지배기 법제의 기초」, 『법제연구』 8; 김창록, 2002, 「制令에 관한 연구」, 『법사학연구』 26; 정긍식, 1998, 「日帝의 植民政策과 植民地 朝鮮의 法制」, 『법제연구』 14 등 참조.

23 外務省 編, 1957, 『外地法制誌 2: 外地法令制度の概要』, 文生書院, 3~4쪽.

있다고 본 이유는 다음과 같았다.

> 제국의 주권은 천황과 일체를 이루어 천황은 주권을 친히 장악하시며, 제국의회는 단지 헌법에 규정된 권한 내에서 제국 입법상의 협찬 기관인 데 지나지 않기 때문이다. (중략) 한국병합의 경우, 조선 반도는 제국의 영토가 되고 제국의 일부가 되므로, 제국헌법 제1조에서 대일본제국은 만세일계의 천황이 그를 통치한다고 되어 있는 것처럼, 설령 이 헌법의 규정을 기다리지 않더라도 당연 천황의 대권에 의해 그를 통치하시어, 명령으로 조선총독부관제를 발포하고, 조선 반도의 법률 사항 및 회계 사항은 모두 명령으로 규정하셔도 우리 제국 헌법상 굳이 불가능하지 않을 것이다.[24]

요컨대 국가 주권을 인민이 갖거나 군주와 인민이 나눠 가진 서구 제국과 달리 일본에서는 천황이 유일한 주권자이므로, 일본이 「대일본제국헌법」 제정 당시 영토가 아니었던 새로운 영토를 획득하면 천황의 대권은 당연히 시행된다. 하지만 새로운 영토에 헌법을 그대로 적용해 일본 본토와 똑같이 통치할지 말지는 주권자인 천황에게 달렸다는 것이었다. 이는 「대일본제국헌법」이 규정한 이중적 국가 체제가 식민통치 체제에도 적용되었음을 의미한다. 대한제국 국민을 병합해 일본 국민으로 취급한다고 해서 일본 국민이 가진 헌법상의 권리와 의무를 당연히 부여하는 것은 아니었고, 그를 허용할지 말지는 천황의 마음이었다. 다만 긴급칙령 제324호를 1911년 법률 제30호로 대체해서 조선도 헌법에 따라 통치해야

---

24 「秋山雅之介報告書(三)」, 海野福寿 編, 2004, 『外交史料韓國併合』 下, 不二出版, 705쪽.

함을 분명히 했다. 그러나 천황의 칙령이 아니라 제국의회의 법률로 형식을 바꾸었을 뿐, 조선 총독에게 제령을 제정할 수 있는 권한을 부여함으로써 의회의 입법권을 총독에게 위임한다는 내용은 같았다.[25]

그렇다면 일본이 「대일본제국헌법」 제정 이후에 획득한 대만(1895), 가라후토(1905), 조선(1910) 가운데 대만과 조선에서만 위임 입법권을 인정한 이유는 무엇일까. 법학사 쓰시마 이쿠노스케(對馬郁之助)는 헌법 시행 여부를 기준으로 식민지인지 아닌지를 구별하려는 좁은 의미의 식민지 개념은 본말을 전도한 것이라고 비판했다. "이들 지방은 정치상 경제상 모국과는 다른 특별한 사정이 있어서 식민지로 간주하고 특종 법제를 채용"했을 따름이었기 때문이다. 헌법을 시행했다고 식민지가 아닌 것이 아니라 특별 통치해야 할 사정이 있어서 법제를 달리 한 지방은 모두 식민지이고, 일본의 일반 부현(府縣)과는 근본적으로 다르다는 지적이었다. 쓰시마는 이러한 의미에서 법제상 대만, 가라후토, 조선은 모두 일본의 식민지라고 보았다.[26]

아키야마는 조선에 헌법을 시행하지 않은 사정을 이렇게 설명했다. "애초에 헌법을 완전히 이 땅에 시행하려면 먼저 조선인에게 참정권을 부여하지 않으면 안 된다. 그런데 조선인에게는 병역의 의무를 부과하지 않았고 또 일본 본국에 세금을 납부하지 않는다. 그뿐만 아니다. 민적(民籍)도 아직 따로 되어 있다. 그러한 인민이기 때문에 참정권은 원래부터 없다."[27] 조선에는 일본인과는 다른 사람들이 살고 있기 때문이라는 뜻

---

25 전영욱, 2014, 「한국병합 직후 일본 육군 및 제국의회의 '제국통합' 인식과 그 충돌의 의미」, 『아세아연구』 57-2.

26 對馬郁之助, 1913, 「朝鮮法制論」, 『臺法月報』 7-10, 236~239쪽.

27 秋山雅之介, 1916, 「朝鮮と憲法」, 『朝鮮及滿洲』 102, 33~34쪽.

이다. 반대로 가라후토청에만 입법권을 위임하지 않은 이유는 원주민의 수가 적어서였다. 원주민은 '보호'라는 미명 아래 1912~1914년 특정 구역에 집단이주 당했다.[28] 나머지 공간은 일본인의 것이었다. 따라서 가라후토에는 칙령으로 일본 법률의 전부 또는 일부를 시행했고, 필요한 경우에만 칙령으로 예외를 두었다.

결국 일본 영토 내 이법 지역 내지는 법제적 식민지가 생긴 이유는 「대일본제국헌법」 시행 이후 획득한 영토에 기존 일본인과 똑같이 취급할 수 없는 사람들이 다수를 이루고 있었기 때문이었다. 수가 많고 인구 밀도도 높은 대만과 조선은 더욱 특수하게 치부되어, 일본인은 총독에게 입법권을 위임할 필요가 있다고 보았다. 이렇게 형성된 법역(法域)을 바탕으로 대만인과 조선인은 일본인과 다른 법령을 적용받으며 헌법에 규정된 권리와 의무도 다르게 적용받았다. 일제의 식민통치는 곧 이들 이민족에 대한 통치였고, 동화정책도 이들을 대상으로 하였다.[29]

일제는 이처럼 식민지민에 대한 법제적 차별화 정책을 줄곧 유지하는 한편, 동화주의의 이념 역시 줄곧 표방했다. 동화주의의 이념과 동화정책의 시책 사이에는 항상 이중성과 괴리가 존재했음을 염두에 두면서, 이번에는 일제가 표방한 조선인 동화주의 이념에 대해 살펴보자.

첫째, 일제는 동양의 평화와 조선의 문명화를 위해 대한제국을 병합했다고 내세웠다. 천황은 병합에 대한 조서에서 한국이 동양의 평화를 영원히 유지하고 제국의 안전을 장래에 보장하는 것을 방해하는 화근이었

---

28 外務省 編, 1957, 앞의 책, 21쪽.

29 이상의 내용은 이정선, 2018, 「공간에 속박된 사람들」, 『한림일본학』 33, 32~36쪽을 참조할 것.

기에 보호국으로 삼았고, 이제 다시 병합하기에 이르렀다고 밝혔다. 그리하여 일본의 대한제국 병합은 공공의 안녕을 유지하고 민중의 복리를 증진시키기 위한 혁신이었고, 천황은 조선 민중을 직접 어루만지며 건강과 행복을 증진시키고 조선의 산업과 무역을 현저히 발달시키겠다고 약속했다. 이를 통해 동양 평화의 기초도 다질 것이었다.[30]

둘째, 일본과 조선이 역사적·지리적·문화적·혈연적으로 가까운 관계임을 강조했다. 초대 총독 데라우치는 일본인과 조선인의 조상이 같다는 일선동조론(日鮮同祖論)의 신봉자이기도 했다. 그는 일본과 조선의 관계는 지리적으로 서로 인접하고 이해관계가 서로 얽혀 있을 뿐만 아니라 동문동종(同文同種)으로서 풍속도 큰 차이가 없으므로, 하나의 국가로 융합 동화되는 것은 결코 어렵지 않으며 또 자연스럽게 이루어질 필연적 결과라고 생각했다. 친일 협력자 박영철(朴榮喆)은 데라우치가 동화주의를 통치 이념으로 가진 이유를 다음과 같이 정리했다.[31]

> 조선인은 일본인과 동일 계통의 민족이고 동문(同文), 풍속, 습속에서도 대동소이할 뿐만 아니라 2천여 년 이래 역사적으로 밀접한 관계에 있다. 일본인은 조선에 들어와 조선인을 지도 계발한 사실이 있다면, 조선인은 일본에 귀화하여 일본을 위해 학문, 예술, 공업 등의 방면에서 새로운 분야를 개척한 사적도 있다. 교통 왕래 빈번하여 상호 동족(同族)의 교의(交誼)를 보이고 입술과 이가 서로 의지하는 것[脣齒相

30 「詔書」, 『朝鮮總督府官報』, 1910. 8. 29.

31 朴榮喆, 1929, 『五十年の回顧』, 大阪屋號書店, 321~322쪽[정연태, 2005, 「조선총독 데라우치(寺內正毅)의 한국관과 식민통치」, 권태억 외, 『한국 근대사회와 문화』Ⅱ, 서울대학교출판부, 69~70쪽에서 재인용].

倚] 같은 풍토도 가장 농후한 사실에 비추어 단연코 이민족으로 취급할 하등의 이유가 없을 뿐만 아니라 반대로 동종동문의 제매국(弟妹國)으로 융합 일치해야 한다는 것이 주된 이유이다.

셋째, 일본과 조선이 가까운 관계라는 것이야말로 서구의 제국·식민지 관계와 다른 점이었다. 데라우치는 한일 관계는 서구의 국가가 반개화 또는 미개 상태의 민족을 강제로 병탄한 것과는 차원이 다르다고 주장했다. 서구의 식민지는 지리적으로 본국과 멀리 떨어져 있고, 인종·풍토상으로도 본국인과 섞이기 어렵다. 그 결과, 서구의 식민지는 본국과 하나가 되지 못하고 영원히 식민지로 남을 수밖에 없어서 서구의 제국과 식민지의 관계는 종속적 관계였다. 그러나 일본과 조선은 동종동근(同種同根)의 형제 관계였다. 따라서 데라우치는 조선은 식민지가 아니고 조선인도 식민지 민족이 아니라고 주장했다. 조선인을 식민지로 여기는 것은 천황의 '일시동인' 취지에도 어긋났다. 조선인은 똑같은 천황의 '적자(赤子)'이자 '일가 동포'였다.[32] 하지만 이를 일본인과 동등한 법제적 지위를 보장한다고 해석해서는 곤란하다. 도쿄제국대학 법과대학 교수 야마다 사부로(山田三良)가 대만인의 지위에 대해서 언급한 것처럼, 일본에서 국가의 신민이란 "나라의 주권에 복종하는 인민"일 뿐이었기 때문이다. 그에 따르면, 신민이 통상 향유해야 하는 특별한 권리 의무의 유무는 신민 자격의 유무와 조금도 관계가 없었다.[33]

---

32 『매일신보』, 1911. 10. 1.

33 山田三良, 1895, 「新領地ニ關スル法律關係ヲ論ス」, 『国家学会雑誌』 9-102, 640쪽, 650~654쪽.

이상의 내용에서 일제의 조선인 동화주의 이념은 서구에 대항하기 위한 대아시아주의의 연장선에서 나왔음을 확인할 수 있다. 서구에 맞서 동양의 평화를 유지하고 일본의 안전을 지키기 위해서라는 명목으로 대한제국의 국권을 빼앗았다. 그러면서도 일본과 조선의 관계는 서구의 제국과 식민지처럼 종속적인 관계가 아니고, 천황이 조선인을 일본인과 똑같이 사랑하고 문명화될 수 있도록 이끌어 주는 관계라고 주장하였다. 그것이 가능한 이유가 바로 일본인과 조선인이 역사적·지리적·문화적·혈연적으로 가까워서 조선인을 동화할 수 있기 때문이었다.

일제가 동화주의 이념에서 문명화의 사명과 인종적 유사성을 강조한 것은 역으로 말하자면, 서구와의 대항을 의식하면서 식민지를 포함한 국내를 통합하고 인근의 아시아 민족을 회유하기 위해서 취해야 하는 어쩔 수 없는 선택이었다. 그렇지만 조선인의 일본인화를 급속히 추진하면 도리어 조선인의 반발을 살 수 있기 때문에 일본인화 정책은 점진적으로 추진했다. 조선 문명화 정책을 통해서는 조선인의 마음을 얻을 수 있었겠지만, 일본은 군사적 목적을 우선해서 해외 영토를 점령했기 때문에 식민지에 투여할 예산이 충분하지 않았다. 그러고도 일제는 조선인의 문명화 및 일본인화의 수준이 낮다는 핑계로 조선인 차별을 멈추지 않았다.[34]

1919년 3·1운동 이후 표방된 '내지연장주의(內地延長主義)'에서도 조선인 동화주의의 이념은 바뀌지 않았다. 당시 일본에서는 서구의 동화정책이 식민지민의 반발에 부딪혀 결국 실패했음을 목격하고 동화정책을 비판하는 식민정책학자가 늘어났다. 게다가 레닌의 러시아 제 민족의 권리선언과 윌슨의 민족자결주의 제창에 힘입어 전 세계의 민족주의 운동

34 권태억, 2008, 「1910년대 일제의 조선 동화론과 동화정책」, 『한국문화』 44.

이 고양되었고, 조선에서도 3·1운동이 터지자 일본 역시 동화주의를 폐기해야 한다는 주장이 제기되었다.[35] 이들은 동화정책의 인위성·강제성이 저항을 유발한다는 것에서부터 조선인과 일본인의 생물학적 차이를 강조하는 것까지, 조선인을 동화할 수 없는 다양한 이유를 제시했다. 하지만 일본 정부는 동화주의를 버리지 않았다. 수상 하라 다카시(原敬)는 오히려 다음의 「조선통치사견(朝鮮統治私見)」을 신임 조선 총독과 정무총감에게 주고 동화주의를 더 철저히 시행할 것을 요구했다.[36]

> 조선에서의 병합 후 약 10년의 경험에 의하면 현행 제도는 근본적으로 잘못된 것임을 단언할 수 있다. 왜냐하면 그것이 모방한 구미 여러 나라의 식민지는 우리 제국의 조선에 대한 것과는 전연 성질을 달리하는 것이다. 구미(歐美) 제국에 속하는 식민지는 인종을 달리 하고 종교를 달리 하고 역사를 달리 하여, 단지 언어 풍속이 다를 뿐 아니라 이와 같이 근본적으로 차이가 있기 때문에 그에 대해서는 특수한 제도를 펴지 않을 수 없다. 그런데 우리 제국과 신영토인 조선의 관계를 보면, 언어 풍속에 다소 차이가 있다고 해도 그 근본으로 거슬러 올라가면 거의 동일 계통에 속하고, 인종에서는 원래부터 차이가 없고, 역사에서도 상고로 올라가면 거의 동일하다고 논할 수 있을 것 같다. 이처럼 밀접한 관계를 갖는 영토를, 구미 제국이 본국에서 멀리 떨어지고 여러 가지 점에서 완전히 특수한 영토를 다스리는 것 같은 제도를

---

35 손애리, 2013, 「근대 일본 식민정책학의 전개와 귀결」, 『한림일본학』 22; 小野一一郎, 1983, 「제1차 대전 후의 식민정책론」, 김영호 편, 『근대 동아시아와 일본 제국주의』, 한밭출판사; 박양신, 2013, 「도고 미노루의 식민정책론」, 『역사교육』 127.

36 原敬, 「朝鮮統治私見(上)」, 高麗書林 編, 1990, 『齋藤實文書』 13, 高麗書林, 62~64쪽.

모방해서 이 밀접한 신영토를 다스리려고 하는 것은 큰 잘못이며 그 성적이 좋지 않음은 당연하다.

하라는 일본인과 조선인에게 근본적인 차이가 없음에도 불구하고 대만에서 서구의 식민제도를 참작하고 다시 조선에서 그를 모방하여 식민지에 일본과는 다른 제도를 시행한 것이 1910년대 식민통치의 문제였다고 보았다. 그래서 일본인과 유사한 조선인에게는 동일한 제도를 시행하면 동일한 결과를 얻을 수 있을 거라면서, "완전히 일본 인민을 통치하는 것과 같은 주의, 같은 방침에 따를 것"을 조선을 통치하는 근본 정책으로 삼아야 한다고 주장했다. 이처럼 하라는 조선인과 일본인이 유사함을 근거로 삼아 조선과 조선인에 대한 특수 통치를 인정하지 말라는 '내지연장주의' 방향을 제시했다. 그러나 다른 한편에서 "문명의 정도, 생활의 상태 등 급히 동일하게 할 수 없는 것은 당분간 천천히 나아가는 방침"을 취해야 한다고 하여 조선에 일본과는 다른 제도를 시행해야 하는 현상도 용인했다. 다만 '내지연장주의'를 통해 "현 통치 하에서 행복·안녕을 얻고 향상·발전하는 이상에는 그들에게 옛날(독립: 인용자)을 회고하는 마음이 있다고 해도 그 때문에 반역을 꾀하는 것 같은 자는 대체로 없을 것"이라고 전망하였다.

결국 1920년대 '내지연장주의'는 동화주의의 폐기를 요구하는 주장을 일본과 조선의 인종적·역사적 유사성을 토대로 배격하고, 동화를 추진하는 방식은 일본인화를 서두르기보다는 조선인에게 행복·안녕, 향상·발전을 주어 먼저 그 마음을 얻는 것부터 해야 한다는 방침이었다. 대만총독부 내무국장 스에마쓰 가이이치로(末松偕一郎) 역시 조선과 대만에 대한 통치 방침은 "직접 통치의 동화주의"에 있고, 인종·풍속·습관 등이 전혀 모국과 다르고 멀리 떨어진 서구의 식민지와 달리 조선과 대만의 동화는 가능하다고 주장했다. 근래의 유럽을 보면, 민족의 향배는 민족적 관념보다도 오히려 정치상·경제상의 이해관계에 좌우된다는 것도 그의 판단 근거였다.[37] 이러한 생각에서 나온 1920년대 일제의 조선인 동화주의는 '내지연장주의' 또는 '내선융화(內鮮融和)'로 표현되었고, 이때는 동화의 실천 방법으르 문화적·혈연적 일체화를 강제하기보다는 조선인과 일본인 사이에 법제를 통합하거나 이익의 공통을 강조하는 경향이 강했다.

하지만 일본과 조선에 서로 다른 법령을 시행하여 본토와 식민지를 구별하고, 일본인과 조선인을 구별하여 조선인을 차별하는 체제는 식민 통치 기간 내내 계속되었다. 시기에 따라 강조점과 방식이 조금씩 달라졌을 뿐이었다. 유사성을 근거로 동화주의를 표방하면서도 끊임없이 민족 차별의 논리와 방식을 개발하는 것이야말로 일제 조선인 동화정책의 기본 구조였다.

37 末松偕一郎, 1921, 「殖民地統治と同化主義」, 『國家學會雜誌』 35-4; 末松偕一郎, 1921, 「同化政策の要諦」, 『臺灣時報』 19.

3. 황민화 정책의 시행과 조선인의 대응

1) '내선일체'와 황민화 정책

일제의 조선인 동화정책은 1937년 중일전쟁 이후 또 한 번 변화를 맞이한다. 이 시기 일제는 만주국, 중국 본토, 동남아시아에 이르기까지 점차 침략 지역을 넓혀가면서, 국내외에서 인적·물적 자원을 효율적으로 동원하기 위해 총동원 체제를 구축하려 했다. 아시아주의는 일본이 점령지 현지 민족의 협력을 얻어내기 위한 논리로 다시금 급부상했다. 1938년 11월 일본 수상 고노에 후미마로(近衛文麿)는 이른바 「동아 신질서 성명」을 발표하여 일본·만주·중국의 삼국 제휴를 제안했다. 이는 중국의 강력한 저항으로 길어진 중일전쟁의 활로를 열어보려는 것이었지만, 기존의 제국주의 정책을 포기하고 다른 민족의 독립을 존중한다는 의미도 포함되어 있었다. 특히 근대 세계를 주도해 온 자본주의적 국제 질서와 사회주의를 모두 극복하고, 일본과 중국이 각각 자국의 역사와 전통을 토대로 민족국가를 완성한 다음 서로 협력하여 동아시아에서 새로운 제3의 국제 질서를 창출하자고 제안했다. 하지만 이때 일본 민족만이 협동성과 보편성을 내포한 천황 중심의 국체를 토대로 지도적 역할을 할 수 있다고 주장했다.[38]

일본은 국외에서는 민족국가끼리 협동체를 구성하고 일본이 지도자

38 김명구, 2008, 「중일전쟁기 조선에서 '내선일체론'의 수용과 논리」, 『한국사학보』 33, 376~381쪽.

역할을 자처하겠다는 생각이었지만, 국내에서는 식민지 민족의 독자성을 인정하지 않고 동화정책을 더 강화하였다. 전시체제기 조선인 동화정책은 '내선일체(內鮮一體)' 이념 아래 황민화 정책으로 구체화되었다.

1936년 8월 조선에 부임한 총독 미나미 지로(南次郎)는 1938년 1월의 도지사 회의에서 조선 통치의 목표는 "반도의 일본화, 즉 내선일체의 구현"에 있다고 했다.[39] 그는 '내선일체'를 "외형도 마음도 피도 육체도 모두가 일체"가 되는 것으로 정의하고, 조선과 일본은 '내선융화'에서 더 나아가 절대 떨어질 수 없는 완전한 일체가 되어야 한다며 다음과 같이 강조했다.[40]

> 나는 내선일체라는 것이 아주 어려운 것이라고는 생각하지 않는다. 왜냐하면 우리나라와 같이 정의에 입각한 통치는 세계 각국에 유례가 없는 숭고한 도의적 통치이기 때문이다. (중략) 내가 항상 역설하는 것은 내선일체는 서로 손을 잡는다거나 외형이 융합한다거나 하는 등의, 그런 뜨뜻미지근한 것이 아니다. 손을 잡는 자는 떨어지면 또 헤어진다. 물과 기름도 억지로 흔들어 섞으면 융합한 모양새가 되지만 그것으로는 안 된다. 외형[形]도 마음[心]도 피[血]도 육체[肉]도 모두 일체가 되지 않으면 안 된다. (중략) 내선은 융합이 아니고 악수도 아니며 심신 모두 정말로 일체가 되지 않으면 안 된다.

---

39 1938, 「(彙報) 重大聲明に關し道知事會議その他開催」, 『朝鮮』 273, 183~184쪽.

40 朝鮮總督府, 1940, 「國民精神總動員朝鮮聯盟役員總會席上總督挨拶」, 『朝鮮に於ける國民精神總動員』, 101쪽.

1920~1930년대에 주로 제창되었던 '내선융화'가 서로 손을 잡거나 흔들어 섞는 것 같은 물리적 결합의 단계라면, '내선일체'는 화학적 결합을 통해 완전한 하나가 되는 단계였다. 그러자 '내선일체'의 실행 방법에서도 '내선융화' 시기에 고려되었던 정치적·경제적 이해관계의 일치 등은 더 이상 강조되지 않았다. 대신 외형과 마음의 일본인화가 강조되면서, 특히 언어와 생활양식 등 문화의 일본인화가 국민의식 등 정신의 일체화를 가져올 수단으로 활용되었다. 또 '내선결혼'은 피와 육체까지 일체화하여 '내선일체'를 완전히 실현할 방법으로 부각되었다.

이 시기 조선총독부가 조선인의 정신적·문화적 일본인화를 서두른 이유는 일차적으로 조선인을 노동력과 병력으로 동원하기 위해서였다. 조선총독 미나미 지로는 조선 통치의 목표를 천황의 조선 행차와 조선인 징병으로 삼았다고 한다. '내선일체'의 목표는 조선인을 일본을 공격하지 않을 만큼 안전한 국민으로 만드는 것이었다. 1938년 2월에는 칙령 제95호「육군특별지원병령」이 공표되어 지원병제도가 시행되었다. 조선인을 병력 자원으로 활용하기 위해 조선군이 주도한 제도였는데, 훈련소에서 일본어를 강제하고 일본의 가정생활을 체험시키는 등 조선인을 일본인의 감정을 지닌 제국 군인으로 개조하는 데 중점을 두었다. 이를 통해 장래에 안심하고 징병제를 실시할 토대를 구축하려 했다. 원래 조선인 징병은 20~30년 뒤에나 가능할 거라고 예상되었지만, 1942년 5월 일본 정부가 1944년부터 조선인을 징병하기로 결정함에 따라 급하게 준비되었다. 조선인이 충분히 일본인화되었거나 천황의 군인이 되려는 열망에 가득 차서가 아니라, 조선인을 전장에 투입함으로써 일본 민족의 손실을 줄이기 위해서였다.[41]

41 宮田節子 著, 李熒娘 譯, 1997,「제2장 제1절 지원병제도의 전개와 그 의의」,「제3장

조선인을 병력으로 동원하려면 일본어와 일본 정신을 교육해야 했다. 그리하여 1938년 3월 칙령 제103호「조선교육령」은 지원병제도를 뒷받침하기 위해 개정된 법령이었다.「조선교육령」 개정에 즈음한 유고에서, 미나미 지로는 조선 통치의 목표는 조선의 동포가 황국신민(皇國臣民)이라는 본질에 철저하도록 해서 '내선일체'가 되어 함께 동아시아에 임하는 것이라고 밝혔다. 교육에서는「교육칙어」를 따라서 일본 정신을 배양하는 데 힘썼고, 특히 현 정세에 맞추어 국체명징(國體明徵), '내선일체', 인고단련(忍苦鍛鍊)을 3대 교육방침으로 삼았다고 했다.[42] 국체명징은 만세일계의 천황을 살아있는 신으로 섬기고 군신일체(君臣一體) 및 충효일치(忠孝一致)의 국체를 명확히 인식하게 해서, 신민이 국가를 위해 기꺼이 희생하게 하는 것이었다. '내선일체'는 일본과 조선이 하나의 운명 공동체임을 알게 하는 것이고, 인고단련은 나라를 위해서 어떠한 어려움에도 참고 견디며 노력해서 목적을 달성하게 하는 것이었다. 이후 1941년에는 초등교육 기관의 명칭을 '국민학교'로 바꾸었다. 이는 아시아 및 세계에서 신질서를 건설해야 하는 일본의 역사적 사명에 맞춰 국민을 양성하기 위한 교육체제를 갈했다. 이러한 조선 통치의 목적을 달성하기 위해 시행된 다양한 동화정책들이 황민화 정책이었다.[43]

황민화 정책은 물론 군인만 타겟으로 삼지 않았다. 총력전 체제는 전선과 후방을 가리지 않고 인적 자원과 물적 자원을 최대한 효율적으로 동원하려 했기 때문에, 황민화 정책은 국민총력조선연맹 등의 관제 단체들

태평양전쟁 단계의 황민화 정책-징병제도의 전개를 중심으로-」, 앞의 책.

42 南次郎,「諭告」,『朝鮮總督府官報』, 1938. 3. 4.

43 최유리, 1997,「제2장 '내선일체'론의 등장과 사상·언론의 통제」, 앞의 책, 56~63쪽.

을 통해서 사회 곳곳의 모든 조선인에게 파고들었다. 그 황민화 정책을 모두 다룰 수는 없으므로 대표적으로 이 책에서 다룰 세 가지만 간단히 살펴보겠다.

첫째, 신사의 설립과 신사참배 강요이다. 일본은 메이지유신 이후 신도를 국교로 삼으려 했다. 그러나 내외의 반발에 부딪히자, 국가신도를 종교가 아니라 일종의 국가 의례로 만들어 일본 국민에게 '천황제' 이데올로기를 주입하는 통로로 삼았다. 식민지 조선에서도 조선총독부가 신사(神社)·신사(神祠)의 설립을 장려하고, 1925년에는 천황가의 조상신인 아마테라스 오미카미(天照大神)와 메이지 천황을 제신으로 삼은 조선신궁을 서울 남산에 설립하였다. 다만 조선총독부의 신사정책은 1910~1920년대까지는 대체로 소극적이었다. 그러나 만주사변(1931) 이후 조선총독부의 신사정책이 적극적으로 전환되어 각지에 신사를 증설하고 기독교계 사립학교에도 신사참배를 강제하기 시작했다. 나아가 중일전쟁(1937) 이후에는 국가신도가 천황을 살아있는 신으로 받드는 국가신앙으로 바뀌어 이를 거부한 기독교계 사립학교가 폐교되었고, 학생 및 일반인들은 궁성요배, 신사참배, 국기게양, 황국신민의 서사 암송 등을 강요당했다.[44]

둘째, 창씨개명의 시행이다. 창씨개명은 일본식의 씨제도를 도입하는 창씨(創氏)와 이름을 바꾸는 개명(改名)으로 나뉜다. 1920년대 조선총독부가 창씨 정책을 검토했을 때는 조선의 가족제도를 일본의 민법 체계에 가깝게 개편하려는 데 초점이 있었다. 부계 혈통의 표식인 조선인의 성(姓)을 그대로 씨(氏)로 삼음으로써 일본 민법의 이에(家) 제도를 조선에 이식하려 한 것이다. 씨제도를 도입하면 각각의 이에가 천황가의 '적자(赤子)'라

44 자세한 내용은 이 책 제2장 김승태, 「신사의 설립 운영과 신사참배 문제」를 참고할 것.

는 이데올로기에도 부합하고 이성양자(異姓養子), 서양자(壻養子) 입양도 가능해질 것이었다. 하지만 조선총독부가 1939년 12월 발표한 창씨개명 정책은 이전과 다르게 조선인의 황국신민화를 목표로 했다. 그리하여 씨 제도를 도입하는 동시에 조선인의 성명을 일본인과 유사한 씨명으로 바꾸게 하였다. 조선 총독과 학무국장 등 창씨개명의 수치를 황민화 정책의 성과로 선전하려 한 적극적 내선일체론자들이 강압적 수법을 동원한 결과, 거의 80%의 세대가 일본인과 유사한 씨를 신고하였다.[45]

셋째, '내선결혼'의 장려이다. 일제는 조선인의 일본인화를 조선 식민통치의 목표로 삼고, 일본인과 조선인의 결혼을 장려하였다. 이는 당시 서구의 제국이 동화주의를 포기하고 백인종과 유색 인종의 결혼을 금지하던 것과는 다른 움직임이었다. 조선총독부는 1920년 일본과 조선의 황족을 결혼시키고 1921년에는 일반인의 '내선결혼'을 뒷받침하는 법령을 만들었다. 또 '내선결혼'을 '내선융화'의 상징이자 그를 촉진할 수단이라고 선전하였다. 전시체제기에는 '내선결혼'을 가정에서부터 조선인의 정신적·문화적 동화를 촉진하고 혼혈 2세를 낳아 민족을 영원히 결합시킴으로써 진정한 '내선일체'를 실현할 수단이라고 선전하였다. 1941년에는 조선 총독의 명의로 '내선결혼' 부부를 표창하고 '온고지신(溫故知新)'의 족자를 선물함으로써, 일본인과 조선인이 혼혈해 한 민족을 이룬 과거의 역사를 현재에 되살리는 모범이 되길 바랐다.[46]

이처럼 전시체제기 '내선일체'의 이념 아래 시행된 황민화 정책은 조선인을 정신적·문화적으로 일본인화하는 데 초점이 있었다. 고마고메 다

45 자세한 내용은 이 책 제3장 이대화, 「창씨개명 정책과 조선인의 대응」을 참고할 것.

46 자세한 내용은 이 책 제4장 이정선, 「'내선결혼' 정책과 조선인 동화 문제」를 참고할 것.

케시가 말한 문화적 동일화의 차원이다. 이로써 일제는 조선인이 일본인이라는 정체성과 국민의식을 가지고 일본 천황과 국가에 충성을 바치기를 희망하였다. 나아가 이러한 국내 통합과 안정을 바탕으로, 국외에서 전쟁을 벌여 아시아에서 세력권을 넓히려 했다. 일본인은 국체 정신을 체득한 민족으로서 아시아에 새로운 국제 질서를 건설할 수 있는 지도적 민족이 될 것이라고 자처했다. 하지만 전시체제기 황민화 정책에서도 일본인과 조선인의 법제적 통합 또는 법제도적 측면의 평등화 정책은 매우 느리게 진행된 것에서 알 수 있듯이, '내선일체'를 표방하면서도 아시아의 지도자 일본인과 식민지 조선인은 엄연히 다르게 취급했다. 이러한 이념과 정책의 괴리 사이에서 조선인은 다양하게 대응하였다.

2) 조선인의 협력과 저항

조선총독부가 '내선일체'를 강조하며 정신적·문화적 동화정책을 강화한 것은 법제적 차원의 평등화에 대한 조선인의 기대감을 높였다. 총독 미나미 지로는 '내선일체'의 궁극적인 목적은 일본과 조선의 무차별 평등에 도달하는 것, 일본인과 조선인 사이에 일체의 구별을 철폐하는 것이라고 누차 언급했다.[47] 미나미 총독 시기 정무총감이었던 오노 로쿠이치로(大野緣一郞) 소장 자료 가운데 「내선일체의 이념 및 그 실현 방책 요강」(1941)에도 비슷한 언급이 있다.[48]

---

47 宮田節子 著, 李熒娘 譯, 1997, 「제4장 일본의 조선지배정책의 본질-'내선일체'의 구조를 중심으로-」, 앞의 책, 165쪽.

48 「內鮮一体の理念及其の實現方策要綱」, 『大野緣一郞關係文書』 R-149, 479코마(일본 국회도서관 헌정자료실 소장).

내선일체의 이념 및 그 구현 방책 요강 책정 이유

현하(現下)의 사상 대책상 내선일체의 이념에 관해 이론적, 실질적 관점에서 확고한 체계를 수립하고 그를 부동의 국시(國是)로 삼아 내외지에 철저히 하는 것은 황국신민화 운동의 ■■(원본 상태 불량: 인용자)에 비추어 극히 긴요하다고 생각된다. 그 이유는 (중략)

(3) 내선일체는 조선인에게 유일한 희망에 찬 지도 원리이므로 단지 이론상의 문제로 그치지 말고 실제상 여러 제도 시설의 개혁과 불가분의 관계를 가진다는 점을 분명히 하여 그에게 광명을 주고 인심이 지치지 않게 하는 동시에 장래의 시정에 대한 기대를 강하게 함으로써 황국신민이라는 신념에 철저하도록 만들 필요가 있기 때문이다.

이처럼 조선총독부는 전시체제기 내부 통합을 진전시키기 위해 '내선일체'를 표방하면서, 조선인의 협력을 이끌어 내기 위해 일부러 법제적 평등에 대한 전망을 제시했다. 이 문서에서는 제도상에서 '내선일체'를 실시할 항목으로 의무교육 제도, 참정권 제도, 징병 제도, 관공리의 대우 개선, 노동자의 일본 도항 제한 개선 등을 제시하였다. 이들 항목은 1944년을 전후해서 일본 정부와 조선총독부가 조선인과 대만인의 처우 개선 방안을 논의하는 가운데 대체로 개선책이 모색되었다. 그러나 당장 일본과 조선의 법역을 통일해 구별을 폐지하거나 조선인에 대한 차별을 철폐할 생각은 없었다. 다음과 같이, 구별은 차별이 아니라 오히려 조선인을 보호하기 위한 것이라거나 무차별 평등은 황국신민화의 결과로 이뤄질 것이라고 설정했을 따름이었다.

제2. 내선일체의 구현

1. 내선일체 구현에 대한 장애의 배제

(1) 잘못된 내선일체관의 시정

내선일체는 장래 착착 실현되어야 할 목표이지만 결코 현재 이미 완성된 상태는 아니다. 그런데 내선일체가 창도(唱導)되자마자 그로써 즉시 그 완성을 본 것처럼 잘못 믿어서 자칫하면 자부존대(自負尊大)하는 생각에 빠지려는 자가 있다. 그것이 잘못되었음은 말할 것도 없다. 하물며 내선일체라는 것은 아무것도 하지 않고 현 상태에서 내선(內鮮) 간의 무차별 평등으로 비약하는 ■(원본 상태 불량: 인용자)이라고 해석하여 현존 제도상의 차이를 즉시 철폐하기를 바라고 그에 대해 불만을 입 밖으로 내는 자가 있기에 이르러서는 스스로 구하여 황국신민이 아닌 실증을 ■■(원본 상태 불량: 인용자)하는 것이라고 하지 않을 수 없다. 이미 설명한 것처럼 내선일체의 근본 전제는 진정한 황국신민화에 있다.[49]

2. 내선일체의 제도상의 실시

(6) 법제 관계의 조정

조선에는 특수 법역을 이루어 일본과 같지 않지만, 그 다수는 반도 통치 및 반도 민정(民情)의 특수성에서 유래하고, 차별이라고 보이는 것은 실은 조선인 보호 및 조선 전통 존중의 취지에서 나온 것이 적지 않다. 내선일체화의 진전과 함께 법제의 내용에도 점차 적당한 조정

49 위의 자료, 485코마.

을 가할 것을 요한다.[50]

위 문서에서 언급된 것처럼, 당시 조선인 중에는 조선총독부가 '내선일체'를 표방한 것에 기대어 즉시 조선인에 대한 법제적 구별과 차별을 철폐해 달라고 요구한 이들이 있었다. 이들은 조선인 동화의 논리인 '내선일체'를 차별로부터 탈출할 수 있는 논리로 받아들인 것이다.[51]

조선 독립의 전망을 잃어버리고 '내선일체'에 유일한 기대를 걸었던 사람들의 생각을 크게 '협화적 내선일체론'과 '철저 일체론'으로 나눈다. 협화적 내선일체론은 일본이 아시아에서 표방한 동아협동체론에 착목해 민족의 독립성을 보존한 상태에서 민족과 민족의 협동을 도모하는 관계를 일본 국내의 조선인과 일본인 사이에도 적용하는 것을 '내선일체'로 이해했다. 이는 인정식(印貞植) 등 사회주의자의 전향 논리가 되었고, 민족 정체성을 유지하면서 조선인 차별 철폐를 주장했다는 점에서 '내선일체'를 자기 주장을 내세우기 위한 일종의 수사로만 활용했다는 평가를 받기도 한다.[52] 이것도 이른바 '잘못된 내선일체관'에 해당했다. 1942년 조선총독부는 '내선일체'란 조선인을 황국신민으로 육성하는 것이라면서 협화적 내선일체론을 부정하였다.

철저 일체론의 대표적 인물은 현영섭(玄永燮)이었다. 그는 『조선인의 나아갈 길』(1938)에서 조선인은 언젠가 완전히 일본 민족이 될 운명이고

---

50 위의 자료, 488~489코마.

51 宮田節子 著, 李熒娘 譯, 1997, 앞의 책, 166~174쪽.

52 홍종욱, 2000, 「중일전쟁기(1937~1941) 사회주의자들의 전향과 그 논리」, 서울대학교 국사학과 석사학위논문; 장용경, 2003, 「일제 식민지기 인정식의 전향론」, 『한국사론』 49; 장용경, 2005, 「'조선인'과 '국민'의 간극」, 『역사문제연구』 15; 김명구, 2008, 앞의 글.

그것이야말로 조선인이 나아갈 길이라고 주장했다. 현영섭은 조선을 멸망으로 이끈 조선 고유의 결점을 모두 청산하고, 즉 조선의 언어, 역사, 의복, 가옥, 형식적인 조상숭배 등 일체를 지양하고 일본인의 정신과 감정을 받아들이자고 했다. 그는 이로써 조선인이 완전히 일본 민족이 되어 일본과 조선의 구별이 없어지는 날, 차별도 없어질 것이라고 기대하였다. 이는 황국신민화가 '내선일체' 및 차별 철폐의 선결 조건이라는 조선총독부의 인식과 일치한다. 현영섭의 책은 많은 비난 속에서도 1년 사이 14,000부 가까이 팔려 나갔다.[53] 차별 철폐를 약속하는 '내선일체' 앞에서 동요한 조선인은 적지 않았다.

하지만 더 많은 조선인이 식민통치에 저항하거나 동화정책에 순응하는 척하면서도 조선총독부의 의도와는 다르게 미끄러졌다. 역시 이 책에서 다룰 세 가지 정책에 대해서만 살펴보자.

첫째, 신사참배 강요 정책에 대해서는 특히 국가신도가 종교가 아니라는 논리를 받아들이지 못한 기독교계 사립학교를 중심으로 신사참배 거부 운동이 전개되었다. 신사참배를 실시하지 않는 학교는 자발적으로 폐교하거나 일제에 의해 폐교당했다. 일반인 중에서도 신사나 신궁대마(神宮大麻)를 훼손해서 불경죄(不敬罪)로 옥고를 치른 이들이 있었다. 조선총독부가 시키는 대로 신사참배를 한 사람들도 마음에서 '천황제' 이데올로기를 받아들인 것은 아니었다. 한 신도 사제는 조선인이 법회에 억지로 끌려오는 소처럼 대부분 단체로 와서 인솔자의 안내에 따라 기계적으로 참배한다고 걱정했다. 심지어 사제가 없으면 경배하지 않고, 부적절한 옷차림 때문에 기도할 수 없다고 핑계를 대거나 의례 절차를 어기는 사례들

53 宮田節子 著, 李熒娘 譯, 1997, 앞의 책, 168~173쪽.

도 발견했다.[54] 국가신도 사상을 내면화하지 않은 상태에서 형식적인 신사참배를 강요당한 조선인의 불만은 컸다. 그리하여 1945년 8월 광복을 맞이하자 조선인은 전국의 거의 모든 신사를 불태워 버렸다.[55]

둘째, 창씨개명 강제 정책에 대해서는 앞서 말한 것처럼 각종 강압적 수단이 동원된 결과, 창씨 신고율이 거의 80%에 육박했다. 하지만 그 양상이 반드시 조선총독부의 의도와 일치하는 것은 아니었다. 정책에 대한 찬반 여부와 상관없이, 창씨 신고가 자신의 재산권 행사나 정치적 이익에 지장이 될 것을 우려하여 신중한 태도를 보이는 경우도 적지 않았다. 또한 조선총독부는 조선의 문중이 가진 결합력을 약화시키기 위해 창씨를 강제했고, 그래서 문중이 똑같은 씨를 신고하는 일은 씨제도를 오해한 것이라면서 지양하라고 훈계했다. 하지만 신고율을 높이기 위해서는 이러한 신고도 묵인할 수밖에 없었다. 조선인은 문중 단위로 창씨를 신고하고 창씨가 기록된 족보를 편찬하는 등, 종족 집단의 결속을 유지하기 위해 노력했다. 한편 하층민 중에서는 창씨 신고 기간 중 개명 허가를 쉽게 받을 수 있다는 점을 이용해서 하층민 출신임이 드러나는 이름을 양반들이 사용하는 이름으로 바꾸기도 했다. 창씨 신고를 강제하는 강압적 분위기 속에서도, 조선인은 각자의 사회경제적 위치에서 자기에게 유리한 방향으로 이름을 선택했다.[56]

셋째, '내선결혼' 장려 정책에 대해서도 마찬가지였다. 일제는 '내선결

---

54 토드 A. 헨리 지음, 김백영·정준영·이향아·이연경 옮김, 2020, 『서울, 권력 도시』, 산처럼, 331~333쪽.

55 자세한 내용은 이 책 제2장 김승태, 「신사의 설립 운영과 신사참배 문제」를 참고할 것.

56 자세한 내용은 이 책 제3장 이대화, 「창씨개명 정책과 조선인의 대응」을 참고할 것.

혼'이 가능하도록 법제도를 최대한 열었다. 하지만 통혼을 증가시킬 수 있는 실질적 시책을 시행하지 않고 현실에 방임하는 태도를 취했기 때문에 일본인과 조선인은 서로의 생활 반경 안에서 자연스럽게 접촉한 결과로 결혼에 이르는 경우가 많았다. 그러자 '내선결혼'은 대부분 식민지 조선이 아니라 일본 본토에서 이루어졌을 뿐 아니라, 노동자로 강제 동원된 하층민 조선인 남성과 일본인 여성 사이에 이루어지는 역전 현상이 발생했다. 심지어 혼인신고를 한 부부보다 그렇지 않은 부부가 더 많았고, 그리하여 조선인 남성이 따로 본처를 두고 일본인 여성을 첩으로 삼은 경우도 상당했다. '내선결혼' 가정에서는 대개 일본식과 조선식 생활양식을 절충해서 살았으나, 가부장제의 영향으로 일본인 아내가 조선인 남편을 따르기도 했다. 또한 조선인과 일본인 사이의 갈등 때문에 '내선혼혈'의 자녀는 어디에도 속하지 못하는 정체성의 혼란을 겪었으며, 이러한 '내선결혼' 가정의 불화와 이혼은 도리어 '내선융화'와 '내선일체'의 어려움을 폭로했다.[57]

이처럼 일제는 전시체제기 조선인 동원을 목표로 '내선일체'의 기치 하에 '황국신민화' 정책을 추진하였다. 이는 조선인이 바라던 민족 구별과 차별의 철폐는 후 순위로 돌리고, 조선인의 생활문화와 국민정신을 급속히 일본인화함으로써 전쟁에 즉각 동원하기 위한 정책이었다. 하지만 황민화 정책을 강제한다고 해서 조선인의 뿌리 깊은 일상생활과 내면에까지 영향을 미치기는 쉽지 않았다. 이에 조선총독부는 '내선일체'를 통해 무차별 평등의 희망을 제시하였다. 하지만 일본인이 아시아를 지도할 수 있는 우월한 민족이기를 자처하고 조선인을 소모품으로 동원하는 이상, 조선인은 진정 황국신민화될 수 없었고 일본인이 그를 인정하지도 않

57 자세한 내용은 이 책 제4장 이정선, 「'내선결혼' 정책과 조선인 동화 문제」를 참고할 것.

았다. 그 속에서 조선인은 '내선일체'의 이념에 기대어 평등을 요구하거나, '황국신민화' 정책을 거부하는 동시에 자기의 이익을 위해 나름 활용하기도 하면서 조선총독부의 정책 의도를 비껴 나갔다.

4. 맺음말

이 글은 이 책의 도입부로서 지금까지 조선인 동화정책의 구조와 황민화 정책의 특징에 대해 알아보았다. 맺음말에서는 본론에서 제시한 내용을 간단히 요약하면서 마무리하기로 한다.

첫째, 일제의 조선인 동화정책을 이해하기 위해서는 일본이 서구 제국주의 국가의 위협과 간섭을 의식하며 성장한 후발 제국주의 국가이면서 같은 아시아의 민족을 식민 지배했다는 특수성을 고려해야 한다. 일본은 천황을 중심으로 한 혈연적 민족주의를 국민 통합을 위한 이념으로 창출했고, 아시아는 서구에 대항하기 위해 일본을 중심으로 연대해야 한다고 주장하면서 아시아 민족의 역사적·문화적·인종적 유사성을 강조하였다. 이러한 아시아주의는 아시아의 다른 민족을 식민지로 영유한 이후 동화주의의 이념으로 전환되었다. 일제의 식민통치 이념은 동화주의일 수밖에 없었고, 서구의 동화정책이 실패로 귀결된 이후에도 동화주의를 포기하지 않았다. 하지만 동화는 먼 미래였기에 일본인과 조선인 사이의 구별과 차별은 지속되었다.

둘째, 일제의 조선인 동화정책에는 시종일관 동화주의가 관철되었다. 하지만 동화를 달성하기 위한 시책은 시기와 분야에 따라서 조금씩 달랐다. 1910년대에는 조선인의 반감을 사지 않기 위해서 일본인화를 적극 내세우지 못했고 예산 부족으로 문명화도 추진하기 어려웠다. 1920년대에는 일본과 조선, 일본인과 조선인 사이의 제도 차이가 문제라고 지적하고, '내지연장주의'를 내세워 둘 사이에 가급적 동일한 제도를 시행하려 했다. 또 '내선융화' 이념을 내세우며 조선인에게 정치적·경제적 이득을 제공함으로써 조선인이 일본인화되지 않더라도 일본에서 독립하기를 바라지 않도록 만들려 하였다. 그러다 1937년 중일전쟁 이후에는 '내선일체' 이념을 내세우면서 조선인을 일본의 황국신민으로 만들려는 정책을 적극 추진했다. 일본의 해외 침략을 대비해 내부 결속력을 높이는 동시에 조선인을 노동력과 병력으로 동원하기 위해서였다. 다만 '황국신민화' 정책의 양상은 분야에 따라 다소 달랐다. 신사참배 강요, 창씨개명 강제 등 조선인을 즉각 동원하는 데 필요한 정신적·문화적 시책은 빠르고 강력하게 실시했다. 하지만 법제적 동화에는 소극적이었다. 일제는 '내선일체' 이념을 앞세워 조선인에게 식민통치에 기대하게 했지만, 조선인 차별 철폐는 황국신민화가 완성된 다음으로 미룬 것이다. 또 일본인과 조선인의 혼혈을 통한 생물학적 동화는 일본인의 우월의식 속에서 포기되어 갔다.

셋째, 일제의 식민통치 정책은 결코 식민통치 당국의 일방적 의지로 관철되지 않았다. '황국신민화' 정책이라는 이름으로 어느 때보다 조선인의 정신적·문화적 동화를 강제한 전시체제기에조차 마찬가지였다. 통치의 대상이 된 조선인은 때로는 '내선일체'의 이념을 거꾸로 활용해서 조선총독부의 통치를 비판하고 무차별 평등을 실현하라고 요구했다. 창씨신고를 하거나 '내선결혼'을 하는 등 '황국신민화' 정책에 순응하는 듯하면서도, 각자의 상황에 따라 열린 제도를 활용하며 조선총독부의 기대를 벗어나기도 했다. 혹은 '황국신민화' 정책을 내면화하지 않고 형식적으로만 신사참배했던 사람들처럼 동화정책에 적극적 또는 소극적으로 저항하였다. 이와 같이 식민통치 정책의 실상은 수용자의 태도에 따라 달라지므로, 일제의 식민정책을 이해하려면 식민통치 당국과 조선인의 상호 작용 양상을 염두에 두면서 살펴볼 필요가 있다.

제2장
신사의 설립 운영과 신사참배 문제

_김승태

1. 머리말

일제의 한국 침략과 식민 지배는 우월한 군사력을 앞세운 정치, 경제, 사회, 문화 전반에 걸친 것이었다. 그러나 겉으로는 그 침략성을 감추고, 동양의 평화나 문명화를 내세워 마치 한국에 시혜를 베푸는 듯한 거짓 논리를 전면에 내세우면서, 과거의 역사를 왜곡하여 과거로의 환원을 주장하였다. 더욱이 메이지유신을 통하여 창출한 '천황제' 이데올로기를 자국 국민은 물론 조선인에게까지 교육 기관을 통하여 주입하고, 각종 법규와 제도를 통하여 이를 강제하였다. 조선총독부가 식민통치 초기부터 기본 방침으로 삼았던 '동화정책'과 1930년대 후반부터의 '전시체제'에 따라 이것을 한층더 강화시킨 '황민화 정책'은, 바로 이 '천황제' 이데올로기의 강요에 다름 아니다.

근대 일본의 '천황제' 이데올로기는 메이지유신을 주도했던 인물들이 전근대적이고 절대적인 국가권력의 확립과 서구적 근대화를 동시에 추구하는 과정에서 내부적, 사상적 모순 구조를 은폐하고 국민사상을 통일 지배하기 위해서 창출한 거짓 논리이다. 그들은 일본의 전통적이고 고대적인 신도사상(神道思想)과 충효의 윤리를 바탕으로 한 전제적이고 가부장적인 유교사상을 근간으로[1] '천황'의 권위를 신성시하고 절대시하여 통치에 이용함으로써 국민의 정신세계까지 지배하여 국가 권력에 대한 국민

---

1 守本順一郎, 김수길 옮김, 1985, 『동양정치사상사연구』, 동녘, 281쪽. 그는 여기서 일본의 유교를 논하면서 "신도사상은 일본 지배자의 이데올로기다. 일본의 지배자는 자기 이데올로기의 약점을 보강하기 위해 이데올로기로서의 유교를 수용하였다"라고 한다.

의 절대적인 복종과 충성을 얻어내려 하였다. 그리하여 이러한 거짓 논리를 국민교화와 의무교육이라는 명분으로 지역 공동체나 교육기관을 통하여 자국 국민에게 체계적으로 주입시키고 제도화시켜 갔으며, 어용 관학자들을 이용하여 그 이론을 정교화시켜 갔다. 이러한 '천황제' 이데올로기를 법제화한 2대 장정은 바로 1889년 2월에 발포한 「대일본제국헌법」과 이듬해 10월에 발포한 '교육에 관한 칙어'이다. 그들은 여기서 근대적 시민으로서의 인권과 자유의 보장을 규정하기보다는 '천황'의 절대 권위와 국민의 복종과 충성의 의무를 규정하였다. 특히 일본 근대교육은 '천황제' 이데올로기를 주입 확산하기 위한 교육이었으며, 그 목적도 대외침략을 하기 위해서 국가가 도구로 사용할 수 있는 좋은 군대를 만드는 데 두었다. 이미 1886년부터 학교에서 병식훈련이 시작되었으며, 1925년부터는 육군 현역장교가 남자학교에 배치되어 군사교련을 담당하였다. 이러한 일본의 군사교련을 포함한 학교교육은 "일본 학생에게 초국가주의, 침략적 군국주의, 국가에 대한 광신적 충성, 권력에 대한 맹목적 복종, 일본문화가 세계 다른 문화보다 우월하다고 하는 관념, '대동아공영권'으로 나아가는 것은 일본의 사명이라고 하는 팔굉일우(八紘一宇)에 대한 신앙 등을 강요하는 역할을 하였다."[2] 더욱이 이러한 이데올로기는 청일전쟁(1894), 러일전쟁(1904), 한국 강제병합(1910) 등 침략전쟁과 식민지 강점을 거치면서 보다 강화되고 정교화되어 자국민들에게뿐만 아니라 식민지인들에게까지 철저히 강요하여 침략과 식민통치의 지배이데올로기로 활용하였다.[3]

---

2 山住正己, 1987, 『日本教育小史』, 東京: 岩波書店, 2~3쪽.

3 김승태, 1991, 「일제하 '천황제' 이데올로기와 기독교 학교」, 『신학사상』 74집 참조.

한국에서 일본인의 신사(神社) 설립은 일본인들의 이주 및 신도(神道)의 침투와 함께 이루어졌다.[4] 신도의 침투는 개항과 더불어 일본의 한국 침략 초기부터 정치적·군사적·경제적 침략과 함께 끊임없이 계속되었다. 1910년 8월 한국 강제병합 이전에는 주로 민간 주도형으로 일본 거류민들이 주체가 되어 자신들의 내적 단결과 풍속 유지를 위해 거류지에 설립되었으나, 강제병합 후에는 조선총독부의 보호 아래 법령을 마련하여 신사에 관·공립적인 성격을 강화하고 문화 침략 내지 동화정책의 일환으로 조선인에게까지 신사신앙(神社信仰)과 신사참배(神社參拜)를 강요하여 적극적인 침투를 하였다.

일제강점기 조선총독부의 신사에 대한 정책은 메이지유신기에 일본 자국에서 형성된 신도국교화정책 내지 국가신도체제 하 '천황제' 이데올로기의 주입을 위한 교화정책의 연장이자, 더욱 가혹한 적용이었다. 그 기조는 국가신도 내지 신사신도를 정점으로 하여, 그 하위에 교파신도와 불교, 기독교를 국가의 공인종교로 삼고 국가 시책에 충실히 따르도록 통제·이용하면서, 그 외의 종교는 '유사종교단체'라 하여 불법화하고 경찰력을 동원하여 통제·탄압하는 것이었다. 그리고 공인종교라 하더라도 그들의 통치 방침에 비협조적이거나 위배될 때는 가차없이 탄압하였다.

일제강점기 식민지 종교정책도 이러한 일제의 신사신도를 국교로 하여, 여타 종교를 차별하고 통제·이용하는 정책을 기조로 하면서, 일본 본토에서 제정에 실패한 제반 종교 관련 법안들까지 일찍부터 제정하여 더욱 가혹한 형태로 그것을 식민지인들에게 적용하였다. 조선총독부는 강

---

4 신사(神社)는 일본 고유종교인 신도(神道)의 제신(祭神)을 모시는 종교 시설이다.

제병합 초기부터 관폐대사(官幣大社) 설립 계획을 추진하였으며, 1915년 일반 종교를 통제하기 위하여 포교 규칙을 만들어 공포하고, 신사를 보호 육성하기 위하여 「신사사원규칙」을 만들어 공포하였다. 그리고 1925년 10월 관폐대사 조선신궁 건립을 전후하여 기독교계 학교에까지 신사참배와 출영(出迎)을 강요하였으나, 강력한 조선인들의 저항에 부딪혀 그 정책을 관철하지 못하고 후퇴하였다.

일제가 1930년대에 들어 대륙 침략을 재개하면서 다시금 신사 설립을 장려하고, 신사참배를 강요하여, 이에 저항하는 기독교계 학교들이 폐교되고, 거부 항쟁자들이 체포 투옥되는 등 가혹한 종교탄압을 하였다. 1936년 8월에는 일본 천황의 칙령을 비롯한 총독부 법령으로 조선의 신사제도를 전면 개정 강화하고, 신사의 설립과 신사참배 및 신사신앙을 강제하였다. 특히 1937년 7월 중일전쟁 도발 이후에는 이러한 행위를 우상숭배로 인식하고 이를 거부하던 기독교인들과 교회에까지 이를 강요함으로써 많은 희생자가 나왔다.[5]

1945년 8월 광복이 될 무렵 한국에는 관폐대사 2, 지정 호국신사 2, 도(道) 단위에 세워진 국폐소사 8, 군(郡) 단위에 세워진 일반 신사(神社) 70, 면(面) 단위에 세워진 소규모 신사(神祠) 1,062, 총 1,144개소에 이르렀다. 이러한 신사·신사(神社神祠)의 건립과 참배는 대부분 일제의 강요에 의한 것이었던 만큼, 신사·신사에 대한 조선인들의 원한이 깊었기 때문에, 거의 모든 신사들이 광복 직후 불타거나 철거되었다.

따라서, 일제강점기 한국에 설립된 신사는 식민지 권력의 이데올로기

---

5 신사참배 거부항쟁과 그 피해에 대해서는 김승태, 2012, 『식민권력과 종교』, 한국기독교역사연구소, 제Ⅳ장(227~316쪽) 참조.

적 통치 보조기구였다고 할 수 있으며, 조선인에 대한 신사참배 강요는 그들의 '천황제' 이데올로기의 강요이자 식민권력에 의한 종교탄압이었다고 할 수 있다.

이러한 신사참배 문제는 천황과 그 조상을 신격화한 일본 근대천황제 문제와 깊이 관련되며, 구체적으로는 일제의 동화정책 내지 황민화 정책의 핵심 문제 가운데 하나이다. 이것은 신사에 가서 박수를 치고 고개를 숙여 예의를 표하는 단순한 신체적 행동에 불과했지만, 일제는 이것을 조선인이 그들의 시책에 순응하느냐 저항하느냐를 판별하는 시금석으로 삼아 강요하였다. 이 문제에 대한 근래의 연구서 단행본으로는 일제의 종교정책과 관련하여 연구한 김승태의 『식민권력과 종교』(한국기독교역사연구소, 2012)가 있으며, 학교교육과 관련하여 연구한 히우라 사토코(이언숙 옮김)의 『신사 학교 식민지』(고려대학교 출판문화원, 2016)가 있고, 식민지 조선에 강요된 '국가신도'의 논리를 추적하여 이를 '제국신도'의 형성과정으로 본 아오노 마사키(배귀득·심희찬 옮김)의 『제국신도의 형성』(소명출판, 2017) 등이 있다.

이제 이하에서 이제까지의 연구성과를 참작하여 근대 천황제 국가와 식민지 교육을 국가신도와 '천황제' 이데올로기와 관련하여 살펴보고, 조선총독부의 신사정책과 신사행정을 1931년 9월 만주사변 이전과 이후로 나누어 정리하며, 끝으로 조선총독부의 신사신앙 및 참배 강요와 그에 대한 한국인의 저항을 학교 학생과 일반인으로 나누어 살펴보고자 한다.

2. 근대 천황제 국가와 식민지 교육

1) 근대 천황제 국가의 형성과 국가신도

1868년 메이지유신에 의해 출범한 일본 근대 천황제 국가는 왕정복고(王政復古)와 제정일치(祭政一致)를 표방한 절대군주제 국가였다. 그러나 이것은 그 형성 초기부터 서양에서 성립된 절대군주제 국가와는 그 성격이 전혀 다른 것이었다.[6] 이 차이점의 핵심적인 요소는 천황제 국가의 종교적 성격이었고, '천황제' 이데올로기의 핵심을 이루는 국학자(國學者)들과 신도가(神道家)들의 국체사상(國體思想)이었다. 이 국체사상은 일본의 기기신화(記紀神話)와 일본의 고유 종교인 신도(神道)에 바탕을 둔 경신숭조와 천황숭배 사상으로 처음부터 정형화된 것은 아니었으나, '천황제' 이데올로기의 발전과 함께 그 내용과 형식을 정형화하여 교화기관과 교육기관을 통하여 일본인들뿐만 아니라, 그들이 식민 지배하던 조선인들에게까지 체계적으로 주입하고 강제하였다.

유신정부는 1868년 4월 일본 고대국가의 제정일치 제도를 복구하고, 신기관(神祇官)을 재흥하며 신사(神社)·신관(神官)을 신기관에서 관리하게 한다는 취지의 포고를 발포하였다. 이어 이듬해 7월 신기(神祇)와 그 제사(祭祀)를 담당하는 신기관을 태정관(太政官)으로부터 독립시켜 최고의 관아로 삼아 근대 천황제 국가의 종교적 권위를 확립하고, 거기에 국학자 계열의 복고신도가를 등용하여, 복고주의(復古主義)와 존왕주의(尊王

6 스즈키 마사유키, 류교열 옮김, 1998, 『근대 일본의 천황제』, 도서출판 이산, 9쪽.

主義)를 핵심으로 하는 복고신도사상에 따른 신도국교화(神道國教化)를 추진하였다.[7] 같은 해 8월에는 신기관 관할 하에 '유신(惟神)의 대도(大道)' 선양(宣揚)을 위한 선교사(宣教使)를 설치하였다. 1870년 2월에는 '대도선포(大道宣布)의 조(詔)'를 내려 천황의 신격(神格)을 강조하고, 신도(神道)를 국교로 하며, 일본은 '제정일치의 국가'로 한다는 국가의 정책을 분명히 하고,[8] 선교사(宣教使)를 중심으로 황도주의(皇道主意)에 기초한 국민교화운동을 추진하였다.[9] 1871년 7월에 유신정부는 '신사는 모두 국가의 종사(宗祀)'라고 선포하고, 신관의 세습을 폐지하며, 신사의 사격(社格) 및 신직관제(神職官制)를 정하여 신사와 신직의 공공성을 고양하였다.[10] 그러나 이러한 신기관 중심의 신도국교화 정책은 국내외의 반발에 직면하고, 유신정부가 추구하던 일련의 근대화 정책과도 모순된 것이어서 일정한 수정을 하지 않을 수 없었다. 그리하여 정부는 신사신도의 '비종교'·'초종교' 성을 강조하는 한편, 국민교화운동에 집중하게 되었다. 이에 따라 유신정부는 1871년 9월 신기관을 신기성(神祇省)으로 격하하였다가 1872년 4월 폐지하고, 새로 설치된 교부성(教部省)에 '대교선포(大教宣布)'를 담당하게 하였다. 교부성은 국민교화를 위해 신직과 함께 불교 승려들

---

7 村上重良, 1982, 『國家神道と民衆宗教』, 吉川弘文館, 5쪽.

8 무라카미 시게요시(村上重良)는 이 조서의 발포로 '천황의 고대적 종교적 권위에 기초한 신도적 국체관념(國體觀念)과 국민도덕의 보급'을 강력히 추진하게 되었다고 한다(위의 책, 6쪽).

9 1870년 5월에는 「선교사심득서(宣教使心得書)」를 발간하였다.

10 사격제도(社格制度)란 일본 전국의 신사를 신궁(神宮)·관폐사(官幣社[大·中·小])·국폐사(國幣社[大·中·小])·부현사(府縣社)·향사(鄕社)·촌사(村社)·무격사(無格社)로 나누어 격을 부여하고, 이세신궁(伊勢神宮)을 신사의 본종(本宗)으로 한 것을 말한다. 관·국폐사는 신기관(神祇官)이 관할하고, 부현사·향사·촌사는 지방관이 관할하였다. 사격이 부여되지 않은 신사를 무격사라 하였다(村上重良, 1982, 앞의 책, 吉川弘文館, 22~23쪽).

을 임용한 교도직(敎導職)을 설치하고, 1871년 6월 '경신애국(敬神愛國)', 천리인도(天理人道), 황상봉대(皇上奉戴)·조지준수(朝旨遵守)의 '3조교칙(三條敎則)'을 제정하여, 도쿄에 대교원(大敎院), 지방에 중교원(中敎院)·소교원(小敎院)을 두어, 이를 통해 국민교화운동을 계속하였다. 그러나 신교의 자유를 요구하고, 정교혼효(政敎混淆)를 비판하던 진종(眞宗) 4파가 1875년 1월 대교원을 탈퇴하고, 같은 해 5월 대교원도 해산되어 종파마다 독자적 포교활동을 하게 되었다.[11] 교부성에서도 같은 해 11월 신불(神佛) 각종(各宗)에 대하여 신교의 자유를 보장하는 취지의 구달(口達, 통지)을 내고 제정일치의 종교정책에 대한 '오해'를 풀기에 힘썼다. 더욱이 1882년 1월 내무성에서 신관의 교도직 겸보를 폐지하고, 관국폐사의 신관은 장의(葬儀)에 관여하지 못하도록 하는 취지의 구달을 내자, 그동안 신도관계 교도직을 비롯하여 각 유파의 신도가가 결집된 기구인 신도사무국에 들어가 있던, 정부의 신사정책이나 신도국교화정책 후퇴에 불만을 가지고 있던 신도가들이, 같은 해 5월 신도사무국에서 분리 독립하여 교파신도를 형성하였다.[12] 이로써 국가주도의 신사신도와 민간주도의 교파신도가 분리되어, 정부는 행정적으로 국가주도의 신사신도와 황실제사는 공적인 '비종교'·'초종교'로, 민간주도의 교파신도는 사적인 종교로 취

11 마루야마 요시오, 이원범 옮김, 2002, 『천황제 국가의 성립과 종교변혁』, 도서출판 소화, 305쪽.

12 마루야마 요시오, 이원범 옮김, 2002, 위의 책, 305쪽. 이렇게 성립된 교파신도를 그 성립 순서대로 열거하면, 黑住敎(1876), 神道修成派(1876), 神宮敎(1882), 大社敎(1882), 扶桑敎(1882), 實行敎(1882), 大成敎(1882), 神習敎(1882), 御岳敎(1882), 神道大敎(1886), 神理敎(1886), 禊敎(1886), 金光敎(1900), 天理敎(1908)인데, 이 가운데 神宮敎는 1899년 해산하고 神宮奉齋會가 되었다(村上重良, 1982, 앞의 책, 吉川弘文館, 84~85쪽).

급하였다.[13] 이어서 1889년 2월 흠정헌법으로 「대일본제국헌법」이 공포되어 그 제28조에 "일본신민(日本臣民)은 안녕질서를 방해하지 않고 신민으로서의 의무에 위배되지 않는 한에서 신교(信教)의 자유를 가진다"라고 규정하여 '일본형 정교분리'가 천명되었다. 그러나 이 '일본형 정교분리'는 "'안녕 질서'나 '신민으로서의 의무'에 어긋나지 않으려고 하면, 신사신도의 수용과 그것에 대한 동조화가 각 종파 교단에 극도로 엄하게 요구"되는 것으로서[14] 국가신도를 초종교로 인정하는 국가신도체제에 편입하는 것을 의미했다.[15]

1889년 2월 「대일본제국헌법」이 발포되어 궁중에서는 황조(皇祖, 천황의 신화상의 선조) 황종(皇宗, 역대의 천황)의 신전(神前)에서 봉고제가 집행됨과 동시에 전국의 각 신사에서도 봉고제가 집행되었다. 그 봉고제의 '고문(告文)'과 헌법 제3조에서는 제사대권(祭祀大權)을 가진 자로서 천황의 종교적 권위의 신성불가침성을 규정하여 국가신도의 공법상의 지위를 확정하였다.[16] 이어서 1890년 10월 '교육칙어(教育勅語)'를 발포하여, 학교교육과 국민교화의 기본을 삼게 함과 동시에 국가신도의 사실상의 교

---

13 이렇게 형성된 국가주도의 신도를 후대에 '국가적 신도(國家的 神道)' 또는 '국가신도(國家神道, State Shinto)'라고 하였다. 무라카미는 "국가신도는 근대 천황제 국가가 만들어 낸 국가종교요, … 19세기 후반에 등장한 일본의 이 새로운 국교는 신사신도와 황실신도를 결합하고, 궁중제사를 기준으로 신궁(神宮)·신사(神社)의 제사를 조립함으로써 성립하였다"라고 주장한다(村上重良, 1970, 『國家神道』, 岩波書店, 1쪽).

14 마루야마 요시오, 이원범 옮김, 2002, 앞의 책, 304~307쪽.

15 여기서 국가신도체제란 "신사를 통해 천황제 내셔널리즘을 국민에게 교화하려고 한 일본 패전 이전의 사회체제"를 의미한다(아오노 마사키, 배귀득·심희찬 옮김, 2017, 『제국신도의 형성』, 소명출판, 36쪽). 여기서 아오노는 국가신도를 그렇게 정의하고 있으나, 국가신도체제를 그렇게 정의하는 것이 낫다고 생각한다.

16 村上重良, 1970, 앞의 책, 128쪽.

전(教典)이 되게 하였다. 교육칙어는 천황숭배와 조상숭배[祖先崇拜]를 결합한 천황을 중심으로 하는 국체(國體)를 교육의 기본 이념으로 하여 '신민(臣民)'에 대한 명령 형식으로 국가와 천황에 대한 충성을 가장 중요한 덕목으로 정하여, 국가신도의 교의, 즉 국체의 교의는 제국헌법과 교육칙어에 의하여 사상적으로 완성되었다.[17]

이렇게 형성된 국가신도는 러일전쟁 후 일본 전국 신사의 통폐합을 거쳐 제도적으로 완성기를 맞이했다. 신사는 지방 행정과 결부되어 주민, 즉 씨족숭경자(氏族崇敬者)에 대한 천황제적 교화의 거점이 되었다. 신사 행정은 내무성 사사국(社寺局)의 관할이었는데, 1900년 4월 내무성 사사국을 신사국과 종교국으로 분할하여 신사행정이 독립하였다. 신사국은 내무성 각국의 최고위에 두고 신사행정은 내무성의 가장 중요한 소관사항이 되었다. 그 후 1913년 종교국은 문부성으로 옮겼다.[18] 일본에서 신사행정 담당 기관의 변천을 도표화하면 다음과 같다.

〈표 2-1〉 일본에서 신사행정 담당 기관의 변천(1868~1945)

번호	기간	행정기관 명칭	비고
1	1868. 1~2	신기사무과(神祇事務科)	정교일치(제정일치)기 (신불분리, 신도국교화 정책)
2	1868. 2~4	신기사무국(神祇事務局)	
3	1868. 4~1869. 7	(太政官內) 신기관(神祇官)	
4	1869 7~1871. 8	(太政官外) 신기관(神祇官)	

17 村上重良, 1970, 앞의 책, 134~141쪽.

18 村上重良, 1988, 『日本宗教事典』, 東京:講談社, 339쪽.

5	1871. 8~1872. 3	신기성(神祇省)	과도기 (신사신도비종교론)
6	1872. 3~1877. 1	교부성(教部省)	
7	1877. 1~1900. 4	내무성 사사국(社寺局)	
8	1900. 4~1940. 11	내무성 신사국(神社局)	의사(疑似) 정교분리기. [1913. 6 내무성 종교국을 문부성(文部省)으로 이관]
9	1940. 11~1946. 1	(내무성) 신기원(神祇院)	정교일치(제정일치)기

국가신도체제하에서 신관(神官)·신직은 사실상의 종교관료였다. 일본 정부는 1887년 3월 관국폐사의 신직제도를 개정하여 신관을 폐지하고, 주임·판임 대우관리로서 궁사·네의(禰宜)·주전(主典) 등의 신직을 두고, 내무성에서 관리하게 하였다. 궁사는 특별한 공로가 인정될 경우 칙임으로 임명할 수 있었다.[19] 이어서 1894년 2월 부현사 이하의 신직제도를 칙령으로 공포하여, 부현사 이하의 신사에는 판임대우의 관리로서 사사(社司)·사장(社掌)을 두고 지방장관이 임명하게 하였으며, 부현사와 향사에는 사사 1명과 사장 약간 명을 두며, 촌사(村社)·무격사(無格社)에는 사장만 두도록 하였다.[20] 1896년 11월에는 신궁사청관제가 칙령으로 공포되어 신궁의 직제가 제도적으로 확립되었고,[21] 1902년 2월에는 관국폐사직제가 칙령으로 공포되어 궁사·권궁사·네의·주전·궁장(宮掌) 등을 두고, 궁사·권궁사는 주임대우로서 내무대신의 주청으로 내각이 임명하

19 朝鮮神宮의 宮司는 처음부터 勅任이었다.

20 村上重良, 1982, 앞의 책, 23쪽.

21 「神宮司廳官制」(勅令 제371호, 1896. 11. 30), 神祇院總務局 監輯, 1941, 『最新 神社法令要覽』, 東京:京文社, 75~76쪽.

고, 녜의·주전·궁장 등은 판임대우로서 지방장관이 임명하게 하였다.[22] 이와 같이 신직제도가 정비됨에 따라 상급 신사는 내무성에서, 하급 신사는 지방관청에서 직접 지배하게 되었고, 대우관리로서 각급 신사의 신직은 신사의 의례집행자일뿐만 아니라, 그를 통하여 국민을 교화하는 천황제 국가권력의 사제(司祭)였다.[23]

국가신도는 처음부터 신사비종교론을 내세웠지만, 천황제 자체가 갖는 종교성을 그대로 내재하고 있었고, 관료들과는 달리 신직들은 그 종교성을 그대로 유지 강화하고자 하였다. 1926년 5월 칙령으로 '종교제도조사회관제(宗教制度調査会官制)'가 공포되어 문부대신 감독하에 종교제도조사회가 출범하고, 1929년 12월 칙령으로 '신사제도조사회관제(神社制度調査会官制)'가 공포되어 내무대신 감독하에 신사제도조사회가 출범한 것은 이러한 내부적 모순을 완화시키고, 종교단체법을 제정하여 종교계를 통제하기 위한 것이었다. 1930년 5월 일본 개신교계 연합기구인 일본기독교연맹은 산하 55개 단체 결의로 신사제도조사회에 다음과 같은 내용의 '신사 문제에 관한 진언(進言)'을 제출하였다.

> 신사 대 종교의 문제는 종래의 여러 설이 착종하여 아직 그 정설을 보지 못하여 우리는 다년간 이것을 유감으로 여겨 왔다. 대개 신사를 종교권 밖에 두려고 하는 것은 메이지(明治) 중엽 이후 정부의 전통적 정책이었다. 그러나 신사는 본디 종교인 것을 이렇게 비종교적으로 취

---

22 「官國幣社職制」(勅令 제27호, 1902. 2. 10), 神祇院總務局 監輯, 1941, 앞의 책, 78~79쪽.

23 村上重良, 1982, 앞의 책, 24쪽.

급하는 데에 무리가 있어 자연 종교적 행사를 실제로 집행하고 그 때문에 수많은 혼잡을 초래한 것으로 생각한다. 뿐만 아니라 국민적 신념을 함양하고자 하는 신사의 종교적 숭경을 장려하여, 혹은 이것을 강제하기에 이르고, 신사 비종교 정책과 모순을 초래하거나 또 때로는 신교 자유에 관한 제국 헌법에마저 저촉할 우려가 있다.
이와 같은 것은 국민 사상을 위해 오래 놓아 둘 수 없는 중대 문제이다. 이때에 마침 신사제도조사회(神社制度調査会)가 설립된 것은 그 근본 방침을 수립할 좋은 기회가 아닐 수 없다. 따라서 우리도 역시 평소에 품고 있는 바를 명확히 하여 책임의 일단을 하려고 하는 바이다.

1. 이때에 신사에 관한 본질적인 연구 조사를 수행하여 신사가 종교인지 아닌지의 문제를 명백히 해결하고, 초종교(超宗教) 그밖의 어떤 명목으로도 이것을 애매(曖昧)하게 하지 않을 것.
2. 신사를 종교권 밖에 두는 것이라면 그 숭배의 의의 및 대상을 분명히 하여 교파 신도와의 혼동을 바로잡고, 제사, 제사의 의식의 종교적 내용을 제거하고 또 기원(祈願), 기도(祈禱) 및 신찰호부(神札護符)의 수여, 또는 장례 집행 그 외 모든 종교적 행위를 폐지하게 할 것.
3. 신사를 종교권 내에 두기로 하면, 직접적으로도 간접적으로도 종교 행위를 국민에게 강요하지 말게 할 것.
4. 사상 선도 및 교화 사업 등의 진행에서, 국민 각자의 양심의 자유를 존중하고 이른바 학생 참배 강제 문제, 가미다나(神棚) 문제 등과 같은 한탄스러운 일이 일어나지 않게 할 것.[24]

24 日本基督教聯盟編, 1930,『神社問題に就て』, 日本基督教聯盟, 1~2쪽.

당시에도 신사에서 종교적 의식과 행위가 이루어져 국가신도에 종교성이 뚜렷하여 문제가 되었던 것이다. 신도(神道)가 분명히 종교임은 종교학자로 도쿄제국대학과 국학원대학 교수였던 가토 겐치(加藤玄智)가 1935년 간행한 『신도의 종교발달사적 연구(神道の宗教発達史的研究)』라는 저서에서 신도를 다음과 같이 도식화하여 설명하고 있는 데서도 입증된다.

- 신도(神道)
  - 국가적 신도
    - 국체신도(國體神道): 국가적 신도의 정신 내용. 문부성 감독.
    - 신사신도(神社神道): 국가적 신도의 외형 형식. 내무성 신사국 관할
  - 종파적 신도: 13파로 나뉘어 행정상 종교로 취급. 문부성 종교국 관할.

그는 신도를 국가적 신도와 종파적 신도로 나누고, 정부에서는 종파적 신도만 종교로 취급하지만, 국가적 신도도 역시 종교이며, 이것은 다시 신사신도와 국체신도로 나누어, 신사신도는 국가적 신도의 외형 형식으로 내무성 신사국에서 감독하고, 국체신도는 국가적 신도의 정신 내용으로 문부성에서 감독한다는 것이다. 여기서 가토가 말하는 국가적 신도가 바로 국가신도이다.[25]

---

25 "國體神道와 宗派神道: 神道에는 明治 이래 分派한 13派의 宗教神道가 있다. 그것을 宗派神道라고도 俗神道라고도 혹은 神道 13派라고도 하여 純正의 神道와 구별한다. 그리고 순정의 神道 쪽을 國體神道라든가 國家神道라든가 또 國體神道, 國家神道를 나타내는 神社를 神社神道라고도 부른다. 그러나 단순히 神道라고 하면 國體神道, 國家神道, 神社神道로, 13파의 宗教神道는 前記와 같은 명칭을 앞에 붙여서 부르는 것이 예로 되어 있다. 그 13파의 宗教神道로는 神道大教, 黑住教, 神道修成教, 大社教, 扶

국가신도의 정신 내용이자 이념인 국체의 개념은 '천황제' 이데올로기의 발전과 함께 보완되어 가다가 1930년대 중엽 국체명징운동(國體明徵運動)을 거치면서 확정되었다.[26] 일본 국민의 교육과 교화를 담당한 문부성은 1937년 5월 『국체의 본의(國體の本義)』라는 책을 발행하여 전국의 각 학교, 사회교화단체 등에 배부하기 시작하였다. 이 책은 1935년 2월 귀족원에서 미노베(美濃部達吉)의 '천황기관설(天皇機關說)'을 비판하면서 시작된 이른바 '국체명징운동'의 일환으로 그해부터 문부성 사상국 이토 엔키치(伊東延吉)의 주도하에 14명의 학자로 이루어진 편집위원회가 조직되어 2년 만에 발행한 것이다. 이 책의 발행 목적은 그 서언의 마지막 문장에 나와 있듯이 "건국[肇國]의 유래를 밝히고 그 큰 정신을 천명하는 한편, 국체가 국사에 현현하는 모습을 명시하고, 나아가 이것을 오늘의 세상에 설파하여 국민의 자각과 노력을 촉구"하기 위한 것이었다. 그리고 그 내용은 메이지유신 이래에 형성해 온 '천황제' 이데올로기를 국체라는 단어의 의미로 종합 정리한 것이다. 이 책의 "제1장 대일본 국체" "1. 국가의 시작[肇國]"에서 '국체'를 다음과 같이 정의하고 있다.

> 대일본제국은 만세일계(萬世一系)의 천황이 황조(皇祖)의 신칙(神勅)을 받들어 영원히 그것을 통치하신다. 이것이 우리 만고불역(萬古不易)의 국체이다. 그리고 이 대의를 기반으로 일대 가족국가로서 억조(億兆)가 일심으로 성지(聖旨)를 받들어 명심하고, 능히 충효의 미덕을

桑教, 實行教, 大成教, 神習教, 御岳教, 禊教, 神理教, 金光教, 天理教 등이 있다."[「국민강좌 신도상식(4)」, 『釜山日報』, 1944. 1. 7].

26 국체론의 변화 과정에 대해서는 1921년 신사행정을 담당하는 일본 내무성 신사국(神社局)에서 발행한 『國體論史』 참조.

발휘한다. 이것이 우리 국체가 정화(精華)로 삼는 바이다. 이 국체는 우리나라의 영원불변한 큰 근본으로 역사를 관통하여 환하게 빛나고 있다. 그리고 그것은 국가의 발전과 함께 더욱더 공고하고 천양(天壤)과 함께 두궁하다.[27]

여기서 국체란 한마디로 하면 "대일본제국 통치의 주체는 천황"이라는 것이다.[23] "국체=국가=천황" 이것이 '천황제' 이데올로기의 핵심이었다.

일본 근대 천황제 국가는 고대적 신화와 비합리성에 기초한 국가신도의 신사와 근대성과 합리성을 표방한 학교를 '천황제' 이데올로기를 국민에게 주입하는 주된 교화기관으로 삼았다. 국가신도란 19세기 후반에 근대 천황제 국가가 일본 고유의 신사신도와 황실신도(皇室神道)를 결합하여 인위적으로 만들어 낸 일종의 국가종교였다.[29] 메이지 유신 초기에 메이지 유신의 주역들은 불교와 기독교 등 일반 종교를 억압·통제하는 한

---

27 文部省, 1937, 『國體の本義』, 9쪽.

28 皇道主義者인 法學者 穗積八束도 1909년 '高等小學校 修身書 要旨'에서 "國體는 統治 主權의 所在에 의하여 나눈다. 政體는 통치권 행동의 형식으로 나눈다. 우리나라는 君主國體로서 또 立憲政體에 따른다. 君主國體라는 것은 나라를 통치하는 主權이 君位에 있다는 立國의 本體를 가리킨다. 우리나라는 君主國으로서 통치의 권력은 萬世一系의 皇位에 있다. 이 관념은 立國 이래 수천년 오랜 동안을 거치면서 더욱 공고해져 영원히 움직일 수 없는 것이다."(穗積八束, 1937, 『國民道德大義』, 國民精神文化研究所, 6~7쪽)

29 村上重良, 1970, 앞의 책, 1쪽, 저자는 이 책의 78~80쪽에서 국가신도의 발전을 (1) 형성기 메이지유신(1868년)~메이지 20년대 초두(1880년대 말), (2) 교의적 완성기 제국헌법 발포(1889년)~러일전쟁(1905년), (3) 제도적 완성기 메이지 30년대 말(1900년대 후반)~쇼와 초기(1930년대 초두), (4) 파시즘적 국교기 만주사변(1931년)~태평양전쟁 패전(1945년)의 4단계로 나누어 설명하고 있다.

편, 일본의 고유 종교인 신사신도와 민간신도를 황실제사 중심의 국가신도로 개편하여, 여기에 초종교적, 공적, 절대적 지위를 부여하고, '천황'의 조상과 당시 '메이지천황'을 신격화하여 절대권력을 부여함으로써 군국주의적 '천황제' 이데올로기의 기초로 삼았던 것이다.

이러한 '천황제' 이데올로기'와 국가신도의 전성기라고 할 수 있는 1940년에 나온 『신사신도』라는 책에서, 위의 『국체의 본의』 편집위원으로도 참여하고 신도학자요 당시 국학대학원 학장이었던 고우노 세이조(河野省三)는 신도의 가장 중요한 숭배 대상과 관념을 이렇게 말하고 있다.

> 신도(神道)의 최고의 신은 황조(皇祖) 천조대신(天照大神)이요, 가장 실질적인 신은 현인신(現人神)인 천황이며, 신도의 가장 중요한 문제는 조선(祖先)에 봉사(奉仕)하는 심리 즉 숭조관념(崇祖觀念)이요, 천황 및 국가에 대한 봉사 즉 충군애국(忠君愛國)이다.[30]

이 구절은 일본의 신사신도 내지 국가신도가 그들의 '천황제' 이데올로기와 얼마나 깊이 연관되어 있나를 잘 말해 주고 있다. 신도는 일본인의 고유 종교 사상으로 천황숭배 내지 조상숭배를 핵심으로 하는 일본의 국수적인 토착종교였던 것이다. 그리고 신사는 이러한 신도의 제신(祭神)을 봉재(奉齋)하고 종교의식을 거행하는 중심적인 시설이었다. 위에서 인용한 고우노는 이러한 신사에 봉재되는 제신을 다음과 같이 나누고 있다.[31]

---

30 河野省三, 1940, 『神社神道』, 三笠書房, 102쪽

31 河野省三, 1940, 위의 책, 72쪽.

① 황조황종(皇祖皇宗)의 신령(神靈) ② 씨족(氏族)의 조신(祖神) ③ 국가(또는 그 지방)에 공로가 현저한 이들, 또는 국난(國難)에 순국한 이들의 영령 ④ 일본 문화의 진보에 대한 공헌이 현저하고 또 그에 관계가 깊은 이들의 신령 ⑤ 황실의 번영, 국운의 발전, 국민생활의 안태(安泰)에 수호적인 위열(威烈)을 발휘한 신령

이 가운데 가장 중요한 것이 아마테라스 오미카미(天照大神)로 대표되는 "① 황조황종의 신령"이고, 지금까지도 문제가 되고 있는 야스쿠니신사(靖國神社)에 봉재된 신령은 이른바 "③ 국난에 순국한 이들의 영령"이라고 할 수 있다. 물론 야스쿠니신사도 이러한 '천황제' 이데올로기의 확산과 자국민을 대외침략 전쟁에 동원하기 위한 방편으로 마련된 것이었다.

야스쿠니신사는 1869년(메이지 2) 6월, 칙명으로 당시 군사 관련 업무를 맡은 군무관(軍務官)에 의해 도쿄에 지어진 초혼사(招魂社)에 그 기원을 두고 있다. 그해 5월 도쿠가와(德川) 막부 세력을 완전히 패배시킨 천황 측은 이 내전에서 죽은 자기 측의 군인들의 합동초혼제를 지내고 이 초혼사에 합사하였다. 메이지 천황은 이 초혼사에 특별한 배려를 하고 1874년 1월에는 자신이 직접 그곳을 찾기도 하였다. 더욱이 정한론(征韓論)을 둘러싸고 일어난 1877년 세이난(西南) 전쟁이라는 내란에서도 메이지 정부군이 승리하자 그해 11월 이 초혼사에서 전사자들을 위한 임시 제사를 거행하였다. 1879년 6월에는 군의 의견을 받아들여 이 초혼사를 야스쿠니신사로 개칭하고 별격관폐사(別格官幣社)라는 특별한 지위를 부여하였다. 야스쿠니신사는 처음에는 내무성과 육·해군성에서 함께 관할하였으나, 군부의 성장에 따라 1882년에는 이른바 '군인칙유'를 내려 천황이 군의 통수권자이며, 군인은 천황의 군대로서 절대 충성의 의무가 있음

을 분명히 하고, 야스쿠니신사도 1887년 육·해군성의 독점적 관할 하에 두어 신직도 육·해군성에서 임명하게 하였으며, 별격관폐사로서, 황조신을 봉안한 신궁의 버금가는 지위를 차지하게 하였다. 그 후 이 신사는 청일전쟁(1894), 러일전쟁(1904) 등을 비롯하여 중일전쟁(1937), 태평양전쟁(1941)에 이르기까지 침략 전쟁 동원에 이용되고, 1898년 가을부터는 전투 중에 사망한 자나 적의 포로가 된 자뿐만 아니라 "전쟁터에서 질병 또는 재해로 인해 사망한 자도 '천황의 특별한 배려'로 전사자와 같이 인정해 야스쿠니신사에 신으로 모셔지도록" 하였다. 그리고 1939년 3월부터는 지방에 있던 관설·사설의 초혼사들을 호국신사(護國神社)로 개칭하여 신직 및 신찬폐백료(神饌幣帛料)를 관에서 제공하게 하고 그 하부에 거느려 그 지역 야스쿠니신사의 기능을 하게 하였다. 이를 통하여 우리는 그들의 '천황제' 이데올로기와 국가신도, 그리고 이에 대한 참배 강요가 그들의 군국주의적 대외침략과 얼마나 깊은 관련을 맺고 있었는지를 쉽게 짐작할 수 있다.

2) 식민지 교육과 신사

1910년대 일제는 한국 강제병합을 계기로 식민통치 기구를 정비하고 식민정책을 수립하여 한국에 대한 본격적인 식민지 경영에 착수하였다. 이 시기에 그들은 그들의 불법적인 지배를 은폐하고 식민지 수탈을 강화하기 위하여 조선인의 모든 민족적 활동을 무단봉쇄하는 한편, 식민지 교육을 통하여 민족 동화를 강행함으로써 한국을 영구적으로 식민지화하려고 획책하였다. 그들의 이러한 의도는 식민지 교육정책의 수립 과정에서 구체적으로 드러난다.

구한말부터 학부(學部)를 잠식하여 식민지 교육의 기반을 마련한 일제는 한국 강제병합을 계기로 '천황제' 이데올로기의 주입과 민족 동화를 위한 보다 적극적인 식민지 교육정책을 수립하고자 부심하였다. 강제병합 직후인 1910년 9월에 식민지 교육정책 수립의 실무자였던 일본인 구마모토 시게키치(隈本繁吉)는 "주로 조선 민족을 과연 동화할 수 있느냐 없느냐를 논구하고 아울러 그것에 관련된 조선 민족 교화의 방침에 대하여 사견(私見)을 진술한" 것이라는 「교화의견서(敎化意見書)」를 비밀 문서로 제출하였는데[32] 그는 여기에서 "일본제국민의 충성심은 일본 민족에 고유한 조상숭배에 깊은 뿌리를 가지고 있다"고 하면서 "일본 민족의 천황에 대한 관계는 이 복종에 더하여 조상숭배로부터 연원한 경애(敬愛)의 지정(至情)"이라 하여 조상숭배에 뿌리를 둔 천황에 대한 충성심을 일본 민족의 특성으로 지적하고 있다.[33] 이어 동화의 의의에 대하여 "가장 엄밀한 의미에서 조선 민족의 동화(Japanization)라는 것은 그들로 하여금 일본 민족의 언어·풍속·습관 등을 채용 모방시키고, 다시 나아가서 일본 민족의 충군애국의 정신을 체득시키는 것"이라고 정의하고 있다.[34] 그러나 그는 이러한 철저한 동화는 류큐(琉球)나 타이완(臺灣)과는 달리 한국에서는 불가능하다고 보고 우선 차선책으로 '조선 민족의 순량화(順良化)'를 주장하고 있다. 즉 "조선 민족을 교화하여 제국의 순량한 신민으로 하는 것을 목적으로 삼고 그들로 하여금 일본 민족에게 대하여 항상 종속적 지위"에 머무르게

---

32 隈本繁吉, 「(秘) 敎化意見書」(1910. 9. 8), 김승태 편역, 1996, 『일제강점기 종교정책사 자료집』, 한국기독교역사연구소, 28~41쪽.

33 위 자료집, 30~31쪽.

34 위 자료집, 31~32쪽.

해야 한다는 것이다.[35] 따라서 교육의 범위도 초등교육과 직업교육에 한정할 것을 주장하고 있다.[36]

구마모토가 제시한 식민지 교육정책은 동화(=忠良化) 정책이 가장 바람직하나 불가능한 것으로 보이므로 차선책으로 '순량화' 정책을 취하고 교육을 제한하여 영구적으로 일본의 종속상태에 묶어두자는 것이다. 이러한 그의 견해는 이듬해 발포된 조선교육령에 그대로 반영되어 있으며, 총독부는 한 걸음 더 나아가 '순량화'에 만족하지 않고 적극적인 동화(=충량화) 정책을 강행하였던 것이다.[37]

총독부가 적극적인 동화(=충량화) 정책을 취하게 된 데에는 호즈미 야쓰카(穗積八束)의 조선 학제안(조선교육령의 초안)에 대한 의견서도 크게 영향을 미쳤을 것으로 보인다.[38] 당시 총독부 학무국장이던 세키야 데이자부로(關屋貞三郞)는 조선학제안이 마련되자 이를 일본 본토에 있던 법학박사 호즈미 야쓰카에게 보내 비판을 구하였다. 호즈미 야쓰카는 이에 대해 사신(私信) 형식의 의견서에서 식민지 교육의 목적과 한계를 다음과 같이 서술하고 있다.

---

35 위 자료집, 33~38쪽.

36 앞 자료집, 39~40쪽.

37 1911년 8월 23일 칙령 제229호로 공포된 '조선교육령' 제2조에서 "교육은 교육에 관한 칙어의 취지에 기초하여 충량(忠良)한 국민을 육성하는 것을 본의(本義)로 한다"라고 규정하고(『朝鮮總督府官報』 1911. 9. 1), 총독부 내무부 장관 宇佐美勝夫도 1916년 5월 일본인 교원 강습회에서 행한 訓示에서 "朝鮮統治의 目的은 同化에 있다"고 말하고 있다(幣原坦,1919, 『朝鮮教育論』, 六盟館, 56~57쪽).

38 이 문서는 高橋濱吉, 1927, 『朝鮮教育史考』, 帝國地方行政學會 朝鮮本部, 398~404쪽 및 大野謙一, 1936, 『朝鮮教育問題管見』, 朝鮮教育會, 43~50쪽에 소개되어 있다. 이 문서의 주요 내용은 (1) 皇室의 崇敬, (2) 師範教育의 振作, (3) 教科用 圖書, (4) 規律教育, (5) 私立學校, (6) 外國宣教師가 경영하는 宗教學校 問題 등으로 구성되어 있다.

조선에서 교육은 우선 우리 황실(皇室)을 숭경(崇敬)하는 정신을 부식(扶植)하고, 특히 질서를 중시하고 규율에 복종하는 관념을 기르고, 그리하여 일상 생활에 필수적인 지식과 기술을 교수함으로써 일신일가(一身一家)를 다스릴 수 있으면 족하다.[39]

여기서 우리는 다시 식민지 교육의 본질이 황실숭경(皇室崇敬)이라는 '천황제' 이데올로기의 주입 도구요, 민족의 존립이나 정치에는 무관심하고 자신의 생계에 집착하여 충실히 식민국가의 명령에 복종하는 노예적 예속민의 창출 기제에 불과하였음을 알 수 있다. 호즈미는 이어 "교육은 국가 통치권의 행동에 속하고 다른 행정과 다를 바 없이 국가의 일이며 혹은 국가가 사인(私人)에게 명하여 행하는 일"이라 하여 교육을 학문과 구별하고 철저히 지배 이데올로기의 주입 도구화할 것을 주장하였다. 그리고 이를 위하여 교육내용·교사·학교경영에 강력히 국가가 간섭할 것을 주장하고 있다.[40]

특히 교과 과목 중에서는 지배 이데올로기 주입과 직접적인 관련을 가진 수신(修身) 과목의 중요성을 다음과 같이 강조하고 있다.

수신 과목은 여러 과목 중 하나라 해도 실은 그 과목으로 전 과목을 덮을 수 있는 것으로 교육은 수신에서 마쳐진다 해도 가할 것이다. 그리고 그 뜻은 교육에 관한 칙어의 실천에 불과한 것이다. (중략) 특히 신부국민(新附國民=조선인)에 대하여 황실숭경(皇室崇敬)하는 정신을 부

39 大野謙一, 1936, 앞의 책, 44쪽.

40 大野謙一, 1936, 위의 책, 48~49쪽.

식하는 것은 말할 것도 없이 제일의 급선무이다. 이제 소학에 재학하는 아동들은, 아직 그들의 근래의 정변에 관계되지 않은 자로서, 머지않아 사회의 중견인을 이루는 자로 그들이 아직 사설(邪說)에 접하지 않은 때에 이 일념을 부식하여야 한다. 우리 황실은 국가 결정의 중심으로 국운이 그에 달렸고 실재 국민의 기본임을 보이고 신성 불가침한 존엄을 경외하여 우러르게 해야 한다.[41]

이와 같이 수신 과목은 조선인에게 일본 황실숭경의 정신을 부식하는 정책 과목 내지 도구였던 것이다. 이어서 그는 사립학교에 대한 감독을 강화하되 특히 외국 선교사가 설립한 종교학교에 대하여 국가의 간섭이 절실하다고 주장하고 있다. 즉,

야소교의 본의는 원래 우리 국체와 도덕의 근본과는 서로 합일하는 것이 아니라는 것을 고백하지 않을 수 없다. (중략) 충효의 대의를 근본 축으로 한 도덕과, 박애 인도를 대본으로 한 도덕과는 근저에 차이가 있다. 인간을 평등이라 하여 존귀의 차별을 비리로 하는 교의(教義)와 황위(皇位)를 신성한 것으로 여기고 군부(君父)를 존경하며 조상을 예배하는 교의와는 전혀 그 주의를 달리한다.[42]

고 하면서 "이 본래의 교의정신(教義精神)에 착안하여 상당한 단속"을 할 것을 강력히 요청하고 있다. 이러한 그의 견해는 그대로 수용되어 식민지

---

41 大野謙一, 1936, 앞의 책, 46쪽.

42 大野謙一, 1936, 위의 책, 49쪽.

교육정책의 기조가 되고 적극적인 동화(=충량화) 정책의 강행과 사립학교에 대한 탄압으로 나타났다.[43]

그리하여 1911년에는 조선교육령 및 각급 학교 규칙을 발표하고 이듬해에는 교육칙어까지 발포함으로써 법제적으로도 식민지 교육의 기초를 마련하였다. 당시 총독부 내무부 장관이었던 우사미는 1912년 5월에 열린 공립보통학교장 강습회에서 교육에 대하여 다음과 같은 요지의 훈시를 하고 있다.

1. 시세(時勢)와 민도(民度)를 고려하라.
2. 보통학교는 교육의 중심, 즉 교화(敎化)의 중심이다.
3. 민정(民情)과 풍속을 연구하라.
4. 일본제국을 존중하는 염(念)을 양성하라.
5. 교수 훈련상 특히 주의할 점으로 수신(修身)과 일본어 교수에 치중하다.[44]

같은 해 7월 총독도 담화를 통해서 교육 방침을 밝히면서 "신영토의 국민을 동화하는 최첩경(最捷徑)은 교육상 도야"에 있다고 전제하고 "요컨대 여(余)는 교육칙어의 취지에 기(基)하여 방침을 확립하고 (중략) 특히 조선인 자제에 대하여는 상시(常時) 덕성의 함양과 실업사상의 고취(鼓吹)에 치중하여 무실근검(務實勤儉)의 미풍을 순치하여 실로 충량한 국민을

43 朴慶植, 1973, 『日本帝國主義朝鮮支配』上, 145~160쪽 참조. 이러한 상황은 사립학교의 격감을 초래하였다.

44 『朝鮮總督府官報』, 1912. 5. 18.

양성코저 함에 재(在)하노라"하여 식민지 교육의 목표가 동화(=충량화)에 있음을 거듭 강조하고 있다.[45] 데라우치(寺內) 총독은 철저한 동화주의자로 교육뿐만 아니라 일반 행정에까지 이 정책을 강행하였음은 다음과 같은 그의 담화를 통해서도 살필 수 있다.

> 여(余)는 특히 절대적으로 동화주의라 언(言)치 아니하나 그러나 조선인으로써 동화하기 이(易)하고 동화치 아니치 못할 국민으로 인(認)하노라. 여(余)는 차(此) 방침에 기(基)하여 선인자제(鮮人子弟)의 교육에 유의하고, 차(且) 일반 행정상에도 다대한 주의를 가(加)하노라.[46]

그리고 이러한 동화정책의 수행에 장애가 되는 사립학교에 대하여는 1915년 개정 사립학교 규칙을 발포하여 사립학교에서의 종교 교육을 금지시키고 식민지 교육 수행에 협력하거나 그렇지 않으면 폐교하도록 압력을 가하는 한편, 1918년에는 서당 규칙을 만들어 서당 교육까지 규제하였다. 총독부는 그들의 이러한 동화(=충량화)정책을 수행하기 위하여 교원들을 그 전위대로 사용하였다. 이를 위하여 사범학교의 교육을 강화하여 교원 자격을 제한하고 1916년에는 교원심득(教員心得)이라는 것을 발표하였다. 그리고 사립학교에까지 일본인 교원의 채용을 강요하였다. 1916년 5월 일본인 교원 강습회에서 행한 내무부 장관 우사미의 훈시는 이들 일본인 교원들에게 어떠한 역할이 요구되었는가를 잘 보여주고 있다. 그의 훈시요지는 다음과 같다.

---

45 「寺內總督談(24)「教育方針」」, 『每日申報』, 1912. 7. 22

46 「寺內總督談(4)「同化策」」, 『每日申報』, 1913. 6. 28.

1. 조선통치의 목적은 동화에 있다.
2. 동화는 주로 교육의 효과에 의존한다. 다시 말하면 동화를 위한 교육이다.
3. 보통학교의 교원 지위는 극히 중대하며, 선인동화(鮮人同化)의 책무를 이루어야 한다.
4. 이 직책을 온전히 하기 위하여 노력과 지성을 필요로 한다.[47]

즉 일본인 교원으로 하여금 동화(=충량화) 교육의 역군이 되어 달라는 것이다. 그리고 이러한 요구는 일본인 교원은 물론 교단에 서는 조선인 교원에게도 강요되었고 거부할 경우에는 불리한 처우를 받거나 교단을 떠나야 했던 것이다.

일제 식민지 교육의 근본적인 목적이 신도사상(神道思想), 즉 '천황제' 이데올로기에 입각한 민족동화(=충량화)에 있었으므로 교과 내용도 이에 따라 편집되었던 것은 당연한 일이다. 그리하여 사립학교에서까지도 타 교과서의 사용을 금지하고 총독부 편찬 교과서를 통하여 그들의 '신도사상(Shintoism)'을 강요했다.[48]

일제가 직접적으로 한국의 교육에 간섭을 시작한 것은 1905년 6월경부터였던 것 같다. 이때 일본 영사관에서 구보타(久保田) 문부대신에게 보낸 보고서에는 "장래 신교육의 근거가 될 일어독본 기타 교과서 편찬의

---

47 幣原坦, 1919, 앞의 책, 56~57쪽.

48 손인수(孫仁銖)는 일본 식민지 교육의 성격을 논하면서 "일본 식민지 교육은 神道(Shintoism) 사상을 내세워 국가주의 제국주의적인 성격을 띠었다. (중략) 그들의 國民儀禮이며 애국사상의 고취방법으로 만든 神道(Shintoism) 사상을 가르치라고 하였다"고 지적하고 있다. (孫仁銖, 1971, 『韓國近代敎育史』 92, 122~123쪽).

계획에 착수하였으며, 여러 차례 제국공사와 전의(詮議)를 거듭하여 학부 편집국에 일본인을 참가시켜 편수를 촉탁시키고"라 하여, 이에 따라 미쓰치(三土忠造)·시데하라(幣原坦) 등이 학부참여관으로 들어가 교육 간섭을 개시하였던 것이다.[49] 이들을 중심으로, 통감부 설치 이후부터는 식민지 교육에 이용할 교과서 편찬에 착수하였다. 그리하여 1906~1908년 사이에 보통학교용 교과서를 학부의 이름으로 내고 공립보통학교는 물론 사립학교에까지도 그 사용을 강요하였다.[50] 또한 1908년에는 사립학교령 제6조와 학부령 제16호로써 교과용 도서 검정규정을 발포하여 학부에서 편찬하거나 학부대신의 검정을 얻은 것 이외에는 모두 학부대신의 사용 인가를 얻도록 함으로써 반일적이거나 애국적인 내용의 교과서 사용을 금지하였다.[51]

1910년 한국 강제병합 이후에는 학부에서 그들 자신에 의하여 편찬된 교과서마저도 내용이 부적당하다고 하여 '정정(訂正)'에 착수하였다. 그리하여 이듬해 초부터는 학교교육에서 이 「정정본(訂正本)」을 사용하게 되었다. 그러나 이 「정정본」에도 만족하지 않고 조선교육령과 교육칙어를 발포하고는 이를 준거로 하여 그들의 식민지 교육에 적합한 새로운 교과서 편찬에 착수하였다. 이때 실무 책임을 맡았던 편집과장 오다(小田省吾)에 의하면 이러한 총독부 교과서 편찬 방침 및 그 내용은 다음과 같다.

---

49 幣原坦, 1919, 앞의 책, 219~220쪽.

50 그러나 이러한 교과서들은 한인측으로부터 ① 지리·역사 교과서가 없다는 점 ② 저학년부터 일어독본(日語讀本)을 사용시키는 점 ③ 한문독본(漢文讀本)이 난해하다는 점 등에 대하여 비판을 받았다(高橋濱吉, 1927, 앞의 책, 167쪽).

51 이 시기의 애국적인 내용의 교과서 사용 탄압에 대해서는 高橋濱吉, 1927, 위의 책, 177~184쪽 및 孫仁銖, 앞의 책, 64~71쪽 참조

일반의 편찬 방침은 조선교육령에 준거함은 물론 조선어 및 한문독본을 제외하고는 국어(일본어: 인용자)로써 기술하여 한층 더 국어를 보급시키도록 하고, 사립학교용을 위하여 수신서, 농업서 등의 특수한 것에 한하여 따로 조선어역문을 만들었다. 그리고 교과서의 내용은 교과목에 따라 차이는 있지만 직접적으로 국민성의 양성에 관계있는 교과에 있어서는 (첫째) 조선이 일본제국의 일부요, (둘째) 우리 제국은 만세일계의 천황이 그것을 통치하고, (셋째) 조선인이 세계 일등 국민의 백성이 되고 행복한 생활을 영위하는 것은 모두 황실의 은택에 의한 것으로 각자는 그 분수를 지켜 국가(일본 제국: 인용자)에 진력할 소이를 알게 하고, (넷째) 실용·근면을 주로 하여 공리·공론을 피하도록 유의하였다.[52]

이와 같은 방침하에서 편찬된 교과서가 어떠한 것이었으리라는 점은 충분히 짐작할 수 있는 일이다. 사실 이들 총독부의 교과서들은 신도사상에 입각한 '천황제' 이데올로기의 주입 도구 내지는 조선인의 노동력 착취를 위한 저급한 실업 교육용으로 편찬되었다. 그리고 이들 중에서도 일본어, 수신, 역사, 지리 과목은 소위 "직접적으로 국민성 양성에 관계 있는 교과"라 하여 그 내용상 폐해가 심했다.

한편, 일제는 이러한 식민지 교육의 통제를 위하여 일본인 시학관(視學官) 및 시학(視學)을 두고 각급 학교를 시찰 보고하도록 하였다.[53] 이들의

---

52 幣原坦, 1919, 앞의 책, 223쪽. 이에 대한 보다 상세한 내용은 『每日申報』, 1917. 6. 21~7. 11일 사이에 15회에 걸쳐 연재된 「朝鮮의 教科書」 참조.

53 시학관의 자격에 관해서는 『朝鮮總督府官報』 1911년 5월 9일자 勅令 제 138호「朝鮮總督府 視學官 特別任用令」참조. 1910년대의 視學官은 모두 일본인이 담당하였고,

임무는 총독부의 교육방침을 전국의 각급 학교에 전달하고 현지의 교육 실정을 총독부에 보고하는 것이었다. 그리하여 수시로 각급 학교를 시찰하여 교육을 간섭하고 그들의 식민지 동화(=충량화) 교육의 성과를 평가하였다. 이를 위해 소위 '아동 사상(심리) 조사'를 불시에 실시하기도 하였는데 그들이 얼마나 지배 이데올로기의 주입에 힘썼는가는 이 '조사' 시에 출제한 문제와 이에 대한 순진한 아동들의 답을 통해서도 알 수 있다.

1916년 12월에 행한 개성제일공립보통학교의 '아동 심리 조사' 결과는 다음과 같다.

> '가장 위대하다고 생각되는 사람은?'이라는 문제에 대하여 '천황폐하'라고 답한 것이 가장 많았고, '가장 중요한 것이라고 생각되는 것은?'이라는 문제에 대하여 '직업이 있는 것'이라는 대답이 다수였다.[54]

이러한 결과는 '천황제' 이데올로기의 주입과 조선인의 노동력 착취를 위한 실업교육 강조 때문이었던 것이다.

이듬해 1월에도 수원공립보통학교를 시찰하여 '아동 사상 조사'를 실시하였는데, 시데하라(幣原坦)의 회고에 의하면 그 결과는 다음과 같다.

> 그러면 이러한 것들이 과연 어느 정도 아동의 머리에 들어 있는가를 보기 위하여 (중략) 돌연 문제를 출제하여 답안을 쓰게 한 것이 있다.

조선인이 視學에 임명된 것은 1920년대에 가서의 일이다(「朝鮮人道視學任命」, 『동아일보』, 1920. 9. 17).

54 幣原坦, 1919, 앞의 책, 88~89쪽.

그중 '우리가 평안무사하게 지낼 수 있는 것은 누구의 음덕입니까?'라는 문제에 대하여 대다수가 '천황폐하의 음덕입니다'라고 답하고 있다. '충의(忠義)란 어떤 것입니까'라는 문제에 대하여는 '천황을 위하고 나라를 위해 힘쓰는 것'이라고 답한 것이 가장 많았다. 또 '국기(일장기: 인용자)가 서 있는 것을 보면 어떤 마음이 듭니까'라는 문제에 대해서는 '마음이 좋다'고 대답한 것이 가장 많았고, '용맹스럽다'라든가 '기쁘다' '유쾌하다'라는 답이 상당히 많았고, 소수이긴 하지만 '황은(皇恩)을 생각한다'고 한 것도 있었다. '우리나라(일본: 인용자)가 세계 어느 나라보다도 좋은 이유는 무엇입니까'라는 문제에 대하여는 '만세일계의 천황을 모셨기 때문'이라고 답한 것이 가장 많았다.[55]

이와 같은 결과에 대하여 그는 "이상은 모두 학교에서 선생이 가르친 것에 기초하여 답하고 있는 것이긴 하지만 오랫동안에는 아동의 사상도 변천해 갈 것이다"라고 낙관적인 전망을 하고 있다.[56]

이상과 같이 일제는 식민지 교육 내지 '신도교육'을 통하여 그들의 신도사상에 입각한 '천황제' 이데올로기를 강요하였던 것이다. 이렇게 볼 때 천황 사진 배례(拜禮) 및 신사참배의 강요는 이러한 식민지 교육의 실천과정으로써 식민주의적 동화(=충량화) 정책의 일환으로 추진되었음을 알 수 있다.

총독부 편찬 교과서 중에서도 특히 수신 과목은 전술한 호즈미 야쓰카의 조선학제에 관한 의견서 속에서도 가장 강조하고 있듯이, 그 주된

---

55 幣原坦, 1919, 앞의 책, 88쪽.

56 幣原坦, 1919, 위의 책, 89쪽.

내용이 "천황폐하의 은덕이 산과 같이 고(高)하고 바다와 같이 심(深)한 것, 특별히 조선인은 천황폐하의 은덕으로 악한 한국정부의 기반(羈絆)을 탈(脫)하여 대일본제국의 행복된 국민이 된 것, 관장(官長)에 인민의 부모와 같으니 그 명령을 순종할 것, 헌병과 경찰은 인민의 보호이니 감사한 뜻으로 그 명령에 복종할 것, 내지인(일본인)을 잘 효칙(效則)할 것, 천조대신과 신무천황(神武天皇)에 성덕, 일인의 신사에 잘 경배할 것 등"으로 구성되어 있었다.[57] 다시 말하면 천황숭배와 일본에의 복종을 덕목으로 가르치는 과목이었던 것이다.

총독부에서 편찬한 『보통학교 수신서』 권2의 제14과는 「천황폐하」라는 과를 설정하고 있는데, 이것을 지도하는 교사용 책자에서는 이 과의 교수 목적을 "천황폐하의 지인지존(至仁至尊)하옵신 어사(御事)를 교수하여 충군하는 마음을 심절(深切)케 함"에 두고 있다.[58] 그리고 이어 교수 요령을 예시하는 가운데 다음과 같이 교사가 학생들에게 이야기하도록 지시하고 있다.

> 금상폐하는 지인지자(至仁至慈)하옵셔서 신민을 애휼하옵시오 (중략) 여러분, 우리들은 이렇게 고마우신 천황폐하를 봉대(奉戴)하였소. 우리들이 이 영예 있는 대일본제국의 신민이 되어서 안락하게 지내는 일은 진실로 막대한 행복이오, 이러한 일을 생각할진댄 어찌 한만(汗漫)히 이 세상을 지낼 수가 있겠소. 여러분은 항상 선생님의 가르치는

57 大韓民國 臨時政府, 1919, 『史料集』권 3(국사편찬위원회, 『韓國獨立運動史資料』 4 臨政篇 Ⅳ, 168쪽).

58 조선총독부, 1923, 『普通學校 修身書』 권 2 教師用, 76~77쪽.

일을 지켜서 천황폐하의 어은(御恩)을 보답하도록 힘쓰지 아니하면 아니되오.[59]

이러한 내용은 이에서 그치는 것이 아니다. 교과서마다 이런 비슷한 내용이 반복되고 있는데, 『보통학교 수신서』 권5의 제1과, 제2과에서도 「우리 나라」라는 과를 설정하고 그 교수 목적을 각각 "대일본제국의 국체 및 국세(國勢)의 대요를 알게 하고 충군애국의 지기(志氣)를 일으키는 것", "일선병합(日鮮併合)의 취지를 분명히 알게 함과 동시에 일본제국의 국민되는 것의 행복함을 알게 하여 국가에 진력해야 할 소이를 알게 하도록 하는 것" 등으로 삼고 있다.[60] 그들은 이러한 교과서를 통하여 신도사상에 입각한 '천황제' 이데올로기의 주입에 힘썼던 것이다.

총독부 편찬의 역사 교과서인 『보통학교 국사』 상권에서도 제1장이 「천조대신」으로 "천황폐하의 선조(先祖)를 천조대신이라 한다. 대신(大神)은 덕이 지극히 높은 분으로서"라 하여 일본의 기기신화(記紀神話)를 역사로 가르치고 있다.[61] 그러면서도 정작 한국의 역사를 가르치는 것은 금지시키고 단지 일본사 속에 허용된 정도만 가르치도록 하였는데 이것마저도 심하게 왜곡 날조되어 있었다.[62] 그리하여 이러한 교육을 통하여 학생들이 자신의 나라를 모욕 내지 멸시하게 하고 일본을 숭배하도록 하였다.

일본 본토의 교육에서도 학교는 국가신도의 신사와 밀접한 관련을 가

---

59 조선총독부, 1923, 앞의 책, 80~82쪽.

60 조선총독부, 1924, 『普通學校 修身書』 권 5 敎師用, 1, 7~8쪽.

61 조선총독부, 1923, 『普通學校 國史』上卷 ,1쪽.

62 大韓民國 臨時政府, 1919, 「史料集」 권 3 (국사편찬위원회, 『韓國獨立運動史資料』 4 臨政篇 Ⅳ, 168쪽)

지고 있었다. 교과 내용을 통해서 신도의 신화와 그 신화에 나오는 신들을 모시는 유명한 신사들을 가르칠 뿐만 아니라, 학교행사를 통하여 천황숭배와 신사숭경을 몸에 익히도록 하였다. 신궁황학관대학(神宮皇學館大學) 예과 교수였던 사토(佐藤虎雄)는 그가 지은『신사와 교육(神社と教育)』이라는 책에서 신사와 학교의 밀접한 관계를 다음과 같이 서술하고 있다.

> 신사와 학교 사이에는 밀접하여 떨어질 수 없는 관계가 있다. 학교에서 교육의 중심에는 반드시 신사와 교섭을 갖고, 신사의 일을 설명하게 된다. 우선 교과를 보면 수신, 국어, 지리, 역사, 기타에서 신사 및 신사에 관한 것이 많이 가르쳐지고 있다. 국민학교의 국정교과서나 중등학교의 교과서에 신사에 관한 것이 상당히 많이 게재되어 있다. (중략) 신교과서를 보면 신화가 체계적으로 들어가 있다. 종래 국어에만 취급되던 신화는 국어와 호응하여 수신에도 게재되고 있다. 국어에서 신화는 어린 생도의 뇌리에 극히 자연스럽게 침투되어 건국[肇國]의 정신을 깊이 감득(感得)하게 한다. 실로 신화에 나타나는 신들을 제사하는 신사는 많이 있다는 것을 교수법에 유의해야 할 것이다. (중략) 실로 신사를 떠나서 우리 나라의 학교교육은 있을 수 없는 것이다.[63]

63 佐藤虎雄, 1943,『神社と教育』, 小學館, 120~129쪽.

3. 조선총독부의 신사정책과 신사행정

1) 1910~1920년대의 소극적 신사정책과 신사행정

1910년 8월 한국을 강제로 병합한 일제는 10월 조선총독부를 설치하고 본격적인 식민 지배에 착수하였다. 그리하여 헌병경찰제에 의한 무단통치를 하면서 민족차별을 내포한 동화정책(=일본화 정책)을 노골적으로 펴 나갔다. 이 동화정책의 핵심은 일본 본토에서 자국 국민에 대한 것과 마찬가지르 조선인에게 '천황제' 이데올로기를 주입하여 자발적으로 일본에 충성 복종하게 하려는 것이었다. 이런 '천황제' 이데올로기로 피식민지인들을 교화하기 위한 중심적인 기구가 관공립학교와 신사였다. 그러나 당시 한국에는 일본인 거류민들이 자신들의 단결을 도모하기 위해 세운 사설 신사들밖에는 조선인이 참여하는 신사는 거의 없었다.[64]

조선총독부는 시정 초기부터 "우선 조선 전토의 숭경(崇敬)의 중심으로서 관립신사(官立神社)를 설립할 것을 기획하고"[65] 일본 본토에서와 마찬가지로 신사에 대한 법규를 마련하여 신사의 관공립화를 꾀하며 신사

---

64 김승태, 1987, 「일본 신도의 침투와 1910 · 1920년대의 '신사 문제'」, 『한국사론』 16, 서울대 국사학과 참조. 1911년 12월말 현재로 일본 거류민들이 세운 신사는 경기도에 4, 충북에 1, 충남에 5, 전북에 1, 전남에 2, 경북에 1, 경남에 11, 황해도에 4, 평남에 1, 평북에 5, 강원도에 1, 함남에 4, 함북에 12로 총 52사(社)였으며, 그 가운데 신직을 둔 곳은 10곳, 10명에 불과했다(『朝鮮總督府統計年報(1911년도)』, 조선총독부, 843~844쪽).

65 일본 대장성 관리국 편, 1947, 『日本人の海外活動に關する歷史的調査』 통권 제4책 조선편 제3분책, 58쪽.

설립을 장려하였다. 총독부가 우선적으로 관립신사를 설립하려 하였던 이유는 동화(=일본화)정책의 일환으로 신기존숭(神祇尊崇)의 일본 풍습을 조선에 이식 보급하기 위한 것이다.

총독부는 1912년부터 1915년까지 조선신사 신영준비비(新營準備費)를 예산에 편성하여 일본 제국회의의 협찬(協贊)을 거쳐서 확정시키고 각 방면에 걸쳐서 조사를 실시하였다. 1913년에는 건축 전문 기술관을 일본에 파견하여 일본 내의 유명한 관국폐사(官·國幣社)의 구조·형식 등을 조사하여 참고 자료로 삼게 하였다. 그리고 이듬해 1월부터는 총독관방 토목국과 내무부 지방국 관계 직원들이 수차례의 합동 회의를 갖고 신사 조영에 따르는 제반 사항을 심의하였다.[66] 여기서 가장 논란이 많았던 것은 신사의 설립 위치와 제신 문제였던 것 같다. 신사의 설립 위치는 중앙에 위치하며 메이지 시대부터 가장 관계가 깊다고 하여 경성부 안에 두기로 하고 후보지로 남산의 한양공원, 왜성대, 장춘단, 효창공원, 사직단, 삼청동, 북악산록, 신무문 밖 등 여러 곳을 조사한 결과 남산의 한양공원으로 결정하였다.[67]

총독부에서 제신으로 메이지천황을, 사격으로 관폐대사를 제안한 것은 1918년 3월 30일자 조선총독이 내무대신에게 보낸 조회에서이지만, 총독부가 제신으로 메이지천황을, 사격으로 관폐대사를 확정했던 것은 그 2년 전인 1916년 9월 무렵이었다.[68] 그 무렵 합사(合祀)할 제신은 논의 중에 있었다. 이러한 제신 문제도 상당한 논의를 거쳐서 천조대신과 메이

---

66 朝鮮總督府 編, 1927, 『朝鮮神宮造營誌』, 1~2쪽.

67 朝鮮總督府 編, 1927, 위의 책, 3~4쪽.

68 「朝鮮神社 社格, 神體는 明治天皇」, 『每日申報』, 1916. 9. 17; 「朝鮮神社」, 『釜山日報』, 1916. 9. 19.

지천황으로 결정되었다. 일부에서는 소위 "조선과 관계가 깊은 신"을 봉사(奉祀)한다 하여 그들의 기기신화(記紀神話)에 나오는 스사노미코토(素盞嗚尊)·진쿠황후(神功皇后)·다케우치(武內宿禰)나 임진왜란 때 침략의 원흉인 도요토미 히데요시(豊臣秀吉) 등의 신을 봉사할 것까지 논의하였다. 그러나 이러한 의견들은 그들 자체 내에서도 "이러한 사람들은 조선인에게 숭경토록 한다 하더라도 반드시 양호한 감상으로써 봉숭(奉崇)한다는 것은 생각할 수 없다. 만약 내지인(일본인)의 감상만을 표준으로 삼아서 상기 신들을 억지로 제신으로 정하는 것은 그 표면은 순응·조화를 가장하더라도 그 속마음은 항상 기쁘지 않아서 자연 감촉에 소격하게 될 것은 다마 의심할 바 없는 것이다"라는 신중론이 있어 채택되지 아니하였다. 어떻든 이러한 제신 문제는 총독이 1918년 3월 30일부로 일본 내무대신에게 조회하여 같은 해 7월 4일부로 천조대신과 메이지천황을 봉사하는 것이 적당하다는 회신을 받아 확정하였다.[69]

그러나 이상과 같이 제신이 확정되었음에도 불구하고 그 후에도 이의가 제기되어 일본인 사이에 "조선의 시조인 단군을 봉재(奉齋)해야 할 것"이란 의견이 대두하였던 것은 흥미있는 일이다.[70] 즉 조선신사의 완공을 앞둔 1925년 봄 이마이즈미(今泉定助)·아시즈(葦津耕次郎)·가모(賀茂百樹)·히젠(肥田景之) 등 신도가(神道家)들이 "조선에는 조선국토에 관계 깊은 신, 즉 조선의 조(祖)인 단군을 봉재해야 할 것이다"라는 주장을 발표하고, 같은 해 8월에도 그런 주장을 포함한 「조선신궁에 관한 의견서」를

69 朝鮮總督府 編, 1927, 앞의 책, 4~7쪽.

70 小笠原省三 編, 1953, 『海外神社史』 상권, 57~58쪽.

내었다.[71]

물론 이러한 의견은 총독부에 의해서 받아들여지지는 않았지만 이러한 의견이 나오게 된 배경은 조선인의 반발을 될 수 있는 한 완화시키고 한국의 민속 신앙까지 그들의 신사신앙 속에 포섭시킴으로써 종교적·정신적 식민지화를 꾀했던 것이라 할 수 있다.[72]

수년에 걸쳐 조선신사 설립에 관한 준비와 기초 조사를 끝낸 총독부는 1918년 3월 23일부로 신사조영(神社造營) 경비를 4개년 계속비로 예산에 편성하고 같은 해 12월 16일에는 「조선신사(朝鮮神社) 창립에 관한 청의(請議)」를 일본 내각 총리대신에게 제출하였다.[73]

물론 이러한 절차는 형식적인 것에 불과하였으므로 이의 없이 일본 각의를 통과하여 1919년 7월 18일부로 일본 내각고시 제12호로 조선신사 창립을 확정 고시하였다.[74] 그리하여 남산 한양공원 주위에 용지 20만 평을 확보, 1920년 5월 27일 지진제(地鎭祭)를 거행함으로써 공사에 들어가 1925년에 완공하였다.

이러한 조선총독부의 조선신사 창립 의도는 『경성부사(京城府史)』에도 잘 나타나 있다. 즉 "병합 이래 조선총독부에서는 동화로 시정(施政)의 근본으로 하고 또 메이지 44년(1911) 발포의 교육령에서도 교육에 관한 칙어로써 반도에 있어서 교육의 근기(根基)로 삼는 이상 영원히 이들 지방에서 사설(私設)의 소사(小社)로서 만족할 수 없어서 마땅히 반도전토(半島全土)에 걸친 국민 숭경의 중심이 될 일대신사(一大神社)를 창설하여

---

71 앞과 같음.

72 藤谷俊雄, 1970,「國家神道の本質」,『靖國鬪爭』, 東京:新敎出版社, 133~149쪽 참조.

73 『朝鮮神宮造營誌』, 9쪽 및 『京城府史』 下, 636~637쪽.

74 『京城府史』 下, 637쪽

국민 귀추(歸趨)의 목표를 보임으로써 국풍이식(國風移植)의 본원으로 삼는 것은 조선통치상 가장 끽긴(喫緊)한 일이었다"는 것이다.[75]

이 시기 조선총독부의 신사정책은 기본적으로 크게 두 가지 방향에서 추진되었다. 새로이 관국폐사를 창설하는 방향과, 일본 거류민들이 설립한 기존의 민간 사설신사 법규를 제정하여 제도적으로 공인해 주는 방향이 그것이다.

총독부는 1912년부터 조선신사신영준비비를 예산에 편성하여 관영신사를 설립할 준비를 하는 한편, 조선에서 신사 설립을 장려하여 이용할 계획을 세웠다. 그것은 일본의 신사공인제도를 조선에도 도입하여 종래의 일본인 거류민 신사를 총독부에서 공인해 주고, 그 설립 요건을 일본 본토에서보다 완화해 줌으로써 그 설립을 장려하려는 것이었다.

일본에서 신사는 메이지 정부에 의하여 점차 소위 '국가의 종사(宗祀)'로서의 조건을 구비하여 일체의 신사는 국가의 보호·은혜를 입고, 신직은 관리로서 또는 관리에 준하는 대우를 받았으며, 신사의 제사는 타종교의 예배 행위와는 다른 것으로 취급되었다.[76] 그리하여 엄격한 사격제도(社格制度)를 마련하고 계층적 신사제도를 확립하여 신사를 보호 육성하는 정책을 취하였다.[77]

---

75 앞의 책, 186~187쪽.

76 小笠原省三 編, 1953, 앞의 책, 45쪽.

77 일본의 사격(社格)별 신사의 수는 다음과 같다.

社格	1871년	1945년	社格	1871년	1945년
관폐대사	28	64	국폐대사	0	6
관폐중사	11	23	국폐중사	42	46

총독부에서도 1915년 8월 16일 조선총독부령 第82호로 「신사사원규칙(神社寺院規則)」을 제정 발포하여 모든 신사의 창립과 존폐는 총독의 허가를 받도록 하고 기존의 민간 신사들도 총독의 인가를 받도록 함으로써 신사에 관·공립적인 성격을 부여하였다.[78] 여기서 신사규칙이라고 하지 않고 신사사원규칙으로 하였던 것은 일본인들의 불교 사원도 이 법령으로 통제하고자 하였기 때문이다. 사실 당시 한국의 불교 사원들은 1911년 6월 제정 발포한 「사찰령(寺刹令)」으로 총독부가 이미 장악하고 있어 별도의 법령이 필요 없었다. 따라서 이 「신사사원규칙」은 일본 거류민들이 세운 신사와 일본불교의 사원에 적용되는 것이었다. 여기서는 일본 본토에서와는 달리 이를 통합하여 하나의 법규로 한 것은 당시 총독부의 신사에 대한 정책이 어느 정도 소극적이었음을 반영하는 것이다.

신사의 경우 「신사사원규칙」의 모법이 된 것은 일본 본토에서 1913년 4월 21일 자 내무성령 제6호로 발포된 「관국폐사 이하 신사의 제신, 신사명, 사격(社格), 명세장(明細帳), 경내, 창립, 이전, 폐합, 참배, 기부금, 신찰(神札) 등에 관한 건」이다.[79] 여기서 가장 중요한 신사 창립에 관한 조항은

관폐소사	0	5	국폐소사	16	50
별격관폐사	0	28	계	97	222

출전: 戶村政博 編, 1970, 『靖國鬪爭』, 東京:新敎出版社, 137쪽.

그리고 그 밑에 공인신사(公認神社)로서의 일반신사와 신사(神祠)·요배소(遙拜所) 등이 있었다. 1945년 6월말 현재, 한국에는 관폐사 2, 국폐사 8, 일반신사 69, 신사(神祠) 1,062개소가 있었다.(森田芳夫, 1964, 『朝鮮終戰の記錄』, 108쪽의 第14表 참조)

78 『朝鮮總督府官報』, 1915. 8. 16. 이 규칙에서는 신사와 사원을 같이 다루고 있으나, 실제로는 신사에 대하여는 공적인 지위를 보장하는 보호·장려의 규칙이요, 사원에 대해서는 규제·탄압의 규칙이었다.

79 神祇院總務局 監輯, 1941, 『最新 神社法令要覽』, 東京:京文社, 283~291쪽.

제32조인데 그 내용은 다음과 같다.

> 제32조 신사를 창립하고자 할 때는 **씨자 또는 숭경자인 자 50인 이상의 연서**로 창립의 사유를 갖추어 다음 사항에 관한 조서를 첨부하여 **지방장관을 경유하여 내무대신의 허가**를 받아야 한다.
>
> 1. 제신 및 신사명
> 2. 유서(由緖)
> 3. 사전(社殿)
> 4. 진좌지 및 경내지
> 5. 건설비 및 그 처판 방법
> 6. 유지방법[80]

여기서 일본 본토에서는 "씨자 또는 숭경자 50인 이상의 연서"로 신사의 창립을 신청할 수 있지만, 조선에서는 "숭경자 30인 이상의 연서"로 신청할 수 있으며,[81] 일본 본토에서는 "지방장관을 경유하여 내무대신"이 허가하지만, 조선에서는 "조선총독"이 허가하도록 하고 있다. 이것은 조선의 사정에 맞게 그 설립요건을 완화한 것으로 볼 수 있다.

그리고 이 법의 부칙에서 기존의 신사 사원도 이 법의 시행일로부터 5개월 이내에 총독에게 창립허가를 받도록 하고 있다. 이것은 당시 조선에 있던 모든 신사를 총독의 허가를 받게 함으로써 그것을 공인해 주고

---

80 神祇院總務局 監輯, 1941, 위의 책, 286~287쪽.

81 이 규정은 1936년 8월 새로 제정 공포한 「神社規則」에서는 "숭경자 50인 이상의 연서"로 일본 본토에서와 같게 된다.

총독부가 일괄적으로 관리 통제하기 위한 것이다. 그러나 이 부칙은 그대로 지켜진 것 같지 않다. 이 법은 1915년 10월 1일부터 시행되므로 기존의 신사들은 5개월 이내면 1916년 3월 1일 이전에 총독의 허가를 받아야 하지만, 그 후에 허가를 받은 신사들이 있기 때문이다. 예를 들면 가장 먼저 세워진 부산 용두산신사(1678년 설립)도 1917년 7월 10일 창립 허가를 받았고,[82] 1898년 11월에 세워진 경성신사도 1916년 5월 22일에야 창립 허가를 받았다.[83] 그렇지만, 이 법을 계기로 새롭게 허가를 받아 신사를 창립한 경우도 있다. 1915년 12월 16일자로 창립허가를 받은 수원신사(水原神社)가 그것이다.[84] 이 신사는 다이쇼 천황의 즉위를 기념하기 위해서 수원에 거주하던 일본인 곤도 도라노스케(近藤虎之助) 외 48명이 천조황대신(天照皇大神)을 제신으로 수원군 수원면 산루리 팔달산 국유지에 건립하려고 1915년 10월 20일에 신청한 것인데, 총독부에서 신전 건평 확대(3평 이상으로)와 유지방법, 신직 고용 등 몇 가지 보완조치를 요구한 뒤 곧바로 허가가 난 것이다.[85]

또한 이 법을 시행하는 데서도 처음부터 다음 표와 같이 신사는 사원보다 그 허가 표준이 낮아 신사 설립을 유리하게 하고 있다.

---

82 『朝鮮總督府官報』 1917. 7. 12.

83 『朝鮮總督府官報』 1916. 5. 25.

84 『朝鮮總督府官報』 1915. 12. 20.

85 「神社創立願에 關한 件」(내무부 장관 → 경기도 장관 조회, 1915. 11. 6)

〈표 2-2〉 신사사원(神社寺院) 창립허가 표준(1916. 8. 12 결재)[86]

구분	신사(神社)	사원(寺院)	공통
구역	1부면(府面)에 2개소를 허가하지 않을 것	같은 종파의 것은 1부면에 2개소를 허락하지 않는 것은 물론 인구가 적은 지방에는 다른 종파라도 함부로 허가하지 않을 것	
경내지	평수 150평 이상으로 할 것	평수 300평 이상으로 할 것	빌린 곳이 아닐 것, 단 관유지일 경우는 제외
건물	신전 배전 각 3평 이상일 것, 단 신전 배전 겸용 건물일 때는 5평 이상으로 해도 됨	본당 고리 각 25평 이상으로 할 것. 단 본당과 고리를 겸용하는 건물일 경우는 40평 이상으로 해도 됨	빌린 집이 아닐 것
유지방법	기본재산에서 생기는 수입 및 다른 확실한 수입 300원 이상일 것	기본재산에서 생기는 수입 및 다른 확실한 수입 500원 이상일 것	
숭경자 또는 단신도	150호 이상일 것	200호 이상일 것	

총독부는 이 법률을 발포할 당시만 하여도 1부면(府面)에 1개의 신사(神社)를 설립할 방침이었던 것 같다. 그러나 당시의 신사는 일본인이 많이 거주하는 부(府)에는 이미 설립되어 신고하여 허가만 받으면 되었지만, 면(面) 단위에는 신사가 거의 없었다. 그리하여 면 단위에도 장차 신사로 발전할 소규모 시설이 필요하였다. 그리하여 1917년 3월 22일에는 조선총독부령 제21호로 「신사(神祠)에 관한 건」을 발포하여 신사(神社)로 공인받지 못할 소규모 집단의 소사(小社)라도 총독의 허가를 받아 신사(神祠)로 설립할 수 있도록 하고 그 관리를 규정하였다.[87]

---

86 『현행 전라남도 예규집』(1937), 1427쪽.

87 『朝鮮總督府官報』, 1917. 3. 22. 신사(神社)는 숭경자(崇敬者) 30인 이상이 창립 허가

「신사(神祠)에 관한 건」의 제1조에서는 신사(神祠)를 "신사(神社)가 아니되 공중에게 참배케 하기 위하여 신기(神祇)를 봉사하는 것"이라고 새롭게 정의하고,[88] 제2조에서는 "숭경자가 될 만한 자 10인 이상이 연서"로 총독에게 창립신청을 하여 허가를 받도록 규정하고 있다.

이 법령의 목적은 그 설립 요건을 완화하여 신사(神社)의 전 단계인 소사(小社)로서 신사(神祠)의 설립을 장려하기 위한 것이었다. 그러나 그렇게 할 경우 신사(神祠)가 남설(濫設)되어 유지가 곤란하거나 "신기(神祇)의 존엄"을 더럽힐 우려가 있었다. 그리하여 이 법령 발포와 동시에 정무총감이 각 도 장관에게 '신사(神祠)에 관한 규칙을 정하는 건'이라는 제목의 비밀통첩을 보내 다음과 같은 사항을 고려하도록 지시하고 있다.

1. 신사(神祠)는 신사(神社)에 비해 제반 설비가 가벼워 남설(濫設)의 폐단이 발생하기 쉬우므로 이를 방지하기에 노력하고 또 장래 신사(神社) 창립의 경우에 지장이 없도록 주의할 것.
2. 신사의 칭호는 될 수 있는 한 제신과 사명(祠名)을 결합한 보통명사를 선택하고(예를 들면 天照皇大神을 제신으로 할 때는 神明神祠로 하고, 譽田別命을 제신으로 할 때는 八幡神祠로 하는 종류) 그 신사 소재의 군명(郡名) 면명(面名) 등은 이를 피하도록 주의할 것.
3. 신사(神祠)는 일반 신사(神社)에 비하여 숭경자가 소수이므로 설립

를 낼 수 있음에 비하여 여기서 신사(神祠)는 '公衆에 參拜케 하기 위하여 神祇를 奉祀하는 것'으로 10인 이상이면 설립허가를 얻을 수 있도록 규정하고 있다.

88 "신사(神祠)"라는 용어는 일본 본토에서도 "신을 제사하는 작은 건물"이라는 뜻으로 드물게 쓰이던 용어로, 이 법규에서 새롭게 정의하여 쓰기 시작한 것이다. 조선의 신사(神祠)는 대략 일본 본토의 무격사(無格社)인 촌사(村社), 대만의 사(社)에 해당한다.

허가 후에 수호불행계(守護不行届) 등 때문에 신기(神祇)의 존엄을 모독하는 일 같은 것이 없도록 충분히 주의할 것.

4. 신사(神祠)에는 수지신직(受持神職)을 정하여 제사를 위탁하는 때는 물론이지만, 지방의 상황에 따라 가장 편리한 곳에 그 사람을 얻기 어려울 때는 돈독히 사실을 조사하여 본령 제7조 제2항에 따라 인가를 할 것.[89]

이 시기 신사행정은 총독부 내무국 제1과에서 담당하고 있었음에도 불구하고, 정무총감이 각 도 장관에게 비밀통첩을 보낸 것은 총독부에서 이들 신사(神祠)의 설립을 얼마나 중요한 문제로 생각하고 있었는지를 보여주는 것이다.

조선총독부는 일본 본토의 신사제도를 토대로 훨씬 완화된 표준으로 신사(神社) 신사(神祠)의 설립을 장려하였으나, 관폐대사 조선신궁을 제외하고는 일본 본토의 사격제도는 도입하지 않았다. 그것은 일본에서와는 달리 조선에서 신사는 거의 일본인만의 것으로 조선인들이 호응하지 않아 그 규모나 수에서 일본 본토의 사격제도를 적용하는 것은 무리라고 판단했기 때문이다. 그럼에도 불구하고 인가받은 신사의 신직들을 중심으로 사격제도의 도입 주장이 있었던 것 같다. 그 결과 1920년대 총독부 내에서 적어도 두 차례의 검토와 논의가 있었다. 첫 번째는 1924년 11월경 일본 본토의 사격조사에 영향을 받아 조선의 신사에 대해서도 사격도입에 관한 검토가 행해졌다. 이 사실을 당시 일본어 신문인 『조선신문(朝鮮新聞)』은 「선내사격조사(鮮内社格調査)」라는 제목으로 다음과 같이 보도하고 있다.

89 朝鮮神職會 編, 1937, 『朝鮮神社法令輯覽』, 帝國地方行政學會朝鮮本部, 282~283쪽.

저번 이래 내지(일본 본토)의 신사에 대하여 그 사격조사를 하고 있는데, 관폐대사 조선신사는 별도로 하고 기타의 신사도 유서사격(由緖社格)에 따라 향사(鄕社), 기타 사격 결정을 할 모양인데, 번다한 사격의 차별을 두는 것보다 경성신사를 비롯한 각 도청소재지의 신사는 이를 향사로 하고, 기타는 촌사(村社) 또는 면사(面社)로 둘로 크게 나누어 심사결정을 볼 것이라고.[90]

요컨대, 조선신사 이외의 신사를 향사(鄕社) - 촌사(村社) 또는 면사(面社)로 나누어, 도청소재지 신사는 향사로, 기타 신사는 촌사 또는 면사로 심사 결정하는 방안이 논의되었던 것이다. 그러나 이때의 논의는 그 실행으로 이어지지 못하고 논의에 그쳤던 것으로 보인다.

총독부에서 조선의 신사제도 특히 사격제도가 다시 검토된 것은 1928년 8월 무렵이다. 이때는 신사행정 담당기관인[91] 내무국 지방과장 야지마(矢島杉造)가 일본 내무성 관료이자 신도학자(神道學者)인 미야지

90 「鮮內社格調査」, 『조선신문』, 1924.11.24.

91 일제강점기 신사행정의 담당기관을 표로 정리하면 다음과 같다.

조선에서 신사행정 담당 기관의 변천(1910~1945)

번호	기간	행정기관 명칭
1	1910. 10~1912. 3	내무부 지방국 지방과
2	1912. 3~1915. 5	내무부 지방국 제1과
3	1915. 5~1919. 8	내무부 제1과
4	1919. 8~1925. 1	학무국 종교과
5	1925. 1~1941. 11	내무국 지방과
6	1941. 11~1943. 11	사정국(司政局) 지방과
7	1943. 12~1945. 8	총독관방 지방과

(宮地直一) 박사를 초빙하여 조선의 신사제도와 사격 문제를 검토하게 하고, 그 결과를 가지고 도쿄에 가서 직접 내무성에 보고하고 협의하였다. 이에 대해 일본어 신문인 『경성일보(京城日報)』는 「신사(神社)·신사(神祠)는 현상을 유지, 조선 사격(社格) 문제로 야지마(矢島) 과장 상경(上京)」이라는 제목으로 다음과 같이 보도하고 있다.

> 총독부에서는 동대(東大)의 미야지(宮地) 박사에게 촉탁하여 조선에서 신사의 사격 문제 및 폐백료 문제의 조사를 하고 있었는데, 박사는 이미 마치고 일단 본부(총독부)에 조사 결과를 보고하여 위 두 안에 대한 의견을 개진하고 도쿄에 돌아갔는데, 본부로서는 사격 문제는 내지(일본 국내)에는 관폐사(官幣社), 국폐사(國幣社), 현사(縣社), 향사(鄕社), 무격사(無格社)의 사격이 있지만, 조선에는 전연 그것과 별개로 조선신궁만 내지와 같은 사격을 가진 관폐사이고, 기타 신사는 신사(神社)·신사(神祠)의 둘로 대별되기 때문에 그것을 내지와 같이 해야 하는가 아닌가가 이번 박사의 조사 목적이었다. 박사도 본부도 따로 신사(神社)·신사(神祠)를 내지와 통일할 필요는 없다고 하는 것으로 대략 의견의 일치를 보았기 때문에 이 문제는 별도로 개혁 없는 현상을 유지하는 것으로 보아도 무리가 없다. 폐백료 문제는 어떤 방법으로 지출하도록 할 모양이지만, 이들에 대하여 다시 미야지(宮地) 박사와 협의할 필요가 있어서 야지마(矢島) 지방과장은 머지않아 도쿄에 출장하여 미야지(宮地) 박사와 협의하고 그 의견을 청취하고 또한 내무성측의 의향을 들을 예정이다.[92]

---

92 「신사(神社)·신사(神祠)는 현상을 유지, 조선 사격(社格) 문제로 야지마(矢島) 과장 상경(上京)」, 『경성일보』, 1928. 8. 21.

결국 이 시기에는 관폐대사 조선신궁을 제외하고는 일본 본토의 사격 제도와 신찬폐백료 공진 제도를 도입하지 않고, 조선 독자적인 신사(神社)-신사(神祠) 체제를 유지하기로 하였던 것으로 보인다.

이 시기에 총독부의 허가를 받아 설립된 신사(神社)·신사(神祠)를 표로 정리하면 다음과 같다.

〈표 2-3〉 총독부 인가 신사(神社)·신사(神祠)의 증가 추이(1916~1930)

연도	신사(神社)		신사(神祠)		합계	
	증설	누계	증설	누계	증설	누계
1916	17	17	0	0	17	17
1917	14	31	11	11	25	42
1918	3	34	21	32	24	66
1919	2	36	9	41	11	77
1920	0	36	5	46	5	82
1921	1	37	8	54	9	91
1922	1	38	5	59	6	97
1923	2	40	18	77	20	117
1924	1	41	26	103	27	144
1925	1	42	5	108	6	150
1926	1	43	-1	107	0	150
1927	0	43	22	129	22	172
1928	4	47	23	152	27	199
1929	2	49	25	177	27	226
1930	0	49	5	182	5	231

출전: 1. 각 연도 『조선총독부 통계연보』, 『조선사정』, 『조선연감』.

2. 森田芳夫, 1964, 「第14表 朝鮮における神宮·神社·神祠」, 『朝鮮終戰の記錄』, 108쪽.

3. 靑井哲人, 2005, 「〈付表 2〉 朝鮮における神社一覽」, 『植民地神社と帝國日本』.

위 〈표 2-3〉에서 1916년의 인가 신사(神社)의 수는 기존의 일본 거류민 신사(神社)들이 「신사사원규칙(神社寺院規則)」에 따라 인가를 받은 것으로 보아 제외한다 하더라도 1917~1930년까지만 해도 매년 평균 2개의 신사(神社)와 13개의 신사(神祠)가 공인을 받아 설립되고 있다. 그러나 이러한 신사(神社)·신사(神祠)들도 대부분 일본인들이 주동하여 설립된 것으로 조선인들이 적극적으로 참여하거나 참여를 강요받은 적은 거의 없었다. 이것은 당시 학교에서 조선인 학생들에게 축제일 등에 신사참배를 시키면서도 "이해가 없는 자에게 그것을 강요하여도 교육상 효과를 거두기 어려우므로 평소 앞에서 서술한 주지를 잘 양해시키는 것이 긴요하며, 그러는 동안 사소한 불이해 때문에 분규 등이 생기지 않도록 신중히 고려"하도록 학무국장이 각 도지사에게 통첩한 것과도 궤를 같이한다.[93] 그만큼 이 시기 조선총독부의 신사정책은 조선인의 반발을 우려하여 적극성을 띨 수 없었던 것이다.

이상과 같은 총독부의 소극적 신사정책에 적극적 강경책을 쓰기를 원하는 신직들의 반감을 사게 되어 갈등이 있었던 것 같다. 즉 초대 조선신궁 궁사(宮司)였던 다카마쓰(高松四郎)는 그의 서한에서 다음과 같이 불평을 토로하고 있다.

> 조선신궁의 창립 성의(盛儀)를 지극히 하였다고 하지만 내용에 이르러서는 진실로 언어동단(言語同斷)입니다. 전국신직회(全國神職會)는 차라리 조선에 돈을 요구하는 것을 폐지하고 돈을 쓰고 사람을 파견

93 「생도아동의 신사참배에 관한 건」(학무국장 → 각 도지사 통첩, 1925. 9. 22); 김승태 편역, 2014, 『신사참배문제자료집 II』, 한국기독교역사연구소, 368쪽.

하여 당국에 대하여 신사(神社)를 논하지 않을 수 없는 상황입니다. 조선신궁은 총독부 내무국 주관인 바, 내무국장은 소생에 대하여 지방과장을 통하여, 신사가 윤리적 시설이라면 기원 기도는 행하지 말아야 하고, 신전결혼(神前結婚) 또한 불가하다고 한 일이 있어서 소생이 역습하여 논쟁을 하고 (중략) 그리고 이런 사상은 내무국장에 그치지 않고 대부분의 고관들의 의견인 듯하여 소생은 일의 마땅함에 따라서 총독, 총감의 어전회의를 요구하여 크게 그것을 논파할 생각입니다.[94]

그 후에도 그는 야마나시(山梨半造) 신임 총독에게 보내는 서한에서 "종래 총독부의 신기(神祇)에 대하여는 형식에 머물러 정신을 결(缺)하였다"고 비난하면서, "조선신궁 진좌 후 만 3년인 지금까지 전후 17회를 헤아리는 제의(祭儀)에 총독, 총감 양 각하의 참렬(參例)을 본 일이 없고, 칙임관의 참렬 역시 손가락으로 꼽을 정도였다"고 불만을 늘어 놓고 있다.[95]

2) 1930년대 이후의 적극적 신사정책과 신사행정

1931년 9월 관동군이 중심이 되어 이른바 '만주사변'을 일으켜 대륙침략을 재개한 일제는 물심양면에서 이를 뒷받침하기 위하여 조선을 그들의 대륙 침략을 위한 병참기지로 개편하고, '천황제' 이데올로기에 의한 이른바 정신교화운동을 강화하였다. 그리하여 조선신궁을 비롯한 신사

---

94 小笠原省三, 1953, 앞의 책, 449쪽.

95 欄木壽男, 1976, 「朝鮮總督府の神社政策(一)」, 『海峽』 4, 32~33쪽.

(神社)·신사(神祠)에서 국가의 축제일뿐만 아니라 '기원제(祈願祭)', '위령제(慰靈祭)', '봉고제(奉告祭)' 등 각종 행사를 개최하고 여기에서 신도의식 참여와 신사참배를 다시 강요하였다. 이에 따라 총독을 비롯한 총독부 고위 간부들의 조선신궁 공식 참배가 급증하고, 그때까지 불참배를 묵인하였던 기독교계 사립학교에까지 참배를 강요하여 사회 문제가 되었다. 또한 학생들과 일반인들의 단체 참배를 위한 신사신사의 증설이 불가피하였다. 그리하여 이때부터 조선총독부의 신사정책은 적극성을 띠기 시작하여 신사의 설립과 신사신앙을 적극 장려하고, 신도의식 참여와 신사참배를 강요하였으며, 1936년 8월에는 국가신도의 체계에 맞게 신사제도를 전면 개편하였다.

1931년 6월 조선총독으로 부임한 우가키 가즈시게(宇垣一成)는 일본에서 1924년부터 5년 동안이나 5개 내각의 육군대신을 역임한 신흥군벌로서 '쇼와군벌의 시조'라고 불리던 인물이었다.[96] 그는 부임에 앞서 일본천황을 찾은 자리에서 "조선통치에 관해서는 대체로 전임자의 방침을 계승해 갈 예정"이지만, "내지인(일본인)과 조선인의 융합일치 이른바 내선융화가 더욱 큰 진전이 있도록 노력"하겠다고 자신의 포부를 밝혔다.[97] 그의 이른바 '내선융화'란 일본인과 조선인이 서로 평등한 가운데서 조화가 아니라 조선인을 보다 더 일본인에 가깝게 만들겠다는 것으로 동화 내지 일본화 정책의 다른 표현에 불과했으며, 이러한 그의 정책 발상은 1932년부터는 '국민정신작흥운동'으로, 1935년 이후에는 '심전개발운동'과 '국체명징운동'으로 구체화되었다.

---

96 宮田節子, 1997, 『朝鮮民衆과 「皇民化」政策』, 일조각, 190쪽.

97 宮田節子, 1997, 위의 책, 204쪽.

'국민정신작흥운동'은 일종의 사회교화운동으로 천황이 1923년 11월 10일에 발포한 '국민정신작흥의 조서'에 기초한 운동이었다. 총독부는 사회교화를 강화하기 위하여 1932년 2월 내무국 사회과를 학무국으로 옮겨 학무국 종교과를 폐지하고, 종래 종교과의 업무까지 관장하게 하였다.[98] 그리고 1932년 11월 10일 이 조서 발포기념일을 기하여 대대적인 사회교화운동을 일으킬 계획을 세웠다. 미리 정무총감이 각 도지사 및 소속 관서에 그 시설요항에 대한 통첩을 보내고, 총독이 성명을 발표하였다. 그리하여 당일은 총독부를 비롯하여 각 소속 관서, 학교, 회사, 은행, 대상점, 신사(神社), 사원, 교회, 청소년단체, 교화단체, 기타 각종 주요 기관에서 전국 일제히 조서의 봉독식을 거행하고 총독의 성명서도 낭독하여 "민심작흥, 자력갱생, 신흥 일본의 건설"[99]에 매진하도록 하였다. 그런데 그 실행강목 첫 번째가 "충군애국의 본지에 기초하여 공존공영의 정신에 따라 내선인 일치협동, 공민으로서의 훈련을 쌓아 사회의 진보 개선을 도모할 것"이었고, 그 사례로 "(1) 국체관념을 명징할 것, (2) 국기 게양 및 아국(我國) 연호 사용의 여행(勵行), (3) 보은감사의 염(念) 함양, (4) 준법정신의 고취, 비합법적 행동의 배척, (5) 내선상호 사정의 연구" 등을 들고 있다.[100] 이미 이때부터 조선에서는 이른바 '국체명징운동'이 시작된 것이다.[101] 그 후 매년 조서 발포기념일인 11월 10일을 중심으로 '국민정신

98 朝鮮總督府 編, 1935,『施政二十五年史』, 조선총독부, 671쪽.

99 朝鮮總督府 編, 1935, 위의 책, 891~895쪽.

100 「민심작흥시설요항」,『釜山日報』, 1932. 11. 9.

101 일본 본토에서의 '국체명징운동'은 '천황제' 이데올로기의 강화운동으로 1935년 2월 18일 귀족원에서 미노베(美濃部達吉)의 천황기관설을 문제삼아 발단되어, 3월 20일 중의원에서 '국체명징결의안'을 만장일치로 결의하면서 시작되었다.

작흥주간'을 설정하여 이른바 '국민교화운동'을 펴게 했다.[102] 이와 함께 총독부는 1932년부터 사회교화사업 예산을 편성하고, 전국에 걸쳐 대대적인 사회교화사업을 펼치게 했다. 그리고 지방개량과 민심작흥에 관한 순회강연도 종래 총독부와 각 도에서 행해 오던 것을 일본인과 조선인 명사들을 촉탁으로 임명하여 지방 순회강연을 하게 하였다.[103]

우가키 총독이 취임 초기부터 신궁, 신사, 신관(神官)에 대한 관심이 많았던 것은 1931년 9월 1일 이른바 '신보(神寶) 전달식'에서 행한 고사(告辭)에서도 드러난다. 이때 이세신궁(伊勢神宮) 천궁(遷宮) 때에 철거한 신궁 보물 중 일부를 조선에 보내와 조선신궁, 경성신사, 인천신사, 대구신사, 용두산신사, 평양신사의 6사에 전달하게 되는데, 여기서 행한 고사에서 참석한 조선신궁 궁사(宮司) 아치와(阿知和安彦)를 비롯한 신관(神官)들에게 다음과 같이 당부하고 있다.

> 생각건대 조선에서 신사의 현상은 매년 숭경자 증가와 함께 점점 기초가 공고하게 되고 또 제군의 노력에 의해 제반 시설도 착착 개선되고 있지만, 유서 있는 신보는 하등 볼만한 것이 없었습니다. 이러한 때 제국에서 지존지귀(至尊至貴)한 신보를 하사하신 것은 조선에 있는 신사로서 무상의 영광입니다.
>
> 말할 것도 없이 경신숭조(敬神崇祖)의 풍습은 우리나라 국체관념의 근

102 국민정신작흥주간은 그 후 해마다 실시되다가 1941년부터는 당일 조서 봉독식만 갖고, 주간행사는 폐지되었다. 당시에는 일상이 주간행사를 하는 것이나 마찬가지였으므로 별도의 주간행사가 필요치 않아서였을 것이다.(「금년부터는 부단하게 실천해서 즈서 봉독식만 거행, 국민정신작흥주간은 취소」, 『釜山日報』, 1941. 11. 4)

103 朝鮮總督府 編, 1935, 앞의 책, 952쪽.

기(根基)요, 또 국민사상의 중심입니다. 이번 신보 하사를 기회로 하여 더욱 신덕의 발양을 명심하여 한층 경신숭조의 뜻을 환기하기에 노력할 것을 간절히 바라 마지않는 바입니다.[104]

조선에 있는 신사의 위상을 높이기 위한 이러한 신보 전달식은 이듬해 10월 6일에도 행해졌다.[105]

이 무렵 신사행정을 담당하던 총독부 내무국에서도 신사(神社)·신사(神祠)의 설립을 적극적으로 지원하는 조치들을 내놓았다. 1933년 총독부 내무국장은 「신사(神祠) 창립에 관한 건」과 「신사(神祠) 부동산 등기에 관한 건」이라는 통첩을 각 도에 보내 신사의 설립을 행정적으로 지원하게 하고, 같은 해 9월 「토지수용령」 제2조의 "토지를 수용 또는 사용할 수 있는 사업"의 제2항을 "신사(神社)·신사(神祠) 또는 관공서의 건설에 관한 사업"으로 개정하여 "신사(神社)·신사(神祠)"를 지을 때도 토지를 강제로 수용할 수 있도록 하였다. 이러한 총독부의 지원에 힘입어 1932년 말 신사(神社) 51, 신사(神祠) 98이던 것이, 1935년에는 신사(神社) 52, 신사(神祠) 264로 급증하였다. 그렇지만 이들 신사(神社)·신사(神祠)의 내실은 총독부에서 만족할 만한 것이 아니었다. 전임(專任) 신직이 없어 국가의 공식제(公式祭)도 지내지 못하는 곳이 많고, 유지경영이 어려운 곳도 많았던 것이다. 그러자 1935년 10월 내무국장이 각 도지사에게 「신사시설 개선

104 「宇垣總督告示, 御神寶傳達式で」, 『朝鮮新聞』 1931. 9. 2.

105 이때 이세신궁의 신보를 전달받은 신사는 개성신사, 대전신사, 전주신사, 광주신사, 청주신사, 공주신사, 군산신사, 송도신사, 마산신사, 진해신사, 진주신사, 해주신사, 진남포신사, 평안신사, 춘천신사, 함흥신사, 원산신사, 나남신사, 청진신사, 회령신사의 20개 신사였다.(朝鮮總督府 編, 1935, 앞의 책, 889~890쪽)

에 관한 건」이라는 다음과 같은 통첩을 보냈다.

> 신사(神社)는 국가의 종사(宗祀)를 관장하는 것으로서 그 시설로써 국민 숭경의 중심에 상응하기 위하여 그 사전(祀典)을 엄수해야 함은 물론이지만, 신사 중 그 시설이 아직 갖추어지지 못하고 특히 전임 신직을 두지 못한 곳이 또한 적지 않다. 이는 조만간 전임 신직을 두는 것을 전제로 하여 허가받은 것임에도 불구하고 설립 후 오랜 세월을 지낸 것이 있지만, 아직 겸무 신직으로써 예제(例祭)를 봉사(奉仕)하는데 그치고 예제 이외의 신사의 공식제(公式祭, 대정 3년 칙령 제10호「관국폐사 이하 신사 제사령」 참조)를 집행하지 않는 것 같은 것은 신사 창립의 취지에 반(反)하여 매우 유감스러운 바 있다. 특히 요즈음 경신숭조의 국풍을 조장하고, 황도정신을 명징하는 중요한 때를 당하여 신명(神明)에 봉사해야 할 신직을 비워두는 것 같은 것은 신사 창립의 의의를 몰각한 것이므로 다음 각 항을 참조하여 숭경자를 독려하고 사두(社頭)의 설비를 완전히 정비함과 동시에 속히 전임 신직을 두어 사전(祀典)을 엄수하도록 적당한 조치를 강구하기 바란다.
>
> 덧붙여서 신사(神祠)에서도 신사(神社)가 되는 것을 전제로 하여 설립된 취지로써 점차 신사(神社)로 승격될 수 있도록 독려하기 바란다.[106]

이 통첩에는 신사행정을 담당하는 내무국장이 각 도지사에게 신사에 전임 신직을 두어 사전을 엄격히 집행하게 하며, 신사신사의 유지비는 숭경자들이 부담하는 것을 원칙으로 하되 전임 신직을 두기 어려운 지방에

106 朝鮮神職會 編, 1937,『朝鮮神社法令輯覽』, 帝國地方行政學會朝鮮本部, 240쪽.

서는 관계 지방 단체로부터 신사비를 기부하도록 하고, 신사의 기본 재산 조성을 위하여 국유지, 하천 부지 등의 처분도 고려하라고 덧붙이고 있다.

한편, 1935년 10월이면 조선신궁 진좌 10주년이 되므로 그 2년 전인 1933년 10월 정무총감을 회장으로 하고, 내무국장과 일본인, 조선인 각 1인을 부회장으로 하며, 각 도지사를 각 도 지부장으로 하는 관민합동의 조선신궁봉찬회를 조직하여 대대적인 조선신궁 정비 사업을 추진하여 10주년을 준비하였다.[107]

더욱이 1935년 초부터 일본 국내에서는 군부 황도주의자들이 미노베(美濃部達吉)의 천황기관설마저 국체에 위배된다고 공격을 하여 정죄하고, 이른바 '국체명징운동'을 일으켰다. 조선총독부에서도 이에 호응하여 '심전개발(心田開發)' 운동과 함께 '국체명징'을 부르짖고 '신사참배'와 '경신사상(敬神思想)'을 더욱 강조하였다.

1935년 초부터 우가키 총독이 일으킨 심전개발운동은 '정신교화운동(精神教化運動)'의 연장으로서 종교적 신앙심을 이용하여 '천황제' 이데올로기의 확산과 정착을 꾀한 운동이었다. 우가키 총독은 1935년 1월 10일 총독부의 부국장회의에서 "1. 정신작흥, 자력갱생, 기타 전년 이래 착수한 일은 신년과 함께 크게 박차를 가하여 촉진을 꾀할 것, 2. 겸하여 희구하고 있는 심전개척(心田開拓)에는 금년에 더욱 수보(數步)를 진척시키고 싶다"라고[108] 지시한 것을 일기에 적고 있다. 그렇다면 심전개발운동은 이

---

107 朝鮮總督府 編, 1935, 앞의 책, 889쪽. 이 사업에는 일반기부금 276,000여 원, 국비 및 도비 보조금 60,000원, 기타 수입을 합하여 합계 346,000여 원으로 봉찬전 건설, 참집소 증축, 임원(林苑) 정리, 경내 확장, 참도(參道) 신설 및 포장 등을 하고, 당일 성대한 봉축대제(奉祝大祭)를 거행했다.(朝鮮總督府 編, 1940, 『施政三十年史』, 766쪽)

108 「1935년 1월 16일 자」, 『宇垣一成日記』 2, みすず書房, 1970, 990쪽.

미 1934년도부터 실시되었으며, 1935년 초부터 한층 더 강화된 것이라고 할 수 있다. 이러한 심전개발운동에서 가장 강조된 것은 일본의 국체와 경신숭조 관념이었다. 그리고 그것은 '천황제' 이데올로기에 다름 아니었다. 1935년 4월 우가키 총독은 각 도지사와 관공사립 학교장들에게 훈령을 보내 "지금 내외의 정세를 생각하건대 현재[刻下]의 급무는 일본정신을 작흥하고 국민적 교양의 완성을 기하여 (중략) 존엄한 국체의 본의를 명징하고 이를 기초로 교육의 쇄신과 진작을 도모"하는 것이니 힘써 그 임무를 달성하라고 지시하였다.[109] 이어 5월에는 정무총감도 각 도지사에게 「학교에서 경신숭조의 염(念) 함양(涵養) 시설(施設)에 관한 건」이라는 통첩을 하여 학교교육에서 "경신숭조"라는 신도(神道) 내지 '천황제' 이데올로기의 주입을 위한 가미다나(神棚)의 설치를 독려하였다.[110] 그리고 같은 해 9월에도 총독부 학무국장이 각 도의 도지사에게 「학교직원의 경신사상(敬神思想) 철저에 관한 건」이라는 통첩을 내려보내 학교직원들이 이 운동에 적극적으로 참여하고 앞장서도록 독려하였다. 이에 따라 각지에 신사(神社)·신사(神祠)의 설립이 급격히 증가하고, 신사를 중심으로 한 행사나 참배자 수도 해마다 급증하였다.

이러한 심전개발운동은 1935년 일본 본토의 '국체명징운동'과 결합되어, 다음과 같은 1936년 1월 30일 자 정무총감의 「심전개발 시설에 관한 건」이라는 통첩에서 그 목표와 구체적 시설 및 실시방법을 제시하고 있다.

---

109 「조선총독부 훈령 제14호」, 『朝鮮總督府官報』, 1935. 4. 16.

110 朝鮮神職會 編, 1937, 『朝鮮神社法令輯覽』, 帝國地方行政學會 朝鮮本部, 353~355쪽.

심전개발 시설에 관한 건

시국과 조선의 특수사정에 비추어 생각건데 일반 민중의 정신을 진작하여 심전을 배양하고 신앙심을 부식(扶植)하여 경애(敬愛)의 염(念)을 함양해 확고한 인생관을 파악하게 하여 안심입명(安心立命)의 경지로 이끄는 것은 조선통치상 여러 시설을 실행하는 데 장차 민중의 생활 기초를 공고하여 이를 통해 영원히 행복하고 의미 있는 것으로 만드는 데 가장 긴급하고 절실한 사항이다. 즉 심전 개발은,

1. 국체관념을 명료하게 할 것.
2. 경신숭조의 사상 및 신앙심을 함양할 것.
3. 보은, 감사, 자립의 정신을 함양할 것.

을 목표로 하여, 이 실행에 관해서는,

1. 종교 각 파와 아울러 교화 제 단체는 상호 연락·제휴하여 실효를 거둘 것.
2. 지도적 입장에 있는 자는 솔선하여 이에 노력해 모범[範]을 대중에게 보여 줄 것.

으로 정하고, 세목은 별지 요항을 기준으로 하여 그 실현을 도모하고, 또한 지방의 사정에 따라 적절한 시설을 마련하여 목적 달성을 기하도록 한다.[111]

이러한 통첩을 낸 이마이다(今井田淸德) 정무총감은 총독부 기관지 『조

111 江原 (編), 1938, 『心田の開發』, 江原, 1~4쪽. 강원도에서 펴낸 것으로 보이는 이 책은 1936년 1월 30일자 정무총감의 「심전개발 시설에 관한 건」이라는 통첩과 학무국 사회과에서 라디오에 의한 사회교화를 기획하여 경성중앙방송국에서 1937년 1월부터 방송한 심전개발에 관한 강좌 내용을 싣고 있다.

선』 1936년 1월호에서도 다음과 같이 심전개발정책의 목표를 서술하고 있다.

> 원래 심전개발의 구체적 내용은 다양 다기하지만, 요는 필경 개인으로 하여금 바른 인생관, 국민으로서 견실한 국가관, 사회관을 확립하게 하고, 이념과 정조의 도야에 의해 정신생활의 안정과 발전을 일의적 신조로 하는 생활태도의 결정을 각자에게 요구하는 것이요, 완전한 '사람', 건전한 '국민'의 자격을 개개의 민중에게 구비시켜 문화의 향상을 기하고, 국력의 강화를 기하는 것이다.[112]

조선총독부는 이러한 신사숭경을 제도적으로 뒷받침하기 위하여 1936년 8월 천황의 칙령 5건, 총독부령 13건, 총독부 훈령 4건, 총독부 고시 2건, 서임 사령 1건을 발령하여 조선의 신사제도를 전면 개정하였다. 이때 발령된 신사제도 관련 법령을 표로 정리하면 다음과 같다.

〈표 2-4〉 1936년 8월에 공포된 조선 신사제도 관련 법령

일련 번호	발령일	법령 명칭	『관보』 게재일
1	1936. 7. 31	칙령 제250호, 관국폐사 직제 중 개정	1936. 8. 4
2	1936. 7. 31	칙령 제251호, 관국폐사 급 신 신부서 신직 임용령 중 개정	1936. 8. 4
3	1936. 7. 31	칙령 제252호, 조선신궁 직원령 중 개정	1936. 8. 4
4	1936. 7. 31	칙령 제253호, 관국폐사 이외 신사의 신찬폐백료 공진에 관한 건	1936. 8. 4
5	1936. 7. 31	칙령 제254호, 관국폐사 이하 신사폐백 공진사 복제 중 개정	1936. 8. 4

112 今井田清德,「第二'四半世紀'の第一年頭に立ちて」,『朝鮮』, 1936년 1월호, 8쪽.

일련번호	발령일	법령 명칭	『관보』 게재일
6	1936. 8. 1	총독부령 제67호, 국폐사 祭式	1936. 8. 1
7	1936. 8. 1	총독부령 제68호, 국폐사 神職 齋戒에 관한 건	1936. 8. 1
8	1936. 8. 1	총독부령 제69호, 국폐사 신직 복장 규칙	1936. 8. 1
9	1936. 8. 1	총독부령 제70호, 국폐사 신직 봉급 규칙	1936. 8. 1
10	1936. 8. 1	총독부령 제71호, 국폐사 직원 여비 규칙	1936. 8. 1
11	1936. 8. 1	총독부령 제72호, 국폐사 출사에 관한 건	1936. 8. 1
12	1936. 8. 1	총독부령 제73호, 국폐사 회계 규칙	1936. 8. 1
13	1936. 8. 1	총독부 훈령 제15호, 국폐사에서 항례로 행하는 식 및 그 식차제 및 요배사, 불물 및 불계사의 격례	1936. 8. 1
14	1936. 8. 1	총독부 훈령 제16호, 국폐사 처무 규정	1936. 8. 1
15	1936. 8. 1	총독부 고시 제434호, 경성신사·용두산신사 국폐소사 지정 고시	1936. 8. 1
16	1936. 8. 1	서임 및 사령, 조선총독부 신직고등시험위원·심상시험위원 임명	1936. 8. 1
17	1936. 8. 11	총독부령 제75호, 신사의 제식 항례식 급 재계에 관한 건 중 개정	1936. 8. 11
18	1936. 8. 11	총독부령 제76호, 神社規則	1936. 8. 11
19	1936. 8. 11	총독부령 제77호, 신직 봉급 기타 급여에 관한 건	1936. 8. 11
20	1936. 8. 11	총독부령 제78호, 국폐사 이하신사의 신찬폐백료 공진에 관한 건 제2조에 의한 관국폐사 이외신사에 공진할 신찬폐백료의 금액의 건	1936. 8. 11
21	1936. 8. 11	총독부령 제79호, 神祠에 관한 건 중 개정	1936. 8. 11
22	1936. 8. 11	총독부 훈령 제17호, 관국폐사 이하신사의 폐백공진사 隨員 服制	1936. 8. 11
23	1936. 8. 11	총독부령 제81호, 신사사원규칙 폐지	1936. 8. 11
24	1936. 8. 11	총독부 훈령 제18호, 신사제찰의 제식에 관한 건 폐지	1936. 8. 11
25	1936. 8. 11	총독부고시 제440호, 道 또는 부읍면으로부터 신찬폐백료를 공진받을 수 있는 神社 고시	1936. 8. 11

출처: 『조선총독부 관보』, 1936.8.1, 8.4, 8.11.

〈표 2-4〉에서 알 수 있듯이 칙령은 대부분 일본 본토에서와 마찬가지로 조선에도 국폐사를 새로 두고, 관국폐사 이하의 신사에 신찬폐백료를 공진할 수 있도록 뒷받침하기 위한 것이었다. 일련번호 18의 「신사규칙(神社規則)」과 21의 「신사(神祠)에 관한 건 중 개정」을 제외한 나머지 총독부의 법령, 훈령, 고시 등도 그와 관련된 것이다. 이 신사제도 개정의 주요 목적은 일본 본토의 신사제도에 따라 조선에도 국폐사를 두고, 조선의 관국폐사 이하의 신사(神社)에도 신찬폐백료를 관에서 공진하게 하며, 조선 신직들의 처우를 개선하기 위한 것이었다. 그리고 이와 더불어 강화된 「신사규칙(神社規則)」을 새로 제정하고, 종래의 「신사(神祠)에 관한 건」을 개정하여 신사(神社)·신사(神祠)의 위상을 높이며, 그 설립과 정비를 장려하기 위한 것이었다. 이 신사제도 개정에 대하여 총독부는 이렇게 후술하고 있다.

신사제도의 개정

조선에서 신사제도 개정의 논의는 다년간 현안이어서 예의 조사연구를 수행하고 있었는데, 1933년 말 이래 조선에서 심전개발운동의 이상한 진전에 따라 신사를 중심으로 한 정신운동도 역시 현저하게 되었다. 신사신사의 창립도 다음 표와 같이 해마다 증가 추세를 보이기에 이르렀다. (표 생략) 이에 속히 신사제도를 확립하여 이로써 시운에 대처할 필요를 인식하여 다년간 현안인 신사제도의 전면적 개정을 기획하고 이를 입안 심의를 진행하여, 1936년에 이르러 성안을 할 수 있었고, 동 8월 관계 법령 일체를 공포하여 이에 획기적인 신사제도의 개정을 보기에 이르렀다.[113]

---

113 朝鮮總督府 編, 1940, 앞의 책, 768쪽.

그리하여 우선 유서가 깊고 그동안 사격 취득 운동을 활발히 해온 경성신사와 용두산신사를 국폐소사로 승격시키고,[114] 총독부에서는 각 도에 1국폐소사를 둘 계획을 하였으며,[115] 부읍면에 1신사(神祠)를 세우기 위한 1면 1신사(一面一神祠) 정책을 각 도군에서 수립하게 하여 추진하게 하였다.[116]

관폐사와 국폐사는 총독부 직속기관이었고, 신직의 급료나 신사의 제사비용인 신찬폐백료도 총독부에서 지급하였지만, 관국폐사 이외의 다른 신사들에 대해서도 총독부 행정기관인 도·부·읍·면에서 신찬폐백료를 제공하도록 지정 고시하였다. 다음은 위 표 일련번호 25의 1936년 8월 11일 자로 지정한 신찬폐백료 공진 신사들이다.

도(道)로부터 공진해야 하는 신사(神社)

인천신사, 청주신사, 대전신사, 전주신사, 광주신사, 대구신사, 진주신사, 해주신사, 평양신사, 평안신사, 춘천신사, 나남신사

---

114 그 후 국폐소사로 승격한 신사는 대구신사, 평양신사(1937. 5. 15), 광주신사, 강원신사(1941. 10. 1), 전주신사, 함흥신사(1944. 5. 1)뿐이었다.

115 이 무렵 총독부의 방침이 1도(道) 1국폐사(國幣社)였다는 것은 당시 정무총감의 '조선 신사제도의 개정에 대하여'라는 담화에서 "더욱이 국폐사에 관하여는 1도에 대체로 1사의 방침을 정하고 있는 것이기 때문에, 본부(총독부)에서는 널리 지방관민 여러분의 협력을 얻어 신사의 내용 및 외형의 정비에 힘써 가급적 속히 이를 실현할 것을 기함으로써 1도 숭경의 중심을 확립하고, 신사제도의 정비와 함께 신위의 선양에 의해 민심의 귀추를 바르게 하려고 생각하고 있기 때문에, 관계 신사의 씨자 숭경자 여러분의 분기를 바라며, 지방관민 여러분으로서도 돈독히 본부의 방침에 협력하기를 바라마지 않는 바입니다"라는 발언을 통해서도 입증된다.(『朝鮮總督府官報號外附錄』 1936. 8. 1)

116 1면 1사(一面一社) 계획은 이미 1935년 6월 무렵 평안남도 야스타케(安武直夫) 도지사가 제창하여 평안남도에서 실행하였다.[「일면일사(一面一社)의 제창」, 『朝鮮新聞』, 1935. 6. 12]

부(府)로부터 공진해야 하는 신사(神社)

개성신사, 군산신사, 송도신사, 마산신사, 진남포신사, 원산신사, 청진신사

읍(邑) 또는 면(面)으로부터 공진해야 하는 신사(神社)

수원신사, 충주신사, 공주신사, 연기신사, 강경신사, 천안신사, 김제신사, 이리신사, 포항신사, 김천신사, 통영신사, 진해신사, 성진신사, 회령신사[117]

그러나 이러한 관지급 비용은 신사 운영비의 일부에 불과했다. 대부분의 신사 운영 비용은 씨자 내지 숭경자 조직을 강화하고 지역 주민들에게 신사갹출금을 부과하여 강제로 징수하였다. 이때까지만 하여도 전라남도의 신사숭경자 갹출금은 일본인 측에서 부담하였던 것 같다. 전라남도 내무부장은 1936년 9월 30일자로 관내 부윤 각 군수에게 「신사숭경자 갹출금에 관한 건」이라는 통첩을 보내 "조선인 사이에 경신사상(敬神思想)을 침윤보급(浸潤普及)하는 것은 현재의 급무로 인식하고 있는데, 이번 신제 제도의 확립을 본 것을 계기로 내선인을 불문하고 경신사상의 진작 갱신을 도모함과 동시에 특히 조선인에 대한 신사에 관한 인식을 깊게 할 목적으로 점진적으로 신사비를 부담하게 할 방책을 수립하여 본년도부터 실시하도록 의명(依命) 통첩한다. 덧붙여 방책을 수립하여 10월 15일까지 상세히 도에 보고하기 바란다"고 통첩하고 있다.[118] 이런 조치는 비단 전

---

117 『朝鮮總督府官報』, 1936. 8. 11.

118 『현행 전라남도 예규집』, 1937, 1443쪽.

라남도만이 아니었을 것이다. 이뿐만이 아니라 전국 각지에서 신사신사의 건립을 위하여 신사건립기금 모금이나, 조영지 근로봉사라는 명분으로 학생들과 주민들을 집단적으로 동원하여 강제노역을 시키는 경우도 허다하였다.

1936년 8월 새로 부임한 미나미(南次郞) 총독은 9월 24일 첫 도지사회의에서 한 훈시의 첫 부분에서 다음과 같이 신사숭경을 강조하고 있다.

> 시정의 목표가 민중생활에서 물심양전(物心兩全)을 기하는 데 있다는 것은 말할 필요도 없는 바, 그 가운데 우리 특수한 국체에 대한 인식을 배양하고 강건한 국민정신을 도야하여 생활신조의 기본으로 해야 하는 것은 내외 시국의 중대함에 비추어 최선의 급무이다. 지난 8월 1일로 경성신사 및 부산 용두산신사를 국폐소사로 열격할 뜻을 분부하신 것은 여러분이 이미 아시는 대로이다. 무릇 관국폐사의 창립 또는 열격은 한편으로는 성지(聖旨, 천황의 뜻)에 기초한 것이요, 조선의 총진수로서 관폐대사 조선신궁이 창립된 이래 성사(盛事)이다. 본디 신사숭경은 일본정신의 중추를 이루는 것으로 강내(疆內) 민중이 신사를 중심으로 하여 일본정신의 자각에 합치하는 것은 즉 사상 민속의 순화, 국운의 융창을 이루는 소이로서 황공하게도 신기존숭(神祇尊崇)의 도를 장려하시는 성려(聖慮)의 심원함을 배찰(拜察)하게 된다. 또 관국폐사 이외의 신사에 공진(供進)의 길을 열어 제반 제도의 정비를 꾀하고 또 신사숭경의 정신을 강조한 까닭은 민중으로 하여금 깨끗하고 밝고 또 강한 생활관념에 인도하려는 것에 불과하다. 여러분은 본부(총독부)가 의도하고 있는 바를 양해하고, 신사(神社)의 번영과 신위(神威)의 현현(顯現)에 대하여 한층 노력하기를 간절히 바란다.[119]

신사숭경은 일본정신의 중추이므로 민중이 신사를 중심으로 이 정신을 함양하도록 신사의 번영과 신위의 현현을 위해 힘써 달라는 것이다.

이어서 오노(大野綠一郎) 정무총감도 "저번 신사에 관한 제반 제도를 정비한 일은 여러분이 아시는 대로인데, 이것은 대개 민중으로 하여금 신사를 중심으로 하여 일본정신에 귀일(歸一)하도록 하는 고원(高遠)한 취지에 불과한 것이다. 여러분은 마땅히 그 본지에 비추어 민중의 신사숭경으로 민속을 순화하고 이어 국민정신의 자각을 촉진하도록 특별한 노력을 하기를 바란다"라고 훈시하고 있다.[120]

신사숭경에 대해 이런 인식을 가지고 있던 총독과 정무총감 하에서 총독부의 신사정책은 더욱 적극성을 띨 수밖에 없었다. 더욱이 이듬해인 1937년 4월 정례 도지사회의에는 총독부에서 각 도에 5개의 주요 현안에 대하여 자문하고 답신서를 제출하게 했는데, 그 가운데 "1. 국체관념을 명징하여 제국의 참된 사명을 확인하게 하여 중서(衆庶)의 국민적 신념을 확호불발(確乎不拔)하게 배양하기 위해 실시해야 할 방책"과 "3. 민중의 신앙심을 부식하고 종교적 정조(情操)를 도야하기에 가장 적절한 구체적 방책"에 대하여 대부분의 도에서는 신사정책과 관련된 방책을 내놓고 있다.[121] 여기서 각 도에서 제안된 신사정책과 관련된 방책들을 표로 정리하면 다음과 같다.

---

119 『朝鮮總督府官報』 1936. 9. 25.

120 『朝鮮總督府官報』 1936. 9. 25.

121 朝鮮總督府 編, 『道知事會議諮問答申書』 1937. 4.

〈표 2-5〉 신사정책에 관련된 답신안(答申案)[122]

번호	방책안(方策案)	도명(道名)
1	조선신궁(朝鮮神宮) 확장, 경신사상(敬神思想), 국체관념(國體觀念) 등 강연회장으로 이용	경기
2	일군일신사(一郡一神社) 건립	경북(국비, 도비로), 평남, 함남
3	일군일신사(一郡一神社) 건립	경기, 충북, 충남, 전남, 황해, 강원
4	신사(神社)·신사(神祠)의 건설	전남
5	신사시설(神社施設) 충실(充実)	평북
6	관공서에 신사(神祠) 설치	함북
7	신사참배(神社参拝) 장려	경기, 충북, 전북, 전남, 경북, 경남, 황해, 평북, 강원, 함북
8	신사(神社) 헌목(献木)	경북
9	동방요배(東方遙拝), 황거요배(皇居遙拜)	충북, 전남, 경북, 황해, 평북, 강원
10	이세신궁(伊勢神宮) 참배	충남, 전남, 경북, 황해, 평남, 함북
11	궁성(宮城) 참배	경북
12	어진영(御真影) 봉대(奉戴)	경기, 충북, 전남, 평북, 강원, 함남, 함북
13	대마(大麻) 보급	충남, 전남, 평북
14	가미다나(神棚) 설치	충북, 충남, 평북, 강원, 함북
15	신사(神祠) 봉무자(奉務者) 양성	충남
16	국체명징(國體明徵), 신기숭배(神祇崇拜)에 관한 강연, 강습회 개최	충북, 충남, 전북, 전남
17	조선인 씨자(氏子) 확대	평북, 강원
18	사대절(四大節), 각 축제일의 배하식(拜賀式), 국가적 기념일 등에 민간인 참가	경기, 충북, 전남, 경남, 평북
19	민중생활을 신사(神社) 중심으로	경북
20	헌곡전(献穀田) 設置	평남

출처 : 『道知事会議諮問答申書』(1937年4月)에 의해 작성

122 金根熙, 2003, 「'皇民化政策期'の神社政策について」, 『(姜德相先生古希·退職記念)日朝關係史論集』, 東京: 新幹社, 408쪽의 表 6을 출전 자료를 대조하여 보완하였음.

여기서 제안된 방안들은 거의 모두가 종전에 실시해 오던 것을 좀 더 강화하겠다는 것에 불과하며, 제안한 도에 상관없이 "6. 관공서에 신사(神祠) 설치(함북)"와 "20. 헌곡전(獻穀田) 설치(평남)"를 제외하면, 전국에 적용하는 정책이 되어 실행되었다. 관공서의 신사 설치도 심전개발운동에서 관공서에 가미다나(神棚) 설치로 이미 실현된 것으로 볼 수 있고, 헌곡전(獻穀田)도 이미 다른 도에서는 일찍부터 설치되어 매년 신상제(新嘗祭) 때마다 헌곡을 하고 있었다.

이러한 총독부의 적극적인 신사정책은 1937년 7월 중일전쟁의 도발로 이른바 전시체제에 들어가 '황민화 정책'을 실시하면서 한층 강화되었다.[123] 특히 1938년 5월 전시체제를 강화하기 위하여 「국가총동원법」을 제정하여 조선과 대만에서도 시행되도록 하고, 관민 합동의 국민정신총동원운동을 일으켜 같은 해 7월 조선에도 국민정신총동원 조선연맹을 조직하게 한 일제는 1940년을 '황기(皇紀) 2600년'으로 정하고 대대적인 기념행사를 준비하면서 신사신사의 설립과 신사참배 및 신사에서의 행사 참여를 더욱 강요하였다.

총독부는 1939년 3월 '황기(皇紀) 2600년' 기념사업의 하나로 고대 일본과 관계가 깊은 충남 부여에 관폐사를 창립하여 "내선일체 강화 철저의 정신적 전당"이 되게 하겠다는 담화를 발표하였다.[124] 그 후 일본 내각과 교섭하여, 오진천황(應神天皇), 사이메이천황(齊明天皇), 덴지천황(天智天

---

123 '황민화 정책'의 특징은 '천황신앙'의 강제를 축으로 하여 민족의 정체성(identity)을 빼앗아 민족성 말살을 단기적으로 달성하려는 것이었다(須崎愼一, 「아시아 가운데 파시즘 국가」, 『講座日本歷史』 10, 260쪽). 일제는 이러한 목적을 달성하기 위하여 신사참배와 동방요배의 강요, 황국신민서사의 제창, '창씨개명'과 일본어 상용(常用) 등을 강요하였다.

124 岩下傳四郎 編, 1941, 『大陸神社大觀』, 大陸神道聯盟, 56~58쪽.

皇), 진쿠황후(神功皇后)를 제신으로 하는 관폐대사 부여신궁을 1939년 6월 15일부로 충남 부여에 창립한다는 고시를 발표하였다.[125] 전국 각 도에서도 지방 행정기구나 다양한 단체들이 주체가 되어 '황기(皇紀) 2600년' 기념사업으로 신사신사의 조영 건설, 수리, 정비, 확장 사업을 예산을 편성하여 진행하였다.[126]

조선총독부는 일본 본토에 있는 야스쿠니신사(靖國神社)의 각종 행사 날에도 조선에서 이에 상응하는 행사를 하도록 하였다. 그 일례로 1938년 4월 18일과 같은 해 10월 8일에는 오노(大野綠一郎) 정무총감이 「야스쿠니신사 임시 대제 때 전 국민 묵도 및 전몰장병 위령제 집행에 관한 건」이라는 통첩을 내어 전국적으로 이를 실시하게 하고 있다.[127] 총독부는 1938년 이후에는 지원병제(1938) · 징용제(1939) · 징병제(1944)를 차례로 실시하여 조선의 젊은이들을 그들의 침략 전쟁터로 내몰았다. 그러면서, 그들에게는 물론 자국인들에게까지 전쟁터에 나가는 병사들에게 "죽으면 '신'(神)으로서 야스쿠니신사에 봉재된다고 믿게 하고, 유족에게는 야스쿠니신사에 가면 아버지나 아들이나 남편을 대면할 수 있다고 믿게 하려는 선전을 대대적으로 벌였다."[128] 이것은 야스쿠니신사가 단순히 "전몰자 및 국사에 죽은 자"에 대한 국가적인 의례가 아니라, 국민을 안심하고 전장에 나가게 하며 '국가를 위하여' 생명을 버리게 하기 위한 '군국주의적 국가종교의 역할'을 하게 했던 것을 잘 말해 준다.

---

125 척무성(拓務省) 고시 제2호, 조선총독부 고시 503호(『朝鮮總督府官報號外』 1939. 6. 19)

126 靑井哲人, 2005, 『植民地神社と帝國日本』, 東京: 吉川弘文館, 부록 26~37쪽, 「付表 3」 참조.

127 『朝鮮總督府官報』 1938. 4. 8; 10. 8; 10. 13.

128 藤谷俊雄, 戶村政博 編, 1970, 「國家神道の本質」, 『靖國鬪爭』, 東京: 新教出版社, 137쪽.

더욱이 1939년 4월부터는 총독부 주도로 '호국신사봉찬회(護國神社奉讚會)'를 발족시켜 제19사단 본부가 있는 경성과 제20사단 본부가 있는 나남 2곳에 호국신사 창설을 준비하였다. 호국신사는 야스쿠니신사의 지방신사 격으로 야스쿠니신사에 봉재된 제신 가운데 그 지방에 연고가 있는 제신을 제사하는 시설이었다. 이 무렵 일본 본토에서도 초혼사(招魂社) 제도를 개정하여 그 명칭을 호국신사로 하고 내무대신이 지정하여 지정호국신사를 부현사에 준하는 취급을 받게 하였다. 물론 조선에서 지정권은 조선총독에게 있었다. 경성호국신사는 1943년 11월 26일,[129] 나남호국신사는 1944년 11월 1일[130] 총독이 참석한 가운데 각각 진좌제를 지냈다.

총독부가 이렇게 적극적인 신사정책을 전개하면서 당면한 문제 가운데 하나는 신사신사에서 각종 제사의식을 주재할 신직 양성 문제였다. 그래서 1936년 신사제도를 전면 개편할 때도 종래 일본에서 신직 자격을 취득한 사람을 신직에 임명하던 것을 총독부 자체에서 신직 자격을 부여할 수 있드록 '신직고등시험위원'과 '신직심상시험위원'을 임명하였다. 정무총감을 위원장으로 하는 신직고등시험위원회는 관국폐사의 신관을, 내무국장을 위원장으로 하는 신직심상시험위원회는 관국폐사 이하 신사(神社)·신사(神祠)의 사사(社司)와 사장(社掌)을 전형하여 임용하는 기구였다. 신도의 사제인 신직은 대부분 일본인으로 총독부의 관리로 대우를 받았다. 신직에는 궁사(宮司), 권궁사(權宮司), 녜의(禰宜), 주전(主典), 궁장(宮掌), 사사(社司), 사장(社掌) 등이 있었는데, 궁사는 칙임대우, 주임대우

129 「社說-京城護國神社鎮座祭」,『每日新報』, 1943. 11. 26.

130 「江原, 咸南北民聖汗으로 羅南護國神社御竣工 今日 鎮座祭執行의 盛儀」,『每日新報』, 1944. 11. 1.

로 나뉘고, 권궁사는 주임대우였으며, 녜의, 주전, 궁장은 판임대우였다. 1938년 이전에 신직들은 모두가 일본인이었다. 그러나 신사신사의 증가로 신직의 수요가 증가하여 신직 양성의 필요가 대두하였다. 그리하여 총독부는 1938년 2월 8일 신직의 양성을 위해 각 도지사에게 각 도의 도비로써 일정액의 보조를 하도록 통첩하였다.[131] 이어 총독부 내무부는 1938년 4월부터 조선신궁 안에 황전강구소 조선분소를 개설하고, 청년 신직을 양성하게 하기 시작하였다. 그 지원자격은 엄격히 제한을 하여 "각 도에서 중등학교 졸업생 또는 중등 정도의 학력을 가진 자로 도지사의 천거에 의하여 한 명씩 입소시키되 조선인 청년도 약간 명 입소시키기로 하였다."[132] 그래서 모집 정원은 본과생 13명, 청강생 약간 명을 모집하기로 하고, 원서, 이력서, 호적등본, 졸업증, 신체검사증 등을 도지사에게 제출하여 천거를 받도록 하였다.[133] 이 황전강구소 조선분소에 조선인으로서 제1기로 입소하여 조선인으로서 최초로 신직에 임명된 사람이 이산연(李山衍)이다. 그는 1937년 청주고보를 졸업하고, 1938년 5월 조선황전강구소에 들어가 이듬해 3월에 졸업하였다. 그리고 그해 7월 청주군 사회계 고원으로 취직하였다가 2개월 후인 9월 청주신사 신직 밑에 출사(出仕)[134]로 있다가 1941년 신직으로 승진되어 광복이 될 때까지 신직에 있었던 사람이다. 그는 광복 후인 1949년 5월 22일 반민특위에 피체되어

131 「神職의 양성 道費로 보존」, 『조선일보』, 1938. 2. 9.

132 「青年 神織 養成, 皇典講究所 朝鮮分所 開設」, 『조선일보』, 1938. 3. 11.

133 위와 같음.

134 出仕는 國幣社에 두었던 하급 직책으로 主典의 직무를 보조하고, 宮司가 이를 임면할 수 있었다. 조선총독부령 제72호, 「국폐사 출사에 관한 건」(1936. 8. 1).

청주형무소에 구금되었다가, 7월 8일 불기소처분으로 풀려났다.[135]

통계가 남아 있는 1941년 1월 현재 각 도별 신사신사 및 신직의 분포를 표로 정리하면 다음과 같다.

〈표 2-6〉 신사(神社) · 신사(神祠) 및 신직(神職)의 각 도별 분포(1941. 1 현재)

구분	경기	충북	충남	전북	전남	경북	경남	황해	평남	평북	강원	함남	함북	계
神社	5	2	7	10	8	5	7	2	2	4	2	2	5	61
神祠	67	16	30	20	225	47	37	27	21	37	35	20	19	601
神職	22	2	7	10	9	7	10	3	8	4	2	4	5	93

출처: 岩下傳四郎 編, 1941, 『大陸神社大觀』, 大陸神道聯盟, 545~551쪽.

신사행정을 담당하는 총독부 내무국은 "기원 2600년을 맞이하여 한층 경신사상의 보급과 철저에 매진하기 위하여" 1941년도 예산 약 5만 원을 계상하여 "신사행정의 확충"에 착수했다. 신사행정을 전담하기 위하여 내무국 안에 제무관(祭務官) 1명, 제무관보 2명, 속 1명, 고원 4명을 신규로 두고, 각 도에는 속 및 고원을 배치하여 신사행정사무에 만전을 기함과 동시에 신사(神社) 약 50개소, 신사(神祠) 70개소를 증설하겠다는 것이었다.[136] 그리하여 "신사의 제사와 일반 신사사무의 지도 감독을 강화하기 위하여" 1941년 7월 24일자로 초대 제무관으로 당시 국폐소사 평양신사 궁사였던 스즈키(鈴木重道)를 임명하였다.[137]

135 「이산연 불기소 사건 기록」, 『반민특위 재판기록』 11권, 다락방, 1993, 영인본, 5~15쪽.

136 「神社行政の統一, 明年度に五萬圓計上, 祭務官一名を設置」, 『朝鮮時報』, 1940. 2. 2.

137 「本府에 祭務官 新設-初代에 鈴木氏 任命」, 『每日新報』, 1941. 7. 26.

1943년 무렵에도 신직의 부족현상은 여전하였다. 그러자 총독부는 "신직을 대량으로 양성"하기 위하여 "국민학교 교장을 지낸 사람 또는 이와 동등의 덕망이 있는 지방 유력자로서 도지사가 추천한 사람"으로 3개월 과정의 '신직양성 제1회 특별강습회'를 개최하였다.[138]

1944년 징병제 실시와 더불어 조선총독부는 전국의 각 면에 신사(神祠)를 설립하여 "지방민의 정신적 중추"를 삼도록 한층 독려했다. 종래 도군(道郡)이 중심이 되어 전개하던 일면일신사(一面一神祠) 정책을 총독부 차원의 1부읍면1신사신사(一府邑面一神社神祠) 방침으로 결정하고, 이러한 사실을 총독부의 기관지 『조선』 1944년 5월호에서 다음과 같이 보도하고 있다.

> **일면일사(一面一祠)에 지방민의 정신적 중추 확립**
> 징병제도 실시 등 반도통치의 획기적 시책을 계기로 하여 반도 2천 5백만 민중의 정신적 중추로서 각지에 신사(神社)·신사(神祠)의 설립 요망의 소리가 팽배히 대두하고 있다. 아직 신사(神社)·신사(神祠)의 설립을 보지 못한 읍면(邑面)은 1,392곳이다. 총독부는 1부읍면 1신사신사(一府邑面一神社神祠)의 방침을 결정하여, 일반의 요망에 응하여 제 자재(諸資材)의 부족에도 불구하고 전면(全面)에 신사(神祠)를 설립하게 함과 동시에 기존에 설립된 신사(神祠) 가운데 일정한 규격에 맞는 것은 이때에 신사(神社)로 승격시켜 경신숭조의 염(念)을 깊게 하고 산토신(産土神)의 신앙을 높여 마음의 고향을 굳게 이루게 되었다.[139]

---

138 「神職 養成所 生徒 募集」, 『每日新報』, 1943. 2. 4.

139 『朝鮮』 1944년 5월호, 38쪽.

그러나 이러한 총독부의 강요와 지원에도 불구하고, 광복되기 직전인 1945년 6월 현재까지 전국 2,346개 부읍면 가운데 공사 중이던 부여신궁을 포함하여 1,143곳에만 신사신사를 설립할 수 있었다. 그 무렵 사격별 신사신사의 도별 분포와 비율은 다음 표와 같다.

〈표 2-7〉 사격별 신사 · 신사의 도별 분포와 설립 및 지역 비율(1945. 6 현재)

도	부읍면수	신사총수	사격별				설립비율 (%)	지역분포율 (%)
			관폐대사	국폐소사	神社	神祠		
경기	234	162	1	1	5	155	69.2	14.2
충북	106	74	-	-	3	71	69.8	6.5
충남	173	39	1	-	8	30	22.5	3.4
전북	177	34	-	1	10	23	19.2	3.0
전남	254	255	-	1	9	245	100.3	22.3
경북	252	68	-	1	5	62	26.9	5.9
경남	242	48	-	1	6	41	19.8	4.2
황해	211	186	-	-	4	182	88.2	16.3
평남	141	34	-	1	1	32	24.1	2.9
평북	172	139	-	-	5	134	80.8	12.2
강원	174	46	-	1	3	42	26.4	4.0
함남	132	26	-	1	5	20	19.6	2.3
함북	78	32	-	-	7	25	41.0	2.8
합계	2,346	1,143	2	8	71	1062	48.7	100

출처: 森田芳夫, 1967(3刷), 『朝鮮終戰の記錄』, 東京: 巖南堂書店, 108쪽을 기초로 하고, 青井哲人, 2005, 『植民地神社と帝國日本』, 東京: 吉川弘文館, 부록 12~21쪽을 참조하여 수정 보완하였음.

〈표 2-7〉에서 주목되는 것은 전남의 경우만 일면일신사(一面一神祠) 방침이 초과 달성되었고, 50%를 넘어서는 도가 황해, 평북, 경기, 충북 정도

이고, 전북, 경남, 함남의 경우에는 20%에도 이르지 못하며, 전체적으로는 50%에도 못 미치고 있다. 신사신사의 지역분포율로 보면 전남이 22.3%로 가장 많고, 황해, 경기, 평북이 그 뒤를 이었다. 이는 지방 관리들의 설립 강요의 정도와 지방민들의 호응 정도를 나타낸다고 볼 수 있겠다.

이 시기 총독부 인가 신사신사의 연도별 증가를 표로 정리하면 다음과 같다.

〈표 2-8〉 총독부 인가 신사(神社) · 신사(神祠) 의 증가 추이(1931~1945)

연도	신사(神社)		신사(神祠)		합계	
	증설	누계	증설	누계	증설	누계
1931	2	51	4	186	6	237
1932	0	51	13	199	13	250
1933	0	51	16	215	16	266
1934	1	52	25	240	26	292
1935	0	52	32	272	32	324
1936	2	54	21	293	23	347
1937	3	57	14	307	17	364
1938	1	58	18	325	19	383
1939	3	61	172	497	175	558
1940	0	61	144	641	144	702
1941	1	62	135	776	136	838
1942	1	63	52	828	53	891
1943	-	-	31	859	-	-
1944	-	-	80	939	-	-
1945	-	82	123	1,062	-	1,144

출처: 1. 각 연도『조선총독부 통계연보』,『조선사정』,『조선연감』.
2. 森田芳夫, 1964,「第14表 朝鮮における神宮 · 神社 · 神祠」,『朝鮮終戰の記錄』, 108쪽.
3. 青井哲人, 2005,「〈付表 2〉 朝鮮における神社一覽」,『植民地神社と帝國日本』.

〈표 2-8〉에서 일제가 대륙 침략을 재개한 1931년 이후에는 그 수가 급격히 늘어, 신사(神社)가 매년 2~3개, 신사(神祠)가 매년 평균 50여 개씩 늘고 있다. 이렇게 총독부의 인가 받은 신사(神社)·신사(神祠)들은 총독부의 보호를 받아가며 식민지 교육기관과 함께 신사참배와 각종 제사의식(祭祀儀式) 등을 통하여 '천황제' 이데올로기 전파의 거점이 되었다.

4. 조선총독부의 신사신앙 및 참배 강요와 한국인의 저항

1) 학교에 대한 강요와 저항

1910년대 조선총독부는 교육목적을 "교육에 관한 칙어의 취지에 기초하여 충량한 국민을 육성하는 것"에 두고 있었기 때문에[140] 동화(=일본화)교육과 학교교육을 통한 '천황제' 이데올로기 확산에 그 주안점을 두고 있었다. 그래서 학생들에게 천황사진과 교육칙어에 대해서 배례를 강요하고, 일본의 축일 제일 등에 학생들이 참여하여 동방요배와 신사참배를 하도록 하였다. 이러한 요구는 관공립학교에서는 모두가 일본인이 교장으로 있었기 때문에 철저하게 지켜졌지만,[141] 선교사들이 교장으로 있던 기독교계 사립학교에서는 신앙상의 이유로 거부당하여 문제가 되기도 했다.

총독부는 강제병합 직후부터 관공서나 일본인 학교에 천황의 사진을 나누어 주고 천장절(天長節) 같은 행사 때마다 거기에 최경례(最敬禮)를 하게 함으로써 천황숭배의 신도적(神道的) 이데올로기를 주입하고자 하였다.[142] 외국인 선교사이긴 하지만 선천(宣川) 신성학교(信聖學校) 교장 매

---

140 「勅令 제229호, 朝鮮教育令」, 『朝鮮總督府官報』 1911. 9. 1.

141 1919년 3·1운동 이전 관공립학교 교장은 전원이 일본인이었다.

142 일본 본토의 학교에서 天皇寫眞 拜禮는 이미 1874년경부터 시행되었고, 교육에 관한 勅語 봉독과 배례는 1890년 반포 초기부터 시행되었다. 총독부의 천황 사진 배포에 관해서는 『每日申報』, 1912. 5. 22. 「御眞祇迎의 嚴肅」 및 1916. 10. 26, 「御眞影奉戴」

큔(George S. McCune, 尹山溫)도 "학당학생들이 일황(日皇)의 사진을 숭배함을 원치 아니 함은 차(此)는 즉 천연물을 숭배함과 동일한 즉 교중(敎中)에서 당연히 차(此) 이단을 척(斥)할 것이요 약(若) 기(其) 숭배함을 허한즉 일인의 황제를 천신(天神)과 같이 시(視)함을 승인함이니 교의(敎義)의 불허하는 바라"하여 항의하였다.[143] 그리고 이와 같이 천황사진 배례의 강요는 일제와 선교사 간에 악감정을 유발시켰다.[144] 그러다가 3·1운동이 일어났던 1919년 9월 선교사연합공의회[全鮮宣教師大會]에서는 이에 대해 새로 부임한 총독에게 다음과 같은 진정서를 제출하였다.

> 우리는 그리스도주의 학교의 학생으로 하여금 천황예배를 프로그램의 하나로 삼는 의식에 참여케 하여 폐하의 사진 앞에 경례를 시키는 명령에 대해서는 일체 이를 반대하고자 한다. (중략) 폐하를 신(神) 또는 신과 같이 지고자(至高者)로 예배하는 것은 그리스도 교도에게는 불가능한 일이다. 그러므로 우리는 그와 같이 무리한 요구가 없기를 바라는 바이다.[145]

천황 사진에 대한 배례와 함께 강요되었던 요배는 강제병합 전에도 실시된 기록이 보이나 이것은 일본 거류민들 사이에 실시된 것에 불과하였다.[146] 그러나 1912년 7월 30일 그들이 우상화하던 메이지천황이 죽자

등 기사 참조

143 국사편찬위원회, 『韓國獨立運動史資料』 4 臨政篇 Ⅳ, 95쪽.

144 James E. Fisher. 1928, *Democracy and Mission Education in Korea* (1970: 영인본) p. 74.

145 조선총독부, 1921, 『朝鮮の統治と基督教』, 50쪽.

146 1906년에 대구 달성공원에 태신궁요배소(太神宮遙拜所)가 설치되었는데, 이는 대구

일제는 각지에 요배소(遙拜所)를 설치하고 본격적으로 요배를 강요하였다.[147] 총독부는 8월 23일부터 각 도 및 부윤·군수 등에게 요배의식(遙拜儀式)에 관한 통첩을 보냈다.[148] 이러한 요배의식은 완전히 신도적 의식임은 물론, 요배소도 주로 각지의 신사에 설치되었고 비록 신사가 아니라 하더라도 요배소는 그 자체가 가설(假設) 신사의 구실을 하였다. 요배는 이에 그치지 않고 일제의 각종 제일·축일마다[149] 학생들까지 동원하여 계속 강요되었다.[150] 이러한 강요가 특히 기독교계 사립학교에서 문제화되었고, 조선예수교장로회 총회에서까지 논의되어 교섭위원을 선정, 총독부에 항의하였다.[151] 즉 아담스(James E. Adams, 安義窩), 탤미지(John. V. N. Telmage, 打馬字) 선교사, 이여한(李汝漢) 목사 3인을 택하여 총독부와 교섭한 후 그 결과를 각지 교회에 통지하도록 하고 있는 것이다.[152] 이러한 교섭이 구체적으로 어떻게 진행되고 어떠한 결과를 가져왔는지는 자료가 발견되지 않아 알 수 없다. 그러나 기독교계 사립학교들은 대부분 이러한 총독부의 지

신사의 전신이다(岩下傳四郎 編, 1941, 앞의 책, 45쪽).

147 심지어는 감옥의 수인(囚人)들에게까지 요배를 강요하였던 것 같다. "明治天皇이 死亡했을 때 遙拜케 하였더니 安明根만은 '우리는 明治天皇에게 寸毫의 恩澤을 입은 일이 없다'는 등 不敬한 말을 마구 하였다."(Mutel 文書 1913 #148: 崔奭佑, 1982, 『韓國天主敎會의 역사』, 362쪽에서 재인용)

148 「遙拜儀式 通牒」, 『每日申報』, 1912. 8. 24.

149 일본의 각종 제일·축일은 거의 모두가 신도의 신화 및 일본 황실과 관련된 날들로 이 날에는 신도의식이 행해졌다(「祭日休日公布」, 『每日申報』, 1912. 9. 7. 참조)

150 예를 들면 경성신사에서 개최된 진무천황(神武天皇) 식년제(式年祭) 요배식에 양동(養洞)공립보통학교-보통학교는 일반적으로 조선인 자제들이 다니는 학교이다.-4학년생도 수십명이 직원에게 인솔되어 참석하고 있다.(「京城神社 遙拜式」, 『每日申報』, 1916. 4. 5)

151 조선예수교장로회 총회, 1915, 『조선예수교 장로회 총회 제4회 회록』, 38쪽

152 조선예수교장로회 총회, 1915, 위의 책, 40쪽.

시에 따르지 않고 대항하였음은 물론이다.[153] 총독부는 기독교계 사립학교에서 행하는 종교 교육 그 자체가 그들의 '천황제' 이데올로기와는 상충되는 것이었기 대문에 1915년에는 「사립학교규칙」을 개정하여 종교 교육을 금지시키는 등 탄압을 가중하여 여러 가지 문제를 일으켰다.[154]

한편, 관공립학교에서는 보다 철저한 식민지 교육으로 '천황제' 이데올로기의 주입에 힘썼다. 이러한 상황은, "모든 관·공립학교에서는 중요한 교과서 중의 하나가 윤리에 대한 것(修身書)인데, 조상숭배를 가르치고 주장한다. 매일 아침 도쿄를 향하여 준종교적인 경의(東方遙拜)를 표함으로써 수업이 시작된다. 신도의식이 모든 공휴일마다 개최되고 학생들은 천황사진에 절하게 된다"[155]는 지경에 이르고 있다. 식민지 교육과 관련된 '신사 문제'는 3·1운동 당시 일제의 만행과 한국 문제를 논의한 미국 국회 의사록에도 "학교에서 한국의 언어와 역사와 지리를 가르치지 못하게 금지하는 법률을 일본인들이 발효시켜 강행시켜 오고 있습니다. 그리고 기독교에 대한 탄압 조치로써 학교 내에서는 어떤 종교적인 예배의식도 갖지 못하도록 금지시켰고 그 대신 한국 사람들에게 신도(神道)의 위패(位

---

153 교섭위원 중의 한 사람인 아담스(J. E. Adams) 선교사는 경무국에서 다음과 같이 보고할 정도로 반일·친한적 인물이었다. "경상북도 대구 耶蘇敎부속 啓聖學校 校長 美國人 아담스는 大正 5년 (1916) 9월 하순 同校 內地人(일본인) 교사 內藤佐一이 생도에게 修身의 學科를 課하고 國家 및 皇室에 對한 尊嚴 및 奉公의 精神을 주입할 필요를 주장하는 데 대하여, 정신의 함양은 聖書를 교수하는 것으로 족하고 달리 修身의 學科를 課할 필요가 없다고 하여 거절하였다고 한다." (警高機發 제26호「耶蘇敎 附屬學校長의 言動」,『現代史資料』28,『朝鮮』1. 19~20쪽).

154 이러한 식민지 교육과 종교와의 갈등문제에 관해서는 미국장로교 해외 선교부문서 1915「Korea, Religious Education Controversy, Japanese Colonial Government」자료 참조.

155 *Inter-Church Bulletin* , 1920. 1. 7.

牌)를 숭배하도록 강요하고 있습니다"[156]라고 언급한 기록이 보인다.

이상과 같이 1910년대에도 신사 문제가 광범위하게 발생하였으나, 그때는 무단통치하에서 극단적으로 언론이 통제되었기 때문에 그것이 여론화되거나 사회문제화되지는 않았다. 1920년대에 들어와서도 교육계를 중심으로 신사 문제가 끊임없이 일어났으나,[157] 3종 신기(神器) 숭배 비판 사건으로 인한 『동아일보』의 무기정간 처분으로 언론에서 이 문제를 다루는 것은 어느 정도 금기시되었던 것 같다. 그러다가 언론에서 다시 신사 문제를 부분적으로라도 다루게 된 것은 1924년에 들어서부터이다. 『동아일보』는 1924년 5월 21일자 기사에서, 겸이포신사(兼二浦神社) 낙성식과 관련하여 일반인으로부터 봉축비 명목의 기부금을 집집마다 돌아다니면서 거두고 그 지역 보통학교의 어린 학생들을 참배시킨 것을 "맘에 업는 기부, 뜻에 없는 참배"라고 비난하고 있다.[158]

그러던 중 같은 해 10월 충남 강경공립보통학교에서 연례행사로 그 지역 강경신사 예제일(例祭日)에 학생들을 동원, 교사의 인솔하에 신사에 참배시켰는데, 참배 당일에 기독교 신자학생 26명이 결석하고 40여 명이

156 독립운동사 편찬위원회 편, 1977, 『독립운동사 자료집』 제4집, 249쪽 (Congressional Record Senate 66. 1919. 10. 13. G. W. Norris 의원의 발언)

157 '신사문제'가 교육계에서 끊임없이 일어났던 것은 총독부의 시학관을 지내고 학무국에 근무한 바 있는 다카하시(高橋濱吉)의 다음과 같은 서술에서 확인된다. "學校生徒에게 神社를 參拜시킨다고 하는 것은 아주 간단한 것으로 하등의 문제가 있을 수 없다고 생각하는 것은 우리 內地(일본)에서 자란 사람들의 생각이다. 神社를 參拜시키는 것에는 확실히 문제가 없는 것이다. 그래도 朝鮮에서는 이 사건으로 여러 차례 基督敎徒와 學校와의 문제가 일어나고 있다. 오랜 것으로는 平安道·江原道, 새로운 것으로는 忠淸南道 ·京畿道 等에서 善良한 生徒 對 敬虔한 信者인 生徒, 忠實한 學校敎師 對 熱心있는 宣敎師, 或은 이들 兩者의 交錯된 複雜한 衝突 등 헤아려 보면 상당히 많다." (高橋濱吉, 1927, 『朝鮮敎育史考』, 501~502쪽).

158 「神社 落成式에 맘에 업는 寄附 뜻업는 參拜」, 『동아일보』, 1924. 5. 21.

참석은 했으나 신사참배를 거부한 사건이 일어났다.[159] 그러자 다음날 이 학교의 일본인 교장 미야 모토레(宮牟禮)는 결석자 및 참배를 거부한 학생들을 징계하고, 인솔한 여교사 김복희(金福嬉) 씨를 인책·휴직시켰다.[160] 이 학생들 가운데는 천주교인도 있어서 이러한 소식을 전해 들은 천주교 프랑스인 선교사는[161] 학교장에게 이에 항의하는 질문서를 보내어 이러한 무리한 요구가 없도록 요구하였다.[162] 이때까지만 하여도 한국의 천주교회는 신사참배만은 이단으로 철저히 금하고 있었다.[163] 이에 대해 일본인 교장은 다음과 같은 회답을 보내왔다.

---

159 高橋濱吉, 1927, 앞의 책, 502쪽.

160 「江普紛糾」, 『조선일보』, 1924. 10. 23. 및 「怪言으로 說諭後 當局에 報告한다 威脅」, 『동아일보』 1925. 10. 28. 여기서 이 사건 관련 일본인 교장의 이름은 宮牟禮요 인솔교사의 이름은 金福姬였다는 것을 알 수 있다. 인솔교사 김복희는 강경교회 신자였고, 신사참배를 거부한 강경공립보통학교 남녀학생들도 대부분 그 교회 주일학교 학생들이었다(「神社에 不拜하고 免職을 當해」, 『활천』 1924년 12월호, 45~46쪽).

161 여기서 천주교 프랑스인 선교사의 이름은 나와 있지 않으나 江景地城은 화산 나바위(羅岩)본당 관할이었고, 파리 외방전교회 소속 신부 카다스(Cadars, 姜達淳)가 1922년 5월부터 1929년 6월까지 나바위본당의 제4대 주임신부로 있었으므로, 카다스 신부였을 것이다.

162 高橋濱吉, 1927, 앞의 책, 502~503쪽.

163 이듬해에 발간된 것이긴 하지만 『天主教要理』에서 이단사교(異端邪妄)을 설명하면서 "日本禮節로 말하더라도 神社參拜라 하는 것은 確實히 異端이니 아주 禁하는 것이고 살아 있는 임금의 御眞앞에 절함은 異端이 아니오"라 하여 신사참배를 이단으로 명백히 규정하고 있다(최루수 편, 1925, 『天主教要理』 大問答 2권 ,45쪽). 그러나 이 책 1932년도 판 권1, 274쪽에서는 "神社參拜는 비록 그 始作은 宗教的이라 할지라도 至今은 一般의 認定과 關係當局의 聲明에 依하여 國家의 한 가지 禮式으로 되어있으니 저것(유교식 祭祀)과 混同할 것이 아니며 天皇陛下의 御眞 앞에 禮함도 異端이 아닌즉 國民된 者 可히 行할 것이오"라 하여 교리를 수정하여 신사참배를 인정하고 있다. 그렇다면 이제까지 한국 천주교회가 1936년 5월 로마 교황청 포교성(布教省)의 "神社參拜는 宗教的 行事가 아니고 애국적 行事이므로 그 參拜를 許容한다"는 요지의 성명에 의해 신사참배를 인정하게 되었다는 종래의 견해는 수정되어야 할 것이다.

신사에 참배하는 것은 일종의 조상숭배에 불과한 것입니다. 신사참배는 조상숭배와 함께 우리 보통학교 교육뿐 아니라 우리 국민교육상 중요한 위치를 점하고 있습니다. 즉 국민도덕의 신수(神髓)라고도 이르는 것입니다. 그래서 본교는 연중행사의 하나로써 매년 신사참배를 행하고 있는 것입니다. 즉 보통학교 교육의 목적 달성의 한 방법으로서 존중하고 있는 것으로 이 일이 귀 교회의 규칙과 저촉된다고 하는 데 이르러서는 어찌할 방도가 없습니다. 결코 서면의 불합리하고 무리한 것을 강요하고 있는 것은 아닙니다.[164]

이러한 교장의 견해는 당시 식민지 교육을 담당한 일본인 교육가들의 일반적인 견해로 신사참배와 교육과의 깊은 관련을 잘 보여주는 것이다.

이와 같이 언론에서 이 문제를 크게 문제 삼고 선교사도 총독에게까지 진정서를 제출하자 사건의 확대를 막기 위하여 학무국장 나가노(長野韓)가 현지를 방문하여 문제를 해결하고자 하였다. 그러나 현지를 다녀온 학무국장은 이 사건을 신사에 경례하지 않는 3, 4명 생도를 설유(說諭)했을 뿐이라고 축소 왜곡시키면서 "학무국장으로도 보통학교 교도로 하여금 신사에 참배케 함은 훈육상 필요한 자로 인(認)함으로 학교당국의 처치에 대하여 동감하는 바이오 여사(如斯)히 선교사로부터 이의를 제출하였음은 일개인의 의견에 불과한 자로 인(認)하노라" 하여 학교장의 조치를 지지하고 있다.[165]

한편 사건을 관할하는 해당 도 당국으로서는 사건이 점점 확대되면

164 高橋濱吉, 1927, 앞의 책 503~504쪽.

165 「誇大妄傳의 江景校 紛糾問題」, 『每日申報』, 1924. 11. 2.

곤란한 사정이 되었기 때문에 도지사가 학무국에 공식으로 조회를 하였다. 이에 대하여 학무국장은 다음과 같은 통첩을 내어 학무국 내지 총독부의 공식적인 태도를 표명하였다.

> 신사는 국가의 종사(宗祀)로서 (중략) 조상숭배 보본반시(報本反始)는 동양도덕의 진수로서 그것의 조장에 관하여는 학교 훈육상 특히 유의할 바가 있고, 고래 숭조(崇祖)의 염(念)에 두터운 조선의 사람들에 대하여는 그 아름다운 풍습을 유지 조장시키기 위하여 신사에 참배시키는 것은 학교 아동으로서 일층 숭조의 염을 함양하는 데에 있어서도 의의 있는 일이라고 사료된다. 이 점에 관하여 오해가 있는 자에 대해서는 적의(適宜)의 방법에 의하여 충분히 그것을 설유(說諭)하도록 하고[166]

1925년에 들어 총독부는 조선신궁 진좌를 앞두고 있었기 때문에 일본 본토에서와 같이 '행정상 신사와 종교의 분리'라는 기만적 방법으로 이 문제를 해결하고자 하였다. 그해 1월 10일 자로 훈령 제1호라는 것을 발포하였는데, 그 요지는 "총독부 사무분장 규정 중 일부를 개정한 바 신사에 관한 사항은 학무국 종교과로부터 내무국 지방과에 이관되었는데 차(此)는 종래의 현안을 해결한 자로 (중략) 개정 취지는 신사와 종교와는 본래의 성질을 전연 달[異]리 하고 (중략) 동시에 신사를 종교의 대상임과 같[如]은 오해를 방지코자 함에 재(在)하다더라"는 것이었다.[167] 신사참배의 강요는 일본 황실의 경사 때에도 행해졌다. 1925년 5월 10일 다이쇼

166 高橋濱吉, 1927, 앞의 책, 505~506쪽.

167 「總督府의 事務分掌 規程」, 『每日申報』, 1925. 1. 10.

천황의 은혼식(銀婚式) 때에 강경공립보통학교에서 전교생을 신사에 참배시켰는데 한준석(韓俊錫)이라는 학생이 신사참배를 거부하여 퇴학당하였다.[168] 어떻든 이러한 일련의 신사와 관련된 문제에 대한 총독부의 태도는, 같은 해 10월 15일 조선신궁 진좌제를 앞두고 9월에 학무국장이 각 도지사에게 보낸 「생도 아동의 신사참배에 관한 건」이라는 통첩을 통하여 보다 분명해졌다.

> 신사에 관한 관념을 일반에게 철저하게 하기 위하여 근래 학교에서 행하는 생도아동의 신사참배에 관하여 (중략) 신사에 참배하고 신기(神祇)를 숭경(崇敬)하는 것은 존조숭배(尊祖崇拜)의 뜻에 불과하기 때문에 생도아동을 신사에 참배시키는 것도 본디 종교를 강요하는 것이 아니므로 그것 때문에 국민의 신교(信敎)의 자유를 해(害)하는 일은 물론 없다. 특히 근래 진좌제(鎭座祭)를 집행할 조선신궁은 두렵게도 황조(皇祖) 및 메이지대제(明治大帝)를 봉사(奉祀)하는 것으로 그에 대하여 숭경의 성의(誠意)를 바치고 그 넓은 덕을 봉앙(奉仰)하는 것은 국민정신의 통일 작흥(統一作興)을 도모하고 국민생활의 안태(安泰)를 기(期)하는 소이에 불과하다. (중략) 이해가 없이 그것을 강요하여도 교육상 효과를 거두기 어려우므로 평소에 잘 전술한 주지를 양해시키는 것이 가장 긴요하며, 그간 작은 불이해 때문에 분규 등이 생기지 않도록 신중히 고려하여 귀 관할하 각 학교 직원을 간독히 지도하도록 명에 의하여 통첩한다.[169]

168 「江景普校生徒 神社參拜를 拒絶」, 『동아일보』, 1925. 5. 29.

169 「생도아동의 신사참배에 관한 건」(학무국장→각 도지사 통첩, 1925. 9. 22); 김승태 편

여기서 다시 그들은 신사는 종교가 아니라는 기만적 선전을 늘어놓고, 강요하여 분규가 생기게 하지 말고 이해시킬 것을 당부하고 있다. 이러한 통첩은 다음 달로 예정된 조선신궁 진좌제에 대한 예비 조치이기도 하였다. 그런데 여기서 주목해야 할 것은 신사참배를 '강요'하여도 교육상 효과를 얻기 어려우므로 '양해'시키라는 지시이다. 이는 어떤 의미에서는 사회문제를 일으키지 않고 그들의 목적을 달성하려는 고등 술수라고도 할 수 있지만, 한편으로는 신사참배의 강요가 우리 민족의 완강한 저항에 부딪혀 사회문제화됨으로써 오히려 역효과를 내고 있어 총독부에서 강요하기보다는 일단 회유 양해시키는 방침을 세웠던 것이 아닌가 생각된다.

조선신궁 진좌제를 앞두고 총독부에서는 대대적인 홍보 활동을 벌이는 한편, 전 경찰력을 동원하여 경비 체제를 강화하였다. 소위 어령대(御靈代)가 경성역에 도착하는 13일과 조선신궁 진좌제를 지내는 15일 양일간은 "경성의 경찰관 전부가 총출동하여 대대적으로 경계"를 하기 위하여 경기도 경찰부에서 10월 초부터 시내 5서(署) 경찰서장과 각계 주임들을 매일 모아 대책회의를 하여 경계구역을 할당하고 정세를 시찰하기 위하여 사복 형사까지 동원하였다.[170] 그리고 시내 각 경찰서에서는 "거동이 조금만 수상하면 막 잡아다가 구류"시키는 예비 검속까지 자행하였다.[171] 그리하여 조선신궁 어령대가 경성역에 도착하여 신궁으로 옮기는 당일에는 각 경찰서 정사복 경찰은 물론 헌병대까지 출동하여 "빈틈 없이 틈틈이 끼어 물샐 틈도 없이 경계하였으며 남산 송림 사이에도 경관의 성"을

역, 2014, 『신사참배문제자료집 II』, 한국기독교역사연구소, 368쪽.

170 「御靈代 入京 當日 五署總出警戒」, 『每日申報』, 1925. 10. 8.

171 「本署에 九十九名 진좌일을 압두고 대검거」 및 「鎭座日을 압헤두고 警察部 大活動 開始」, 『동아일보』, 1925. 10. 14.

쌓은 형편이었다.[172] 이들이 이렇게 삼엄한 경계를 한 것은 조선인들의 거센 반발에 의한 시위와 테러를 예상한 때문이었다.[173]

일제의 헌병까지 동원한 경계와 예비 검속으로 적극적인 반대 시위가 불가능하게 되자 이에 대한 저항은 기독교계 사립학교를 중심으로 소극적인 출영 거부 및 조선신궁 진좌제 불참의 형태로 나타났다. 총독부는 소위 어령대를 이송하는 철도 연변과 경성의 주민, 학생들을 동원하여 대대적인 봉영을 하도록 명령하였다. 특히 각급 학교에 대하여 "일제히 영대 봉영 및 참배를 명"하였다.[174] 그러나 기독교계 사립학교에서는 직접 혹은 간접으로 "예수를 믿는 신도로서는 종교 양심상 다른 신을 숭배할 수 없다"는 이유를 내세워 출영 및 신궁참배를 할 수 없다고 거부하였다.[175]

기독교계 사립학교들이 이와 같이 출영하지 않자 일제는 15일의 신궁 진좌제에라도 참가시키기 위하여 14일에 다시 경기도 학무과에서 참배식 좌석 배치를 협의한다는 명목으로 시내 각급학교 대표들을 도회의실에 소집하였다. 그러나 기독교 계통의 학교 대표들은 이 회의에는 참석하였으나 진좌제일에는 참배할 수 없다고 단호히 거부하였다. 결국 기독교

172 「嚴重한 警戒裡에 일본에서 신궁 어령대 안착」, 『동아일보』, 1925. 10. 15.

173 소위 「어령대 봉환(御靈代 奉遷)」에 참여했던 한 일본인은 그때의 심경을 다음과 같이 술회하고 있다. "경성역으로부터 조선신궁까지의 사이에 狩衣를 입고 御靈代 맨 선두에 섰던 나는 아무리 해도 눈에 띠는 것으로 폭탄이 덮칠 것을 각오하고 있었다. (중략) 御靈代 奉迎 不參加라는 일은 있었지만 폭탄이 날아들지도 않고 무사히 봉사를 마친 것은 다행이었다." (小笠原省三, 1953, 앞의 책, 443·445쪽)

174 「神宮 鎭座祭日에 예수教 學校는 不參拜」, 『동아일보』, 1925. 10. 15.

175 위와 같음.

계 학교들은 진좌제에도 참가하지 않았다.[176]

이러한 기독교계 학교들의 불참배에 대하여 당시 경기도 지사 도키자네(時實秋穗)는 "출영 참배를 강요한 것은 아니었으며 오직 어떤 양해로써 일제히 참배함을 바랐을 뿐이므로 문제될 것도 없습니다"라고 하고, 내무국장 이쿠타(生田淸三郞)도 "종교의 의미가 없는 신궁을 다른 종교와 같이 오해하고 종교 양심상 다른 신을 숭배할 수 없다는 이유로 그리되었을 줄 믿는 바 당국은 다만 금후 그들의 오해한 바를 서서히 이해시킬 것뿐으로 별로 다른 문제는 없을 줄 압니다"라고 말하고 있다.[177] 이러한 의견들이 총독부의 의견을 대변한 것으로 볼 수 있다면, 총독부에서는 이 문제를 한발 뒤로 물러서서 더 이상 확대시키지 않고 서서히 시일을 두고 처리하고자 하였던 것 같다. 그들은 아마 적극적인 반대 시위와 폭탄 테러가 발생하지 않은 것만으로도 다행으로 여기고 있었던 것이다.[178] 다만 이에 대한 직접적인 관할관인 당시 학무국장 이진호(李軫鎬)만은 "당연히 참배하여야 할 터인데 자기네들이 그같이 기피하는 이상 당국으로서는 강경히 참배하라고는 안 할 터이올시다. 하여간 이 문제는 매우 중대한 문제이라 학무당국에서만 단독으로 처리치 못할 바로 진좌제나 끝나면 총독께서 어떠한 처분을 내릴 줄 압니다"고 하면서 당황하고 있다.[179] 며칠 후에 학무국에서는 모든 학교에 "이런 의식은 순수한 세속적인 것이며, 앞으로 이런 의식에 참석하지 않는 것은 용납되지 않을 것"이라는 엄포용의 위협

---

176 「神宮 鎭座祭日에 예수教 學校는 不參拜」, 『동아일보』, 1925. 10. 15.

177 위와 같음.

178 小笠原省三, 1953, 앞의 책 , 443~445쪽 참조.

179 「神宮 鎭座祭日에 예수教 學校 不參拜」, 『동아일보』, 1925. 10. 15.

적인 통첩을 보내긴 하였으나 더 이상의 강경책은 쓸 수 없었다.[180] 그러나 이 시기에도 관공립 학교 학생들에게는 신사참배 강요가 여전히 이루어지고 있었지만,[181] 거부 학생이 있을 경우 이를 사회문제화 삼지 않고 개인문제로 취급하였던 것 같다. 이때까지만 하여도 총독부는 신사참배를 국가적 의식으로 요구하였을 뿐, 종교적 신앙행위로 강요하지는 않았다.

1930년대 특히 1931년 9월 일제가 만주침략을 재개하고부터는 그동안 유예해 왔던 기독교계 학교 학생들에게까지 신사에서 개최되는 신도 의식 참여와 신사참배를 다시 강요하기 시작하였다. 그리고 이 시기에 들어서는 신사참배는 애국심과 충성심을 나타내는 국가적 의식일 뿐만 아니라, 총독부의 신사정책이 점차 적극성을 띠면서 국가신도의 종교적 신앙행위로서 강요되기 시작하였다.

1930년대에 들어 가장 먼저 기독교계 학교가 신사에서 개최되는 이른바 '만주사변에 대한 기원제'에 학생들의 참가와 참배를 거부하여 문제가 된 것은 1932년 1월경 전남 광주지역에서였다.[182] 남장로회에서 경

---

180 "Seminare des Mission-Etrangeres," 1926, *Comte Rendu*(1925), p.33.

181 예를 들면, 조선신궁 참배자 통계에 따르면 1929년 경성부내 공립보통학교 20개교 모두가 참배하여 조선인 학생 단체참배 1,155건 83,006명이 참배했고, 1930년에도 부내 공립보통학교 20개교 모두가 참배하여 조선인 학생 단체참배 235건 28,049명이 참배했다.(官幣大社朝鮮神宮 社務所, 1932, 『昭和六年の朝鮮神宮』, 50쪽). 이 시기 조선신궁에서 1926년 3월부터 매년 실시하던 '수신교과서 수여 봉고제(奉告祭)'(1932년부터는 勸學祭)에도 부내 공립학교 교장들은 모두 참여하였고, 학생들은 신궁 도장이 찍힌 수신교과서를 받은 후 담당교사의 인솔하에 '감사 참배'를 해야 했다.(히우라 사토코, 2016, 『신사·학교·식민지』, 고려대학교출판문화원, 59~66쪽)

182 「皇軍에 대한 祈願祭에 참가하지 않은 광주의 기독교 학교, 當局, 단호한 處置로 나올 것이다」, 『木浦新報』, 1932. 1. 14.

영하던 숭일학교와 수피아여학교가 행사참여와 참배를 거부하여 문제가 되었던 것이다. 같은 해 9월 18일에 평양에서도 숭실전문학교를 비롯한 10개의 기독교계 학교가 평안남도 지사의 공식 통첩을 무시하고 이른바 "만주사변 1주년 기념 전몰자 위령제"에 불참하여 문제가 되었다.[183] 1933년 9월 18일 원산에서도 캐나다연합교회 소속 진성여자보통학교가 "만주사변 2주년 기념일"에 거행된 "순난자(殉難者) 위령제"에도 당국의 통첩을 무시하고 참석을 거부하여 문제가 되었다.[184] 이와 같이 이 시기에 전국에 걸쳐서 기독교계 학교에 대한 신사참배 강요가 자주 문제가 되었던 것은 대륙 침략의 재개를 계기로 조선총독부가 이러한 행사를 통해서 '천황제' 이데올로기를 주입 확산하려는 '정신교화' 운동에 박차를 가했기 때문이다.

1935년 초부터 총독부의 '정신교화' 운동은 '심전개발' 운동으로 심화되고,[185] 1935년 4월에는 우가키 총독이 각 도지사와 관공사립 학교장들에게 훈령을 보내 "지금 내외의 정세를 생각건대 각하의 급무는 일본정신을 작흥하고 국민적 교양의 완성을 기하여 (중략) 존엄한 국체의 본의를 명징하고 이를 기초로 교육의 쇄신과 진작을 도모"하는 것이니 힘써 그

183 「崇實校를 비롯한 10校에 始末書 如何로 斷然 폐교처분, 전몰자 위령제에 불참배, 기독교계 학교의 奇怪事」, 『大坂每日新聞』(朝鮮版), 1932. 11. 9; 위 신문 12일 자, 「기독교계 학교의 전몰자 위령제 불참배 문제, 훈령에 거슬리면 단호하게 처분, 평남 도당국에 보고를 명하다. 총독부 결연하게 임하다」; 「平壤府內 私立 10校 慰靈祭場에 不參, 당국의 공식 통첩을 무시하고, 調査되는대로 處斷」, 『每日申報』, 1932. 11. 11.

184 「進誠女子普通學校가 慰靈祭 參列을 拒否하다. 當局의 慫慂을 물리친 頑迷한 校長에게 非難이 일다」, 『朝鮮新聞』, 1933. 9. 27.

185 '심전개발' 운동에 대해서는 韓亘熙, 1996, 「1935~1937年 日帝의 '心田開發' 정책과 그 성격」, 『韓國史論』 35, 서울대 국사학과 참조.

임무를 달성하라고 지시하였다.[186] 이어 5월에는 정무총감도 각 도지사에게 「학교에서 경신숭조의 염(念) 함양 시설에 관한 건」이라는 통첩을 하여 학교교육에서 "경신숭조"라는 신도 내지 '천황제' 이데올로기의 주입을 위한 가미다나(神棚)의 설치를 독려하였다.[187] 그리고 같은 해 9월에도 총독부 학무국장이 각 도의 도지사에게 「학교 직원의 경신사상(敬神思想) 철저에 관한 건」이라는 통첩을 내려보내 학교 직원들이 이 운동에 적극적으로 참여하고 앞장서도록 독려하였다.

> 무릇 건전한 국민교육의 흥륭은 한결같이 사표(師表)인 자의 국민적 신념에 의존하는 바가 가장 크며, 이 근간을 이루는 것은 실로 국체관념의 명징과 경신숭조 정신의 체현이라고 하는 직(職)으로 교육에 있는 자는 이미 각 가정에서 가미다나를 봉안하여 그 실행을 기하고 있다고 생각되지만, 현시 국가 내외 비상의 시기를 맞이하여 모든 직원이 일치하여 한 사람의 게으름도 없이 솔선하여 모범을 민중에게 보이는 것은 그 영향을 끼치는 바가 극히 클 것이라고 믿으므로, 이때에 한층 이것의 철저를 기하도록 하기 바란다. 또한 각 학교에서는 소재지의 신사(神社) 또는 신사(神祠)를 중심으로 생도 아동들에 대하여 경신사상(敬神思想)을 함양하기에 노력해야 하며, 혹은 신사(神社)·신사(神祠)가 없는 지방도 있을 것이니, 이 경우에는 주변 실정을 잘 감안하여 교내의 청정한 곳에 대마(大麻)의 봉사전(奉祀殿)을 설치하는 등 적당한 방도를 강구하여 생도 아동의 교양에 도움을 주게 고려하

186 「조선총독부 훈령 제14호」, 『조선총독부관보』 1935. 4. 16.

187 朝鮮神職會 編, 1937, 『朝鮮神社法令輯覽』, 帝國地方行政學會 朝鮮本部, 353~355쪽.

도록 하기 위하여 통첩함.[188]

총독부 학무국은 같은 해 10월 24일부터 3일간 각 도의 학무과장과 사범학교장을 포함한 시학관들을 중앙으로 불러 회의를 갖고, "국가관념의 함양에 관한 건, 경신숭조에 관한 건, 국어사용의 보급 철저에 관한 건, 사립학교 지도 감독에 관한 건, 심전개발에 관한 건, 교화사업에 관한 건" 등을 지시하였다.[189]

이런 총독부 학무국이 기독교계 사립학교에 대해서도 예외없이 신사참배를 강요할 방침을 표명한 것은 1935년 11월 평양 기독교계 학교장들의 신사참배 거부 사건이 계기가 되었다. 그리하여 끝까지 신앙 양심상 자신도 참배를 할 수 없을 뿐만 아니라 자신이 하지 않는 것을 교사와 학생들에게 강요할 수 없다고 거부하던 숭실전문학교와 숭실학교 교장을 겸임하고 있던 매큔과 숭의여학교 교장 스누크를 1936년 1월 교장 인가 취소를 하여 파면하였다. 1937년 7월 중일전쟁 이후 이러한 신사참배 강요가 더욱 심해지자 결국 기독교계 학교들을 운영하던 선교부들은 세속 '교육 철수'를 결의하여 1937년부터 1939년 사이에 거의 모든 학교를 폐교하여, 학생과 교사는 신사참배를 하는 관공립학교에 흡수되었고, 북장로회에서 경영하던 경신학교 같은 일부 학교는 일제에 순응하여 신사참배를 하면서 운영하려는 조선인에게 인계되었다.

학생들의 신사참배가 축제일이나 신사 의식에서 이루어지던 비정기적인 행사에서 매월 정례적으로 강요되기 시작한 것은, 1937년 9월 총독

188 朝鮮神職會 編, 1937, 앞의 책, 356쪽.

189 『朝鮮』, 1935년 11월호, 151~152쪽.

부 학무국이 이른바 '애국일'을 제정하면서부터였다. 학무국은 9월 6일 전 조선 각 학교에서 '애국일' 행사를 실시하고, 이것을 6일이나 다른 날로 잡아서 매월 실시하도록 9월 16일 발표하였다. 그리고 애국일에 실시할 구체적인 사항을 "1. 국체관념의 명징에 관한 사항, 2. 노력봉사에 관한 사항, 3. 휼병(恤兵)과 위문 국방 기재헌납, 4. 근검 인고(忍苦)의 강화에 관한 사항"으로 나누어 제시하고 있는데, 이 가운데 "1. 국체관념의 명징에 관한 사항"으로 "신사참배, 황군의 무운장구 기원, 사변 전몰자의 신령에 대한 묵도 등을 한다"라고 제시하고 있다.[190] 그 후 매월 6일에 지키던 '애국일'은 정무총감이 11월 16일에 각 도지사에게 보낸 통첩에 따라 12월부터는 일반인들도 매월 1일이나 15일에 실시하여 "황거요배, 신사참배, 국기게양, 황국신민의 서사 창화 등등의 행사"를 힘써 하게 하였다.[191] 그러다가 일본 본토에서 내각 총리대신이 국민정신총동원위원회의 결정에 따라 1939년 8월부터 매월 1일을 '흥아봉공일'로 지키도록 하자, 조선에서도 1937년 12월부터 지켜오던 애국일을 '흥아봉공일'로 지키도록 하였다.[192]

총독부의 학교교육에서 '황민화(=황국신민화) 정책'은 1938년 3월 제3차 조선교육령 개정으로 본격화 되었지만, 이미 1937년 12월 무렵 그 틀이 마련되어 있었음은 그 무렵 극비 문서로 작성된 「조선에서 교육에 관한 방책」에 잘 드러나 있다.

---

190 「擧國一致精神涵養코저 '愛國日' 每月實施 行事를 四項目에 分하야서 學務局具體案發表」, 『每日申報』, 1937. 9. 17.

191 「愛國日の設定」, 『朝鮮』, 1937년 12월호, 159쪽.

192 「諭告」, 『朝鮮總督府官報』, 1939. 8. 15.

1. 조선에서 교육의 본지(本旨)는 일시동인의 성지에 기초하여 교육에 관한 칙어의 취지를 준봉(遵奉)함으로써 충량한 황국신민을 육성하는 데 있다는 것은 말할 필요도 없다. 그렇지만 그 방법에서는 시세와 민도를 잘 성찰하여 그것에 즉응하여 지도하는 것이 필요하다. 지금 조선에서 금후의 교육의 실제에서 강조하고자 하는 요점을 들면 (1) 황도주의(皇道主義) (2) 내선일체 즉 동화 (3) 인고단련(忍苦鍛練)의 세 가지 점에 귀착한다. 전에 황국신민의 서사를 제정하고 기회 있을 때마다 반복 낭송시키고 또 황국신민 체조를 창정하여 항상 이를 실시하게 하고 있는 것은 필경 위 세 가지 점을 형식으로부터 정신으로 침윤하게 하고자 하는 방도에 불과하다.[193]

여기서 말하는 '황국신민의 서사'나 '황국신민 체조'와 마찬가지로 신사참배도 "형식으로부터 정신으로 침윤(浸潤)하게 하고자 하는 방도"로 강요한 것이었다. 여기서 '황도주의(皇道主義)'는 이듬해인 1938년 3월 미나미 총독이 제3차 조선교육령을 발령할 때에는 '국체명징'으로 바뀌지만 결국은 용어만 다를 뿐 같은 의미라고 할 것이다.[194] 더욱이 미나미 총독이 강조하던 내선일체가 바로 "동화(同化=일본화)"라는 것을 여기서 분명히 하고 있다. 즉 황민화 정책은 총독부가 1910년대부터 강력히 추진하던 동화정책의 연장, 강화였던 것이다.

총독부는 황국신민교육정책에 따라 각급 학교마다 구체적인 행사 일

---

193 大野綠一郞 文書, 「(秘) 朝鮮에서 敎育에 관한 方策」, 1937. 12.

194 『朝鮮總督府官報』 號外 1938년 3월 4일 자, 「諭告」, 이 유고는 미나미 총독의 「육군특별지원병령」 공포와 「개정(3차) 조선교육령」 공포에 대한 것으로 여기서 그는 '國體明徵, 內鮮一體, 忍苦鍛鍊'을 3대 교육방침으로 제시하고 있다.

정을 마련하고 주 단위 혹은 월 단위로 반복해서 실천하게 했는데, 황국신민교육 특집으로 꾸민 1939년 4월호 총독부 기관지 『조선』에 소개된 순천공립농업학교의 「황국신민교육 월중행사」를 보면 다음과 같다.

〈표 2-9〉「황국신민교육 월중행사」[195]

훈련요목	실시일	지도 요항
신전(神前)조회	매주 월, 토	조국(肇國) 정신의 선양, 정좌(靜坐), 대마(大麻)의 예배 2례 2박수 1배, 황국신민의 서사 제창과 훈화
교련(敎鍊)조회	매주 수	규율의 엄정, 복종심의 함양, 용맹심의 환기, 형식보다 마음의 훈련
보통조회	매주 화, 목, 금	궁성요배, 고향예배, 황국신민의 서사 제창과 훈화, 조회체조
신사참배	매월 1, 15일	경신존숭의 염 함양, 미화작업, 동포상애심의 강화 근로단련, 국민이라는 자각. 봉공의 적성 실천
조서(詔書)봉독	매월 10일	국민정신작흥에 관한 조서 봉독식을 거행하고, 국민정신의 작흥 강조
국기게양식	4대절, 1, 10, 15일	황국신민이라는 관념 강화. 국민정신작흥, 현재와 아울러 장래의 활동 및 자각
국어(일본어) 사용의 철저	상시(常時)	국어사용에 의한 국체관념, 황국신민의 자각, 일본정신에 일체의 사상 감정의 순화
시국강화(講話)	매 조회 10분 이내	직원 윤번으로 시국의 인식, 국민정신작흥의 철저를 기한다. 주로 주보 및 신문에 나타난 것을 교재로 한다.
무도(武道)	매주 수, 토	일본정신의 함양, 체위 보건 위생의 향상
건국체조 및 황국신민체조	매 동적(動的) 조회시	황국신민의 자각, 일본정신의 함양, 체위의 향상
복장 검사	매주 수, 수시	복장을 엄격히 하여 규율의 절제, 준법정신의 함양, 교칙(校則)의 엄수
국방헌금 및 황군위문	매월 1일	황국신민의 책무 수행, 화협(和協)일치봉공의 적성, 인고단련, 위문문발송, 출정군인가족 위문

195 순천공립농업학교장 井田末喜, 「皇国臣民化の教育について」, 『朝鮮』 1939년 4월호, 18~19쪽.

훈련요목	실시일	지도 요항
회식	매주 월, 토	직원 생도의 회식, 담임 교유는 교실에서, 전직원은 기숙사 식당에서 생활개선, 사회적 교양
숙제	월 2회	황국신민의로서 반성 음미, 자각 발분의 기회를 준다. 황군위문문으로 발송하는 경우도 있다.
주훈(週訓)	매주 월요일 발표	생도의 기풍 진작, 덕조(德操)의 함양, 생활개선, 규율엄정 등의 철저

이러한 황국신민화 교육 내지 황국신민화 훈련은 신사참배와 마찬가지로 전국 각급 학교교육에서만 강요되었던 것이 아니라, 전시체제의 강화와 함께 점차 일반 사회 전반에도 확대 강요되었다.

이상과 같은 강압적인 분위기 속에서 학생들이 그것을 거부하고 항쟁하기는 어려웠을 것이다. 그리고 설령 그런 일이 있었다고 하더라도 언론통제 때문에 외부에 알려지지는 않았다. 그러나 총독부의 기밀문서나 당시 학생들의 회고담 속에 실제로 그런 일이 있었던 것을 알 수 있다. 예를 들면, 1933년 충남 공립서천소학교에서 학생들에게 350매의 신궁대마를 나누어 주어 가정에 봉재하게 했는데, 그 후 그 실정을 조사해 보니, "혹은 헛간에 방치하고, 혹은 아궁이에 소각하는 등 불경행위를 한 자가 발견되었으므로 관할 서(署)에서 배후관계를 극비리에 조사 중이다"라는 보고를 하고 있다.[196] 1941년 3월 경남 공립진주중학교 졸업생들도 학교에서 나누어 준 가미다나를 부수고, 시위한 사건이 일어났다. 이 학교에서는 매년 졸업식을 마치면 교사들이 졸업생을 인솔하여 공원에 있는 진주신사에 가서 참배하고, 졸업 기념품으로 가미다나를 하나씩 선물하였는데, "3월

196 「(秘) 昭和 14年 前半期 朝鮮思想運動概況」(朝鮮軍參謀部, 1939. 8. 31), 宮田節子 編, 『朝鮮思想運動概況』, 184쪽.

3일, 졸업생 64명이 11시 무렵 졸업식을 마치고 신사참배를 하고 가미다나를 하나씩 받아들고 촉석루에 이르자" 아리랑을 부르고 시위를 하면서 나아가다가 가미다나를 발로 밟아 파괴하는 학생도 있었다는 것이다.[197] 여기서 한 가지 더 생각해야 하는 것은 가미다나를 발로 밟아 부수기까지 한 학생들이 어떤 마음을 가지고 신사참배를 했겠느냐는 것이다. 총독부가 "형식으로부터 정신으로 침윤하게 하고자" 학생들에게 강요했던 신사신앙과 신사참배는 일반 학생들에게조차도 그에 대한 거부감과 반감만 키운 것이 아니었을까?

2) 일반인에 대한 강요와 저항

『동아일보』는 1924년 5월 21일 자 기사에서, 겸이포신사 낙성식과 관련하여 일반인으로부터 봉축비 명목의 기부금을 집집마다 돌아다니면서 거두고 그 지역 보통학교의 어린 학생들을 참배시킨 것을 "맘에 업는 기부(寄附), 뜻에 없는 참배"라고 비난하고 있다.[198] 그리고 이것을 현지 주민들도 "중의 장가에 보살이 동상례하는 셈"이라고 비소하고 있다고 보도하고 있는데, 여기서 당시 일반인들의 신사에 대한 비판적인 태도를 엿볼 수 있다. 이와 같이 '신사 문제'는 참배 강요뿐만이 아니라, 강제 기부금 징수, 신사 설립을 위한 토지의 강제 수용,[199] 신궁대마(神宮大麻)의 강매 등으로

---

197 晋高70年史 편찬위원회 편, 1995, 『晋高70年史』, 진주고등학교동창회, 116쪽. 히우라 사토코, 이언숙 옮김, 2016, 앞의 책, 285쪽에서 재인용.

198 「神社 落成式에 맘에 업는 寄附 뜻업는 參拜」, 『동아일보』, 1924. 5. 21.

199 「土地收用令」 제2조에 "토지를 수용 또는 사용할 수 있는 사업은 다음 각 호의 하나에 해당할 것을 要한다"고 규정하고 제 2항에서 "神社·神祠 또는 官公署의 建設에 관한

도 나타나 일반인들의 반감을 샀다.[200]

앞에서 서술한 대로 총독부가 학생들에게 강경책을 쓸 수 없었던 것은 조선신궁 진좌(鎭座)에 대한 일반인들의 냉담한 태도와도 관련이 되는 것으로 보인다. 총독부의 대대적인 홍보활동에도 불구하고 일반인들의 조선신궁 진좌에 대한 태도는 냉담한 것이었다. 당시 신도평론사(神道評論社)의 주간이었던 오가사와라(小笠原省三)는 당시의 일반인들의 태도를 다음과 같이 적고 있다.

> 10월 15일, 조선신궁 진좌제의 날이다. (중략) 내지인(일본인)도 선인도 속속 돌계단을 오른다. 그러나 배전(拜殿)의 앞까지 가자, 내지인은 탈모하고 절을 하고 선인은 획 발길을 돌려 돌아간다. 나는 한 시간 이상 배전 앞에 우뚝 서 있었다. 그러나 단 한 사람의 선인도 '참배'하는 자는 없었다. 우리들의 상식으로 하면 '참배'라는 것은 배례하고 기원하는 일이다. 선인은 '참배'하지 않고 '참관(參觀)'하고 있는 것을 확실히 알았다. 이것은 무슨 원인이 있는 것일까? - 조선신궁은 마침내 내지인만의 신궁으로 끝나는 것인가?[201]

이러한 일반인들의 태도에서 총독부는 아직은 신사참배를 강요할 시

사업"이라 하여 神社·神祠의 設立을 위해 토지를 강제 수용할 수 있도록 규정하고 있다(朝鮮神職會 篇, 1937, 『朝鮮神社法令輯覽』, 336~337쪽).

200 총독부는 1924년 10월 각 도지사에게 보내는 학무국장의 「神宮大麻及暦頒布에 관한 件」이라는 통첩을 통해 반포담임자(頒布擔任者)를 정하여 요금을 받고 반포할 것을 지시하고 있는데, 그 요금은 다음과 같이 규정하고 있다. 一等 大麻 50錢, 二等大麻 20錢, 三等大麻 10錢 (朝鮮神職會 篇, 1937, 위의 책, 338~340쪽)

201 小笠原省三, 1953, 앞의 책 73쪽.

기가 아니라고 판단하고 조선신궁 진좌제를 고비로 1920년대 후반에는 신사참배에 대한 강경책을 쓰지 않았던 것이다. 더욱이 일반인들에게 그것을 강요하는 것은 엄두도 못 내었다. 다만 조선신궁에 대한 적극적인 파괴행위를 염려하여 "조선신궁에 대한 불경죄는 엄중히 처단"한다는 경고를 하고 있다.[202]

조선총독부가 신사신앙과 신사참배를 정책적 차원에서 일반인들에게 강요하기 시작한 것은 1937년 7월 중일전쟁 도발 직후부터이다. 그전까지만 하더라도 신사신앙과 신사참배는 학교와 학생들이 아닌 일반인들에게는 권고 사항이었지 강요는 아니었다. 그러나 중일전쟁으로 전시체제에 들어간 이후부터는 노골적으로 일반인들에게도 신사신앙과 신사참배를 강요하기 시작하였다. 앞에서 서술한 대로 1937년 9월부터 총독부 학무국이 매월 6일을 '애국일'로 정하여 각급학교 학생들이 이날에는 반드시 신사나 신궁대마 봉안전 앞에서 신사참배를 하도록 한 데 이어, 같은 해 11월 16일 정무총감이 각 도지사에게 통첩을 보내 12월부터 매월 1일과 15일 중 하루를 택하여 애국일로 정하고, 매월 애국일에는 "황거요배, 신사참배, 국기게양, 황국신민의 서사 창화 등등의 행사"를 하도록 지시하였다.[203]

일반인에 대한 신사신앙과 신사참배의 강요는 조선신직회를 중심으로 관민협동으로 조직한 신궁대마봉재회의 신궁대마(神宮大麻, 진구타이마)와 신붕(神棚, 가미다나)의 보급 형식으로도 전개되었다. 당시 『경성일보』는 "신궁대마 봉재의 보급 철저"라는 제목의 사설에서 그 의미를 다음

---

202 「朝鮮神宮에 對한 不敬罪는 嚴重히 處斷할터」, 『每日申報』, 1925. 10. 22.

203 「愛國日の設定」, 『朝鮮』, 1937년 12월호, 159쪽.

과 같이 서술하고 있다.

> 신궁대마는 각 가정에서 오랜 국민의 총씨신(總氏神)으로 받들던 황대신궁(皇大神宮, 고타이진구)을 봉배하고, 대신(大神, 오카미)의 신덕을 받들기 위하여 이세신궁(伊勢神宮)에서 전국에 반포하는 바의 대신의 대어새(大御璽, 오미시루시)이다. 이세의 황대신궁에 모신 천조대신(아마테라스 오미카미)은 황실 조상임과 동시에 국민의 조상이요 총씨신이시다. 우리 황국신민이 만세일계의 천황을 모시고 세계에 유래없는 국체를 가지고 최상의 은혜로운 행복한 국민으로서 나날을 안온하게 생활할 수 있는 것은 오로지 대신의 홍대무변한 신덕을 받아서이다. 이것은 옛날 풍속에 이세 참배라 하고 국민은 적어도 일생에 한 번은 이세에 참궁하는 것을 염원해 오고 있다. 아울러 먼 나라에 있는 자로서는 그것이 용이한 일이 아니기 때문에 일반이 매일 신궁 대전(大前)에 봉배하고 황실국가의 번영은 물론 일신일가의 행복을 기원하는 마음으로부터 매년 10월 이세신궁에서 반포하는 대마(大麻)를 받아서 가미다나(神棚)에 봉재하고 아침 저녁으로 경배하는 성심을 바치는 것이다.[204]

일본에서 신궁대마의 봉재는 메이지유신 초기인 1871년 12월 이세신궁의 대궁사가 신기성(神祇省)에 청원하여 신기성의 허락을 받아 그 이듬해부터 실행되었다. 그러나 이것은 이세신궁에 대한 종교성이 짙은 것이어서 그 후 신사비종교론의 입장에서 국가가 직접 나서서 강제로 보급하

---

204 『京城日報』, 1937. 12. 4.

기는 어려운 일이었다. 그래서 그 보급 초기인 1872년 6월 교부성에서는 지방관에게 간여하도록 통달하였지만, 1877년 1월부터 내무성에서 신사 행정을 맡으면서 1878년 내무성 통달 제30호로 지방관이 간여하지 말고 개인의 자유의사에 맡기도록 하였다. 신궁대마의 제작은 이세신궁 신부서(神部署)에서 하고, 대마를 전국에 반포하는 일은 신궁황학관의 전신인 신궁교원(神宮教院)이 주요업무로 삼고 있었는데 1882년에 신궁교원이 교파신도인 신도신궁파로 독립하고 이어서 신궁교(神宮教)가 되면서 대마의 반포도 신궁교에 위탁되었다. 그러다가 1898년부터는 신궁교가 신궁봉찬회가 되면서 신궁봉찬회가 맡아 수행하였다.

신궁봉찬회는 한국이 일본의 식민지가 되자 한국에도 신궁대마와 역(曆) 반포를 하게 되었는데 조선총독부에서 1911년 12월 13일자로 이에 관한 관통첩을 내무부장관이 각 도 장관에게 발하고 있다. 그 내용은 신궁봉찬회 회장이 충청북도 장관에게 부탁한 "황대신궁대마 및 역 반포" 의뢰를 거절하라는 것이다. 그 이유는 일본 본토에서도 대마의 반포는 "인민의 자유"에 맡기고 있으며, 조선인이 사용할 민력(民曆) 제작과 판매를 총독부에서 허락하고 있으므로 일본 본토에서 들어온 역을 따로 관내에 알릴 필요가 없다는 것이다.[205]

이러한 "신궁대마와 역 반포"에 대해서 일본 본토에서는 여러 가지 규정들이 있었지만, 조선에서는 아무런 규정들이 없어 편의대로 주로 일본인을 대상으로 반포되었다. 그러다가 1924년 10월 학무국장이 신궁대마를 제작하는 신궁신부서장의 협조 요청을 받고 각 도지사에게 통첩을 보내 각 도를 하나의 반포구역으로 하여 1명의 반포담임자를 정하여 반포

205 「大麻及暦ノ頒布ニ關スル件」, 『朝鮮總督府官報』, 1911. 12. 13.

취급을 하도록 하라고 하면서, 신궁신부서장이 제안한 각 도 담임자 이름과 함께 각 신궁대마 및 역의 가격 등을 알리는 "신궁대마 역 반포 취급 수속"을 첨부하여 협조를 지시하였다. 반포비는 대마 및 역의 요금의 3할을 공제하도록 하고 있다.[206] 이와 같이 신궁대마와 역 반포는 각 도지사의 협력하에 일본의 신궁봉찬회가 중심이 되었다. 그러다가 1932년부터 이 일을 조선신직회가 인수하게 되어 각 도의 신직 중에서 반포담임자를 선정하여 반포하게 하였다. 이에 대하여 1933년 8월 내무국장이 각 도지사에게 통첩을 보내 1924년 10월 학무국장의 통첩을 상기시키면서 이들 반포담당자들이 "신궁 숭경심을 일으키고 반포의 보급 철저"를 기하도록 조력하라고 지시하고 있다.[207] 이때부터 총독부가 정책적으로 신궁대마 및 역 반포에 적극성을 띠는 것으로 보아야 할 것이다. 이러한 총독부의 신궁대마 반포에 대한 관심은 이것을 "경신숭조의 교육시설"로 간주함으로써[208] 심전개발 운동이 본격화되면서 더욱 고조되었다.

그렇지만, 1937년 12월경 대마봉재 호수는 일본 본토에서는 1,000호 중 550호(55%), 조선에서는 1,000호 중 18호(0. 18%), 대만에서는 1,000호 중 373호(37. 3%)였다.[209] 이것은 1937년 조선에 보급된 신궁대마 수가 17만 8,076체였으므로,[210] 그 대부분이 15만 8,000여 호이던 일본인 가정

---

206 신궁대마의 값은 1등대마 50전, 2등대마 20전, 3등대마 10전이고 역의 값은 대력 50전, 약본력 5전이다.

207 「神宮大麻及暦頒布ニ關スル件」(内務局長→各道知事 通牒, 1933. 8), 朝鮮神職會 篇, 1937, 『朝鮮神社法令輯覽』, 341쪽.

208 「皇大神宮大麻を奉祀」, 『朝鮮時報』, 1936. 1. 18.

209 「社說: 神宮大麻奉齋の普及徹底」, 『京城日報』, 1937. 12. 4.

210 岩下傳四郎 編, 1941, 『大陸神社大觀』, 大陸神道聯盟, 176쪽.

에 배포된 것이며, 관공서와 조선인 가정에는 소수에 불과했다는 것을 말해 준다. 그때까지만 하더라도 조선인 관공리나 극히 친일적인 가정을 제외하고 조선에서는 거의 보급되지 않았던 것이다. 조선에서 심전개발 운동이 시작된 1935년부터 1940년까지 신궁대마 보급 추이를 살펴보면 다음 표와 같다.

〈표 2-10〉 신궁대마 보급 추이(1935~1940)

연도	총 호수	조선인 호수	일본인 호수	신궁대마 보급수	보급율(%)	보급 기관
1935	4,142,976	3,984,772	144,815	81,063	1. 96	신직회(神職會)
1936	4,178,929	4,011,899	152,891	74,515	1. 78	
1937	4,227,117	4,058,867	158,350	178,076	4. 21	
1938	4,271,308	4,102,101	158,843	575,195	13. 47	신궁대마 봉재회
1939	4,296,524	4,123,646	161,400	870,049	20. 25	
1940	4,409,950	4,231,617	165,900	1,263,640	28. 65	

출처:『조선총독부통계연보』(1935~1940); 岩下傳四郎 編, 1941,『大陸神社大觀』, 대륙신도연맹, 176쪽.

〈표 2-10〉에서 보듯이 신궁대마의 보급 추세는 1935년 일본인 가정까지 포함하여 2% 미만인 81만 1,063체였던 것이 1940년에는 총 호수의 28%가 넘는 126만 3,640체로 급증하였다. 그리고 그 급증의 경계가 된 것이 1937년 중일전쟁의 발발이었다. 이것의 보급 기관도 초기에는 조선신직회였던 것을 1938년부터는 각 도의 행정 관청을 조직화하여 지원한 신궁대마봉재회로 이관시켰다. 물론 통계 숫자상으로 신궁대마가 이렇게 많이 보급되었다고 하여 모두가 가미다나에 봉재되어 숭배되었다고는 보기 어렵다. 다만 이러한 추세를 통하여 총독부가 이를 강제로라도 일반에

게 보급하기 위하여 얼마나 힘썼는가를 여실히 보여주는 것이라고 할 수 있다.

특히 1938년 9월 국민정신총동원 조선연맹에서는 '황국정신 현양, 내선일체의 완성, 실천망의 조직과 지도의 철저' 등을 연맹 9대 강령으로 정하고 "1. 매조(每朝) 궁성요배, 2. 신사참배 여행(勵行), 3. 조선(祖先) 제사 여행, 4. 기회 있을 때마다 황국신민의 서사 낭송" 등 21개 항의 실천요목을 결정하여 실행하게 하였다. 1939년 10월 국민정신총동원 경기도연맹에서 마련한 「애국반 활동 기준」에도 "3. 사회 풍조의 경장(更張), 1) 애국일의 철저적 실시, 2) 매일 아침 궁성요배 ① 라디오를 통하여 또는 세면 후 있는 곳에서 행할 것 ② 각 학교는 아동을 통하여 가정의 지도를 담당할 것, 3) 경신관념(敬神觀念)의 함양 ① 경신사상의 고취와 대마봉사(大麻奉祀)의 보급 ② 신사(神社)·신사(神祠) 참배의 여행 ③ 신사(神社)·신사(神祠) 앞을 통과할 때는 경례를 할 것" 등을 규정하여 궁성요배, 신사참배, 대마봉사 등을 애국반에서 실행하도록 강제하고 있다.[211]

조선총독부는 1941년도 국민총력운동 지도의 중점을 "(1) 시국인식, (2) 하부조직 및 인적 기구의 쇄신, (3) 상회(常會)의 운영, (4) 각 연맹 지도자 강습, (5) 실행 감독"에 두고, 다음과 같은 사업계획을 세워 발표했다.[212]

(1) 사상의 통일

① 일본정신의 앙양: 아침의 궁성요배, 정오의 묵도, 기타의 필행 독려, 신사(神社)·신사(神祠)의 참배, 대마(大麻)의 봉사(奉祀) 장려, 기원

---

211 『總動員』 1940년 2월호, 111~112쪽.

212 森田芳夫, 1945, 『朝鮮に於ける國民總力運動史』, 國民總力朝鮮聯盟, 108~116쪽.

식 기원제의 거행, 각 도시 순회 시국강연회의 개최, 언론기관 편집 주임자 연락회의 개최, 신문 잡지 기사(사상방첩관계) 연구위원 설치, 준법정신의 보급, 사법보호에 관한 제 시설, 사법보호 사상에 관한 선전 보급 학술진흥에 관한 제 시설, 교화인 학술인에 의한 황국신민화운동

② 내선일체의 완성: 부여신궁조영 근로보국 작업, 국어 보급에 관한 제 시설, 지원병제도의 취지 보급, 내선결혼의 장려, 내선 양풍(良風) 미속의 조장 융합, 일본 취미의 고조, 재외 반도인에의 조선사정 선전, 번역 출판의 지도

이와 같이 일반인들에게 궁성요배와 정오 묵도를 일상화하고, 신사참배와 대마봉사를 강제하고 있는 것이다.

더욱이 이 시기에 이러한 요구는 단순한 국가의례로서 요구한 것이 아니라, 천황을 살아있는 신으로 받드는 국가신도에 대한 신앙으로서 강요였다. 1944년 6월 총독을 총재로 하는 국민총력연맹 이사회에서 결의한 '1944년도 총력운동의 목표와 실천요목'에도 이러한 사실을 적나라하게 드러내고 있다. 우선 '운동의 주요 목표'에서는 "1. 국민신앙의 확립: 유신(惟神)의 대도(大道)를 선양하여 1억 신민으로 하여금 경신존황(敬神尊皇)의 대의에 철(徹)케 하여 확고한 국민신앙을 수립하는 것은 조국이상달성(肇國理想達成)의 근본의이다. 신(神)의 자(子)로서 신국(神國)에 어강탄(御降誕)하옵시와 현진어신(現津御神, 살아있는 신)이옵신 천황의 대어심(大御心)을 받들고 전 생활을 바쳐 천업회홍(天業恢弘)에 사봉정신(仕奉挺身)의 성(誠)을 다하는 것이야말로 국민신앙의 요체이다. 조선에서는 먼저 일면일사(一面一祠)를 목표로 하는 봉무자(奉務者)의 양성을 행하여 이로 하여

근 신사(神祠)에 봉무하는 한편 지방 민심의 교화계발(教化啓發)에 임(任)케 하는 동시에 씨자조직(氏子組織)의 확립과 상사(相竢)하여 신기중심(神祇中心)의 연중행사를 설정하고 아울러 가정에 있어서의 신기봉재(神祇奉齋)의 지도 철저를 도(圖)하여 전폭의 노력을 경주하려 한다"라고 하고, '운동 요목'에서는 "(1) 국민신앙의 확립, 1. 유신(惟神)의 대도(大道) 선양운동, 2. 일면일사(一面一祠)를 목표로 한 봉무자 양성, 3. 씨자조직결성운용에 대한 협력, 4. 신기(神祇)를 중심으로 하는 연중행사의 설정, 5. 가정의 신기봉재(神祇奉齋)의 지도"를 설정하고 있다.[213]

여기서 "가정에 있어서의 신기봉재"는 신궁대마의 봉재를 이르는 말인데 이에 대한 일반인들의 반응에 대해서는 광복 직후 일본 대장성 관리국에서 펴낸 『일본인의 해외 활동에 관한 역사적 조사』라는 보고 책자에 다음과 같은 기록으로 확인할 수 있다.

> 신궁대마를 각 가정에 봉사(奉祀)하기도 하였지만, 관료의 행정기구를 통하여 하였기 때문에 행정의 일부가 되어 그 수의 많음을 보고 자료로 하였는데, 민중이 진실로 그 신성(神性)이나 봉사의식을 자각한 것은 아마도 1할 정도가 아니었을까. 혹은 단순히 폐기하고, 혹은 압핀으로 벽에 걸어두고, 대개는 그것을 방치하여 두어, 1944년 가을 국민총력 조선연맹에서 충남 조선 농촌의 실태를 조사하였을 때, 농가에서는 '왜놈의 귀신', '일본 귀신'이라 하여 전혀 자기들이 제사하는 신과 달리 취급하고 있는 것이 많이 보였다.[214]

---

213 「今年度 總力運動 要綱」, 『每日新報』, 1944. 6. 30.

214 大藏省管理局 編, 1947, 『日本人の海外活動に關する歷史的照査』 통권 제4책, 조선편

일반인들은 강요에 의해 구입하기는 했지만, 전혀 숭경할 생각이 없었던 것이다. 일반인들의 이러한 태도는 일제 당국자를 매우 당혹스럽게 했던 것으로 보인다. 신궁대마와 가미다나를 함부로 취급하여 이들을 '불경죄'로 처벌하였던 것은 그런 사실을 말해 준다. 예를 들면, 전북 금산읍에서 포목상 점원으로 있던 박승길(朴勝吉, 창씨명 新井勝吉, 20세)은 1944년 9월 2일 뒷산에 있던 금산신사(錦山神祠)에 어신체(御神體)로 봉재되어 있던 특별대마(特別大麻)를 훼손하여 1944년 11월 27일 전주지방법원에서 불경죄로 징역 단기 1년 장기 3년의 형을 언도받고 복역하다가 광복을 맞았다.[215]

총독부의 신사참배 강요에 대해서 가장 강한 반감과 저항을 보인 곳은 신사참배를 우상숭배로 거부했던 기독교계였다. 앞에서 서술한 대로 기독교계 학교에서의 신사참배 문제가 총독부의 강요 방침으로 일단락되자, 1937년 7월 중일전쟁 후부터는 일반 민중은 물론 기독교인들과 교회에까지 신사참배, 동방요배의 강요와 황국신민서사 낭독, 가미다나 설치 등을 강제하였다. 1938년 9월 제27회 장로회 총회의 신사참배 결의 직후에 발표한 평남경찰부장 세토(瀨戶道一)의 담화는 일제가 경찰력을 동원하여 기독교인들에게 신사참배를 강요하여 온 그동안의 경과를 잘 보여준다.[216] 즉 중일전쟁 직후인 1937년 가을부터 관할 각 경찰서를 동원하여 기독교인들을 설득해 왔고, 1938년 봄부터 신사참배 문제의 해결을 위해 경찰 주력을 기울인 결과 8월 26일 평안남도 전체가 신사참배를 긍

제3분책, 63쪽.

215 국가기록원 CJA0001816「新井勝吉 判決文」, 전주지방법원, 1944. 11. 27.

216 「신사참배 문제에 관해 평남도경찰부장 담화 발표」, 『조선일보』, 1938. 9. 12; 「신사참배문제 해결에 際하여, 瀨戶평남경창부장 談」, 『朝鮮新聞』, 1938. 9. 12.

정하게 되었다는 것이다. 더욱이 장로회 총회가 신사참배를 결의한 것은 총독부의 지도하에 각 도에서 일제히 전개된 노력의 결과로써 총회 개최지였던 평안남도의 '고심과 노력'을 토로하고 있다. 다시 말하면 일제 경찰력에 의한 신사참배 강요를 그들 스스로가 인정하고 있는 것이다.

일제는 일본 본토에 있는 야스쿠니신사의 각종 행사 날에도 한국에서 이에 상응하는 행사를 하도록 하였다. 그 일례로 1938년 4월 18일과 같은 해 10월 8일에는 오노 정무총감이 「야스쿠니신사 임시 대제 때 전 국민 묵도 및 전몰장병 위령제 집행에 관한 건」이라는 통첩을 내어 전국적으로 이를 실시하게 하고 있다.[217] 이러한 신사참배에 대한 위협과 강요는 기독교인들의 모임에 총독이 직접 참여하여 한 연설에서도 드러난다. 전시체제와 함께 '황민화 정책'을 강력히 추진하였던 미나미 총독은 1938년 10월 7일 "제3회 기독교조선감리회 총회"와 1938년 10월 17일 "시국대응 기독교장로회 대회"에 참석하여 "대일본 국민인 자는 그 신앙하는 종교 여하를 불문하고, 일제히 천황폐하를 존숭하여 받들고, 선조의 신기(神祇)를 숭경하고, 국가에 충성을 다해야 하는 것은 말할 필요도 없는 바로써 신교(信敎)의 자유는 대일본 국민인 범위에서만 용인되는 것이며, 그러므로 황국신민이라는 근본정신에 배치되는 종교는 일본 국내에서는 절대 그 존립을 허용하지 않는 것이다"라는 위협적인 연설을 하였다.[218]

이러한 총독의 강경한 태도는 하부 행정 기구로 갈수록 더욱 강화되고 구체화되어 나타난다. 1940년 10월 당시 총독부 고등법원 검사장이던 마스나가 쇼이치(增永正一)가 사법관 회의를 주재하면서 한 '훈시'는 그들

217 『朝鮮總督府官報』 1938. 4. 8, 10. 8, 10. 13.

218 朝鮮總督府 官房文書課 편, 1941, 『諭告 · 訓示 · 演述總攬』, 朝鮮行政學會, 707쪽.

이 어떤 시각에서 종교단체들을 보고 있으며, 이들에 대해서 어떤 탄압정책을 마련하고 있었는지를 잘 보여준다.[219] 이렇게 1940년부터는 일제 검찰의 지휘로 본격적으로 신사참배 거부항쟁자들을 전국적으로 잡아들여 투옥하고 고문하여, 조용학 영수, 주기철 목사를 비롯한 30여 명의 순교자가 나오게 되었다.[220] 그들의 이러한 전국적 규모의 신사참배 거부항쟁자들에 대한 탄압과 만행은 그들이 일본 본국 제국의회에 보고하기 위해 마련한 기밀자료에서도 잘 드러나고 있다.[221] 이 자료는 일제가 1940년 4월부터 신사참배 거부항쟁자들의 본격적인 검거에 착수하였으며, 이들을 "철저히 탄압·삼제(芟除)"하기 위해서 고등법원 검사장의 지휘 아래 1940년 9월 20일 전국에 걸쳐 일제 검거를 실시하여, 그 지도자들을 재판에 회부하였던 사실을 보여주고 있다.

일제는 공교회마저 그들의 신사참배 강요에 굴복한 1938년 이후에는 지원병제(1938년)·징용제(1939년)·학도지원병제(1943년)·징병제(1944년)를 차례로 실시하여 한국의 젊은이들을 그들의 침략 전쟁터로 내몰았다. 그러면서, 그들에게는 물론 자국인들에게까지 전쟁터에 나가는 병사들에게 "죽으면 '신'(神)으로서 야스쿠니신사에 봉재된다고 믿게 하고, 유족에게는 야스쿠니신사에 가면 아버지나 아들이나 남편을 대면할 수 있다고 믿게 하려는 선전을 대대적으로 벌였다."[222] 이것은 야스쿠니신사가 단순

219 조선총독부 고등법원 검사국 사상부, 『思想彙報』 제25호(1940. 12), 2~3쪽.

220 김승태, 2012, 『식민권력과 종교』, 한국기독교역사연구소, 263~266쪽.

221 朝鮮總督府法務局, 「昭和 18년 12월 제84회 제국의회설명자료」, 『朝鮮總督府 帝國議會說明資料』 제8권, 東京: 不二出版, 101~102쪽.

222 藤谷俊雄, 「國家神道の本質」, 戶村政博 編, 1970, 『靖國闘爭』, 東京: 新敎出版社, 137쪽.

히 "전몰자 및 국사에 죽은 자"에 대한 국가적인 의례 기관이 아니라, 국민을 안심하고 전장에 나가게 하며 '국가를 위하여' 생명을 버리게 하기 위한 '군국주의적 국가종교의 시설'이었음을 잘 말해 준다.

이 시기에 이렇게 일반인들에게 강요된 신사신앙과 신사참배는, 당시에는 이에 대한 불만만 토로해도 불경죄로 검거하여 처벌하였기 때문에,[223] 투옥과 처벌을 각오하지 않으면 저항하기 어려웠다. 그렇지만, 이에 대한 반감과 불만이 얼마나 컸던가는 1945년 8월 광복 직후 거의 모든 신사들이 방화로 불탄 사실에서 확인할 수 있다. 1945년 8월 15일 일본의 항복 소식이 알려지자 흥분한 군중들은 원한이 깊은 신사(神社)·신사(神祠)에 몰려가 신사를 파괴하거나 불태우는 경우가 많았던 것이다. 8월 15일 저녁, 평양신사가 방화된 것을 비롯하여 각지의 신사신사가 파괴·방화되었다.[224] 8월 16일부터 8일간에 신사·봉안전에 대한 파괴 방화는 136건이나 되었다. 이것은 경찰 관서에 대한 습격 점거 접수를 요구한 사건 149건에 거의 맞먹는 숫자로 행정 관청에 대한 폭행 건수보다도 많았다.

---

223 예를 들면, 강원도 회양에서 농사를 짓던 가톨릭 신자 신기성(申基成, 창씨명 平山基成, 53세)은 1942년 7월경 조사차 나온 사복 도순사 가야마(香山正毅)에게 잡담 중 "경찰과 천주교 본부 지시에 따라 신사참배를 하고 있다. 신사는 죽은 사람들의 제사를 지내는 곳으로 허령(虛靈)에 불과하다. 이세신궁(伊勢神宮)도 천조대신의 허령을 봉사(奉祀)하는 것이다."라는 취지의 발언을 하여 1943년 1월 19일 경성복심법원에서 불경죄로 징역 6월을 언도받고 복역하였다.(국가기록원 CJA0000612「平山基成 判決文」, 경성복심법원, 1943. 1. 19)

224 조선인 손에 의해 방화·소각된 신사로는 8월 15일 밤에 소각된 평양신사 외에도, 16일 정주신사, 안악신사, 온정리신사, 17일에 안주신사, 삭주신사, 영변신사, 천내리신사, 재령신사, 18일에 겸이포신사, 선천신사, 박천신사, 소록도신사, 21일에 용천신사, 22일에 희천신사, 신막신사 등을 들 수 있다(森田芳夫, 1967,『朝鮮終戰の記錄』, 東京: 巖南堂書店, 112쪽).

5. 맺음말

이상에서 이제까지의 연구성과를 참작하여 일본 근대 천황제 국가와 식민지 교육을 국가신도와 '천황제' 이데올로기와 관련하여 살펴보고, 조선총독부의 신사정책과 신사행정을 1931년 9월 만주사변 이전과 이후로 나누어 정리하며, 끝으로 조선총독부의 신사신앙 및 참배 강요와 그에 대한 한국인의 저항을 학교와 일반인으로 나누어 살펴보았다. 이를 간략하게 요약하면 다음과 같다.

1868년 초에 출범한 일본의 메이지유신정부는 왕정복고와 제정일치를 표방한 절대군주제 국가였다. 유신정부는 유신 초기부터 신기관(神祇官)을 설치하고, 선교사를 두어 신도국교화정책(神道國敎化政策)를 추진하였다. 그러나 이것이 내외의 반발에 직면하자 1871년 7월 '신사는 모두 국가의 종사'라는 '신사비종교론'을 내세우고, 그 후 신사행정과 종교행정을 분리하여 신사행정은 내무성에서, 종교행정은 문부성에서 관리하게 하였다. 그리고 1889년 2월 「대일본제국헌법」과 1890년 10월 「교육칙어」를 발포하여 초종교적인 국가신도 체제를 구축하였다. 이러한 국가신도는 이른바 '국체'를 교의로 한 사실상의 국교였으며, 일본은 자국 국민에게는 물론 그들의 식민지였던 조선인에게도 신사신앙과 참배를 강요하였다.

1910년대 식민 지배 초기부터 조선총독부는 1911년 「조선교육령」을 발포하고, 1912년 「교육칙어」까지 발포하여, 적극적인 동화(=충량화=일본화) 정책을 폈다. 특히 국책 과목인 수신, 역사, 일본어 교과서에서는 황실숭경(皇室崇敬)이라는 '천황제' 이데올로기를 주입하는 내용으로 편성하여, 신도의 신화를 역사적 사실로 왜곡하여 가르쳤다. 교과 내용을 통해서 신도의 신화와 그 신화에 나오는 신들을 모시는 유명한 신사들을 가르칠 뿐만 아니라, 신사참배, 동방요배 등 학교행사를 통하여 천황숭배와 신사 숭경을 몸에 익히도록 하였다. 그리고 시학관까지 파견하여 아동들에게 그것이 얼마나 주입되었는지 조사하게 하였다.

1910~1920년대 조선총독부는 관폐대사 조선신궁을 설립하고, 1915년 8월 「신사사원규칙(神社寺院規則)」과 1917년 3월 「신사(神祠)에 관한 건」을 발포하여 신사(神社)·신사(神祠)의 설립을 장려하고 그 관공립적인 성격을 강화하기는 하였지만, 그에 대한 반발에 부딪혀 소극적인 신사정책과 신사행정을 펼 수밖에 없었다.

그러나 1931년 9월 이른바 '만주사변' 이후 '준전시체제'와 1937년 7월 중일전쟁 도발 이후 '전시체제'에서 조선총독부는 다시 적극적인 신사정책과 신사행정을 폄으로써, 기독교계 사립학교와 일반인에게도 신사신앙과 신사참배를 강요하고, 신사(神社)·신사(神祠)의 설립을 독려하여 신사가 급증하였다. 특히 중일전쟁 이후 이른바 황민화 정책은 신사와 학교를 중심으로 추진되었다고 해도 과언이 아니다.

1910~1920년대의 신사참배 강요는 주로 관공립학교에서 있었으나, 언론의 통제로 그것이 사회문제화되지 못했다. 1924년 10월 강경공립보통학교 신사참배 거부사건은 사회일반에 알려진 예외적인 사건이었다고 할 수 있을 것이다. 그러나 1930년대에 들어 조선총독부가 적극적인 신사정책으로 회귀하면서 기독교계 학교에까지 신사참배를 강요하여 이에 반발한 학교들이 폐교되었다. 1938년 이후 학교교육은 이른바 '황국신민화 교육'이 되어 공사립 학교를 막론하고 신사참배와 동방요배, 황국신민서사 제창 등이 강요되고, 가미다나의 보급이 장려되었으나, 1941년 3월

공립진주중학교 졸업생들이 보인 것과 같이 관공립학교에서의 반발도 없지 않았다.

일본인 신사와 조선총독부의 신사신사 설립 장려, 가미다나 보급, 신사참배 강요에 대한 일반인들의 태도는 1930년대 중반까지는 냉담했다. 그러나 1937년 7월 중일전쟁 발발 이후 조선총독부는 신사신앙과 신사참배를 정책적 차원에서 일반인들에게까지 강요하기 시작했다. 같은 해 11월 16일 정무총감이 각 도지사에게 통첩을 보내 12월부터 매월 1일과 15일 중 하루를 택하여 애국일로 정하고, 매월 애국일에는 "황거요배, 신사참배, 국기게양, 황국신민의 서사 창화 등등의 행사"를 하도록 지시하였던 것이다. 이러한 강요에 반발한 기독교인들 가운데 많은 피해자들이 나왔고, 일반인 가운데서도 신사나 신궁대마를 훼손하여 불경죄로 옥고를 치른 사람들이 나왔다. 일반인들에게 강요된 신사신앙과 신사참배는, 당시에는 투옥과 처벌을 각오하지 않으면 저항하기 어려웠기 때문에 사례가 드물지만, 이에 대한 반감과 불만이 얼마나 컸던가는 1945년 8월 광복 직후 전국의 거의 모든 신사들이 방화로 불탄 사실에서 확인할 수 있다.

끝으로, 일제가 1930년대부터 적극적 신사정책으로 전환하고 신사신앙 및 참배를 강요하게 된 요인은, 물론 그 시대적 상황과 그들의 대륙 침략을 물심양면으로 지원하기 위한 정책적인 것이었지만, 당시 식민지 관료들과 군인들이 성장기에 받았던 '천황제' 이데올로기 교육과 관련이 있었던 것이 아닌가 생각된다.

제3장
창씨개명 정책과 조선인의 대응

_이대화

1. 창씨개명에 관한 기초적 이해

창씨개명(創氏改名)은 '창씨'와 '개명'의 합성어로, 정식 법률용어는 아니다. 1940년(昭和15) 당시 언론매체에서 사용하던 명칭이 정착된 사례이다. 글자 그대로 풀이하면 '씨를 만들고 이름을 바꾼다'는 뜻이 된다. 약간 자세히 설명하자면, 1940년 당시를 살았던 조선인들에게 일본식의 family name인 씨를 만들도록 의무화하면서 first name인 이름 역시 일본풍으로 고치도록 하였던 정책을 뜻한다. 법적으로는 「조선민사령중 개정의 건(朝鮮民事令中改正の件)」(1939년 조선총독부제령 제19호)과 「조선인의 씨명에 관한 건(朝鮮人の氏名に関する件)」(1939년 조선총독부제령 제20호), 2건의 법령이 공포되면서 공식화되었다.

1936년 미나미 지로 총독이 부임한 이후 광복이 되는 1945년까지, 한반도에 대한 일본의 지배정책 가운데 가장 특징적인 것으로 '황민화 정책'을 꼽을 수 있다. '내선일체(內鮮一體)'[1]를 표방하면서 동화주의[2] 정책을 강력하게 시행하였기 때문이다. 바로 지금부터 다룰 창씨개명은 신사참배 강요와 더불어 황민화 정책의 상징적 사례로서 널리 알려져 있다. 그럼에도 불구하고 창씨개명의 개념과 의미, 조선총독부의 목표와 의도, 대상자였던 조선인들의 인식과 대응 등에 대해서는 상세히 아는 이가 의외로 많지 않다. 오히려 창씨개명의 목표와 의도를 간파하지 못한 채, 지엽적인 측면을 과

1 내지(일본)와 조선은 하나라는 의미.

2 언어와 문화 등, 식민지의 고유성을 버리고 본국의 제도와 문화로 흡수, 동화되도록 유도하는 것을 말한다.

장하는 등의 선입견이 많은 오해를 불러일으키는 실정이다. 그러므로 이하에서는 창씨개명의 개념을 명확히 정리하고, 일반인에게 잘못 알려진 점을 바로잡고자 한다.

1) '창씨(創氏)'의 개념과 조선인의 이름에 미친 영향

먼저 창씨는 개성(改姓)과 다르다는 점을 정확히 이해하여야 한다. 창씨개명에 대해 보통 '우리의 성과 이름을 일본식 성명으로 바꾸도록 강요'[3]하였다고 교육받은 사례가 많을 것이다. 최근 연구 성과를 반영하였다는 교과서에서도 '우리 성명을 일본식으로 고치는 창씨개명'[4]이라고 서술하는 데 그친다. 즉 창씨와 개성의 차이점을 정확히 설명한다고 보기에는 다소 부족하다. 실제로 창씨개명을 경험한 많은 조선인들이 '창씨=개성'으로 여기며 모욕적으로 받아들인 것은 분명하다. 그것은 성(姓)이 차지하는 문화적 맥락에서 유래한다. 오늘날까지도 맹세나 다짐하는 표현으로 "… 하면(하지 않으면) 내가 성을 간다"라는 표현을 쓰거나, 성질이나 품행이 좋지 않은 사람을 가리켜 속되게 이르는 표현으로 "성 바꿀 놈"이라는 관용구가 국어사전에 등재되어 있을 정도이다. 즉 한국문화에서 '성(姓)'은 단순한 부계혈통의 표식이 아니라 자신의 사회적 평판이나 명예, 정체성을 상징하는 존재였다. 이것을 일본식 씨(氏)로 대체하도록 의무화한 것이 바로 창씨였다. 창씨개명에 대한 반발은 바로 여기에서 기인한다. 바꾸어 말하면 법률적/행정적 비판을 제기하기 이전에, 정서적으로

---

3 『고등학교 한국사』, 리베르스쿨, 2014년판, 277쪽.

4 『고등학교 한국사』, 지학사, 2014년판, 287쪽.

반감을 샀다는 의미이다. 하지만 창씨개명 정책의 내면에 담긴 의도는 문화적/정서적인 문제보다 훨씬 심각했다. 개인의 성과 이름을 일본식으로 고치는 수준을 넘어, 부계혈통의 계승을 축으로 하는 조선 전래의 가족제도를 일본식으로 전면 개편한다는 의미가 담겨 있었기 때문이다. 지금부터 하나하나 짚어 보겠다.

창씨는 씨를 창설한다는 뜻인데, 이때의 씨(氏)는 일본식 family name으로서 가(家: 일본어로는 '이에')를 나타내는 표식이다. 메이지유신 이후에 제정된 일본의 「호적법」에서는 가를 단위로 호적을 편제하였으므로, 호적의 표식이라고 해도 크게 틀리지 않다. 다시 말해, 씨는 이에를 나타내는 표식이므로, 동일한 '가(이에)'에 속한 구성원은 모두 같은 씨를 사용해야 한다. 특정한 '가'를 나타내는 표식은 하나이고, 동일한 씨를 사용해야 그 '가'에 속했다는 사실이 드러나기 때문이다. 따라서 여성이 결혼하여 남편의 호적에 속하는(=입적하는) 순간, 자동적으로 남편의 씨를 따르게 된다. 여성이 원래 속했던 친정의 '가'를 떠나 남편이 속한 '가'로 옮겨 소속되기 때문이다.

반면 조선 전래의 성은 부계혈통을 상징하는 표식이다. 그러므로 여성이 결혼하더라도 성이 바뀌지 않는다. 조선의 근대적 호적제도는 1896년 제정된 「호구조사규칙」을 그 시초로 간주하는데, 대한제국이 일본에 병합되기 직전에 만들어진 「민적법」(1909)을 거쳐 1923년 조선총독부에 의해 발포된 「조선호적령」으로 이어졌다. 호적 관련 법규가 제·개정될 때마다 일본 호적제도와 점차 유사해졌으나, '가'의 칭호만큼은 호주의 '성'을 사용하고 있었다. 때문에 조선의 호적에서는 동일한 '가'에 속한 구성원이라 하더라도 성이 다른 이가 얼마든지 있을 수 있었다. 조선에는 '가'의 칭호로서 사용할 씨(氏)가 존재하지 않았으므로, 관습을 인정하여 성을 '가'의 칭호로 삼을 수밖에 없었다. 창씨개명은 바로 이 부분을 바꾸어 일본과 동일하게 만들었다. 그때까지 '가'의 칭호로 사용하던 성(姓)의 지위를 박탈하고, 새로운 '가'의 칭호로서 씨(氏)를 창설하도록 강제했다.

사례를 들어 설명하면 이해가 쉬울 터이다. 조선의 관습 및 그에 입각해 제정된 1939년 이전의 「조선호적령」에서는 이몽룡과 성대감의 딸 성춘향이 결혼을 하였더라도 '성춘향'이라는 성명은 변함없이 이몽룡이 속한 호적으로 옮겨진다. 이때 이몽룡과 결혼한 성춘향이 성대감 댁의 딸로 기재된 성춘향과 동일한 인물임을 법적으로 공증하기 위해, 호적에는 '전호주(前戶主)'인 성대감을 기재하고, 성대감의 호적에 기록된 성춘향의 사항을 그대로 옮겨 적는다. 성대감의 호적에는, 성춘향의 '사유'란에 이몽룡과의 혼인신고가 접수된 날짜를 적고 호적에서 지워졌다는 의미로 '제적(除籍)'되었음을 기록한다. 그리고 성춘향의 이름 부분에 붉은 줄을 그어 제적되었음을 표시한다. 만일 이몽룡과 성춘향이 이혼을 하면, 성춘향은 친정의 호적으로 되돌아가는데, 이혼 시점에 친정 가족들이 모두 사망하여 돌아갈 호적이 없다면 성춘향이 여호주로서 별도의 호적을 만들어 일가(一家)를 창립하게 된다. 변학도와 재혼을 한다면 여호주 성춘향의 호적은 말소(=제적)되고 변학도의 호적에 변학도의 부인으로 입적(入籍)된다. 성대감의 호적과 이몽룡의 호적, 변학도의 호적 등 호적부를 아무리 옮겨 다니더라도 '성춘향'이라는 성명은 변함이 없다. 성은 부계혈통을 나타내는 부호이므로 호적의 소속과는 별개의 개념이기 때문이다.

그런데 씨제도에서는 이야기가 달라진다. 만일 '스즈키 이치로(鈴木一郎)'라는 남성과 '야마다 아키코(山田明子)'라는 여성이 혼인신고서를 제출하여, 시아버지인 스즈키 다로(鈴木太郎)의 호적으로 옮겨지면, 그 순간부터 아키코는 야마다 아키코가 아닌 '스즈키 아키코(鈴木明子)'로 바뀐다.

'스즈키'나 '야마다'는 부계혈통을 나타내는 표식이 아니라, 호적 단위로 편제되는 '가(家)'를 식별하는 표식이기 때문이다. 따라서 '스즈키 이치로'가 속한 호적에 등재된 사람은 모두 '스즈키'라는 씨를 사용해야 한다. 이것이 성과 씨의 가장 큰 차이점이다.[5]

따라서 창씨개명이 실시된 1940년 8월 이후라면, 성춘향이 이몽룡, 변학도와 혼인과 이혼, 재혼을 한다면 춘향의 씨명은 여러 번 바뀐다. 세 집 모두 일본식 창씨 신고를 하지 않았다 하더라도, 1940년 8월부터 조선인 역시 '가'의 칭호로 성이 아닌 '씨'를 쓰도록 의무화했기 때문에 결과는 마찬가지이다. 혼인신고 이전에는 성춘향이지만, 이몽룡과의 혼인신고가 접수되는 순간 '이춘향'이 된다. 이혼하면 다시 '성춘향'으로 돌아간다.[6] 변학도와 재혼하면 '변춘향'이 된다. 더 이상 '이', '성', '변'은 조선식 성이 아니라 일본식 씨로 바뀌었기 때문이다. 글자만 같을 뿐, 법적 의미가 달라진 것이다. 창씨개명은 일본식 씨를 설정하는 신고를 했느냐 하는 문제는 중요하지 않다. 일본식 씨를 신고한 사람에게만 선택적으로 적용되는 정책이 아니었다. 신고를 하지 않더라도, 일본식 씨 제도는 모든 조선인에게 일률적으로 적용되었다. 그래서 당시 사료에는 일본식으로 씨를 신고한 경우를 '설정창씨', 별도로 신고하지 않아서 조선식 성을 씨로 쓰게 된 경우를 '법정창씨'로 구분하기도 한다.

---

5 현재까지도 일본의 호적제도는 씨 제도에 기반하고 있기 때문에 여성이 결혼과 이혼을 하는 경우 법률적인 이름이 바뀐다. 전후 일본에서도 여성의 사회 진출이 늘어나면서 여성의 이름이 변경되는 것이 사회활동에 불편을 초래하는 실정이다. 이에 혼인신고를 하여 남편의 호적에 입적되더라도, 출생 시에 부여받은 씨를 그대로 사용할 수 있도록 민법을 개정하자는 의견이 꾸준히 제기되고 있으나, 아직도 받아들여지고 있지 않다.

6 일가를 창립해야 하는 경우라면 씨를 호주가 선택할 수 있지만, 예외적인 경우이므로 여기서는 논하지 않는다.

2) 정책적 함의

즉 창씨개명은 단순히 조선인의 성과 이름을 일본식으로 바꾸는 것만이 아니라, 부계혈연을 상징하는 성(姓)이 확보하고 있었던 family name으로서의 법률적 지위를 박탈하고, 일본인과 마찬가지로 '씨(氏)'를 만들어 '가(家)'의 식별부호이자 법적인 family name으로 사용하라는 정책이었다. 이는 일본식 가족제도인 서양자(壻養子)와 이성양자(異姓養子)를 가능케 할 뿐만 아니라, 조선인의 가족관념을 일본민법의 그것과 동일하게 개편한다는 정책적 의도가 있었다. 즉 조선의 전통이나 관습을 인정하지 않고 일본의 가족제드를 이식한다는 뜻이다. 위에서 말했듯, 이러한 변화는 일률적으로 적용되었다. 즉 1940년 8월 10일 창씨 신고가 종료되고 씨제도가 조선에 시행된 이후에는 신고 여부와 상관없이 모든 조선인들은 강제로 창씨를 당하고 씨제도의 적용을 받았다. 그날까지 창씨 신고를 하지 않은 사람은 본래 사용하던 '성'을 자동적으로 '씨'로 변경 적용토록 되어 있었다. 즉 위에서 예시한 이몽룡, 성춘향, 변학도의 경우도 씨제도 실시 이후에는 '이, 성, 변'이라는 종래의 '성'을 그대로 '씨'로 전환하였기에 춘향의 씨명이 어느 호적에 입적되느냐에 따라 바뀌는 것이다. 조선인이 사용하는 법률적 이름이 '성명'에서 '씨명'으로 변경되었기에 일어난 일이다.

이에 대해 당시 조선총독부는 '성을 없애거나 바꾸는' 것이 아니라 '새롭게 씨를 만드는' 것이라며 창씨는 개성이 아니라고 역설하였다. 법률적 해석상으로는 틀리지 않다. 일상생활에서는 잘 사용하지 않지만, 조선인을 식별하는 표식이 하나 더 있다. 바로 본관(本貫)이다. 호적에도 본관을 기입하는 난이 있는데, 창씨개명을 위해 「조선호적령」을 개정하면서 '본관'란을 '성급본관(姓及本貫)'으로 바꾸고 본관과 성을 함께 기재토록 하였다. 호적부에는 성이 남아 있으니 성을 없애거나 바꾼 것은 아니다. 그러나 개인의 법률적 호칭을 '성명'에서 '씨명'으로 바꾸어 성이 갖던 지위를 박탈하고 일본식 가족제도인 씨를 사용토록 의무화하였으니 당시 조선사회에 몰고 온 파장은 엄청났다.

3) '창씨개명'을 둘러싼 후대의 선입견

한국근대사를 전공하지 않은 대다수의 사람들은 위에서 말한 성과 씨의 문제라든가 씨제도 실시가 가족제도를 일본과 일치시키기 위해서라는 점을 거의 알지 못하고 있다. 그런데도 조선의 민족성을 말살하는 정책 가운데 하나로 창씨개명을 꼽는 데 주저하지 않는다. 이름을 강제로 바꾸는 행위가 개개인의 정체성에 미치는 영향이 매우 크기 때문이겠으나, 창씨개명의 강압과 창씨 신고를 하지 않은 사람들에 대해 각종 불이익을 주었다는 이야기가 역사 교과서 등에 인용되면서 널리 알려져 있었던 점도 부인할 수 없을 것이다. 〈그림 3-1〉이 대표적이다.

〈그림 3-1〉 검인정 『고등학교 한국사』(지학사, 2014년판)에 인용된 문정창의 주장

사료 쏙!쏙!

창씨개명 강요를 위한 방침

- 창씨하지 않은 사람의 자녀에 대해서는 각급 학교의 입학과 전학을 거부한다.
- 창씨하지 않은 아동에 대해서는 교사가 이유 없이 질책, 구타할 수 있다.
- 창씨하지 않은 사람은 공사 기관을 불문하고 일체 채용하지 않는다. 또한 현직자도 점차 면직 조치를 취한다.
- 창씨하지 않은 사람은 비국민 또는 불령선인으로 단정하여 경찰수첩에 등록, 사찰과 미행을 철저히 함과 동시에 우선적으로 노무 징용의 대상자로 한다. 또한 식료 및 기타 물자 보급 대상에서 제외한다.
- 창씨하지 않은 이름이 붙어 있는 화물은 철도국 및 운송 기관에서 취급하지 않는다.

그 근거는 바로 문정창이 1960년대에 집필한 책이다. 원문은 다음과 같다.

> ① 창씨를 하지 아니한 자들의 자녀에 대하여는 각급 학교의 입학과 진학을 거부한 것.
>
> ② 창씨를 하지 아니한 아동들은 일본인 교사들이 이유없이 질책·구타하는 등, 그리하여 아동들의 애소(哀訴)로서 그 부모들이 창씨를 하게 만드는 것.
>
> ③ 창씨를 하지 아니한 자는 공사간 그들의 기관에 일절 채용하지 아니하며, 또한 현직자도 점차 해면조치를 취하는 것.
>
> ④ 창씨를 하지 아니한 자에 대하여는 행정기관에서 다루는 모든 사무를 취급해 주지 않는 것.
>
> ⑤ 창씨를 하지 아니한 자는 비국민 또는 불령선인으로 단정하고 경찰수첩에 등록하여 사찰·미행 등을 철저히 함과 동시에, 혹은 우선적인 노무징용 대상자로 만들고 혹은 식량 기타 물자의 배급대상에서 제외한 것.
>
> ⑥ 창씨를 하지 아니한 조선인의 명패가 붙어 있는 하물은 철도국과 마루보시(丸星) 운송점이 취급해 주지 아니한 것.[7]

실제로 창씨 신고율이 기대보다 저조하자 갖가지 압력이 가해진 것은 사실이지만 위와 같은 내용을 적시한 사료는 아직까지 발굴되지 않았다. 문정창 스스로도 사료적인 근거를 제시하지 않았기 때문에, 창씨 신고율

---

7 문정창, 1967, 『(군국일본) 조선강점 36년사』 하, 백문당, 354쪽.

을 높이기 위해 어떠한 수단을 동원하였는지 사료를 통해 살펴보면서 문정창의 주장을 세밀히 검증할 필요가 있다. 행정문서로 지시된 것이 아니라, 말단에서 이러한 방식을 고안하여 조선인들에게 자행함으로써 위와 같은 행적이 문서로 하달되었다는 믿음을 심어주었을 가능성은 얼마든지 있다. 뒤에서 자세히 살펴보겠지만, 신문기사 등으로 당시의 상황을 되짚어 보면, 위의 방식 이외에도 창씨 신고를 '독려'한 방법이 매우 다양하다. 개중에는 창씨 정책의 본질에 어긋나더라도 신고율을 높이기 위해 편법을 동원한 사례도 있고, 조선인의 반발을 의식하여 타협하였다고 여겨지는 방식도 존재한다. 즉 강압과 저항 사이에서, 조선인들은 성(姓)의 흔적을 지켜내고자 애쓴 흔적이 두드러진다. 이에 대응하여 조선총독부도 어떻게든 일본식 씨를 신고하는 건수를 늘이기 위해 강압과 회유, 절충안을 제시하는 등 길항하는 모습을 나타냈다.

그럼에도 불구하고, 최근에 이르기까지 창씨개명에 관한 내용을 서술하고 있는 한국사 교과서뿐만 아니라, 적지 않은 연구자들도 위의 주장을 답습하는 데 머무르고 있기 때문에 창씨개명 정책을 포함한 1940년대 황민화 정책에 대해 심도 있는 비판을 전개하지 못하는 결과를 가져왔다. 정책에 내재된 조선인들의 의도를 읽어내지 못하고, 문정창이 제시한 강압적인 수단을 강요당하는 피동적인 모습만이 부각된다는 뜻이다.

또한 최근에 들어서 일반인들 사이에 널리 유포된 오해 내지 선입견 가운데 하나가 바로 창씨 신고 여부만을 가지고 친일, 반일 여부를 판가름하는 태도이다. 이는 전문 연구자가 아닌 역사 애호가와 대다수 일반인에게 널리 퍼져 있는 탓에, 황민화 정책을 둘러싼 논의가 심화되지 못하고 지엽적으로 흐르는 원인 가운데 하나로 작용하는 상황이다.

창씨개명 이전과 이후를 막론하고 적극적인 친일행각을 보인 인사들 가운데, 창씨 신고를 하지 않은 경우도 더러 눈에 띈다. 반면 독립운동가로서 행적이 뚜렷한 인물 가운데서도 창씨를 한 사례도 적지 않다. 즉 창씨 신고 여부는 친일, 반일과 무관하다고 보아야 한다. 창씨 여부와 친일을 등치시키는 단선적인 역사인식은 여러 가지 오해를 만들어낸다. 1급 친일파들의 경우 고의적으로 창씨를 하지 않도록 하여 창씨개명 정책의 강압적 측면을 희석시키려는 정책적 의도[8]가 담긴 교활한 정책이라든가, 일본 유학을 위해 창씨개명이라는 뼈아픈 욕됨을 감수했다는 묘사[9]가 대표적이다. 도지사를 지냈던 손영목의 경우, 창씨에 대해서만은 대단히 비판적인 태도를 취하고 신념에 따라 창씨 신고를 거부하였다. 적극적으로 친일활동을 전개한 인물이라 하더라도 창씨개명에 거부감을 갖는 사례는 적지 않았다. 즉 당시 조선인에게 창씨개명은 총독부가 아무리 '창씨는 개성이 아니라'고 강변하더라도 호응을 얻기 어려운 문제였음을 입증하는 사례일 것이다. 그런데 1급 친일파가 일본식 씨를 사용하지 않았다는, 얼핏 보기에 앞뒤가 맞지 않는 것처럼 보이는 행동이라는 이유만을 가지고 '일제가 창씨를 강요하지 않았다'라는 것을 보여주기 위해 고의적으로 1급 친일파를 선별하여 창씨를 시키지 않았다고 해석하는 태도는 지나친 억측이다.

윤동주와 송몽규는 1940년에 이미 집안에서 창씨 신고를 마쳤을 터이고, 그 결정권은 호주인 부친에게 있었을 뿐이었다. 일본식 씨를 신고하게 된 이유는 알 수 없지만, 그들은 창씨에 대해 납득하기 어려웠을 테고,

---

8 김학민, 정운현 편역, 1993, 「조선 지도층 인사의 창씨개명 사례」, 『창씨개명』, 학민사, 225쪽.

9 송우혜, 2017, 『윤동주 평전』(제3판 8쇄), 서정시학, 304~316쪽 참고.

비단 윤동주와 송몽규뿐만 아니라 일본식 씨를 신고했던 많은 조선인들 역시 내심 울분을 느꼈을 것이다. 그런데 학적부상의 이름을 일본식으로 변경하는 1942년에 새삼스럽게 '욕됨'을 느꼈다고 단언하기에는 사료적 근거가 불충분하다. 이들이 학적부상의 이름을 일본식으로 변경할 수밖에 없었던 이유는 호적등본에 기재된 일본식 씨명과 학적부상의 조선식 성명을 일치시켜야 유학의 행정절차가 수월하기 때문이었다. 학적부의 이름을 정정하지 않으면, 호적등본에는 宋村夢奎로, 졸업증명서에는 宋夢奎로 기재되므로 동일인임을 법적으로 증명할 수 없게 된다.

그럼에도 불구하고 위와 같은 해석이 끊이지 않는 까닭은 창씨와 친일을 연관시켜 생각하는 선입견 때문이다. 그래서 창씨하지 않은 친일파나 창씨 신고를 마친 반일 인사의 행동을 합리화하기 위한 설명을 생각해내게 되고, 그것이 또 다른 오해와 선입견을 만들어내는 것이라 본다. 이 또한 뒤에서 상세히 설명할 예정이다.

또한 창씨 여부를 친일의 잣대로 간주하는 일반인의 선입견은 당시의 수많은 가능성을 차단하여 역사상을 매우 협소하게 만든다. 일본식 씨를 신고한 세대는 80%에 육박하였다.[10] 친일과 반일이라는 흑백논리만으로는 설명할 수 없는 사연이 담겨 있다고 보아야 한다. 창씨 정책이 못마땅하지만 어쩔 수 없이 창씨를 하였다든가, 어차피 창씨를 하지 않을 수 없다면 아예 일본인으로 여겨질 법한 씨를 신고하는 것이 나을지 모른다는 식의 자포자기적 태도에 이르렀을 가능성도 얼마든지 있다. 이처럼 저항과 협력, 친일과 반일이라는 이분법에서 조금만 거리를 두고 역사적 사실을 고찰한다면, 창씨개명이라는 폭압적 정책에 대응하는 많은 사례를

---

10 미즈노 나오키, 정선태 옮김, 2008, 『창씨개명』, 산처럼, 147쪽.

짚어낼 수 있다. 뿐만 아니라 창씨개명 정책에 내재된 여러 가지 침탈의 면모에 보다 심층적으로 접근할 여지가 생긴다.

뿐만 아니라, 창씨개명의 법제적인 함의를 파악하지 못하고 단순한 친일-반일 담론에 매몰되는 문제점도 지적할 수 있다. 창씨개명은 단순히 성을 갈고 이름을 일본식으로 바꾸는 데 그친 것이 아니라, 위에서 지적하였듯이 부계혈통 중심의 전통적 가족제도를 일본의 이에(家) 제도로 뜯어고치는 근본적 변화를 단행한 정책이었다. 1910년 일본이 대한제국을 강점한 이래 30년간 손대지 못했던 가족제도의 일본민법화를 단 6개월만에 단행한 것이다. 그렇다면 이전에는 일본이 조선의 가족제도를 변화시키려는 시도를 아예 하지 않은 것인가, 조선인의 이름을 일본식으로 바꾸려는 생각은 전혀 하지 않았는가? 그랬다면 왜 조선의 가족제도와 성명을 그대로 두었던 것인가? 1940년 이전에 하지 않았던 정책을 갑자기 조선에 적용한 이유와 의도는 무엇인가? 등등, 창씨개명 정책의 시행을 둘러싸고 일본의 지배정책에 대해 생각해 볼 만한 요소는 적지 않다.

이하에서는 기존에 발표한 논고를[11] 다듬어 창씨개명의 배경과 시행, 조선인의 대응을 중심으로 위와 같은 문제를 고찰하여 지배정책과 식민통치의 본질에 다가가 보려고 한다.

---

11 이대화, 2012, 「'창씨개명' 정책과 조선인의 대응」, 『숭실사학』 26, 숭실사학회; 이대화, 2017, 「근대 호적제도의 변화가 종중촌락의 관습에 미친 영향」, 『한국민속학』 66, 한국민속학회.

2. 창씨개명의 발표에 이르기까지

1) 1939년 이전의 조선 가족제도 개편 시도

(1) 「민적법」

창씨개명의 함의가 조선의 가족제도를 일본 민법과 동일한 체제로 바꾸려는 의도가 있었음은 앞에서 설명한 바와 같다. 그렇다면 왜 1939년 12월에 창씨개명을 발표하였는가, 창씨개명 이전에는 조선의 가족제도를 일본화하려는 시도가 없었는가, 있었다면 어떠한 과정으로 시행되었으며 궁극적인 의도는 무엇인가 하는 질문이 제기될 수밖에 없다. 따라서 이하에서는 창씨개명 정책이 발표되기 이전까지, 조선총독부가 조선의 가족제도를 어떻게 개편해 왔는지 간략히 서술하고자 한다.

그 시초는 1900년대까지 올라간다. '을사조약'(1905) 체결로 외교권이 일본에 위임되면서 통감부가 설치되고, 고종황제의 강제 양위와 군대 해산, '한·일 신협약'(1907) 체결 등으로 한국의 내정 주도권은 통감부로 넘어갔다. 이러한 가운데 통감부는 1906(光武9)~1907년(光武10)에 걸쳐 경무고문부 주도하에 한국의 경찰력과 행정력을 동원, 임시호구조사를 실시하여 1906년 내부(內部)에서 집계한 호구·인구수보다 1. 7배에 이르는 호구를 파악하는 실적을 거두었다.[12] 1908년(隆熙2) 1월에는 내부의 관제를 정비하면서 호적사무도 판적과에서 경무국으로 이관하였고, 1909년

12 政府財政顧問本部, 1907, 『韓國戶口表』, 2쪽 참고. 당시 호구조사와 민적법 입법에 관한 전후사정에 대해서는 서호철, 2007, 「1890~1930년대 주민등록제도와 근대적 통치성의 형성」, 서울대학교 박사논문, 122~129쪽에 자세히 설명되어 있다.

(隆熙3) 3월에는 「호구조사규칙」(이하 '규칙'으로 약칭)을 폐기하고 「민적법」(民籍法)을 제정, 공포하여 4월 1일 자로 시행하게 되었다.

「민적법」은 이전의 '규칙'보다 일본 호적제도의 영향을 강하게 받은 제도로서, '가(家)' 와 '본적(本籍)' 개념을 도입하고, 호주에게 강력한 권한을 부여해 가를 통할하도록 하는 등, 이후 100년간 시행된 근대 호적제도의 근간이 되었으며, 「조선호적령(朝鮮戶籍令)」이 실시되기 직전인 1922년까지 '조선인'을 규정하는 공부(公簿)로 기능하였다.

〈그림 3-2〉 1909년 민적부(1)

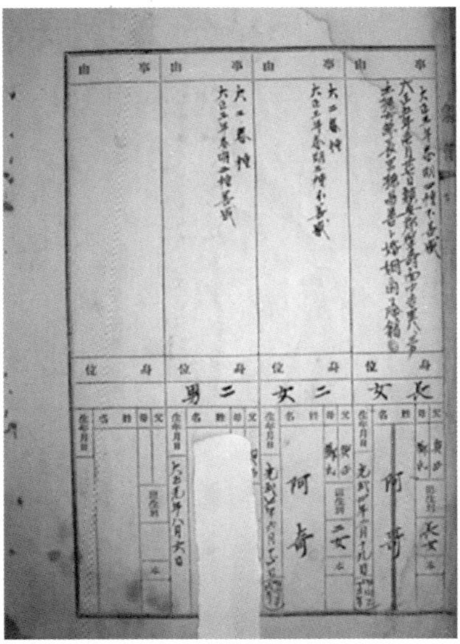

〈그림 3-3〉 1909년 민적부(2)

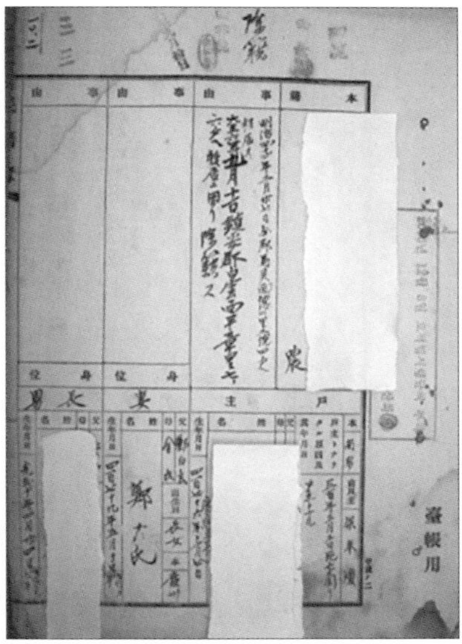

〈그림 3-2〉와 〈그림 3-3〉에서 보는 바와 같이, 양식에서도 많은 차이가 생겨났는데, 가장 두드러지는 특징은 '사유(事由)'란이다. 이곳은 개인의 신분변동(출생, 입양, 파양, 혼인, 이혼, 사망 등)을 시간 순서에 따라 기록할 수 있도록 하여, '규칙'에서 문제가 되었던 수시개적의 폐단을 없애

고 1부의 호적으로 1호 구성원 전체의 신분변동을 시계열적으로 파악할 수 있게 되었다. 혼인/이혼, 양자/파양, 분가/입가 등으로 호적에 출입하는 구성원도 '사유'란에 해당 호적을 명시하는 연락체계를 갖추어, 사망으로 인한 제적이나 사무착오가 발생하지 않는 이상 한번 민적에 등재되면 벗어날 수 없도록 함으로써 국가가 국민 개개인의 신분변동을 파악하기 용이하도록 하였다.

'호주'란 역시 전호주(前戶主)의 기재, 호주가 된 원인을 기록하도록 하여 '호=가'의 계통과 상속관계를 분명히 하였다. 이 점은 일본 근대 호적법의 영향을 받았음이 분명하다. 조선에서 호주는 호의 대표자이기는 하지만, 호 자체는 상속의 대상이 아니었고, 제사(祭祀)가 계통상속의 상징이자 실체로 기능하였다. 그러나 민적법에서 호주권을 실체화하고 상속의 대상으로 규정하는 서기기술을 도입함으로써, 이후 가족제도가 호주를 중심으로 변화할 것임을 예고하고 있다.

그리고 '신위(身位)'란을 별도로 설정하여 호주와의 친소관계를 분명히 밝혔다. 이 신위가 어디에 속하느냐에 따라 민적의 기재순위가 정해진다.[13] 호주 구성원마다 부모의 성명을 적고, 출생별(예: 장남/장녀 등)을 명시하는 것은 '호=가'가 확대가족까지를 포괄하므로, 같은 신위를 갖는 사람들의 관계를 명확히 구별하기 위함이었다[예: 장남의 맏아들과 2남의 둘째아들이 모두 '손자(孫子)'의 신위를 가짐]. 생년월일의 기재 역시 개인을 명확히 식별하는 간접적인 수단으로 기능하였다.

그리고 이전에는 실시되지 않거나 불명확한 개념이었다가 새롭게 등

13 기재순위는 ① 호주, ② 호주의 직계존속(예: 母) ③ 호주의 배우자(첩은 처에 준함), ④ 호주의 직계비속 및 그 배우자, ⑤ 호주의 방계친 및 그 배우자, ⑥ 호주의 친족이 아닌 자. (「民籍法執行心得」, 『大韓帝國官報』4332, 隆熙3年 3月 23日)

장한 개념으로는 '호주권(戶主權)'과 '본적(本籍)'을 들 수 있다. 우선 호주권에 대해서는 개인의 신분변동에 관한 신고사항 15가지[14]를 선정하고(「민적법」 제1조), 신고의무자를 호주로 규정하였다(「민적법」 제2조). 이에 따라 종래의 친족관계는 호주가족관계에 포함된 내부관계에 속하고, 호주권이 새로운 형태의 가부장권으로 창출되었다.[15]

본적 역시 생소한 개념이었다. 1909년의 「민적법」에서는 기왕의 통호 표기와 동일하게 기재한다는 조항만 있을 뿐,[16] '거주지'와 같은지 다른지, 다르다면 무엇이 다른지 등에 대해선 언급이 전혀 없었다. 다만 '이거(移居)'에 대한 민적기재 예시가 있는 것으로 보아 거주지와 유사한 개념으로 파악한 것으로 보인다.[17] 이러한 민적법상 일본적 특징은 1915년(大正4)경에 보다 강화되었고 개념상으로도 엄밀해졌는데, 따라서 두 시기의 민적은 다소 구분해서 이해할 필요가 있다.[18]

우선 민적에 등재되는 모든 사람에 대해 '성(姓)+명(名)'의 체계를 갖도록 하고, 성의 유래를 밝히는 '본(本)=본관(本貫)'도 의무적으로 기재토록 한 점이다. 이에 따라 가장 크게 변화한 것이 여성의 성명 기재 방식과 성·본관을 갖지 않았던 사람들(예: 노비)의 기재 방식이었다.

---

14 출생, 사망, 호주변경, 혼인, 이혼, 양자, 파양, 분가, 일가창립, 입가, 폐가, 폐절가재흥, 부적, 이거, 개명.(「民籍法執行心得」, 『大韓帝國官報』 4318, 隆熙3年 3月 6日)

15 朴秉濠, 1996, 「日帝下의 家族政策과 慣習法形成過程」, 『家族法論集』, 진원, 99쪽.

16 "本籍의 欄에는 何道 何府/郡 何坊/面 何洞/里 何統 何戶라 記載홈이 可홈."(「民籍法執行心得」, 『大韓帝國官報』4332, 隆熙3年 3月 23日.)

17 「民籍法執行心得」, 『大韓帝國官報』4332, 隆熙3年 3月 23日.

18 李昇一, 2003, 「朝鮮總督府의 法制政策에 대한 硏究: 朝鮮民事令 第11條 '慣習'의 成文法化를 중심으로」, 한양대학교 박사학위논문, 192~198쪽 참고.

여성들의 경우 호적에는 성과 본만을 등재해 왔는데,[19] 이것이 바뀐 것이다. 이는 당시 사람들 대부분에게 커다란 충격이었던 듯하다.[20] 그러므로 이러한 변화를 강제할 경우, 자칫하면 상당한 반발을 불러일으킬 가능성이 있음은 정책당국도 주지하고 있었으므로 이름[名]이 아닌 호칭(예: 宋氏, 金姓女, 朴召史)도 일단은 민적에 기재하고, 점진적으로 정식 이름을 기재하도록 유도하는 방향으로 하였다.[21]

그리고 이제까지 본관이 없었던 하층민이나 천인(노비 등)의 경우도 민적을 만들면서 성+본+명의 이름체계를 유지하도록 강제하였다. '규칙'에 의해 작성된 1900년대 초반의 호적을 열람하면, 4조란에 '모름[不知]'이라고 작성된 호적을 드물지 않게 찾아볼 수 있다. 또한 개중에는 본관란마저 '모름[不知]'으로 기재하고 있는 호적도 존재한다. 그나마 솔거노비나 고공으로 존재했던 사람들은 호적에 기재되지 못하고 '고용'란에 숫자로만 기재되었다. 그러나 「민적법」에서는 이러한 사람들에 대해서도 호주로 등재하고 성과 본을 창설하도록 하였다.[22] 본은 "시조 출생지의 지명을 기재한다"라고 밝히고, 비고란에 "본은 출생지로 함이 원칙이나, 거

---

19 여자는 혼인하면 아명을 폐하는 관습이 있다고 파악하고 있다[内部 警務局, 『民籍事務概要』, 光武3(1909), 7쪽].

20 "(중략) 용지는 각인된 것을 쓰며 서식에는 4조(祖)를 적지 않는다. 다만 주호(主戶) 이하 모두에게 생년월일을 적고 아녀자의 이름도 적는다. (중략) 아, 옛 법[舊典]은 사라지고 새 법[新程]이 나타났구나."[柳泳熙, 『陰陽錄』, 己酉年(1909)~ 6月25日條: 한국국학진흥원 원문이미지자료에서 발췌.

21 '1인 1명을 원칙으로 하나, 그것을 강제할 수는 없기 때문에 아명을 민적에 기재하더라도 개명하지 않는 한 계속 사용하고, 개명하면 신고하게 한다.'는 지침이 있다. 이때까지는 조선의 관습을 어느 정도 인정하는 모습을 보이고 있다[内部 警務局, 『民籍事務概要』, 光武3(1909), 7쪽].

22 당연히 이에 해당되는 사람들 가운데는 새로운 민적제도를 환영하는 움직임도 분명히 존재하였다. (今村鞆 編, 1909, 『韓國警察一般』, 内部 警務局, 219쪽)

주지로 하는 예외가 있다"(「민적법집행심득」)는 단서를 달아 두고 있다.

전 인민에게 본관+성+명을 기재토록 한 조치는 가와 개인의 계통을 밝히는 동시에 민적에 등재된 개인의 신분변동을 파악·관리하려는 의도에서 비롯된 것이며, 법적 신분차별을 철폐하고 '(법적으로 평등한) 국민'을 창출하고, 그렇게 창출된 국민을 식별하기 위한 국민국가의 이데올로기가 작용한 결과였다.

둘째로 '규칙' 당시까지도 호주에 한해 존속되던 4조 기재란과 직업란을 폐지하였다. 앞에서 지적한 성+본+명의 의무적 기재와 맞물려, 전통적 신분제의 공증 기능이 사라짐과 동시에 '호의 평준화'를 양식상으로나마 달성하게 되었다. 그런데 〈그림 3-3〉에서 보는 바와 같이 호주의 직업이 기재된 민적을 지금도 많이 찾아볼 수 있다. 이것은 민적 실사 때의 행위로, 민적제도와는 무관하게 경찰에서 조사한 것이다.[23] 근대적 센서스가 없었던 당시에 인구 파악과 경찰 단속상 편의 때문이었다.

셋째로 '규칙' 당시에는 독립된 호를 구성하기 어렵다고 보고 숫자로만 기재하게 했던 고용·기구와 같은 비혈연동거인의 경우는 부적(附籍)을 편지하여 불완전하나마 민적에 편성하였다. 부적은 외형상 보통 민적과 동일했지만, 호주의 사유란에 부적의 발생일과 부적되어 들어간 호를 기록하고, 민적부 용지 우측 상단에 "○○○(에게) 부적(附籍)"이라고 적어 부적된 호적 바로 다음에 편철토록 하고(「민적법집행심득」), 부적호에서 발생하는 신분변동에 대한 신고의무는 부적주(부적을 거느린 호주. 즉 ○○○: 필자)에게 부여하였다(「민적법」2조 1항). 이렇게 함으로써 '규칙'에서 문제

23 細谷定, 1915, 『(日鮮對照)朝鮮民籍要覽』, 斯道館, 240~241쪽. 이 조사를 토대로 『民籍統計表』가 만들어졌다.

가 되었던 누락인구의 문제를 다소나마 해결하려 시도했고, '평준화'의 목표에도 부합하고자 하였다. 부적 대부분이 노비 등 독자적인 호주권을 행사하기가 현실적으로 어려운 부분을 고려하여, 바로 호주와 같은 의무와 권한을 부여하는 부담도 덜고, 인구동태 파악에도 보다 완벽을 기할 수 있었을 것이다.

(2) 1915년의 개정 민적제도

강점 이후 조선총독부는 일본호적법을 모태로 탄생한 1909년(隆熙3)의 민적법을 부분적인 개정만을 거쳐 그대로 사용하였으나, 1915년(大正4) 8월 7일 「민적법집행심득」 개정안[24]과 「민적사무취급에 관한 건」[25]을 실시하면서 일본호적법의 원리를 추가로 이식하는 동시에 「민적법」의 불완전성을 보완하였다.

대표적인 것이 '호(戶)=가(家)'의 개념인데, 이전의 「민적법」에서는 그 실체를 명확히 밝히지 않은 채 일본의 그것과 유사한 것으로 사용하였다. 그러나 「민적사무취급에 관한 건」에서 아래와 같은 조항을 명시하여 호의 실체와 편제방식을 명확히 하였다.

① 민적은 부(府) 또는 면(面)의 구역 내에 본적을 정한 자에 대해 호주를 본(本)으로 하여 1호마다 이를 편제할 것.

② 동일한 가옥(家屋)에 거주하는 자라도 생계(生計)를 달리할 때는

24 大正4年 「朝鮮總督府 訓令」 제47호, 「民籍法執行心得中左ノ通改正ス」(『朝鮮總督府官報』 904, 大正4年 8月 7日)

25 大正4年 「朝鮮總督府 官通牒」 제240호, 「民籍事務取扱ニ關スル件」(『朝鮮總督府官報』 904, 大正4年 8月 7日)

별도의 호로 하고, 가옥을 달리 하는 자라도 동일한 생계하에 있는 자는 1호로 간주할 것.

결국 '호=가'란 호주를 주체로 가족관계를 갖는 구성원이 포함된 가족 단체이고, 가족관계의 범위와는 상관없이 1부의 호적(민적)에 편제된 단체를 '1호=1가'로 보는 것이다. 그리고 그 '호'가 소재하는 위치가 본적이며, 본적이 어디냐에 따라서 관할 면사무소가 정해지고, 관할 면장이 호적부를 작성, 보관, 기재하는 책임을 지는 것이다.

그리고 성문법상에는 규정이 없었으나, 1912년(大正1) 제정된 「조선민사령」 제11조 2항[26]에 의해 법원(法源)으로 작용한 『관습조사보고서(慣習調査報告書)』에 호주권을 명시하였다.[27] 이는 조선의 관습과 일본의 민법을 절충하려는 시도였는데, 의문의 여지없이 일본법적으로 조선의 관습을 재해석하는 의도였다.[28] 그 결과 호주는 일가의 주재자·통솔자로서 가족을 지배하는 가장권을 갖게 되었다. 이러한 호주권 확립 정책은 이후에도 꾸준히 지속되었는데, 이 또한 '호주계열의 창출'을 통해 지배구조를 확립하려는 메이지 민법의 목표[29]가 반영된 시도로 해석할 수 있다.

26 조선인의 전항에 관한 사항(능력, 친족 및 상속에 관한 규정: 필자)은 관습에 의한다.

27 호주는 가족에 대한 부양의무를 지는 동시에, ① 가산을 전유할 권리, ② 거소지정권(居所指定權), ③ 혼인·입양 동의권, ④ 교육권·감독권·징계권, ⑤ 卑幼 가족의 직업 등에 대한 동의권, ⑥ 가족재산 관리권 등을 갖는다. [鄭肯植 編譯, 2001, 『(改譯版)慣習調査報告書』, 법제연구원, 295~309쪽. 朴秉濠, 1996, 「日帝下의 家族政策과 慣習法形成過程」, 『家族法論集』, 진원, 104쪽 등 참고.]

28 조선 관습과 일본민법과의 상호작용에 대해서는 李昇一, 2003, 위의 글에 자세하다.

29 후쿠시마 마사오(福島正夫), 1967, 『日本資本主義と「家」制度』, 東京大學出版會, 171~179쪽.

(3) 「조선호적령」(1923~1939)

1915년의 민적에 이르면 조선의 가족관습이 일본민법 및 호적법의 영향을 받으면서 제도적으로 '평준화(균질화)'되는 골격은 거의 완성되었다. 하지만 조선총독부 및 본토 일본 정부는 메이지민법의 핵심이라 할 수 있는 '가족국가(家族國家)', 즉 천황을 종가(宗家)로 하고 호주가 통솔하는 각 '이에(家)'가 개개의 분가(分家)로 존재하는 '호주계열'의 확립을 이루어야 한다고 보았다. 따라서 총독부는 조선 전래의 종족집단의 영향력을 약화시키기 위해 가족·친족·상속제도의 '일본화'를 추진하였는데, 「조선호적령」의 선포도 그 연장선상에서 이해할 필요가 있다.

「조선호적령」[30]은 1922년에 제정되어 이듬해 7월부터 시행되었다. 이에 따라 명칭이 '민적'에서 '호적'으로 변경되었다. 또한 사무의 감독권이 행정기관에서 법원으로 이관된 점과, 호적부와 신고서의 부본을 법원에 보관하여 멸실 시 재제(再製)가 가능하도록 바꾼 점, 양식을 일본호적과 동일하게 변경한 것 등을 차이로 들 수 있다.

내용상으로는 「민적법」에서 신고의무자를 호주로만 명시했던 것을, 사건의 실체관계를 고려하여 신고의무자를 각각 따로 정하였다. 그러나 관습법상 호주의 각종 동의권은 유효하였으며, 친족입적에 대한 동의권, 가족의 분가 및 절가재흥(絶家再興)에 대한 동의권, 타가상속을 위한 거가(去家)에 대한 동의권 등이 새로 추가되었다.[31]

그런데 「조선호적령」이 적용되던 1933년 3월 3일, 호주권에 대한 새로운 판례가 생겨났다. 당시까지 가장 중요한 상속이라고 받아들여지던

---

30 大正11年 「朝鮮總督府令」 제154호(『朝鮮總督府官報』 3106호, 大正11年 12月 18日)

31 朴秉濠, 1996, 「日帝下의 家族政策과 慣習法形成過程」, 『家族法論集』, 진원, 105쪽 참고.

제사상속을 법률상의 상속에서 제외함으로써, 가독상속(家督相續)의 관념을 강화함과 동시에 조선의 '가=호'를 일본적 '이에(家)'에 보다 근접하는 형태로 만들 수 있었다.

다음 순서는 다름 아닌 '가의 칭호를 정하는 것'(=창씨)과 이성양자(異姓養子) 제도의 도입, 이 두 가지가 되었다. 사실 「조선호적령」이 도입되기 이전인 1920년대 전반에도 조선총독부는 조선의 가족·친족제도를 개편하기 위해 '씨제도(氏制度)'를 도입할 의도를 분명히 드러냈다. 그 이유는 앞에서도 잠시 설명했듯이, 천황가와 각 가(家)를 직접 연결하는 이념이 메이지민법의 중요한 이념이자 소위 '국체(國體)'를 이루는 핵심인데, 조선에는 균질화된 가(家)를 넘어서는 종족집단이 강력한 영향력을 발휘하여 천황에 의한 지배가 강고하지 않고, 그것이 바로 식민 지배를 불안케 하는 요소로 작용한다는 시각이 존재했기 때문이다.[32] 그러나 당시 씨제도를 도입하려는 움직임은 실행되지 못하였는데, 정책 추진을 위해 '협력을 구할 수밖에 없는' 조선인 유력자층을 절대로 설득할 수 없을 것이라는 총독부 내부의 반론에 밀려 무산되었다.

1936년 미나미 총독이 부임하기 이전의 씨제도 도입안은 씨제도 실시 자체보다는 이성양자, 서양자, 은거, 동성동본불혼철폐 등에 주안점을 두었다. 즉 조선의 가족관습을 일본과 유사하게 바꾸기 위한 논의였고, 현재 확인 가능한 자료에서도 가의 칭호는 관습을 바꾸기 위해 당연히 따라오는 조건일 뿐, 핵심 쟁점이 아니었다. 이는 신문기사에서도 '창씨'나 '씨제도'에 대한 언급이 없다는 점에서 짐작 가능하다. 그리고 당시의 조선가족관습 개편 논의는 내외지 행정일원화를 달성하기 위한 의도

32 미즈노 나오키, 정선태 옮김, 2008, 앞의 책, 48~49쪽 참조.

도 적지 않았다. 행정일원화는 강점 초기부터 꾸준하게 본토와 조선의 법률가 및 행정가들에 의해 다방면에서 제기되고 있었다. 그러나 일본 본토와 식민지 조선의 관습이 다르다는 현실적인 문제와 더불어 일본인의 우월의식 등에 의해 달성될 수 없는 과제였다. 따라서 1927년부터 1932년까지 사법법규개정조사위원회를 구성하여 실무적 논의를 진행하였음에도 씨제도 실시를 포함하는 가족관습 변경 문제는 유야무야되고 말았다.

만일 이때 씨제도가 도입되었다 하더라도, 1940년의 창씨개명처럼 '일본식의 씨'를 만들려는 생각은 없었다. 당시의 조선인은 일본식으로 개명할 수 없었으며, 이름을 통해 일본인과 조선인을 쉽게 구별하고 차별할 수 있는 '차이화'를 추구했기 때문이다.[33] 1937년에 이르러서야 신생아에 한해 일본인풍의 이름[名]만을 지을 수 있었을 뿐이다. 그러므로 1937년 이전의 씨제도 도입 논의는 '가족관습의 일본화'에 초점을 맞추었다고 보아야 한다. 이는 미나미 총독이 부임한 이후인 1937년에 조선사법법규개정위원회를 다시 구성하여 논의를 진행하는 가운데서도 그대로 유지되었다. 미즈노의 연구에 의하면, 「사법법규개정조사위원회심의안(1)」(1937년 10월)에서도 "성을 가(家)의 칭호"로 삼는 것이 타당하다고 기록되어 있다고 한다.[34] 즉 1937년 이전에는 씨제도를 조선에 실시하더라도 '일본인의 것과 동일하거나 비슷해 보이는 씨'를 허용할 생각이 별로 없

---

33 1911년 조선총독부령 제124호, 「조선인의 성명개칭에 관한 건」과 그에 관련된 통첩에 의하면, '일본인으로 혼동하기 쉬운 성명'으로 바꾸는 것을 금지하고 있었다. 이 법규는 1939년 창씨개명에 관한 법령들이 발표되면서 폐지되었다.(미즈노 나오키, 2007, 「조선인의 이름과 식민지지배」, 『생활 속의 식민지주의』, 산처럼, 69~75쪽 참고.)

34 미즈노 나오키, 정선태 옮김, 2008, 앞의 책, 56쪽.

었고, 개명에 대해서는 아예 고려조차 되지 않았음을 알 수 있다. 그런 수준의 논의조차 조선의 관습을 고려했을 때 받아들여지기 힘들 것이라고 보아 구체적인 실현 단계에 이르지 못한 것이 현실이었다.

2) 창씨개명의 결정 과정

그런데 불과 2년 만에 씨제도 실시와 함께 일본식 창씨와 개명을 단행할 수 있었던 이유는 무엇인가? 미즈노의 연구에서 드러나듯이, 창씨개명을 실무적 조사 차원을 넘어 현실화한 인물은 시오바라 도키사부로(塩原時三朗) 학무국장과 오노 로쿠이치로 정무총감, 미나미 총독일 가능성이 매우 높다.[35] 이들은 모두 식민지 조선에 대한 이해가 그다지 깊지 않다는 공통점이 있었다. 미나미 총독은 조선군사령관을 역임한 경험이 있었지만, 실제 행정을 총괄하는 오노 총감이나 실무책임자급인 시오바라 국장은 만주에서 근무하다가 미나미 총독과 함께 조선에 처음 부임하였다. 특히 시오바라 국장은 본래 총독의 비서관으로 채용되었다가 1937년 학무국장 심득(心得)[36]으로 전격 발탁된, 미나미의 "최고의 브레인이며 복심(腹心)이자 미나미 통치의 실질적 추진자"[37]였다. 따라서 일본식의 씨를 조선인에게 허용하여 동화정책을 강력하게 추진한다는 결정은 이들 세 사람이 주도했을 것이다. 특히 "이것(창씨개명)을 발안하고 총독에게 진언한

---

35 미즈노 나오키, 정선태 옮김, 2008, 앞의 책, 57~60쪽 참고.

36 정식 취임 이전의 호칭으로, 직무대리나 서리(署理)를 의미한다.

37 宮田節子, 1991, 「皇民化政策の構造」, 『朝鮮史研究會論文集』29, 朝鮮史研究會, 42~43쪽.(金順楨 · 田村榮章, 2003, 「日本の修身教科書研究」, 『日本文化學報』18, 韓國日本文化學會, 7쪽에서 재인용)

사람은 총독부 안에서도 동화주의정책 추진에 특히 열심인 것으로 정평이 있었던 아무개 국장"[38]이라는 기록이 남아 있다는 사실에 주목한다면 이들 3자의 존재가 창씨개명을 불러왔다는 추론에 더욱 무게가 실린다. 그러므로 1937년 미나미 총독 부임 이전의 민사령 개정 논의들(창씨, 이성양자, 서양자 등 포함)과 그 이후의 논의는 씨제도의 도입이라는 현상은 같을지 몰라도, 그 맥락은 다소 다르다고 보아야 한다. 미나미, 오노, 시오바라가 결정한 정책은 씨제도보다는 '창씨개명'에 방점이 찍혀 있었으니 말이다.

그 결과 1939년 5월 이후로는 서양자·이성양자 문제와 함께 '내지인식의 씨명'을 신문기사 제목이나 본문에서 반드시 언급하는 변화가 일어난다. 그 시발점은 『조선일보』의 5월 26일 자 보도이고, '창씨개명'을 정식으로 발포하는 1939년 11월부터는 보도의 중점이 내선일체를 강조하면서 "내지식 씨를 설정할 수 있게 되었다"는 사실을 대대적으로 홍보하는 쪽으로 완전히 변화하였다.

> 민사령과 호적령 개정에 대하여 삼포(森浦) 법무과장은 다음과 같이 말한다.
> 민사령은 민법 개정법안을 오는 의회에 제안한다고 사법대신이 언명하였으니 그렇게 되면 개정민법을 기다린 연후에 조선민사령도 개정하게 되겠으나, 또 차일피일하고 천연되면 아주 조선만으로 개정을 단행하겠습니다. 호적령 개정은 혈통을 중심으로 한 성명을 내지와 같이 집을 중심으로 한 씨명으로 개정하고자 생각하는데, 조선에 있

38 미즈노 나오키, 정선태 옮김, 2008, 앞의 책, 58쪽.

는 호적을 내지에 이전하는 것만은 징병(徵兵) 관계가 있으므로 어려울 것 같습니다.[39]

물론 창씨의 전제조건으로 씨제도가 도입, 시행되므로 이성양자와 서양자 문제에 대한 설명 역시 적지 않은 비중을 차지하지만, 이전에는 설명이 거의 없던 일본식 씨로의 변경을 허용한다는 점이 가장 중요하게 부각되었다는 사실은 의미있는 차이점이며, 이는 곧 일본인식의 씨를 등록하라는 무언의 압력이었다. 이는 조선인의 이름체계를 일본인과 비슷한 형식으로 바꿈으로써 내선일체 정책의 가시적 성과, 즉 조선인의 '황국신민화'가 촉진되었음을 두드러지게 내세우려는 미나미 총독과 그 측근들의 의지가 반영된 결과로 추측할 수 있다. 서양자제도와 이성양자는 호주상속자인 아들이 있는 사람에게 의무적으로 강요하는 것이 불가능하다. 아울러 씨제도를 실시하더라도 조선인들이 본래 사용하던 성(姓)을 그대로 씨로 사용하게 되면 황국신민화의 향상 정도를 본토에 과시하는 효과가 반감된다. 미나미 총독은 "천황 폐하(히로히토: 필자)께서 조선에 행차하시는 것을 받들어 모실 것, 조선에서 징병제도를 실시할 것"[40]을 목표로 내선일체를 강력히 추진하고 있었으므로 일본식의 씨를 조선인들이 '자발적으로' 등록하는 비율을 높여 황국신민화 수준을 계량적으로 입증하려는 의도가 내포되어 있었다고 보아야 한다.

---

39 「斷行할 方針 森浦法務課長 談」, 『朝鮮日報』, 1939. 5. 26, 조간 2면. 이하 신문기사를 직접 인용하는 경우에는 문맥에 지장이 없는 한도 내에서 현대 어법에 맞도록 필자가 수정하였음을 밝힌다.

40 御手洗辰雄, 『南次郎』, 南次郎傳記刊行會, 1957.(미야타 세쓰코 해설·감수, 정재정 옮김, 2002, 『조선총독부 고위관리의 육성증언-식민통치의 허상과 실상』, 혜안, 32쪽에서 재인용)

이러한 움직임에 대해, 일부 조선인들은 차별대우가 조금은 시정되지 않을까 하는 기대를 품는 분위기가 없지 않았으며 불쾌함을 드러내는 재조일본인들도 적지 않았다. 그러나 이는 헛된 망상이며 쓸데없는 걱정에 불과했다. 일본풍 창씨개명을 주장하면서까지 내선일체를 강조한 미나미 총독 자신도 법률적인 차별 철폐는 단호히 반대하는 입장이었다. 결국 내선일체란 '조선=일본'이 아니라, 조선과 일본의 차별을 인정하는 가운데 조선의 일본화를 이루어 나간다는 의미였다. 이에 대해서는 창씨개명을 하더라도 가봉(加俸)을 받을 수 없으며, 조선인이 일본 본토로 전적(轉籍)할 수 없음을 분명히 한 점[41]에서도 알 수 있다.

이처럼 씨제도 실시가 10여 년 이상 논의되었음에도 불구하고, 가족관습의 개편에 무게를 두다가 갑작스레 씨 창설 문제 및 (희망자에 한해서) 일본인식의 씨 창설과 개명도 가능하다는 방향으로 전환된 탓에, 창씨개명에 관한 세부지침을 실무적으로 준비해야 하는 총독부 법무국 역시 상당히 우왕좌왕한 듯하다. 그러니 논의에 직접 참여할 수 없었던 대다수 조선인들에게 일본식 가족제도인 민사령 개정안을 구체적으로 이해하는 것은 기대하기 어려웠다. 그래서인지 '창씨'에 대한 최초의 조선어 신문보도는 개성(改姓)이라는 표현을 썼으며, 한발 더 나아가 '개성령(改姓令) 실시'라는 제목을 뽑기도 했다.[42] 이 보도에 대해서는 총독부 경찰 계통에

41 "(전략)오해하여서 안 될 것은 조선사람이 내지식으로 씨를 붙이고 이름을 지으면 내지인과 같은 월급을 받을 수 있겠지하는 생각을 하는 사람이 있는 모양인데, 그렇게는 되지 않는다. 아직도 내지와 조선 사이에는 전적하지를 못함으로 (후략)"「알기쉬운 씨와 양자-변호사 이승우씨의 해설」, 『매일신보』, 1939. 11. 11, 3면.

42 「호적령도 개정. 血統중심에서 家系 중심으로 서양자와 改姓도 인정」, 『朝鮮日報』, 1939. 5. 26, 조간 2면; 「개성령, 연내로 실시 안해는 남편성을, 데릴사위는 처가성을 내지성은 희망자에만 통용」, 『朝鮮日報』, 1939. 6. 11, 조간 2면.

서도 상당한 관심을 가지고 동향보고를 수집하여 조선인의 반응을 예의 주시했다. 관련 자료를 분석한 바, 찬성/반대라는 관점으로만 보면 찬성 쪽이 압도적이다. 그러나 이는 표면적인 양상일 뿐, 자료의 행간을 읽어 본다면 이야기가 달라진다. 몇 가지 사례를 살펴보자.

> ① (전략) 내지에 현재 살고 있는 조선인 가운데는 그 성을 내지성으로 고치는 것을 희망하는 자가 태반이나 된다. 자기(나: 필자)는 가령 호적령을 개정하더라도 祖先(조상: 필자) 전래의 윤(尹) 성을 바로 바꾸고 싶지는 않다. 서양자를 인정하는 것은 조선 구습에 의한 가정쟁의는 감소될 것이다. (후략) 〈경남 김해군 대저복음농업실수학교장 윤인구〉
>
> ② (전략) 본건은 내선일체를 부르짖을 때 더없이 합당한 것으로 (중략) 내지성을 변경할 자가 속출할 것이 틀림없으며 종래 어떻게 내선일체가 제창되었다고 하여도 그 성이 조선인 특유의 한 글자 성이기 때문에 (중략) 곧 조선인인 것이 판명되고 자연히 민족적인 관념을 일으키는 것과 같은 사례가 적지 않았다. (후략) 〈경남 울산군 울산읍 읍회의원 박근영〉
>
> ③ (전략) 습관에 의하면 조선인은 개성 운운의 말을 최대의 치욕과 같이 생각하고 있으므로 이를 일제히 개정한다는 것은 상당히 고려할 일이며 그보다도 내선일체는 내선인의 결혼의 철저가 최선의 책으로써 (후략) 〈전남 영암군 영암면 교동리 한동석〉
>
> ④ (전략) 내지 거주의 반도인들은 내지인과 같이 씨를 창설하려는 자도 상당히 있을 것으로 인정되며 (후략) 〈함남 함주군 홍남읍 천기리 길용득〉

⑤ (전략) 인습이 오래된 조선 사정에 비추어 보건대 이는 일조일석의 개폐는 곤란하나 점차로 개폐하는 것은 나의 대망하는 바이다. (후략) 〈충북 괴산군 괴산면 도회의원 홍원식〉

⑥ 신문보도에 의하면 조선의 친족상속제도를 개정하여 내지와 같은 씨를 창설하고 또 서양자 연조제도를 채용할 모양인데 (중략) 가장 좋은 적절한 제도라고 절찬의 뜻을 준하는 바이다. 〈전북 고창군 고창면 송태회〉[43]

취지에 찬동함에도 불구하고 나는 성을 바꾸지 않을 것(①)이라는 의견도 있으며, 부정적인 의견을 피력하는 사람(③, ⑤)도 있고 적극 찬동하는 사람(②, ④, ⑥)도 존재한다. 그런데 이 보고는 '창씨'가 아니라 1939년 6월 11일자 『조선일보』의 「개성령 연내에 실시」라는 보도에 관한 조선인의 동향을 각 도 경찰부 단위로 수집해 보고한 문서라는 데 유의해야 한다. 당시 『조선일보』 기사의 본문 어디에도 씨를 창설한다는 내용은 없다. 아직까지 창씨에 대해 제대로 인식하지 못한 시점이다. 그럼에도 "씨를 창설"한다는 정확한 표현이 여러 도의 보고서에서 사용되고 있다. 이들 가운데 일본의 가족관습인 씨제도에 대해 이해할 만한 직업적 배경을 지닌 사람이 없는데도 이성양자와 서양자는 씨 창설에 의해 가능함을 이해하고 기사에 대한 의견을 제시한다는 것은 논리적으로 앞뒤가 맞지 않는다. 하물며 신문기사 제목은 '개성령 실시'라고 되어 있음에도 말이다. 과연 당시 동향보고에 응했던 조선인들이 신문기사 제목이 잘못되

43 이상의 인용문은 모두 정주수 옮김, 1989, 「창씨제도의 민심동향보고서」, 『사법행정』 1989년 5월호, 한국사법행정학회, 45~48쪽에서 발췌.

었음을 스스로 간파하여 '씨 창설'이라고 표현했을 가능성이 높을까, 아니면 정보를 수집했을 일본인 고등경찰이 상층부의 입맛에 맞게 보고서를 각색했을 가능성이 높을까? 필자는 후자의 가능성이 훨씬 높다고 생각한다.

그 이유는 1939년 사법법규조사위원회 위원 21명 가운데 유일한 조선인 변호사였던 이승우(李升雨)가 『매일신보』에 기고한 씨제도 관련 해설기사 때문이다. 그가 설명한 씨와 양자 제도의 내용은 이후 총독부가 추진한 창씨제도의 구체적인 실행사항과는 조금 다르다.

(一) 지금 김(金)이란 성을 가진 사람이 '나까무라'로 고칠 수 있다. 아직까지 내지인 성 가운데 없는 자를 가져다가 씨로 정하여도 관계없다.

(二) 그러나 김(金)씨가 리(李) 혹은 박(朴)으로 성을 갈 수는 없는 것이다. 왜냐하면 이번 법령에는 "새로 정하는 '씨'는 재래의 조선사람이 성으로 쓴 자를 가지고 새로운 씨로 정할 수 업다"라고 해석할 수 있는 조문이 있기 때문이다.

(三) 그러면 가령 박(朴)이라는 남편과 리(李)라는 아내가 성을 갈 적에 박과 리 두 자를 붙여 '박리(朴李)'라는 씨를 만들면 어떤가? 원칙상으로 이것은 할 수 있다.

(四) 이런 경우에 아내는 남편의 성을 따라야 하므로 성을 간 아내의 씨명은 이름이 가령 옥순(玉順)이었다면 박리옥순(朴李玉順)이 되는 것이며 순애(順愛)라면 박리순애(朴李順愛)가 되는 것이다.

(五) 그러나 박리순애라고 할 적에는 '박리'가 씨고 순애가 이름이지 박이 씨고 이름이 '리순애'가 되지는 못하는 것이다.

(六) 성을 갈겠다고 계출을 하지 않는 사람은 그때의 성을 씨로 인정하므로 계출기간이 지난 후라도 역시 그 사람은 김이면 김으로 씨로서의 김자를 가질 수 있는 것이다.

(七) 성은 '나까무라'라고 갈았는데 이름이 종전대로의 룡진(龍鎭)이면 '나까무라룡진(中村龍鎭)'이어서는 아래 위가 어울리지 않는다고 이름까지 고치려고 하는 사람도 씨를 이 자로 하겠다는 계출을 하는 동시에 이름 변경의 계출을 하면 된다.

(八) '호(扈)'라는 사람이 '호'라는 성이 나쁘니 '김'으로 갈겠다 하는 경우에는 어떤가? (二)의 원칙에 의하여 당연히 안 되는 일이다. 그러나 '호'라는 사람이 재래 조선 사람이 써오든 성이면서 내지인 성인 '미나미(南)', '하야시(林)' 등으로, 다시 말하면 조선 재래의 성으로 써온 같은 글자이나 내지식 씨가 될 수 있는 글자를 씨로 정한다면 어떤가. 원칙으로는 할 수 있을 것 같기도 하나, 안 될 것 같기도 하다. 이런 경우에는 과연 어떻게 할까? 그것은 아직 실시에 관한 세칙이 나오지 않아서 자세히는 알 수 없으나 될 것 같기도 하다.

(九) 계출하는 기한 후에라도 상당한 이유만 있으면 재판소의 허가를 얻어 '씨'를 달리 바꿀 수 있는 것이다.

(十) 이 법령 실시 후 과부가 호주일 때에는 그 과부는 전 남편의 씨를 따르는 것이다.

(十一) 그러나 일가를 이루지 않은, 즉 미혼의 여자가 호주일 경우에 호주 상속인(相續人)이 분명치 못할 때에는 전의 남(男)호주의 성을 씨로 한다.

(十二) 모두가 성이 없어지고 씨가 된 후면 본(本)이라는 것은 없어지

고 만다.

(중략)

그리고 오해하여서 안 될 것은 조선 사람이 내지식으로 씨를 붙이고 이름을 지으면 내지인과 같은 월급을 받을 수 있겠지 하는 생각을 하는 사람이 있는 모양인데 그렇게는 되지 않는다.

아직도 내지와 조선 사이에는 전적(轉籍)하지를 못하므로 총독부에서도 이 전적 문제에 대하여서는 연구 중이라고 한다.[44]

그는 일단 '씨'와 '성'의 차이, '창씨'의 계출 수속과 기한, '씨'의 설정 그리고 내지식 창씨개명을 한다하더라도 가봉(加俸)이나 전적(轉籍)이 되지 않는 점 등은 정확히 설명하고 있다. 그러나 성이 '박'인 남편과 '이'인 아내가 새롭게 집의 씨명을 '박이(朴李)'라고 정할 수 있다고 한 점이라든가, 모두가 성이 없어지고 씨가 된 후에는 본(本)이 없어진다는 설명은 이후의 법무국 실행방침과는 전혀 다르다. '박이(朴李)'와 같이 부부 성을 합친 두 글자 씨나 '중촌김(中村金)'과 같이 기존 성에 일본인풍의 씨를 끼워 넣은 경우, 일본인풍의 씨를 정하더라도 개명을 통해 성을 남겨 놓는 경우(松本 李哲圭 등)는 받아주지 않는다고 내부적으로 정하였고,[45] 성과 본이 결코 없어지지 않는다는 것은 조선인들의 종족관념을 감안하여 매우 강조했던 사항이기 때문이다. 그럼에도 이 차이가 이승우 개인이 씨와 양자 제도를 제대로 이해하지 못한 때문인지, 그렇지 않고 창씨제도가 진행

44 「알기쉬운 "氏"와 養子 朝鮮民事令 一部改正에 關하야 辯護士 李升雨 氏의 解說」, 『每日新報』, 1939. 11. 11, 3면.

45 미즈노 나오키, 정선태 옮김, 2008, 앞의 책, 80쪽.

되는 과정에서 세부방침이 조금씩 조정된 결과인지는 불확실하다.

다만 같은 날짜의 『조선일보』 기사에서도 이를 테면 '이등'과 같은 내지식 씨를 창설하면서도 자기 성을 살리고 싶으면, '김영출'이라고 개명하여 '이등김영출'이라고 하든가, '박대양'이란 호주와 혼인한 '김인숙'이란 부인이 자기 성을 남기고 싶으면 '박김인숙'으로 창씨개명할 것을 제안한 것을 보면, 이 시기까지는 구체적이고 명확한 지침이 없었을 가능성이 더 크다. 그런데 이보다 5개월도 더 전에, 일본인이 집거하는 경성 인근이나 부(府)에 거주하지도 않는 비법조인 출신 조선인이 '개성'이라는 신문기사를 보고 '씨 창설'을 정확히 이해할 가능성은 낮다고 보는 것이 타당하다. 아울러 개정 과정에 참여하여 각종 논의가 오가는 과정을 직접 보고 들은 이승우마저 향후의 창씨개명 정책의 구체적 방향과 동떨어진 설명을 총독부 기관지인 『매일신보』에 기고할 정도라면 총독부 법무국 또한 1939년 11월까지 구체적인 세부방침을 정하지 못한 채 허둥대는 실정에 놓여 있었을 것이다. 이런 부실한 대응은 결국 씨제도를 제대로 이해하기 어려운 상당수 조선인들에게 '창씨=개성'이라는 관념이 고정될 만한 시간을 벌어주는 결과를 낳았을 공산이 컸으며, 결국 창씨에 대한 부정적인 이미지를 확대재생산하여 대다수 조선인들이 창씨에 저항할 가능성을 높이는 방향으로 작용하였을 것이다.

3. 창씨개명의 추진과 실상

이러한 총독부의 혼란은 창씨개명 발표 후에도 한동안 지속되었다. 1939년 11월 창씨개명의 실시가 확정 발표된 이후, 창씨의 장점과 당위성을 홍보하는 기사와 함께 구체적인 방법을 설명하는 기사가 매우 많이 보도되었다. 이때의 기사 내용과 실제로 창씨개명이 적용·실시된 1940년 2월 이후의 사실을 비교하면 창씨개명에 관한 세부방침을 정하는데 혼란스러워했던 부분이 포착된다. 10여 년 이상 씨제도와 이성양자제도를 조선에 실시하기 위해 검토를 진행했던 결과라고 보기에는 상당히 미숙하다. 이러한 문제의식을 토대로 1939년의 창씨개명 정책이 장기적 마스터플랜에 의한 시도가 아니라, 갑작스럽고도 엉성하게 추진되었다는 점을 논의해 보려고 한다.

창씨개명 정책 실시 이전에 총독부의 대민 대응이 부실했다는 점은 기관지 『매일신보』가 관련 법령 공포 하루 전인 11월 9일에 확정보도를 하고 있는 점에서도 짐작할 수 있다. 기타 조선어 신문 중에서도 『조선일보』만이 사설 1회(1939. 5. 29)와 경과보도 1회(1939. 8. 9)에 그칠 뿐이다. 물론 『매일신보』는 훨씬 전부터 적극적인 취재보다는 취재원인 총독부의 발표에 의존하는 수동적인 보도 태도를 보이고 있었으나, 조선인들이 관심을 가질 만한 일(긍정적이든 부정적이든)을 적시에 보도해야 신문을 팔고 광고를 유치할 수 있었던 민간지인 『조선일보』마저 침묵했던 것은 총독부에서 정보를 통제했거나 보도의 필요성을 느끼지 못한 탓으로 추정된다. 검열체제 하에서 총독부가 창씨제도를 알릴 의지가 조금이라도 있었다면 민간지 데스크의 뜻과 상관없이 보도를 종용할 수 있었기 때문이다.

총독부는 창씨 실시에 있어서, 언론을 통한 사전 여론 만들기에 무관심했을 뿐만 아니라 확정 발표 이후에도 실무자 선에서 실언에 가까운 설명을 덧붙이고, 잘못된 내용을 흘렸으며, 세부방침의 결정이 지연되는 등의 난맥상을 나타냈다. 이는 결국 창씨 신고 개시일이 당초의 1940년 1월 1일에서 2월 11일로 늦춰지는 결과로 나타났다.[46]

이승우의 해설기사가 실린 1939년 11월 11일 자 『매일신보』를 통해 총독부 법무국 사무관이자 사법법규개정위원회의 간사인 이와시마 하지메(岩島肇)는 "씨제도를 실시하면 실제로 성이 없어질 것이고, 장래 동성동본의 결혼을 인정하게 되면 성자(姓字)를 남겨 두지 않게 될 것"이라는 담화를 하였다. 창씨제도에 대한 조선인들의 관심이 고조된 상황에서 위와 같은 기사는 창씨제도의 실시로 성과 본관이 없어진다고 받아들인 조선인들의 반향을 더욱 증폭시킬 우려가 있었다. 실제로도 적지 않은 반발이 있었는지, 불과 8일 뒤인 11월 19일 『매일신보』 기사를 통해 "씨(氏)를 설정하여도 성(姓)과 본관은 절대 변경되지도 없어지지도 않으며 호적상에도 계속 표기된다"는 점을 강조하였다.

46 공교롭게도 이날은 '황기 2600년 기념 기원절'로서 오늘날 많은 사람들이 '조선총독부가 계획적으로 기원절과 창씨 신고 개시일을 일치시켰다'는 선입견을 심어주게 되었다. 실제로는 12월 말에 이르러서야 세부방침이 확정 발표되어 기원절이 며칠이냐와 상관없이 창씨 신고는 제아무리 빨라도 1940년 1월 말 쯤에야 가능했다. 서류준비와 직원 교육, 계몽 등에 시간이 필요하기 때문이다. 준비가 늦어져 신고 개시가 늦어진다는 당시의 신문기사도 있다(「준비수속이 늦게 되어 씨제도 실시를 연기, 뜻깊은 황기 2천6백년의 기원절 일부터 실시키로 관계법령 금일중 공포」, 『조선일보』, 1939. 12. 28, 석간1판 2면) 어차피 1월 1일부터 실시하지 못할 바에야 황기 2600년 기념 기원절 '이벤트'로 삼는 것이 더 낫겠다는 '의도성'은 분명히 있었지만, 애초부터 기원절 행사로 작정한 것은 아니었다는 점은 짚고 넘어가야 할 것이다.

별항과 같이 민사령을 개정하여 조선 사람도 내지인같이 한집안의 칭호(稱號)를 삼는 씨(氏)의 설정에 대하여는 여러 가지 질의(質疑)가 많아서 몇 백 년 가져오던 성(姓)이 없어지는 것은 유감이라 하여 성이 없어지는 것을 섭섭히 여기는 사람이 많아, 요새도 연일 총독부로 이에 대한 질문이 들어오고 있는데 씨를 설정한다고 성이 없어지는 것은 절대로 아니라고 총독부 법무국 암도(岩島) 사무관은 다음과 같이 이야기한다.

성 외에 한 집안의 칭호로서 씨를 만든다고 해서 성이 아주 없어지는 것은 아니다. 즉 내지인식으로 사도(佐藤)라는 씨를 만들어 계출하든지 혹은 6개월 안에 계출을 하지 않아 김(金)이란 성이 그냥 씨가 되는 경우에도 호적상에는 별다른 성란(姓欄)에 그 전 성씨를 종전대로 기입해 두는 것은 물론, 본관란(本貫欄)에도 김해(金海)니 안동(安東)이니 할 것은 그대로 남겨 두는 것이니까 이 점을 오해해서는 안 된다. 더욱이 이 본관을 인정치 않는다든지, 또는 없앤다는 것은 절대로 될 수 없는 일이며 더욱 혈통(血統)을 존중하는 조선 재래의 관습으로 본다면 혈족결혼(血族結婚)을 하지 않는 점으로 보아서도 본관은 없앨 수 없을 것이다.[47]

이상과 가티 민사령개정에 잇서서 여러 가지 수속을 하는 법령을 새로 발표하는 동시 다시 일반적으로 이번 씨의 설정을 알리며 서양자(婿養子)의 제도 가족의 씨명의 일에 관하야는 이것을 실시함에 당하야 조곰도 오해가 업게 하며 따라서 널리 철저히 알릴 방법에 대해서

47 「"氏" 設定하야도 姓 안업서진다 岩島法務局事務官談」, 『매일신보』, 1939. 11. 19, 2면.

는 요새도 법무국에서는 연일 이에 관한 연구회를 열고 잇는데 무엇보다도 가가호호에서 이 새로운 제도를 잘 리해해 주지 안으면 안 되는 관계로 민사령개정의 취지를 밝히는 설명서(說明書) 오백만 부를 인쇄해서 전조선적으로 널리 돌리니라고 한다. 그리고 조선 안만 아니라 내지, 만주, 북지 상해 등 각처에 조선인이 만흔 곳에는 직접 총독부로부터 관계자가 출장하야 이에 대한 설명을 할 터인데 이가치 설명서를 돌리고 관게자가 출장하는 대에 필요한 예산으로 약 십오만 원을 게상하게 되리라고 한다.[48]

이후에도 "성과 본관은 씨와 상관없이 존속한다"라는 식의 설명은 각종 팜플렛, 강연, 신문기사 등에서도 지속적으로 강조되었다. 이와 아울러 씨제도 실시를 전후하여 거듭 강조한 사항은 내지식(內地式) 씨 창정이 결코 강제가 아니며, 다만 명실공히 일본인이 되는 길을 연 것일 뿐 각자의 자유스러운 생각에 일임하겠다는 내용이었다.

조선민사령의 일부 개정에 따른 조선인의 내지식 '씨(氏)'제도 실시는 반도인으로 하여금 명실공히 일본인이 되는 길을 연 것으로 내선일체에 획기적 사실인 바 26일에 그 시행세칙도 공포되어 건국 2천 6백년인 명춘의 기원가절 2월 11일을 기하여 시행하게 되었다. 다만 측간(仄間)하건대 항간에서는 이에 대하여 다소의 오해가 없지 않은 모양이다. 즉 반도인으로서 내지인식 '씨(氏)'를 창정하지 않고 그대로 있으면 통치방침에 반하는 듯이 오해하는 것이다. 미야모토(宮本) 법무

48 「氏 養子의 理解普及 說明書만 五百萬部 印刷中」, 『매일신보』, 1939. 11. 19, 2면.

국장은 이에 대하여 그 오해임을 지적하고 미나미(南) 총독의 담화를 예로 들어 "본령의 개정은 반도민중에게 내지인식 '씨'의 설정을 강제하는 성질의 것은 아니요 내지인식 '씨'를 정할 수 있는 길을 연 것이다" 한 말에 비추어도 한 점의 의혹을 품을 여지가 없는 것이라고 단언하고, 반도인 중에 열렬히 내지인식 씨를 붙이고 싶다는 요망자에게 그 길을 열어준 것이요, 그 이외에 다른 이유는 없는 것이라고 말하였다. 이 제도에 의하여 내지에 영구 거주하던 반도 동포들은, 가칭의 내지인식 씨에서 법률상의 합법성이 인정되었을 뿐 아니라 만주, 지나에서 활약하는 반도인으로서도 내지인식 씨를 붙여 여러 가지로 긍지와 편리를 느끼게 될 터이니, 그 파급하는 바 혜택은 자못 측량하지 못할 바가 있을 것이다. 우리는 본령 공포 당시에 조선식 성이라는 것도 반드시 조선 고유의 것이 아니요, 신라 말 고려 초부터 지나식을 모방한테 불과한 것을 지적한 바가 있었거니와 내지의 '씨'도 원래 미나모토(源), 타이라(平), 후지와라(藤原), 다치바나(橘) 등에서 점차 자가의 편리에 의하여 민속의 추이에 의하여 파생한 것인 것을 지적하려 한다. 이와 같이 문화의 발달과 민속의 추이, 자가의 편리 등에 의하여 종래의 성을 그대로 '씨'로 하는 이도 있을 것이요. 또는 내지인식 '씨'를 창정할 수도 있는 자유스러운 생각에 일임할 것이다. 이것은 내지에도 후지와라(藤原), 다치바나(橘) 등 성(姓)이 그대로 '씨'로 남은 것이 있음을 보아도 알 수 있는 바이니 일반은 부질없이 오해에 사로잡혀 자신의 의사를 좌우할 것은 아니다.[49]

---

49 「內地式 '氏' 創定과 그 意義 - 一部의 誤解는 不可」, 『매일신보』, 1939. 12. 29, 2면.

그러나 씨제도 실시를 통해 조선인의 권리 신장을 기대했던 많은 조선인들은 앞서 언급한 "성은 없어질 것"이라는 언급이라든가 "일본식으로 개명하더라도 가봉은 없다"고 한 해설에 대해 상당히 실망한 듯, 냉랭한 반응이 동향보고에 포함되고 있었다.[50] 이러한 점을 감안한다면, 당시 총독부의 씨제도 실시는 1920년대부터 검토되었다는 사실이 의외일 만큼 조선인의 감정을 반영하지 못하고 있었다. 성을 그대로 씨로 전환하는 방식의 씨제도 도입안이 누차 기획되었음에도 실현되지 못한 것은 조선의 가족관습과 종족관념상 받아들여지기 힘들었기 때문인데도, 그에 대해 고민한 흔적은 찾기가 매우 어렵다. 정책결정자인 미나미 총독-오노 정무총감-시오바라 학무국장은 '일본식 씨명으로 바꿀 수 있게만 해 주면 조선인들이 열렬히 지지하여 강요 없이도 어지간한 성과를 거둘 수 있을 것'이라고 믿었던 것인지 의문스럽다. 재조일본인이나 본토 정치인들의 불만과 우려를 무시하는 태도로 보건대 조선인들이 상당히 자발적(?)으로 호응할 것이라고 믿었을 가능성은 적지 않은 것 같다.

이렇듯 자신감을 가졌던 것과는 달리, 실무적인 준비수속마저 지연되는 문제점을 나타냈다. 본래 창씨 실시를 발표했던 1939년 11월 10일에는 1940년 1월 1일부터 씨 설정을 실시한다고 하였으나, 재판소와 부읍면의 호적 사무에 여러 가지 수속에 대한 준비가 늦어져 2월 중으로 실시하겠다고 1939년 12월 23일 일단 연기를 발표한다.[51] 구체적인 날짜가 결정되어 이후 신문에 발표된 것은 5일 후인 12월 28일이다. 씨 설정 신

50 정주수 옮김, 1989, 「창씨제도의 민심동향보고서(2)」, 『사법행정』 1989년 10월호, 한국사법행정학회, 76쪽.

51 「"씨"의 설정 연기」, 『매일신보』, 1939. 12. 23, 2면.

고를 황기 2600년의 기원절인 1940년 2월 11일부터 6개월간 받겠다고 밝혔고,[52] 이와 관련한 민사령 일부 개정의 시행세칙은 이틀 앞서 12월 26일 총독부 관보 호외로 발포되었다.

결국 창씨개명 정책은 치밀한 준비나 여론조성이 부족한 상태에서 졸속적으로 추진되었다고 볼 수밖에 없다. 뿐만 아니라 조선인의 반응에 대해서도 왜곡된 정보가 보고되었으며 결정권을 가진 총독 - 정무총감 - 학무국장은 조선의 실정에 밝지 못하여 창씨개명이 조선인의 여론에 미칠 부정적 영향이라든가 호응이 저조할 수 있다는 점에 대해 심각하게 고민하지 않았다고 보아야 한다. 물론 총독부 실무진에서는 창씨 신고율 예상치를 전 조선 호수의 20% 이하로 상정[53]했기 때문에 충분히 달성할 수 있다고 여겼는지 모르겠지만, 결과적으로 그들의 예상은 보기 좋게 빗나갔고 본토에서까지 비판 여론이 조성되어 결국 총독부는 창씨 신고율을 높이기 위해 온갖 선전선동과 강압적인 수단을 동원할 수밖에 없는 상황이 되었다.

---

52 「획기적 씨와 서양자 제도 기원가절에 실시결정」, 『매일신보』, 1939. 12. 28, 2면; 「준비수속이 늦게 되어 씨제도 실시를 연기. 뜻깊은 황기 2천 6백년의 기원절 일부터 실시키로 관계법령, 금일중 공포」, 『조선일보』, 1939. 12. 28, 석간1판 2면, 「氏設定과 壻養子制度의 關係法令全部整備 今日府令으로 發布 / 施行은 明年紀元節 「强制的은 아니다」 法務局長談」, 『동아일보』, 1939. 12. 28, 석간 2면.

53 미즈노 나오키, 정선태 옮김, 2008, 앞의 책, 80~82쪽 참고.

4. 창씨개명에 직면한 조선인들

1) 창씨개명에서 표출된 갖가지 양상

대다수의 조선인들은 창씨에 대해 부정적인 인식을 갖고 있었다. 아무리 총독부가 언론매체를 비롯한 각종 선전수단을 동원해, 창씨는 개성(改姓)이 아니며 성은 없어지지 않고 호적에 남는다고 홍보하더라도 법률적인 이름이 바뀌는 것은 개성으로 간주될 소지가 너무도 컸다. 이는 누차 강조하였듯이, 조선인들이 가장 중요하게 여기는 종족관념을 뒤흔드는 것이므로 적지 않은 반발을 불러올 수밖에 없는 정책이었다.

이러한 반발을 무마하고 창씨 신고율을 높이기 위해서는 여러 가지 회유책이 필요했다. 가장 확실한 방법은 차별정책이나 도항제한을 창씨와 연결시켜, 창씨를 신고한 경우에 일종의 혜택을 부여하는 것이었을 텐데, 어느 쪽도 총독부로서는 전혀 고려할 여지가 없을 뿐만 아니라 독단적으로 결정하기 어려운 문제였다. 그저 총독부가 내세우는 방법은 "주지철저"뿐이었다. 이러한 가운데 조선인 지식인이나 자산가, 유력자들 상당수는 창씨 문제에 관한 찬반 여부와 상관없이 창씨 신고를 주저할 만한 현실적인 이유가 존재했다.

(1) 부동산 등기 문제

창씨를 신고하면 호적에 기재된 법률적 이름이 바뀐다. 호적에 기재된 이름은 개인을 식별할 수 있는 유일한 칭호이며, 호적등초본은 가족관계나 개인을 증명할 수 있는 유일한 공증서였다. 따라서 부동산 매매나 저당권설정 등을 위한 등기신청을 할 때에는 반드시 호적등초본을 첨부해야만 했다.[54] 그런데 당시의 호적등본은 호적계원이 호적부를 보고 일일이 베껴 적어야 하는 것으로, 말소사항은 기재되지 않았다. 따라서 창씨신고만 완료한 상태에서 호적등본을 발급받아 자기 소유의 부동산을 매각하거나 근저당설정을 변경하는 등의 업무를 처리할 수는 없었다. 등기부에 등재된 구성명과 호적등초본에 기재된 창씨명이 같은 인물임을 입증할 방도가 없기 때문이다. 그러므로 창씨 신고 후 호적등본을 지참하여 등기소를 방문해 명의변경신고를 해야 했다. 이러한 사항은 창씨제도가 실시된 지 5일 만에 『조선일보』에서 언급하였다.

> 이에 대하야 경성지방법원 복전(福田) 등기계 주임은 다음과 가치 말한다. 새로운 씨명의 계출이 시작되엇슬 뿐이라 새로운 씨명으로 명의변경 등기를 하는 사람은 아직 업습니다만은 장차는 차차 만하질 것으로 생각됩니다. 등기한 자기소유의 재산을 팔거나 양도하거나 할 때 새로 씨명을 고친 사람은 반드시 될 수 잇는 대로 빨리 명의변경을 해여 합니다. 명의변경에는 가튼 재판소 구역 안의 것이면 한 필(筆)에 이십전씩 드는데 십 필 이상인 경우에도 이 원이면 됩니다. 인제부터 명의변경등기하는 것이 굉장히 만하질 것이나 획기적의 창씨제도 아페는 등기소의 수고 개인의 비용은 엇쩔 수 업는 것이겟지요 운운.[55]

---

54 그뿐만 아니라 출생, 혼인, 사망, 상속, 진학, 취직 등 개인의 법률적 행위에 있어서 필수적인 서류였다. 당시의 호적등본은 현재의 법적 서류에 비유하자면 딱 맞아떨어지지는 않지만 대체로 '가족관계증명서+혼인관계증명서+기본증명서+친양자관계증명서'에 주민등록등본의 기능까지 합쳐진 존재라고 볼 수 있다. 호적초본은 기본증명서+혼인관계증명서와 주민등록초본의 기능이 포함되었다고 이해하면 무리가 없다.

55 「創氏改名하거던 財産登記도 고치라/그대로 두면 法的行爲에 不便」, 『조선일보』,

창씨개명 후 부동산등기 명의인표시변경 신청을 하도록 규정한 것은 일반적인 개명의 경우에 준한 것으로서, 개인의 재산권을 보호하기 위한 당연한 절차이다. 그러나 이러한 부분이 과연 얼마나 조선인들에게 알려졌을까 하는 문제와 함께, 수수료 문제도 짚고 넘어가야 한다. 1필지당 20전[56]씩이며, 10필지를 초과할 경우 상한액 2원을 징수한다는 등기 수수료는 평상시의 명의변경을 감안한 액수이다. 창씨개명으로 인해 하지 않아도 될 명의변경을 추가로 한다는 점을 고려한다면 수수료를 인하하는 등의 조치를 취할 법도 한데, 위 인용문에서는 감수하라는 식의 태도를 나타내고 있다. 상한액은 재판소 관할구역 내에서만 적용되므로, 만일 여러 지역에 걸쳐 다수의 토지를 소유한 사람이 창씨 신고를 할 경우, 자신의 재산권 보호를 위해 등기변경을 일일이 하는 수고와 더불어 수수료로도 적지 않은 비용을 부담하는 셈이었다. 20전을 추가로 부담하라는 강요 아닌 강요가 된다. 다수의 토지를 소유하고 있는 사람이 얼마나 되겠느냐고 생각할 지도 모르지만, 필자의 생각은 다르다.

조선인 지식인이나 자산가, 지방유력자층은 자산이 넉넉한 경우가 많았고 그들은 상업이나 산업을 통해 성공할수록 농토 소유를 늘리는 풍조가 1960년대까지도 남아 있었다.[57] 아울러 지방의 유력자층으로 분류할 수 있는 사람들은 중소지주 이상인 경우가 많았다. 이들에게 재산의 대부분을 차지하는 토지의 소유권 문제는 매우 민감한 사안임이 명백하였다.

1940. 2. 15, 조간 2면.

56 1939년 당시 경성부내 버스요금이 5전이었다. (「急行빠스에도 謀利」, 『동아일보』, 1939. 11. 22, 석간 2면.)

57 김혜숙, 2009, 「1950~1970년대 江景 商人의 존재양상과 상거래 관행 연구」, 한국학중앙연구원 박사논문, 200~202쪽 참고.

전답·대지·임야 등의 토지나 가옥에 부과되는 세금은 지목과 면적에 따라 차등을 두지만, 위에서 말하는 명의변경등기 수수료는 필지마다 1매씩 작성된 토지대장을 수정 기입하는 데 부과되는 수수료이므로 동일한 면적의 토지소유자라 해도 부담액이 천차만별이다. 그리고 매년 부담하는 지세, 가옥세 등과 달리 토지매매나 저당권을 설정, 해제, 변경할 때에 부담하는 것이 명의변경 수수료이므로 평상시에는 그다지 체감할 수 없는 비용이었을 것이다.

그런데 위의 기사를 액면 그대로 해석하면, 창씨개명 신고를 하고 나서 재산권을 지키기 위해서는 보유한 모든 토지와 저당권에 대해 수수료를 내고 등기명의를 변경해야만 했다. 평상시라면 상속 때를 제외하고는 보유한 전 재산의 명의를 변경하는 일은 거의 없을텐데, 조선인의 관습과 감정상 받아들이기 불편한 창씨개명 때문에 일부러 명의를 변경한다는 것은 매우 번거로울 뿐만 아니라 경제적으로도 적지 않은 부담이 되었을 개연성이 농후하다. 1930년대 후반까지 지주 계층으로의 토지 집중이 전체적으로 강화되는 추세가 나타났다는 점을 고려하면 지주층들이 소유한 토지의 면적과 필지 수는 더욱 증가하였을 가능성이 매우 높다. 뿐만 아니라 대토지 소유자들은 여러 군면에 걸쳐 토지를 갖고 있는 경우도 많고, 임야 역시 적지 않게 갖고 있는 것이 보통이었다. 그러므로 이들은 적게는 몇 원에서부터 많게는 수십 원에 달하는 비용을 지불해야 하며, 소유지가 2개 이상의 군에 분포한 경우에는 각각의 군에 설치된 세무서마다 변경신청서를 제출해야만 했다.

또한 소위 '지방유력자'들 상당수는 동성촌락의 문중에서 종손이나 문장(門長) 등의 지도적 위치를 차지하는 사람들도 적지 않았다. 이들은 개인 소유의 토지뿐만 아니라, 종중 토지와 임야를 자신의 명의로 등록하여 관리하는, 이른바 '명의신탁(名義信託)'된 토지도 적지 않게 갖고 있었다. 지역에 따라서는 그 지방의 사족가문들이 연합하여 형성한 서원(書院)·사우(祠宇)·누정(樓亭)이나 각종 계(契)가 소유한 토지·임야의 공유자로 등기되어 자신의 문중이나 동리의 지분을 대표하는 경우도 적지 않았다. 따라서 이들에게 창씨를 신고한다는 것은 적지 않은 부담을 주었을 것이 틀림없다. 자칫 실수하여 명의변경 신고를 누락하는 지번이 있을 경우, 자신의 사유재산권에 손해를 입을 수 있을 뿐만 아니라 자신의 명의로 되어 있지만 실제로는 자기 소유가 아닌 종중 토지나 공유 지분에 문제가 생겨 지역사회에서 비난의 표적이 될 가능성도 얼마든지 있었다. 따라서 이들 '지방유력자' 상당수에게, 창씨는 '개성(改姓)'이냐 아니냐 하는 종족관념상의 문제임과 더불어 사유재산권에 결부된 문제이고, 종중과 동리 등의 지역사회에서 차지하는 지위와도 관련되어 있는 심각한 사안이다.

그런데도 총독부는 위의 신문기사(등기소에 방문하는 수고, 개인의 비용은 어쩔 수 없는 것)와 같은 무책임으로 일관하였다. 이러한 무사안일은 창씨는 성을 바꾸는 것이나 진배없다는 관념적인 거부감과 결합하여 자산가나 지방유력자층의 창씨 신고율을 낮추는 데 기여했을 것임이 분명하다. 그럼에도 불구하고, 총독부는 등기명의 문제가 창씨 신고에 영향을 준다는 문제를 상당히 늦게 파악하였음을 아래 신문기사를 통해 짐작할 수 있다.

> 땅을 가지고 잇는 사람이 창씨개명한 때에는 새로 고친 씨명으로 명의변경등기(名義變更登記)를 하지 안흐면 팔거나 저당권설정을 할 수도 업스므로 이것이 지주에겐 여간 큰 부담이 아니고 불편하지 안헛는 바 총독부 법무국에서는 창씨한 사람의 이런 불편을 생각하여 법무국장이 통첩을 각 등기소에 보내여 명의변경등기를 하지 안코 구성

명의 등기명의를 가지고 그대로 이전등기나 저당권설정등기를 할 수 있도록 하였다. 다만 토지매도증서나 기타등기원인을 증명하는 서면이나 위임장에 창씨명이 씨여 잇을 때에 한하여 호적등초본, 증명서 인감대조 가튼 것으로 가튼 사람이라는 것을 증명하면 된다.[58]

이때는 창씨 신고를 받기 시작한 지 4개월이 흘렀으며, 마감까지 불과 두 달을 남긴 때였다. 창씨개명 신고율이 마감일인 8월 10일에 가까워질수록 급증한 이유에는 일반적으로 알려진 '주지철저에 따른 독려', 즉 총독부 및 지방행정기관의 회유와 압력을 비롯해 각종 선전선동이 적지 않은 비중을 차지했을 것이다. 하지만 그 외에도 위에서 언급한 토지명의 문제와 같은 부분도 무시할 수 없었을 것으로 본다. 창씨개명 신고, 즉 설정창씨를 하지 않고 8월 10일까지 버티면 토지명의에 관한 각종 문제는 자연스럽게 해결되기 때문이다. 8월 10일까지 신고를 하지 않으면 자신의 성명이 그대로 씨명으로 변경되는 법정창씨에 해당되고, 법정창씨가 적용되었을 때 가족 중 family name이 바뀌는 사람은 여성들밖에 없기 때문이다. 남성호주가 있음에도 불구하고 여성 명의로 재산을 등기하는 사람은 당시에 거의 없었으므로 토지소유권이나 저당권에 영향을 미치지 않을 수 있었고, 조상 대대로 내려오던 성(姓)을 지킨다는 명분도 살릴 수 있었다. 그것이 관공리로서 부득이하게 창씨 신고를 할 수밖에 없었던 사람들이나 창씨 정책에 동조했던 일부를 제외한 대다수의 조선인들이 창씨 신고를 기피했던 실질적인 이유가 아니었을까?

---

58 「名義變更登記안코도 不動産任意處分/創氏改名者不便考慮」, 『조선일보』, 1940. 6. 13, 석간 2면.

(2) 문중(종중) 단위의 창씨 신고

대다수의 조선 농촌, 특히 조선 농촌의 특징이라 할 수 있는 동성촌락에는 으레 종갓집이 있게 마련이고 종가의 상당수는 대지주인 경우가 적지 않았다. 이들은 단순히 지주로서의 우월적 지위나 종손이라는 촌락사회의 위치를 넘어서, 많은 주민들의 삶에 직접적 영향을 끼치는 존재였다. 춘궁기에 곡식이 떨어지거나 자식이 태어나 이름을 짓고 출생신고를 할 때, 가족 중 환자가 있어서 약재를 필요로 하는 문제에 이르기까지 지주집이나 종손댁은 머슴이나 소작인, 이웃의 일가들에게 도움을 주면서 사회적 위계를 형성했다. 결국 창씨 문제 역시 지방유력자이자 종손(혹은 그에 필적하는 사회적 지위를 가진 집)이며 지주인 계층을 얼마나 포섭하느냐에 좌우될 가능성이 높았다. 하지만 당시 총독부는 이와 같은 조선 농촌사회의 특성을 고려하지 않았다. 지주층의 이익에 관련되는 등기 문제와 같은 실질적인 문제를 해결해 주는 대신, 강압적인 방식 위주로 창씨율을 높이려 한 시도는 큰 실책인 동시에 조선인을 무시한 처사로 해석할 수밖에 없다. 아마도 총독부 당국은 창씨 신고를 통해 동성촌락에서의 종가가 갖는 영향력이 줄어들 것이라 여긴 듯하다. 그러나 창씨 신고율이 부진하자 결국 문중조직을 활용해 창씨 신고를 독려하는 궁여지책을 생각해 냈다.

문중 단위의 창씨 신고는 일가친척이나 소종중, 대종중 단위로 모여 일본식 씨를 무엇으로 신고할 것인지 논의를 거쳐 확정하고, 이를 신문광고나 우편 같은 수단을 이용해 알려서 회의에 참석하지 않았거나 멀리 떨어진 곳에 사는 종중원들도 그에 따라 창씨토록 하는 방식이다. 기왕의 연구에서도 흔히 언급되는 사례인데, 창씨의 본래 취지 가운데 하나인 '조선인들 가운데 같은 성이 많은데 씨를 설정하면 가(家) 별로 다른 씨를 쓸 테니 구별이 용이해진다'는 측면에서는 총독부의 의중과는 다소 거리가 있다. 동성촌락의 여러 집이 모두 같은 창씨를 쓸테니 말이다. 뿐만 아니라 씨제도를 도입한 의도 가운데 하나인 '종족집단 약화'에도 저해되는 태도였다. 최소 동고조 8촌을 단위로 소종중-대종중으로 구성된 조선의 종족집단은 부계혈연집단임과 동시에, 농촌사회를 운영하는 사회조직으로서 상당히 강고한 결속력을 유지하고 있었다. 이는 각각의 '가(家)'가 천황의 적자(赤子)로서 본가-지가의 관념을 갖고 직접 연결되는 일본제국의 '천황제' 이데올로기에 배치되는 관념이었다. 그리하여 총독부는 일찍부터 이념적/법적으로 종족집단을 약화시켜 천황제 지배체제로 조선의 가가호호를 편제해야 한다는 목표를 갖고 있었다. 그렇기 때문에 종족관념에 기초한 조선식 가족제도를 바꾸고자 1920년대부터 씨제도를 도입하고자 모색했던 면이 분명히 있었다. 그런 배경 때문에, 비록 본토의 고관들로부터 졸렬하다는 평가[59]를 받긴 했어도 미나미 총독의 과감한 창씨개명 실시는 20년 가까운 숙원사업을 달성한 것이나 진배없었다.

그러나 신문기사를 통해 보면, 창씨 신고를 정식으로 접수하기 이전인 1940년 1월 17일부터 문중(종중) 단위 창씨 결의가 시작되어 신고 마감인 8월 10일 직전까지 빈번하게 등장하는 창씨 방식이 바로 문중(종중) 단위의 창씨 결의였다. 조선인들이 종중 단위 창씨를 선호한 것은 바로 '부계혈연의 일부나마 이름에 남길 수' 있어서 후손들이 혈통을 잊지 않을 것이라는 기대 때문이고, 문중 간의 결속력을 유지하려는 전략적 선택이었다.

59 미야타 세쓰코 해설·감수, 정재정 옮김, 2002, 앞의 책, 148쪽 참고.

같은 창씨로 신고하자고 결의한 문중의 단위가 전국이든 동성촌락이든, 그 씨를 문중원 모두가 반드시 따라야 하는 것은 아니었다. 씨의 결정과 신고는 오로지 호주의 권한이었기 때문이다. 그러나 호주가 종중의 뜻을 따르겠다면 그 또한 합법이었으므로, 개인의 독단보다는 적어도 일가붙이라고 할 정도의 가까운 근친끼리는 상의를 거친 후 창씨하는 것을 당연시하였다. 경상북도 김천시 구성면 상원리/상좌원리의 연안이씨 동성촌락에서는 촌락 내에서 가장 부유한 동시에 파종손에 해당하는 집안의 창씨를 많은 일족들이 따르는 사례를 볼 수 있다.[60]

이러한 종중별 공동 창씨는 얼핏 보기에 강제성이 있고 창씨 신고율을 높이는 데 큰 도움이 되었을 것 같지만 실제는 그렇지 않았다. 이는 편지 형식의 '권고'와 신문 광고를 통한 '통보'에 불과했기 때문이다. 도리어 한 촌락 내지 수개 면이나 몇 개 군에서도 인정받는 명문 종갓집이 창씨 신고를 하지 않고 버틸 경우, 많은 일족들도 창씨 신고를 망설이는 예가 적지 않아서 이들 종손들을 설득하는 데 상당한 애를 먹기도 한 듯하다. 후일 소설과 영화로 각색되기도 했던 창씨 반대 자살 사례[전북 순창군 설진창(薛鎭昌) 옹] 역시 일대의 유력자로서 종중회의에서 자신의 의견이 받아들여지지 않고 창씨 신고를 의결한 데 절망하여 자살한 경우이다.[61] 그러므로 총독부는 이들의 동향에 주목하지 않을 수 없었다.

---

60 이대화, 2010, 「20세기 金泉 지역 延安李氏 宗中의 지속과 변화」, 한국학중앙연구원 박사논문, 104~110쪽 참고.

61 1940년 5월 21일의 일로, 자세한 내용은 정주수 옮김, 1989, 「창씨제도의 민심동향보고서(4)」, 『司法行政』 1989년 12월호, 한국사법행정학회, 88쪽 및 「창씨제도의 민심동향보고서(5)」, 『司法行政』 1990년 2월호, 한국사법행정학회, 104~105쪽을 참고할 것. 이 사례는 일본의 소설가 가지야마 도시유키(梶山季之)에 의해 「족보(族譜)」(1952)로 발표되었고, 소설이 다시 임권택 감독에 의해 「족보」(1978)로 영화화되었다.

신문에 회사나 종중에서 일제히 같은 씨로 창씨하는 행위는 씨의 성질을 알지 못하는 사람이 하는 일이므로 찬성할 수 없다는 기사가 게재되기도 하였으나,[62] 더욱 빈번히 보도되는 기사는 각 지역 종중의 일제 창씨 기사였다. 따라서 바깥 소식을 신문을 통해 접하는 지방 말단의 촌락의 입장이라면, 종중 창씨를 피하기보다 도리어 종중 창씨를 서둘러야 하는 게 아니냐고 받아들이기에 충분할 정도였다. 사태가 이렇게 전개되자, 급기야 법무국에서 "종중의 협의결정은 취지에 어긋나는 일"이라는 참고사항을 발표하기에 이르렀다.

> 二. 종중(宗中)의 협의를 한다는 취지는 어그러지는 것임으로 그러케까지 단체적으로 할 것은 업스며 씨를 창설한다드라도 성(姓)과 본관(本貫)은 호적에 뚜렷이 남는 것임으로 독자적 립장에서 극히 각가운 근친자와 의론만 하면 족한 것이다.[63]

문중 창씨는 창씨자의 수를 일시에 증가시킬 수 있고, 그 문중이 지역 내에서 주도적인 성씨라면 지역민들에게 미치는 파급력도 크다는 장점이 있지만, 문중과 협의하기 전에는 창씨를 할 수 없다는 생각에서 독자적인 창씨 신고를 미루는 바람에 창씨율을 낮추는 역효과도 있었기 때문이다. 평범한 농민들로만 종중원이 구성되었다면 그나마 종중 창씨의 역효과가

---

62 "하여간 씨는 그 집안을 표현하는 칭호이니까 다른 집과 구별할 수 있는 씨를 정할 것이며 일가문중에 수백 집과 혹은 어떤 회사의 사원 전부가 동일한 씨를 정한다고 하는 것은 씨의 성질을 알지 못하는 사람이 하는 일이므로 찬성할 수 없는 일이다." 「氏創定은 어써케? 氏를 定할 때의 制限」, 『매일신보』, 1940. 2. 11, 석간 5면.

63 「宗中의 協義決定은 趣旨에 어긋나는 일, 法務當局 參考事項을 發表」, 『매일신보』, 1940. 5. 17, 석간 2면.

적었을 텐데, 지방의 관공리들 중 상당수가 각 지방의 유력 가문 출신이라는 데 문제의 심각성이 있었다.

문중 단위의 창씨는 어떤 의미를 지니고 있었을까? 일단 기존의 연구에서 공통적으로 지적하는 바와 같이, 창씨를 하더라도 부계혈통을 남겨놓으려는 것과 함께 강압적 창씨 신고에 가장 무난하게 대응할 수 있는 수단이며 소극적 저항의 형태로 이해할 수 있다. 일례로 함경북도 장진면 직원 일동은 일제히 창씨할 것을 타협하고도 다 각기 가족과 문중의 의논이 불일치하여 늦어지다가 겨우 타협이 끝나서 전 직원이 창씨하게 되었다[64]는 기사가 있는데, 바꾸어 말하면 직장이나 학교에서 온갖 수단을 동원하여 창씨 신고를 설득해 두어도 호주들이 중심이 되는 종중 회의에서 동의를 얻지 못하면 말짱 헛일이 되는 셈이었다. 필자의 추측으로는 직장에서 창씨 신고의 압박을 받을 때, 종중 회의의 결의에 따라야 한다며 교묘히 빠져나가거나 시간을 끄는 사례 역시 매우 많았을 것으로 본다.

창씨개명의 실제 사례를 통해 조선인들의 대응 양상을 다루는 연구 또한 당시 언론에 보도된 유명인사의 창씨개명 사례를 비롯해 『창씨명감(創氏名鑑)』(朝鮮新聞社, 1941)이나 『윤치호 일기』와 같은 자료를 토대로 창씨개명에 대해 느끼는 반감이나 기존의 성(姓)의 흔적을 남기면서 창씨하는 경향 등을 주로 언급하고 있다.

이에 비해 족보나 종중에서의 창씨에 대한 반응과 그 사례에 대해서는 개설적인 조망과 단편적인 사례가 발표되었을 뿐, 본격적으로 분석된 연구는 거의 없는 실정이다. 양태호는 신문과 잡지 자료를 토대로 족보에

64 「장진면 직원 일동 창씨」, 『조선일보』, 1940. 6. 27, 조간 3면.

의해 지배되는 일족 단위의 단체가입(창씨: 필자)이 속출하였으며, 창씨할 이름(씨: 필자)은 친족회의에 의해 결정되는 경우가 많았고 본관을 붙이는 경우가 압도적으로 많았다고 서술[65]하였고, 오늘날 창씨개명에 대해 논하는 대부분의 연구는 그의 견해를 암묵적으로 수용하는 것으로 보인다.

그런데 김필동의 연구에서는 충남 부여군의 진주강씨 종중에서 창씨개명 사항을 기록한 족보를 통해, 창씨개명에 해당된 사람 667명 가운데 441명이 오야마(大山)로 창씨하였고 기타 220여 명은 15개의 각기 다른 창씨를 설정하였음을 확인하였다. 아울러 이러한 족보를 만든 동기를 창씨개명에 대응하여 종족을 보존하려는 전략[66]이라고 보았다. 미즈노 나오키 또한 구체적인 연구를 아직 발표하고 있지는 않지만, 국립중앙도서관에 소장된 창씨개명족보를 열람한 결과를 저작에 일부 제시하고 있다. 그 역시 '창씨개명 수록 족보'의 목적에 대해 김필동과 마찬가지로 종족집단으로서의 단결을 유지하기 위한 '살아남기' 전략으로 해석[67]하고 있다.

이하에서는 필자가 2006년에 직접 제적부를 열람할 수 있었던 경북 김천시 구성면 상원리와 하원리(현재 상좌원리)의 사례를 통해, 종중 단위

---

65 양태호, 정운현 편역, 1994,「창씨개명의 사상적 배경」,『創氏改名』, 학민사, 115~126쪽 참고.

66 "가까운 종족에 이르러서도 뜻이 서로 부합되지 않아 씨가 각각 같지 아니하니, 이로써 무심코 몇 세대를 지난 즉 조상이 누구인지 모르고 족(族) 끼리도 길에서 보통 만나는 사람처럼 되고 말지니, (중략) 드디어는 서로 아내를 취하여 인륜을 해치고 예를 어지럽힘에 이를 터이니 (중략) 서둘러 가보(家譜)를 다듬고 그 창씨한 바를 나란히 적어 구성(舊姓)과 신씨(新氏)를 서로 참조케 하여 천파만류(千派萬流)가 모두 하나의 근원에서 나온 물임을 밝힌 연후에야 가히 만일의 폐단을 구제할 수 있을 것이다." (「晉州姜氏家譜序」: 김필동, 2010,「일제의 창씨개명 정책과 족보: 지역 종족집단의 대응 전략」,『사회과학연구』 21-4, 17쪽 재인용)

67 미즈노 나오키, 정선태 옮김, 2008, 앞의 책, 252~254쪽.

의 창씨 신고 양상을 살펴보고자 한다. 이 지역은 조선시대부터 연안이씨 부사공파 후손들의 동성촌락으로서, 창씨개명 당시에도 연안이씨 일가가 다수 거주하고 있었으며 마을에서 종중의 비중이 매우 컸다. 다만 연안이씨 부사공파에서는 창씨개명이 실시된 1940~1945년에는 대동보를 간행하지 않았고, 김천의 어느 연안이씨 종중에서도 창씨개명 당시에 파보를 간행한 바가 확인되지 않아서 부여군 장하리 강씨 문중의 창씨개명 족보 사례와 직접적인 비교는 불가능하다. 다만 1940~1977년 사이의 제적부 열람의 결과 확인할 수 있었던 자료를 토대로 현전하는 족보와 비교하여 논의를 전개하려고 한다. 만일 종중 내 각각의 호주들이 종중과 계보관계를 중요하게 여겼다면, 별도의 창씨개명 파보를 작성하는 것과 상관없이 창씨의 결과에 반영되었을 가능성이 높다.

2006년 당시의 현지조사에 따르면,[68] 창씨개명 당시 연안이씨 부사공파 차원의 통문 같은 것은 돌지 않았고, 경남 거창이나 경북 군위 등 타 지역에 거주하는 연안이씨 종중과의 조직적 접촉 또한 없었다고 한다. 상원리~하원리에 세거하는 3개의 주요 지파(방초정공파, 초당공파, 판사공파)끼리도 창씨를 통일하자는 등의 의논은 제기된 적이 없다고 기억한다. 다만, 지파 내에서 가까운 일가친척끼리 창씨의 절차와 방법, 무엇으로 창씨할 것인가 등등을 개별적으로 토론한 적은 있었으며, 관공리와 구장이 집집마다 다니면서 창씨에 대해 설명하고, 부유하고 교육을 받은 집을 찾아다니면서 협조를 부탁한 일은 많았다고 한다. 그리하여 창씨는 호주가 각자 알아서 결정하는 것이라는 점에 대해, 배운 사람들이라면 대략 알고 있었고, 마을 여론은 '배운 사람들'이 이끌어 가는 것이므로 혼란스러운 느낌

68 구성면 상좌원리 거주 이○○씨(익명 요청, 1921년생, 남) 제보.

은 아니었다고 한다. 상원리에 경찰서 지서가 설치되어 있었으므로, 창씨 문제로 시끌벅적하게 공론이 오가는 것이 오히려 좋지 않다고 여겼기 때문에 창씨에 대한 문제는 형제, 가까운 친척이나 친하게 지내는 또래 일가들 정도에서 이야기를 나누는 정도였다. 즉 상세하고 깊이 있는 지식은 아니었더라도, 창씨 신고에 필요한 기본적인 정보는 마을의 식자층끼리 대략 공유되는 수준이었으며 종중 단위의 창씨 신고 여부는 논의 대상이 거의 되지 않았음은 분명해 보인다.

김천시 구성면 제적부를 통해 살펴보면, 1940~1977년 사이에 제적된 분량 가운데서 창씨가 기재된 사례 62호를 찾을 수 있었다. 그중 상원리에 본적을 둔 집이 30호이며, 하원리(현 상좌원리) 본적지가 16호, 기타 구성면 내 동리에 본적지를 둔 경우가 16호였다. 이를 사례별로 나누어 살펴보면 〈표 3-1〉과 같다.

〈표 3-1〉 경북 김천 구성면 연안이씨 창씨 사례

<table>
<tr><th>본적지
(총사례수)</th><th>창씨
종류</th><th>창씨</th><th>호수</th><th>비고</th><th>본적지
(총사례수)</th><th>창씨
종류</th><th>창씨</th><th>호수</th><th>비고</th></tr>
<tr><td rowspan="8">상원리
(30)</td><td rowspan="8">15개</td><td>木本</td><td>7</td><td></td><td rowspan="8">하원리(16)</td><td rowspan="8">8개</td><td>木本</td><td>1</td><td></td></tr>
<tr><td>木村</td><td>1</td><td></td><td>安田</td><td>1</td><td>개명</td></tr>
<tr><td>芳村</td><td>4</td><td></td><td>延原</td><td>1</td><td></td></tr>
<tr><td>西原</td><td>2</td><td></td><td>延中</td><td>2</td><td></td></tr>
<tr><td>松岡</td><td>2</td><td>개명사례
1호 포함</td><td>延川</td><td>7</td><td></td></tr>
<tr><td>安本</td><td>2</td><td></td><td>正木</td><td>2</td><td></td></tr>
<tr><td>安田</td><td>1</td><td></td><td>中原</td><td>1</td><td></td></tr>
<tr><td>也山</td><td>1</td><td></td><td>中村</td><td>1</td><td></td></tr>
</table>

본적지(총사례수)	창씨 종류	창씨	호수	비고	본적지(총사례수)	창씨 종류	창씨	호수	비고
		延岡	2		기타 구성면(16)	10개	木本	1	
		延城	3				芳村	1	
		延原	1				上村	1	
		延李	1				延城	1	
		延川	1				延原	5	
		中島	1				正木	1	
		中村	1	개명			中本	2	
							中山	1	
							中川	1	
							青木	1	

김필동의 부여군 장암면 장하리 진주강씨 사례에서는 분석자료가 족보였기 때문에 개인별로 집계하여 667명이라는 대규모의 모집단 확보가 가능하였지만, 본고에서는 호적인 관계로 호수로 집계할 수밖에 없었다. 상원리의 경우는 1940년 전후 연안이씨 호수의 약 절반에, 하원리는 대략 1/4에 해당한다. 남성 종중원의 수로 환산하면 약 180~200명에 해당하는 숫자이다. 위 표에서 나타난 특징은 동리별로 선호하는 창씨가 구별된다는 점이다. 상원리 정양공파 종중은 목본(木本)과 방촌(芳村)으로, 하원리 충간공파 종중은 지파와 상관없이 연천(延川)으로 집중되고 있다. 구성면의 나머지 동리에 분포한 연안이씨 후손들은 연원(延原)이 가장 많기는 하지만, 이들은 본적지가 여러 동리에 산재해 있는데다 족보상의 계보 또한 뒤섞여 있어서 통일된 경향을 띠고 있다고 보기 어렵다.

상원리에서 가장 많은 사례가 드러난 목본(木本)은 정양공파 차종손가에서 설정한 창씨이다. 그리고 차종손가 계통의 종중원에서 집중적으로 분포하고 있음이 족보를 통해 확인된다. 대종손가 계통에서 목본(木本)을 창씨로 설정한 사례는 1건에 불과하다. 방촌(芳村)의 경우는 분포는 적지만 대종손가의 창씨에 해당한다. 정양공파 차종손가의 경우 대지주이자 1939년 9월에 만들어진 식산계(殖産契)의 부주사를 담당하는 등 동리 내에서 영향력이 컸던 집안이었다. 하원리의 연천(延川) 역시 판사공파 종손가의 창씨로서, 상원리에 비해 설정 비율이 높음을 확인할 수 있다. 이처럼 종중 내에서 창씨를 통일하려는 공식적인 시도는 없었다고 하더라도, 종중원들간에는 대종가의 것을 따라간다는 암묵적인 합의가 있었던 듯하다. 김필동이 제시한 사례에서도 종중 내에서 공식적인 결의가 없었지만 전체 종중원의 2/3가 종가의 창씨와 일치하는 것을 볼 때,[69] 촌락 내에서 종가라든가 대지주 등 영향력이 강한 종중원을 중심으로 구심력을 형성하고 있었다고 보아도 무리가 없을 것이다.

그리고 현재까지 족보와 대조가 완료된 부분을 통해 볼 때, 종가의 창씨를 따르지 않는 경우라 하더라도 친형제 간이나 4촌, 6촌 간에 같은 창씨를 사용하는 사례를 확인할 수 있었다. 이는 모두 상원리 정양공파 종중에서 나타났는데, 형제간의 사례는 2건으로 한 사람이 양자출계로 인해 계보상 촌수는 멀지만 호적상으로는 친형제로 같은 창씨(安本·松岡)를 사용하였다. 4촌과 6촌은 각각 1사례로 서원(西原)과 연성(延城)이 이에 해당한다. 반면 6촌 간임에도 다른 창씨를 사용한 사례가 하나 있었는데, 야산(也山)의 재종형과 삼종숙은 모두 방촌(芳村)을 창씨로 정한 데 비해 혼자서 야산(也山)이라는 독특한 창씨를 썼다. 그는 바로 역학으로 명성을 얻

69 김필동, 2010, 앞의 논문, 10쪽.

었던 이달(李達: 1889~1958, 호적명 侚永)로서, 야산은 자신의 아호였다.

그 외에 적은 비중으로 나타나는 많은 창씨 사례는 행정적인 의도와 압력이 작용했다고 보는 것이 타당하다. 실제 창씨개명 정책을 추진한 총독부의 담당자들은 씨는 '가(家)', 즉 호적의 칭호로서 혈연과는 무관한 제도라고 강변하면서 호적별로 각기 다른 창씨를 사용할 것을 적극적으로 홍보하였다. 그러나 김천 연안이씨뿐만 아니라 많은 조선인들이 주변의 종중원들과 동일한 창씨를 정하고, 심지어 통문을 돌려 똑같이 창씨할 것을 권하는 대종중도 생겨나 이러한 현상을 억제하기 위해 노력했지만 별 효과를 거두지 못하였다. 개별적인 창씨 사례조차 본관인 '연안'을 연상할 수 있는 창씨를 주로 골랐다는 사실로부터 당시 조선인의 성본에 대한 관념이 매우 강했다는 사실을 다시금 확인할 수 있다. 기존의 창씨개명 관련 연구에서도 성에 한 글자를 더 붙이거나 본관을 짐작할 수 있는 창씨를 사용하는 경향은 공통적으로 지적되는 문제로서,[70] 김천 연안이씨의 사례도 전국적인 흐름과 궤를 같이했다고 볼 수 있다.

따라서 창씨와 관련하여 종중개념을 설명한다면, 창씨를 하더라도 성이나 본을 드러낼 수 있도록 함으로써 계보를 잊지 않으려는 의식이 확고하다는 점을 일반적인 현상으로 지적할 수 있다. 그리고 동리를 기반으로 한 지역사회조직으로서의 종중을 중심으로 창씨 문제를 논의한 흔적이 두드러지며, 그 종중의 유력자가 택하는 창씨를 종중원들이 선호하는 경향이 있다는 점이다. 즉 창씨의 목적 가운데 하나였던 동성조직의 약화 내지 와해는 거의 효과를 거두지 못했다고 결론지을 수 있다.

---

70 김동호, 정운현 편역, 1994, 앞의 책, 206~223쪽; 미즈노 나오키, 정선태 옮김, 2008, 앞의 책, 204~210쪽 참고.

2) 창씨의 양상에서 드러나는 '활용'

신문에 나타난 창씨 관련 상담 내용을 보면, 조선인들은 창씨를 호적에 표기된 다른 항목도 변경하는 기회로 적극적으로 활용하고 싶어 했다. 예를 들어, 창씨를 하면 서자나 첩이라는 사실을 호적에서 없앨 수 있는지, 호적상 이름만 고칠 수 있는지, 무적자가 민적에 오를 수 있는지 등에 관심을 가졌다.[71] 이에 대해서 『매일신보』와 『조선일보』는 별도의 상담란을 만들어 이승우 변호사나 정광현 연희전문 교수, 이와시마 총독부 법무국 사무관 등 전문가들이 답변을 하면서 창씨에 대한 관심을 높이고 취지를 이해할 수 있도록 하였다.

창씨 신고는 글자 그대로 씨를 만들어 신고하는 것이므로, 서자나 첩 등 개인의 법적 지위에는 아무런 변화가 없고, 호적이 없는 사람이 창씨를 신고하려면 취적신고를 통해 호적을 만든 다음에 가능하며, 이름만 바꾸는 것도 가능하다고 답변하고 있다. 다만 개명은 재판소의 허가사항으로 과거에는 상당히 까다로운 절차를 거쳐야 했지만, 창씨개명 신고를 맞이하여 개명허가를 이전보다 수월하고 신속하게 처리해 주었다. 필자가 2006년 현지조사를 실시했던 경상북도 김천시 구성면에서도, "○월생(○月生)"이라는 이름을 가진 호주가 창씨개명 기간을 활용해 "○○진택(○○進澤)"으로 창씨개명한 사례를 제적부 자료로 확인할 수 있었다.

이처럼 조선인들 가운데 '돌쇠', '개시' 등 노비 출신이라든가 기타 사회적 지위가 낮았던 계층에서 흔히 사용되었던 이름을 바꾸기가 쉽지 않았는데, 창씨개명 신고 접수 기간 중에 개명에 대한 통제가 느슨해진 것

71 「새해부터 열리는 일가창립의 길, 알기 쉬운 씨의 설정」, 『매일신보』, 1940. 1. 5, 5면.

을 틈타 개명을 하는 기회로 활용하는 예가 다른 지역에서도 적지 않았다고 볼 수 있다. 일례로 1940년 충청남도 지사로 재직하던 이성근(李聖根)은 김천성(金川聖)으로 창씨개명하면서 부인과 자녀까지 모두 일본식으로 개명하였는데, 소사(召史)였던 부인의 이름을 정자(貞子)로 고쳤다. '소사'는 고유명사라기보다는 조선후기에 이르기까지 여성을 지칭하는 호칭으로 널리 쓰였는데, 근대 호적제도가 도입되면서 이름으로 기재된 사례가 매우 흔했다. 1910년대에 작성된 각지의 『토지조사부』나 지적원도에서도 소유자 성명란에 '김소사'나 '박소사'를 비롯하여 김씨 성을 가진 여성이라는 의미의 '김성녀(金姓女)' 등을 쉽게 찾아볼 수 있다. 아마도 이성근 역시 창씨개명 신고를 하면서, 아내의 이름도 함께 일본식으로 개명하며 다소 어색했던 호적상 이름을 새로 부여했던 것으로 추정해 볼 수 있다. 그의 5남 4녀 가운데 일본식으로 읽어도 어색하지 않은 2녀 영자(榮子)와 3녀 경자(慶子)는 따로 개명하지 않은 것을 보더라도, 창씨 신고를 빌미로 종래의 이름을 쉽게 고치는 수단으로 활용했음을 짐작케 한다. 이러한 양상은 아마 총독부측에서는 예상치 못하였을 터이다. 반면 조선인들은 개명 신고가 쉽게 수리되는 이 때를 이용하여, 자신들의 사회적 지위에 걸맞는 이름을 갖는 기회로 활용키도 했다는 사실도 이채롭다. 이처럼 창씨개명을 친일 - 반일이나 저항 - 순응이라는 이분법적 구도로만 바라본다면, 당시의 다양한 역사상을 놓치게 된다.

5. 맺음말: 창씨개명의 여파

창씨개명은 1920년대부터 법무국 차원에서 내부적으로 도입을 검토하기는 했으나, 그것은 "일본식 씨를 창출하는" 방식보다는 "일본식 가족제도를 조선에 이식"하는 것이 초점이었다. 즉 메이지민법의 가족제도인 '이에(家)'를 조선에 적용하여 이성양자(異姓養子)·서양자(壻養子)를 가능케 할 뿐만 아니라 각각의 이에가 천황가의 적자(赤子)라는 일본민법의 관념에도 부합하기 때문이었다. 이때의 씨제도는 조선식 성(姓)을 그대로 일본식 씨로 변환하는 형태였으므로 굳이 비교하자면 창씨개명보다 반감이 적었을 것이다. 그럼에도 불구하고 조선에서의 가족관습은 성(姓)으로 상징되는 부계혈연 관념이 일본보다 훨씬 강력하게 자리 잡고 있었으므로 그마저 실현시키기 어려웠다.

반면 미나미 총독이 밀어붙였던 창씨개명 정책은 씨제도를 도입하는 것과 함께, 일본식 씨를 쓸 수 있도록 하는 것이었다. 일본식 씨를 만드는 것이 강제가 아니라고 선전했지만, 당시 조선총독부 내부에서조차 이견이 있던 정책이었다. 일본식 씨명을 부여함으로써 적극적 동화정책, 즉 황국신민화의 성과물로 삼으려고 했던 미나미 총독과 시오바라 학무국장 등의 찬성론과 일본 민법에 의거한 가족제도 실시에 치중하면서 창씨개명을 허용하는 법무국의 입장, 이름의 차이화를 통해 단속의 편의를 도모하고 있던 경찰 계통의 소극적인 창씨론 등이 그것이다.[72]

조선인들은 일본식 가족제도로의 개편에 대해서는 별다른 저항감을

---

72 미즈노 나오키, 정선태 옮김, 2008, 앞의 책, 65~67쪽.

보이지 않은 듯하다. 그 이유는 씨제도 실시가 갖는 법적, 이념적 의미에 대해 이해가 깊지 못한 때문이었다. 거기에 덧붙여 서양자·이성양자 등은 아들을 갖지 못한 일부의 호주들에게나 해당되는 일종의 예외적인 경우이고, 동성동본 일가 가운데 양자를 들이는 것이 일반화된 조선의 관습상 큰 의미가 없기 때문이다.

그러나 창씨에 대해서는 반응이 엇갈린다. 「씨제도에 있어서 민심동향에 관한 서류」에서 볼 수 있듯이, 창씨를 내선일체의 상징으로 보아 적극 찬동하는 자가 있는가 하면 형식뿐인 창씨개명보다는 본토로의 전적 허용이나 도항제한 철폐 등 실질적인 차별 완화를 원하는 의견이 재일조선인 가운데 많았다. 반면 조선 거주자들은 씨제도 실시, 이성양자, 서양자 등 민사령 개정 자체에 대해서는 커다란 거부감이 없었지만 창씨개명에는 회의적이거나 반감을 갖는 경우가 적지 않았다.

동향조사의 대상이 될 만한 일본어 가능자 층이나 유력자들조차 '가만히 있어도 창씨가 된다는데 굳이 일본인풍으로 바꿀 필요가 있는가'라는 태도를 보였다. 소관부서인 총독부 법무국조차 관련 예산을 편성하면서 창씨율을 20% 이내로 상정했다는 점[73]을 고려한다면 실제로 씨제도의 실시는 중요하게 생각하되, 창씨개명의 효과는 중장기적으로 달성하려는 의도가 실무자들에게 내포되어 있다고 보아야 할 것이다.

창씨는 강요했으면서 개명에 대해서는 다소 어렵게 한 기조를 유지한 까닭은 무엇인가? 개명에 대해 1인당 50전이라는 수수료를 책정하고 이를 전혀 인하하지 않았다는 점은 여러 가지로 해석할 가능성이 남아 있다. 현재로서 가장 유력한 추정은 미즈노 나오키의 견해인데, 개명은 허

73 미즈노 나오키, 정선태 옮김, 2008, 앞의 책, 80~81쪽.

용하되 일본인처럼 보이는 이름을 조선인들이 보편적으로 사용하지는 못하게 하려는 '차이화'의 의도도 개입되었다는 것이다.[74]

그러나 총독과 학무국장 등 적극적 내선일체론자들이 수치에 집착하고 창씨를 독려하기 시작하면서 사정은 급변하였다. 잘 알려진 대로 총독부 본부관료들의 부인에도 불구하고 온갖 강압적인 수법이 동원되어 신고율을 100%에 육박하도록 만들려고 애를 썼다. 그 과정에서 최초 씨제도의 취지를 오해한 결과라면서 지양하도록 계몽했던 행위들, 종중 단위로 똑같은 창씨를 신고하는 일 등도 묵인할 수밖에 없었다.

이러한 과정 속에서 조선인들은 자신의 의지와 상관없이 일본식의 씨를 신고할 것을 강요당했다. 그러나 무조건 찬동하거나 저항하는 이분법적인 태도를 보인 것만은 아니었다. 찬반 여부와 상관없이, 창씨 신고가 자신의 재산권 행사라든가 정치적 이익에 지장이 될 것을 우려하여 신중한 태도를 나타내는 경우도 적지 않았다. 반면 창씨 신고 기간에는 개명허가를 쉽게 받아낼 수 있다는 점을 이용해 하층민 출신임이 드러나는 이름자를 양반들이 일반적으로 사용하는 이름으로 바꾸는 기회로 활용하기도 했고, 종족집단의 결속을 유지하기 위해 창씨가 기록된 족보를 편찬하는 사례도 나타났다. 이처럼 일상생활이라는 부분에 초점을 맞추어 보면, 창씨 신고라는 강압적 사회 분위기 속에서도 개인들은 각자의 사회경제적 위치에서 자기에게 가장 유리한 방향으로 선택을 했다는 사실을 다시금 확인할 수 있다.

창씨개명을 강제한 배경에는 '일가일명(一家一名)', 즉 각 호마다 각기 다른 성씨를 사용함으로써 성명에 대한 관습을 일본식 씨명제도로 바꾸

74 미즈노 나오키 외, 정선태 옮김, 2007, 『생활 속의 식민지주의』, 산처럼, 69~75쪽 참고.

고, 이성양자 및 서양자를 도입하여 일본적인 가족제도를 보급하며, 조선 전래의 종중이 가진 결합력을 약화시킨다는 목적이 있었다. 그러나 5년간 각종 편법과 탈법을 동원하여[75] 법제를 강요하였음에도 불구하고, 앞에서 살펴본 바와 같이 조선인들은 종중 단위로 같은 창씨를 신고하는 형태로 자신들의 종중 관념을 고수하고자 노력하였다. 창씨는 학교나 관공서, 직장 등에서만 사용되는 경우가 대부분이었으며 농촌마을에서는 대부분 조선식 이름이 쓰였다.[76] 결국 일본이 패망한 1945년 8월 이후로 창씨는 호적과 법률문서 외에는 사라졌고 1946년 「조선성명복구령」에 의해 짧은 수명을 마감하였다. 아울러 서양자는 딸만 둔 집을 배려한다는 차원에서 입부혼인(入夫婚姻)의 형태로 「대한민국 민법」에 잔존하였지만, 실제로는 거의 실시되지 않았다. 동성동본의 친척을 양자로 들일 수 있는 법적 통로가 열려 있는 상태에서 관습적으로 생소한 입부혼을 할 필요성을 거의 느끼지 못했기 때문이다. 그러나 창씨 설정 사례 분석을 통해, 당내(8촌) 단위의 전통적 친족범위의 창씨보다는 4촌 정도의 범위에서 같은 씨로 신고하는 경향이 나타났다. 이는 가족/친족에 관한 관습이 변화하는 단서가 아닌가 추정되기도 한다.

---

75 법률적으로 씨설정계(氏設定届)를 제출하지 않더라도 1940년 8월 10일 이후에는 성을 그대로 씨로 사용하는 법정창씨(法定創氏)를 채택하고 있었으므로, 법제적으로는 일본식 씨를 만들도록 강제할 이유가 없었다. 그럼에도 불구하고 학교에서 학생들을 압박하여 창씨 신고를 강요하고 미신고자에게 입학허가를 내주지 않는 편법이 동원되었다. 그 외에도 신고의무자인 호주가 거부할 경우 면장이 호주의 자녀에게 창씨 신고서를 내도록 하는 위법도 행해졌다.(미즈노 나오키, 정선태 옮김, 2008, 앞의 책, 124~136쪽 참고)

76 자발적으로 창씨개명을 하고 집안에서도 사용을 강요한 예도 있었겠지만, 조선인 사회의 주류적 흐름이 아니었으므로 언급을 생략한다.

제4장
'내선결혼' 정책과 조선인 동화 문제

_이정선

1. 머리말

1) '내선결혼' 개념과 동화정책과의 관계

'내선결혼(內鮮結婚)'은 일제시기 일본인과 한국인의 결혼을 일컫는 말이다. 당시 일본인은 스스로를 '내지인(內地人)'이라고 부르고 한국인을 '조선인(朝鮮人)'이라고 불렀다. '내선결혼'은 '내지인'에서 '내'를, '조선인'에서 '선'을 따와서 둘 사이의 결혼을 가리키는 말이 되었다.

'내선결혼'을 요즘의 한국식 표현으로 바꾸면 '한일결혼'이 될 것이다. 하지만 이 글에서는 앞으로도 구태여 '내선결혼'이라는 용어를 사용하려 한다. 이유는 크게 두 가지이다. 첫째, '한일결혼'이라는 용어를 사용할 경우, '내선결혼'을 현대의 국제결혼처럼 오해할 수 있기 때문이다. 국제결혼은 국적이 서로 다른 사람들 사이의 결혼이다. 그러나 일본은 1910년 대한제국의 국권을 빼앗고, 한국인은 모두 일본 국민이 되었다고 선언했다. 물론 대한민국의 입장은 「한국병합조약」이 처음부터 성립하지 않았다는 것이지만, 일본은 그때도 지금도 「한국병합조약」이 유효하게 성립했다고 주장한다. 실제로 일본이 통치의 실권을 장악하고 있던 일제시기에는 일본인과 한국인 모두 같은 국적을 가진 일본 국민으로 취급되었다. 따라서 '내선결혼'은 국제결혼이 아니었다. 일제의 식민 지배 정책과 침탈의 실상을 이해하려면 여기서부터 출발해야 한다.

둘째, '한일결혼'이라는 용어는 일제시기 한국과 일본 사이의 불평등한 관계를 담아내지 못한다. 일본인과 한국인이 같은 일본 국민이 되었다고는 했지만, 일본은 둘을 동등하게 대우하지 않았다. 일본은 일본인과 한국인을 국가 장부에 서로 다른 집단으로 등록해서 관리했고, 그로 인해 한국인은 제도적으로도 사회적으로도 차별받았다. '내선(內鮮)'이라는 용어는 그러한 불평등한 관계를 분명하게 드러낸다. 일본이라는 제국주의 국가는 자신들의 본토를 '내지', 그밖에 조선, 대만 등의 식민지를 '외지'라고 불렀다. 따라서 일본 국민을 '내지인'과 '외지인', '내지인'과 '조선인'과 같이 구별하는 명칭에는 이미 본토와 식민지의 구별과 차별이 내포되어 있다. '조선인'의 일본어 발음인 '조센징'이 지금까지도 일본에서 한국인을 비하하는 의미로 사용됨을 생각해 보면 쉽게 이해할 수 있을 것이다.

또한 일본인은 '내선결혼'을 '잡혼(雜婚)'이라고도 불렀다. 'intermarriage', 'mixed marriage'의 번역어였던 잡혼은 인종, 민족, 종교, 문화, 에스니시티(ethnicity) 등 집단 내부에 존재하는 배우자 선택 규범의 경계를 넘는 결혼을 의미했다. 이는 문명의 위계를 전제로 한 개념이었기에, 주로 우등하다고 자처하는 집단이 그 결혼을 문제시하는 맥락에서 사용했다.[1] 이렇게 보자면, 사실 '내선결혼'은 한국인의 입장에서 그다지 환영할 만한 표현은 아니다. 그럼에도 당대의 맥락을 드러내기 위해 '내선결혼' 용어를 그대로 사용하는 대신에, 일제의 식민 지배와 침탈의 역사를 비판하는 뜻을 살리기 위해 따옴표를 붙인다. '내지인', '조선인'은 따옴표를 생략하고, 일본인, 조선인으로 부르겠다.

그렇다면 일제 식민 지배 정책 연구에서 '내선결혼'은 왜 중요할까? 그것은 당시 '내선결혼'이 조선인을 일본인으로 동화시킬 수 있는 수단으로 주목받았기 때문이다. 서구 제국의 식민 지배 정책은 크게 영국식 자치주의와 프랑스식 동화주의라는 두 가지 유형으로 나뉜다. 아시아에서

1 嘉本伊都子, 2001, 『國際結婚の誕生 -〈文明國日本〉への道』, 新曜社, 4~13쪽.

대만과 조선을 차지한 일본은 동화주의를 식민 지배 정책의 방침으로 내세웠다. 일본 식민정책학의 선구자였던 도쿄(東京)제국대학 교수 니토베 이나조(新渡戶稻造)는 동화정책을 "원주민을 모국과 같은 풍속, 습관, 종교 등으로 만들려는 정책"으로 정의하고, 본국의 언어를 사용하도록 강제하는 것과 잡혼이 일반적으로 사용되는 동화정책의 수단이라고 말했다.[2] 포르투갈은 16세기 말레이시아에서 인종 혼혈정책을 적극 펼쳐서, 포르투갈 여성의 말레이시아 이주를 금지하고 포르투갈인과 결혼한 말레이시아인에게는 토지·가옥·가축 등을 제공했다.[3] 1930년 식민지법에서는 동화인(assimilado, 개종한 원주민으로 스스로 포르투갈인이 되기를 원하는 계층)과 혼혈인(mulato, 부모 중 하나가 포르투갈인 또는 백인인 계층)에게 포르투갈인과 동일한 권리를 지닐 자격을 인정하였다.[4] 프랑스도 17세기 북아메리카에 정착한 프랑스인 남성의 배우자로 양성하기 위하여, 현지인에게 딸을 수녀원에 보내도록 장려하기도 했다.[5]

일본도 역시 일본인과 식민지 조선인·대만인 사이의 결혼을 장려했다. 각각은 '내선결혼'과 '내대공혼(內臺共婚)'이라고 불렀다. 그런데 일본의 통혼 장려 정책은 서구와 다른 점이 있다. 일본이 1895년에 대만을, 1910년에 조선을 식민지로 삼았던 19~20세기 무렵, 영국과 프랑스 등 서구의 제국들은 이미 18~19세기부터 통혼 장려 정책을 철회하거나 오히려 통혼을 금지하는 게 일반적인 추세였다. 이는 인종주의와 우생학의

---

2 浅田喬二, 1990,「新渡戶稻造の植民論」,『日本植民地研究史論』, 未來社, 39~40쪽.

3 渡邊寬一, 1917,「各植民地に於ける対土人及母国人の関係」,『朝鮮及滿洲』115, 朝鮮及滿洲社.

4 이승용, 1997,「포르투갈의 식민지 동화정책에 관해」,『한국아프리카학회지』9.

5 Saliha Belmessous, 2013, *Assimilation and Empire*, Oxford, p. 36.

영향이었고, 1951년경까지 동화정책을 이어간 포르투갈 정도가 예외로 남았다.[6] 앵글로색슨 족의 우월성을 강조한 미국의 많은 주에서는 '잡종화' 경향을 우려해 백인과 흑인의 결혼을 법으로 금지했고,[7] 그 법률은 백인과 황인 사이에도 적용되었다.[8] 게다가 1897년 교주만을 점령한 독일은 백인(유럽인) 구역과 황인(중국인, 일본인) 구역을 분리했고, 교주총독부는 1902년에 독일인과 황인종 여성의 결혼은 피해야 한다고 공표하였다. 이어 1912년 독일 제국의회에서도 식민자와 식민지민 간의 결혼과 혼혈을 제한해야 한다면서, 기존의 혼혈아는 백인으로 인정하되 이후에는 원주민으로 취급한다는 법안을 통과시켰다.[9] 백인종이 아시아·아프리카의 유색 인종을 식민 지배하는 상황에서, 백인은 열등하다고 간주한 식민지민 및 유색 인종과 결혼하기를 꺼리고 금지하기까지 한 것이다. 후발 제국주의 국가 일본은 이러한 서구의 흐름에 역행해 20세기에 통혼 장려 정책을 펼쳤다.

또한 일본의 통혼 장려 정책이 일본의 세력권 안에서도 서로 다르게 전개되었다는 점에도 주목할 만하다. 본문에서 다시 다루겠지만, '내선결혼'과 '내대공혼'이 처음부터 원활하게 제도적으로 뒷받침되었던 것은 아니다. 일본과 조선·대만, 일본인과 조선인·대만인에게 서로 다른 법령을

6 박형지·설혜심 공저, 2004, 『제국주의와 남성성』, 아카넷, 45~59쪽; Saliha Belmessous, 2013, ibid.

7 김호연, 2009, 『우생학, 유전자 정치의 역사』, 아침이슬, 179~180쪽.

8 권은혜, 2011, 「인종 간 결혼에 대한 법적 규제와 사회적 금기를 넘어서」, 『미국사연구』 34.

9 김춘식, 2012, 「제국주의 공간과 인종주의: 독일제국의 인종위생과 식민지 교주만의 인종정책을 중심으로」, 『역사와 문화』 23, 121~134쪽; 토마스 슈바르츠, 2002, 「1912년 독일제국의회에서의 혼혈혼 논쟁」, 『독일어문학』 19.

적용한 탓에 이들 사이에 관계를 맺는 데는 복잡한 법적인 문제가 생겼다. '내선결혼'과 '내대공혼'은 이러한 법적인 문제가 해결되고서야 비로소 보통의 혼인과 마찬가지로 당사자의 혼인신고만으로 성립할 수 있게 되었다. '내선결혼'은 1921년, '내대공혼'은 1933년에야 문제가 해결되었고, 그때까지는 주로 식민지에 거주하던 조선인·대만인 남성과 일본인 여성 사이의 혼인신고가 제약되었다.[10] 조선은 대만보다 15년 늦게 일본의 식민지가 되었는데, '내선결혼' 제도는 '내대공혼' 제도보다 무려 12년이나 빨리 완성된 것이다.[11] 한편 1932년 일본의 괴뢰국으로 수립된 만주국에서도 일본인이 중국인과 결혼해 중국 민족을 동화시켜야 한다는 주장이 대두했다. 그런데 일본 정부는 오히려 일본인의 혼혈을 막기 위해 1938년 이후 일본인 '대륙 신부'를 양성해 만주국에 거주하는 일본인 청년들에게 소개하기도 하였다.[12]

요컨대, 동화정책의 수단 중 하나였던 통혼 장려 정책은 서구 제국과는 다른 20세기 일본 식민 지배 정책의 특징을 잘 드러낼 수 있으며 '내선결혼'은 그중 대표적인 위치를 차지한다.

---

10 栗原純, 2004, 「日本植民地時代台湾における戸籍制度の成立」, 『日本統治下台湾の支配と展開』, 中京大学社会科学研究所; 이정선, 2011, 「1910~1923년 內鮮結婚 법제의 성립 과정과 그 의미」, 『법사학연구』 44.

11 '내대공혼'에 대한 연구도 '내선결혼'에 비해 적은 편이다. 주요 연구는 다음과 같다. 栗原純, 1999, 「台湾と日本の植民地支配」, 『世界歷史』 20, 岩波書店; 邱純惠, 2001, 「日治時期內臺共婚問題初探」, 『曹永和先生八十壽慶論文集』, 樂學書局有限公司; 德田幸惠, 2007, 「日本統治下台灣的「內台共婚」: 日本與台灣的「家」制度的衝突和交流」, 淡江大學 歷史學系碩士班 碩士論文; 楊裴文, 2010, 「跨越邊界的流動與認同: 日治時期「內台共婚」研究」, 國立政治大學 台灣史研究所 碩士論文; 黃嘉琪, 2013, 「日本統治時代における「內台共婚」の構造と展開」, 『比較家族史研究』 28.

12 今川勲, 1990, 「「大陸の花嫁」の養成と斡旋」, 『現代結婚考』, 田畑書店.

2) '내선결혼'에 관한 선행 연구

역사학계에서는 주로 동화정책에 대한 관심에서 '내선결혼'을 연구하였다. 초기의 연구는 '내선결혼'이 조선인을 동화하려는 수단이었다는 점에 주목하면서 조선총독부가 통혼을 적극 장려했다고 주장했다. 다만 '내선결혼' 장려 정책은 1920년대부터 시작되었고, 전시체제기에 더욱 강화되었다고 보는 것이 일반적이었다. 1921년 '내선결혼' 법제가 정비된 것과 1941년 국민총력조선연맹이 '내선결혼' 부부에게 표창장을 수여한 것 등이 주된 근거였다. 그리하여 '내선결혼' 장려 정책은 전시체제기 민족말살정책의 하나로 널리 알려졌다.[13] 이러한 시각에서는 '내선결혼' 부부도 일제의 정책에 순응한 사람들로 평가하였다. 조선인 남성과 일본인 여성이 결혼한 경우가 많았던 이유를 조선총독부가 이 유형을 장려했기 때문이라고 하거나,[14] 모든 '내선결혼' 부부를 동화정책의 가담자였다고 비판한 연구[15] 등이 이러한 계열에 속한다.

김영달은 '내선결혼'의 법제·통계·정책에 대한 기초 자료를 정리한 논문에서, 조선총독부가 '내선결혼'을 적극 장려했다는 기존의 견해에 의문을 제기했다. 당시 '내선결혼'을 둘러싸고 실질적 장려책, 슬로건적 장려책, 현실방임책, 억제책, 금지책 등 다양한 정책이 상정되었지만, 전반적으로는 슬로건적 장려 아래 현실방임하는 정책이 시행되었다는 것

---

13 임종국, 1985, 「조선 민족말살의 전략」, 『일제하의 사상탄압』, 평화출판사; 최석영, 2000, 「식민지 시기 '내선결혼' 장려 문제」, 『일본학연보』 9.

14 최유리, 1999, 「일제하 통혼정책과 여성의 지위」, 『국사관논총』 83.

15 鈴木裕子, 1992, 『從軍慰安婦·內鮮結婚』, 未來社.

이다.[16] '내선결혼'을 장려한다는 선전은 강했지만, 통혼 증가에 도움이 될 만한 실질적인 장려책은 그다지 시행되지 않았다는 의미이다. 김영달의 문제의식을 받아서 와타나베 아쓰요(渡邊淳世)는 일본이 '내선결혼'을 슬로건적으로만 장려한 이유를 1910~1920년대를 중심으로 분석했다. 와타나베에 따르면, 일본인은 혈연적 민족주의 때문에 '내선결혼'에 거부감을 갖거나 통혼 장려 정책이 비현실적이라고 생각해서 적극 장려하지 않고 현실에 방임했다. 그러면서도 당시 상황에서는 '내선결혼'이 그다지 증가하지 않을 거라고 판단했기 때문에 어느 정도 장려를 용인했다.[17] 김영달과 와타나베의 연구는 '내선결혼' 정책에 다양한 스펙트럼이 있으며, 일제 식민통치 당국의 일방적인 의지만으로 시행할 수 없는 정책이었음을 상기시킴으로써 연구의 폭을 넓혔다. 하지만 '내선결혼' 정책에 영향을 미치는 행위자를 주로 일본인으로만 설정한 점은 한계이다.

그에 비해 이정선은 조선인 또는 '내선결혼' 당사자를 주된 변수로 삼고, 이들과 일제 식민통치 당국(조선총독부, 일본 정부) 사이의 상호작용에 주목했다. 일제가 '내선결혼'을 바람직하게 생각하면서도 실질적 장려책을 시행하지 않은 가장 큰 이유는 조선인의 반감을 불러일으킬 수 있어서였다. 그 대신 조선총독부는 '내선결혼'을 방해하는 법 제도를 개선하고 선전을 강화해서, '내선결혼'과 동화(일본인화)에 대한 조선인의 반감을 줄이는 데 집중했다. 이러한 점진적 동화정책이 오히려 효과적일 수 있었다. 또한 이정선은 '내선결혼'을 둘러싼 다양한 행위자들의 이해관계, '내선결혼'

---

16 金英達, 1999, 「日本の朝鮮統治下における'通婚'と'混血'」, 『關西大學人權問題硏究室紀要』 39.

17 渡邊淳世, 2004, 「일제하 조선에서 내선결혼의 정책적 전개와 실태: 1910~1920년대를 중심으로」, 서울대학교 국제대학원 한국학전공 석사학위논문.

법제 · 통계 · 선전, '내선결혼' 가정의 결혼 동기와 생활양식, 혼혈자녀의 정체성 문제 등, 관련된 분야를 총망라해서 '내선결혼' 정책을 분석하였다. 그로써 기존 연구들과 달리, 일제의 '내선결혼' 정책이 1910~1920년대에는 적극적 · 낙관적이었지만 1930~1940년대에는 소극적 · 부정적으로 바뀌어 갔음을 밝힐 수 있었다. 일제가 '내선결혼'을 현실에 방임했기 때문에 당사자의 선택이 '내선결혼'의 실태를 좌우했고, 그 결과가 일제의 기대와는 달랐기 때문에 결국 '내선결혼' 장려 정책을 포기했다는 것이다. 이주사 · 여성사 계열의 연구도 '내선결혼' 부부가 동화정책의 가담자로서 정책에 순응해서 결혼한 것이 아니라, 민족 간의 접촉이 증가함에 따라 자연스럽게 맺어졌음을 밝히고 있다.[18] 이정선의 '내선결혼' 연구는 일제의 식민정책을 연구할 때 식민통치 당국뿐 아니라 조선인 및 관련 당사자까지 변수로 고려해야 함을 보여주는 좋은 사례이다. 이 글은 기본적으로 이정선의 연구들을 토대로 서술될 것이다.[19]

---

18 竹下修子, 2000, 『国際結婚の社会学』, 学文社; 森木和美, 2002, 「移住者たちの「内鮮結婚」」, 『植民地主義と人類學』, 關西學院大學出版會; 김미현, 2005, 「조선인과 일본인의 결혼」, 『혼인과 연애의 풍속도』, 두산동아; 신현경, 2011, 「재조일본인 사회의 형성과 조선남성의 일선결혼 연구」, 강원대학교 사학과 석사학위논문.

19 이정선, 2008, 「民籍法 시행기(1909~1923년) 일제의 '日鮮結婚' 관련 법규 정비와 日鮮人 구별」, 서울대학교 국사학과 석사학위논문; 이정선, 2011, 앞의 글; 이정선, 2013, 「전시체제기 일제의 총동원정책과 '内鮮混血' 문제」, 『역사문제연구』 29; 李正善, 2014, 「'内鮮結婚' にみる帝国日本の朝鮮統治と戸籍」, 『朝鮮史研究会論文集』 52; 이정선, 2015, 「1920~1930년대 조선총독부의 '내선결혼' 선전과 현실」, 『역사문제연구』 33; 이정선, 2016, 「탈식민 국가의 '국민' 경계: '내선결혼' 가족의 법적 지위를 중심으로」, 『법과 사회』 51; 이정선, 2017, 『동화와 배제: 일제의 동화정책과 내선결혼』, 역사비평사; 李正善, 2018, 「'内鮮結婚'の子どもたち: 内地人と朝鮮人の狭間で」, 『歴史評論』 815; 이정선, 2018, 「'내선결혼'한 일본인 여성의 조선 이주와 가족생활: 일제시기의 경험을 중심으로」, 『여성과역사』 28; 李正善, 2019, 「帝国日本の'内鮮結婚': 政策と現実」, 『響き合う東アジア史』, 東京大学出版会; 이정선, 2020, 「일제시기 '내선결혼'

전문적인 연구는 아니지만, 재한일본인 처 인터뷰를 바탕으로 한 르포도 중요하다. 일제시기 조선인 남성과 결혼하고 1945년 광복 이후 한반도에 살게 된 일본인 여성은 가난과 반일 감정, 가부장제 속에서 어렵게 살았다. 이들의 사연이 한일 수교(1965) 이후 세상에 알려지기 시작했고, 1970년대 이후 일본인 기자나 작가들이 재한일본인 처의 모임인 부용회(芙蓉會) 회원 또는 요양 시설 경주 나자레원에 거주하던 재한일본인 할머니들을 인터뷰해서 르포를 작성하였다.[20] 이러한 르포는 '내선결혼' 당사자의 목소리를 우리에게 전해 주는 소중한 자료이다. 하지만 인터뷰 대상이 대개 1940년대 일본에서 '내선결혼'해서 광복 직후 한반도에 건너온 사람들이고, 인터뷰 내용도 광복 이후 한국에서 겪은 어려움이 대부분이어서, 일제시기의 '내선결혼'을 이해하기 위한 자료로 활용하기에는 한계가 있다. 그래서인지 재한일본인 처에 관한 연구는 역사학계보다도 사회학계와 문학계에서 활발히 이루어지는 편이다.[21] 최근에는 재한일본인 처

담론에서의 사랑과 가족: 연애와 결혼 사이」, 『역사연구』 39; 이정선, 2023, 『'동화'라는 양날의 검: 일제강점기 '내선결혼' 정책과 그 실상』, 동북아역사재단 등.

20 藤崎康夫, 1972, 『棄民』, サイマル出版会; 藤崎康夫, 1972, 「棄民にされた韓国の日本人妻の証言」, 『潮』 153; 小山毅, 1972, 「在韓日本人, 遺棄された同胞たち」, 『朝日ジャーナル』 14-29; 吉岡攻, 1982, 「忘れられたハルモニ」, 『季刊三千里』 31; 上坂冬子, 2010(개정판: 초판 1984), 『慶州ナザレ園』, 中央公論新社; 伊藤孝司, 1996, 『(新版)日本人花嫁の戦後』, LYU工房; 石川奈津子, 2001, 『海峡を渡った妻たち』, 同時代社; 後藤文利, 2010, 『韓国の桜』, 梓書院; 야마자키 도모코 지음, 김경원 옮김, 2013, 『경계에 선 여인들』, 다사헌. 부산의 일본총영사관에서 근무했던 최병대의 평전에서도 부용회 회원을 중심으로 한 재한일본인 처의 이야기를 확인할 수 있다(北出明, 2009, 『釜山港物語: 在韓日本人妻を支えた崔秉大の八十年』, 社會評論社). 한편, 최근에는 북한에 거주하는 일본인 처를 인터뷰한 서적도 출판되었다(하야시 노리코 지음, 정수윤 옮김, 2020, 『조선으로 간 일본인 아내』, 정은문고). 모두 1945년 이후 결혼한 여성들이어서 '내선결혼' 사례는 아니지만, 비교해서 읽어볼 만하다.

21 小林孝行, 1986, 「戦後の在韓日本婦人についての基礎的研究」, 『福岡教育大学紀要』

를 피해자로만 그리지 않고 어려움 속에서도 꿋꿋이 살아간 여성의 주체성을 부각시키기도 한다. 그중에서도 스즈키 스미에의 논문은 '내선결혼' 한 조부모를 중심으로 자기 가족의 여정을 역사적 맥락 속에서 담담히 따라간, 새로운 가족사 쓰기의 유형으로 주목할 만하다.[22]

'내선결혼'은 전시체제기 정책을 뒷받침하는 국책소설의 소재로 활용되었다. 문학계에서는 이러한 '내선결혼' 소설을 활발히 연구하는데, 등장인물의 심리 및 표상 분석에 강점이 있다. 연구자들은 소설 속의 '내선결혼'을 제국과 식민지 관계의 은유로 해석한다. 특히 식민주의와 성별의 교차 결합 양상, 민족(국가)의 경계에 놓인 '내선결혼' 부부와 혼혈 자녀의 트랜스 내셔널한 정체성을 주된 연구 주제로 삼고 있다.[23] 최근에는 '내선

36; 카세타니 토모오, 1994, 「재한일본인 처의 형성과 생활적응에 관한 연구」, 고려대학교 사회학과 석사학위논문; 山本かほり, 1996, 「在韓日本人妻の生活史」, 『ライフ・ヒストリーを学ぶ人のために』, 世界思想社; 김응렬, 1996, 「재한일본인 처의 생활사」, 『한국학연구』 8; 니이야 도시유키, 2000, 「한국으로 시집온 일본인 부인」, 서울대학교 인류학과 석사학위논문; 김문길, 2005, 「재한일본인 유골 문제와 「부용회」에 관한 연구」, 『외대논총』 31; 김석란, 2007, 「재한일본인 아내의 국적에 관한 연구: 광복 이전 결혼자를 중심으로」, 『일어일문학』 35; 가노 미키요, 2008, 「'일본인 처'라는 문제: 한국 가부장제와 관련해서」, 『한일 역사인식 논쟁의 메타 히스토리』, 뿌리와이파리; 김수자, 2013, 「재한일본인처의 경계인으로서의 삶과 기억의 재구성」, 『이화사학연구』 46; 김종욱, 2014, 「근대기 조선 이주 일본인 여성의 삶에 대한 연구: 경주 나자레원 할머니를 중심으로」, 경주대학교 문화재학과 박사학위논문; 金子るり子, 2015, 「「内鮮結婚」で境界を越えた在韓日本人妻たち」, 『日語日文學研究』 95; 이토 히로코·박신규, 2016, 「잊혀진 재한일본인 처의 재현과 디아스포라적 삶의 특성 고찰」, 『일본근대학연구』 51; 宇都宮めぐみ, 2016, 「日本人女性の朝鮮引揚と「内鮮結婚」」, 『日本學報』 35; 노윤지, 2023, 「『아시아 여성 교류사 연구』에 나타난 재한일본인처에 대한 인식 고찰」, 『인문사회21』 14-1.

22 스즈키 스미에, 2018, 「조선인/일본인 외할머니의 여정: 가족사를 통해 바라보는 일본과 코리아」, 성공회대학교 NGO대학원 비정부기구학 전공 석사학위논문.

23 이혜령, 2003, 「인종과 젠더, 그리고 민족 동일성의 역학: 1920~1930년대 염상섭 소

결혼'과 '내대공혼' 소설을 비교하는 연구도 시도되는 등, 장래를 기대할 만하다.[24] 오오야 치히로는 '내선결혼' 당사자였던 박남규가 1940년대 발행한 잡지 『내선일체』에 실린 기사를 통해서, 결혼이라는 개인적 기획이

설에 나타난 혼혈아의 정체성」, 『현대소설연구』 18; 최현식, 2003, 「혼혈 혼종과 주체의 문제」, 『민족문학사연구』 23; 노상래, 2004, 「국민문학 소재 한국작가의 일본어 소설 연구」, 『한민족어문학』 44; 노상래, 2004, 「이중어 소설 연구: 『국민문학』 소재 비친일 일본어소설을 중심으로」, 『어문학』 86; 南富鎭, 2004, 「内鮮結婚の文学: 張赫宙の日本語作品を中心に」, 『人文論集』 55-1; 심진경, 2005, 「식민/탈식민의 상상력과 연애소설의 성정치: 내선결혼의 문제를 중심으로」, 『민족문학사연구』 28; 南富鎭, 2006, 「恋愛と結婚の植民地主義」, 『文学の植民地主義』, 世界思想社; 김철, 2006, 「전복의 가능성-'내선결혼'과 한국 소설」, 『우리 소설 우리말』 16-2; 조진기, 2006, 「일제말기 국책소설 연구: 내선결혼소설을 중심으로」, 『인문논총』 20; 조진기, 2007, 「내선일체의 실천과 내선결혼소설」, 『한민족어문학』 50; 장용경, 2007, 「일제 말기 內鮮結婚論과 조선인 육체」, 『역사문제연구』 18; 김미영, 2007, 「일제강점기 내선연애(결혼)소설에 나타난 일본여성에 관한 표상 연구」, 『우리말글』 41; 김수영, 2007, 「'동화 이데올로기'-그 이상과 현실의 변주」, 『한민족문화연구』 22; 조윤정, 2009, 「내선결혼 소설에 나타난 사상과 욕망의 간극」, 『한국현대문학연구』 27; 박광현, 2009, 「식민지/제국의 경계와 혼혈의 기억」, 『일어일문학연구』 70-2; 김주리, 2010, 「동화, 정복, 번역: 한국 근대 소설 속 혼혈 결혼의 의미」, 『다문화콘텐츠연구』 8; 최주한, 2010, 「내선결혼소설의 낭만적 형식과 식민지적 무의식: 일본어 장편 『緑の塔』과 『綠旗聯盟』을 중심으로」, 『어문연구』 38-4; 김경연, 2011, 「내선일체의 멜로드라마와 식민주의의 균열: 이광수의 내선 연애결혼 소설을 중심으로」, 『어문학』 114; 곽은희, 2011, 「낭만적 사랑과 프로파간다」, 『인문과학연구』 36; 오태영, 2011, 「내선일체의 균열들: 김성민의 『녹기연맹』을 중심으로」, 『상허학보』 31; 이승신, 2012, 「이시카와 다쓰조의 작품에 나타난 조선인 여성 표상: 소설 「봉청화」를 중심으로」, 『외국문학연구』 47; 임회록, 2013, 「광복기의 젠더정치」, 『코기토』 73; 전훈지, 2015, 「식민지시기 혼혈인의 자아 정체성 연구: 염상섭 소설을 중심으로」, 『우리어문연구』 53; 김효순, 2017, 「식민지시기 재조일본인의 내선결혼 소설에 나타난 여성 표상」, 『한일군사문화연구』 23; Su Yun Kim, 2020, *Imperial romance: fictions of colonial intimacy in Korea, 1905~1945*, Cornell University Press 등.

24 유혜영, 2018, 「일제말 내선연애 · 결혼 소설 연구: 대만과의 비교를 중심으로」, 『한국문학연구』 56; 풍열, 2019, 「식민과 통혼: 식민지 시기 '내대공혼'과 '내선결혼' 소설 비교연구」, 『상허학보』 57.

내선일체라는 국가적 담론 안에 포섭되는 과정에 일어나는 균열을 흥미롭게 포착해냈다.[25]

3) 이 글의 시각과 구성

이 글에서는 크게 두 가지 시각을 강조하고 싶다.[26]

첫째, '내선결혼' 정책을 조선인을 일본인화하려 한 일방적인 동화의 수단이 아니라, 조선인을 포섭하는 동시에 배제하는 양면성을 갖는 정책으로 이해한다. 흔히 동화정책을 민족말살정책으로 보는 것은 조선인의 일본인화를 강조하는 시각이다. 그런데 일본인화란 무엇인가? 이정선은 동화정책을 분석하기 위한 방법으로서, 법제적 동화, 문화적 동화, 생물학적 동화를 나누어 보기를 제안했다. 법제적 동화는 조선과 일본, 조선인과 일본인 사이에 법적인 구별과 차별이 없는 상태이다. 문화적 동화는 조선인이 일본인이라는 정체성과 국민의식을 가지고 일본 문화에 따라 사는 것이고, 생물학적 동화는 '내선결혼'과 혼혈을 반복해서 조선인과 일본인이 혈연적 민족이 되는 것이다. 이 중에서 문화적 동화는 일방적인 성격이 강하다. 하지만 법제적 동화와 생물학적 동화는 조선인에게만 강요해서 될 일이 아니기 때문에, 일본인의 참여와 변화도 필요하다. 예컨대, '내선결혼' 부부의 한 명은 일본인이어야 하며, 그 가족을 조선인으로 할지

---

25 오오야 치히로, 2006, 「잡지 『內鮮一體』에 나타난 내선결혼의 양상 연구」, 연세대학교 국어국문학과 석사학위논문.

26 필자의 시각에 대한 더 자세한 내용은 다음을 참고하라. 이정선, 2017, 「서론」, 「결론」, 앞의 책; 역사문제연구소, 2017, 「(저작비평회) 한국의 여성사 연구, 어디까지 왔나?: 내선결혼 정책의 자기모순과 이혼소송에 나선 여성의 주체성」, 『역사문제연구』 38.

일본인으로 할지 아니면 제3의 신분으로 할지에 따라 일본인의 범위가 달라진다. 따라서 일본 제국 차원에서 보면 동화정책은 기존의 일본·일본인의 경계를 흔들고 특권을 침해할 수 있는 정책이었으며, 그렇기에 조선인을 포섭하는 동시에 배제하는 양면성을 가졌다.

둘째, '내선결혼' 정책을 식민통치 당국과 조선인 사회, '내선결혼' 당사자 사이의 상호작용 속에서 이해한다. 앞서 언급했듯이 식민통치 당국과 일본인 사회에 주목한 기존 연구와 달리, 이정선은 조선인 사회와 '내선결혼' 당사자를 주된 행위자로 파악하려 했다. 이들은 일제의 동화정책에 당하거나 순응하기만 하는 존재가 아니었다. 때로는 저항하고 때로는 이용하면서 다양하게 대응했고, 일제도 그에 대응해서 동화정책의 속도와 성격을 바꿨다. 정책에서 기대하는 효과를 얻으려면 당연한 일이다. 이러한 상호작용 양상을 파악하기 위해 '내선결혼'의 실상에 주목했다. 1920년대 이후 일제가 '내선결혼' 제도를 열어놓고는 억제도 장려도 적극적으로 하지 않으며 방임하는 가운데, '내선결혼'의 실상은 결혼 당사자의 선택에 좌우되었다. 그 선택은 당사자의 민족, 계급(계층), 성별이 조합되는 방식에 따라 서로 다른 결과를 가져왔고, 따라서 다양한 선택의 집합체인 '내선결혼'의 실상은 누구도 예측하기 어려웠다. 결론부터 말하자면, 그 결과가 일제의 기대에 어긋났기 때문에 '내선결혼' 장려 정책은 포기되었다. 이로부터 일제의 식민통치 정책을 분석하려면 정책과 현실의 상호작용을 살펴야 함을 알 수 있다.

아울러 면밀한 분석을 위하여 다음과 같은 용어를 사용한다. '정책'은 시행된 것과 시행되지 않은 것을 포함해서 정치적 목적을 실현하기 위한 방침과 방책 일반을 가리키고, '시책'은 시행된 정책만을 말한다. '동화정책'도 '동화주의'의 방침 및 '시책'과 '선전'을 모두 포괄하는 상위 개념으로 설정했다. 동화주의를 표방한 이상 일본의 식민통치 정책은 동화정책이었다고 상정하고, 시행된 시책과 선전은 물론이고 시행되지 않은 것까지 시야에 넣어 분석하려는 것이다. 이로써 정책과 현실의 상호작용을 더 역동적으로 포착할 수 있다. 아울러 '일제'를 '조선총독부'와 '일본 정부'로 나눠서, 동화정책을 둘러싼 본토와 식민지 정부의 차이를 다룬다.

본문은 다음과 같이 구성하였다. 먼저 2절에서는 '내선결혼'을 장려하는 선전을 중심으로 일제의 조선인 동화정책에서 '내선결혼'이 차지하는 위상을 확인한다. 3절에서는 유일한 '내선결혼' 장려 시책이었다고 할 만한 통혼 법제의 마련 과정과 의미를 분석한 후, '내선결혼'의 실상을 통혼의 수 및 가정의 생활양식을 통해 살펴보겠다. 마지막 4절에서는 더 적극적인 시책을 요구하는 친일 조선인과 '내선결혼' 자체에 회의를 품기 시작하는 식민통치 당국의 시각을 대비함으로써, '내선결혼' 장려 정책과 일본의 동화정책이 포기되어 가는 과정을 다룬다.

2. 일제의 조선인 동화정책과 '내선결혼'

1) '내선융화'와 '내선결혼' 선전

일제는 1910년 8월 대한제국을 강제 병합하고, 동화주의를 조선 통치의 기본 방침으로 내세웠다. 일본과 조선은 인종적·지리적·역사적으로 가까운 관계였으므로 하나로 결합하는 것도 어렵지 않으리라고 기대되었다.[27] 그와 함께 동화를 촉진할 수 있는 여러 방법이 제시되었는데, '내선결혼'도 그중 하나였다. 이토 히로부미(伊藤博文)와 조중응(趙重應) 등은 1910년 이전부터 한국과 일본의 황족이 서로 결혼하기를 바라며 대한제국 황태자 이은(李垠)의 '내선결혼'을 추진했다.[28] 병합 이후에는 '내선결혼'을 통해 두 민족을 하나로 만들어서 식민통치에 대한 조선인의 반발을 없애는 동시에, 일본인의 인종도 개량할 수 있다는 주장이 나왔다.[29] 조선총독부 기관지 『매일신보』도 1913년에 일본인 남성과 조선인 여성이 양가의 허락을 얻어서 정식으로 결혼할 예정이라는, 당시로서는 '기이한' 소식을 전했다. 그러면서 이들이 장래 화목한 가정을 이룬다면 "진실로 일선인 사이에 확실한 동화를 촉진"하는 데 기여할 것이라고 기대하였다.[30]

---

27 「論說: 同化의 主意」, 『매일신보』, 1910. 8. 30.

28 「日鮮永久의 親誼」, 『매일신보』, 1916. 8. 4; 「王世子殿下嘉禮前에 日鮮同體의 家庭訪問」, 『매일신보』, 1918. 12. 8.

29 海野幸德, 1910, 「日本人種と朝鮮人種との雜婚に就て」, 『太陽』 16-16; 1913, 「日本と支那朝鮮との雜婚は英雄を生み白人との雜婚は愚人を生む」, 『救濟』 3-9.

30 「日鮮同化의 結婚」, 『매일신보』, 1913. 3. 2.

하지만 전반적으로 보면, 1910년대에는 '내선결혼'을 선전하는 기사가 많지 않았다. 크게 두 가지 이유가 있었던 것 같다. 하나는 조선인의 불안을 자극하지 않기 위해서이다. 병합과 함께 조선인 사이에서는 일제가 1910년 10월 1일자로 일본인과 조선인의 자녀를 결혼시키라는 법령을 공포할 거라는 상당히 구체적인 소문이 돌았다. 이를 피하려고 조선인이 어린 자녀들을 서둘러 결혼시키자, 『매일신보』는 국가가 결혼에 간섭하는 일은 절대 없을 테니 안심하라는 기사를 내보냈다.[31] 그러나 묘령의 조선인 여성을 강제로 일본인 남성에게 시집 보낸다는 등, 일제가 '내선결혼'을 강제한다는 소문은 한동안 계속 유포되었다.[32] 이러한 상황에서 '내선결혼'을 선전했다가는 조선인의 불안을 자극해 자칫 불필요한 혼란을 야기할 수 있었다.

또 다른 이유는 '내선결혼'을 뒷받침할 수 있는 법적 제도가 아직 마련되지 못해서였다. 이는 조선인과 일본인에게 적용되는 가족법과 호적제도가 서로 달라서 생긴 문제였고, 조선에 사는 조선인 남성과 일본인 여성 커플에게는 혼인신고를 할 수 있는 방법조차 없었다.[33] 이러한 문제가 이어지던 1915년, 한 조선인 남성이 일본인 여성과 혼인할 수 있게 해 달라고 경성부에 청원을 올렸다. 실제 부부 관계를 맺고 있어도 혼인을 인정받지 못해서 자녀까지 혼외 자녀로 취급당하고 있는 상황을 바꿔 달라

---

31 「風說誤人」, 『매일신보』, 1910. 9. 18.

32 「風說의 辨解」, 「風說催婚」, 『매일신보』, 1910. 9. 27; 「9歲 寡婦」, 『매일신보』, 1910. 10. 4; 「流言飛語 勿信」, 『매일신보』, 1910. 10. 12; 「風說과 早婚」, 『매일신보』, 1910. 10. 16.

33 '내선결혼' 제도에 대한 설명은 이 글의 3절 '내선결혼' 제도와 결혼의 실상들을 참고할 것.

는 것이었다. 조선인 남성의 요청을 들은 조선총독부는 1915년 8월 관통첩 제240호「민적(民籍) 사무 취급에 관한 건」을 공포하여, 조선인 남성과 일본인 여성의 혼인신고를 받을 수 있게 했다.[34] 그러자『매일신보』는 일본 사람과 조선 사람은 서로 혼인할 수 있다고 강조하면서, 그동안 혼인신고를 못했던 사람은 이 기회에 빨리 신고하라고 홍보했다.[35] 또 1916년에 왕세자 이은과 일본 황족 나시모토노미야 마사코(梨本宮方子)의 혼인이 결정되자, 황족 사이의 혼인을 논의하기 시작한 처음부터 민족 구별은 없었다고 선전했다.[36] '내선결혼'을 허용하고 권장하는 행위 자체가 일제가 민족을 구별 또는 차별하지 않는 증거라는 것이다. 1918년에는 왕세자의 혼례를 앞두고 조선에 사는 '내선결혼' 가정 방문기를 연재하면서 '일선동체(日鮮同體)의 가정'이라는 제목을 붙였다. 일본과 조선이 한몸이라는 뜻이다.[37]

그런데 1915년 관통첩 제240호, 1916년 황실 결혼 결정을 계기로 '내선결혼'에 대한 보도가 늘어나면서, 조선총독부의 입장이 난처해졌다. 일본 정부는 조선인에게 적용되는 가족법과 호적제도가 일본 측의 기준을 충족시키지 못하는 한, 관통첩 제240호의 조치를 인정하지 않을 생각이었다. 그 결과, 조선인 남성과 일본인 여성이 조선에서 혼인신고를 했어도 일본에서는 혼인신고하지 않은 것으로 취급했다. 이러한 상황에서는 조선총독부가 '내선결혼'을 무차별의 증거이자 '일선동체'의 상징으로 띄울

---

34 「官通牒 第240號 民籍事務取扱ニ關スル件」,『朝鮮總督府官報』, 1915. 8. 7.

35 「內地婦人과 結婚은 入籍됨 民籍法不備點의 補定」,『매일신보』, 1915. 8. 14; 朝鮮總督府 法務局 編纂, 1922,『民籍例規』, 大成印刷社, 150쪽.

36 「李王世子御婚儀」,『매일신보』, 1916. 8. 4.

37 「王世子殿下嘉禮前에 日鮮同體의 家庭訪問」,『매일신보』, 1918. 12. 8.~1918. 12. 12.

수록 차별을 드러낼 뿐이었다. 이것이 조선총독부가 '내선결혼'을 적극 선전하지 못한 근본적인 이유였다. 그래서 조선총독부는 '내선결혼' 법제 마련에 힘을 쏟는 한편, 법제의 부재가 차별로 이해되지 않게 하려고 애썼다. '내선결혼'이 인정되지 않음을 비난하는 조선인이 적지 않은데 다른 뜻이 있어서 그런 것은 아니라거나,[38] 통혼 법령이 난산(難産)이라는 말도 있지만 조금도 그렇지 않고 착착 진척 중이라고 둘러대었다.[39]

이런 이유로 조선총독부는 1920년대가 돼서야 본격적으로 '내선결혼'을 장려한다고 선전했다. 여기에는 몇 가지 배경이 있다. 첫째, 3·1운동 이후 일제가 조선 통치 방식을 수정한 것이다. 일본 정부는 1919년 3·1운동으로 폭발한 조선인의 반일 감정을 누그러트리기 위해, 1920년대에는 기존의 이른바 '무단통치'에서 '문화통치'로 식민통치의 방법을 바꾸었다. 당시 일본 식민정책학자 중에는 3·1운동의 발생이 곧 동화정책의 실패를 뜻한다고 보고, 일본도 다른 서구의 제국주의 국가들처럼 동화주의를 폐기해야 한다고 주장하는 이들이 늘어났다. 하지만 일본 정부는 동화정책이 실패한 것이 아니라 육군 중심의 무단통치가 실패한 것이라고 판단했다. 그렇기 때문에 식민통치 방법만 바꾸고 동화정책을 추진한다는 기본 방침은 유지했다.[40]

1920년대 일본 정부의 조선 및 조선인에 대한 동화의 방침은 수상(首相) 하라 다카시(原敬)의 「조선통치사견(朝鮮統治私見)」에 잘 드러난다. 「조선통치사견」은 하라 다카시가 3·1운동 이후 새로 취임한 조선 총독

38 「民事令 民籍法 改正 爲先 一部를 改正ᄒᆞ야써」, 『매일신보』, 1920. 5. 14.

39 法務局 原 民事課長 談, 「通婚法案의 經過」, 『매일신보』, 1921. 4. 8.

40 小野一一郎, 1983, 「제1차 대전 후의 식민정책론」, 『근대 동아시아와 일본 제국주의』, 한밭출판사; 김동명, 2006, 『지배와 저항, 그리고 협력』, 경인문화사, 34~42쪽.

사이토 마코토(齋藤實)와 정무총감 미즈노 렌타로(水野鍊太郎)에게 준 문서였다. 하라 다카시는 서구의 제국이 그랬던 것처럼 일본도 조선 동화정책을 폐기해야 한다는 일부의 주장을 서구의 제국과 식민지 관계와는 다르게 일본인과 조선인은 인종적·역사적으로 차이가 없다며 배척했다. 그러고 나서 식민지라고 조선에 특수한 제도를 시행할 것이 아니라, 조선인은 본토 내지의 일본 인민을 통치하는 것과 완전히 같은 주의와 방침에 입각해서 통치해야 한다고 제시했다.[41] 이것이 이른바 '내지연장주의(內地延長主意)'이다. 그러나 '내지연장주의'라는 동화주의의 방침을 취했다고 해서 당장 조선과 일본, 조선인과 일본인에 대한 모든 제도를 똑같이 맞출 생각은 아니었다. 하라 다카시는 문명의 정도, 생활의 상태 등은 당분간 천천히 나아가야 한다면서, 우선은 조선인이 일본의 통치 아래에서 행복과 안녕을 얻고 향상·발전하게 만드는 것을 당면 과제로 삼았다. 그렇게만 된다면 조선인이 예전의 독립 국가를 그리워하더라도 그것 때문에 독립운동을 꾀하지는 않으리라고 판단한 것이다.

동화주의의 방침 아래 시책을 서서히 펼치되, 우선은 조선인에게 행복·안녕, 향상·발전을 주어서 마음을 얻어야 한다는 생각은 1920년대 조선총독부의 식민통치에 대체로 반영되었다. 이 시기 정치 슬로건이었던 '내선융화(內鮮融和)'는 동화를 지향하면서도 조선과 조선인의 독자성을 어느 정도 인정하고, 일본인과 조선인이 서로 화목하게 지내기를 바라는 식민통치 당국의 목표를 나타낸다. 취임 후 3년이 지난 1923년, 총독 사이토 마코토는 '내선융화'가 점차 양호한 성과를 드러낸다고 자평했다. 일본인과 조선인이 서로 이해해서 융화·협력하며 상호 복리를 증진시키고 있다는

41 原敬, 「朝鮮統治私見(上)」, 高麗書林 編, 1990, 『齋藤實文書』 13, 高麗書林, 62~64쪽.

것이다. 또 앞으로도 한 나라의 동포로서 서로 경애(敬愛)하며 각기 행운을 개척하기를 바란다고 했다.[42] 미즈노 렌타로도 정무총감으로서 '내선융화'라는 슬로건 아래 교육을 보급하고 산업을 개발해 조선인의 지식과 부를 증진하려 했다고 회고했다. 조선인에게 이득을 주어서 일본을 이해하고 스스로 협력하게 만드는 것이 바로 '내선융화'였다.[43]

둘째, 조선 통치 방식의 전환 속에서 '내선결혼'은 '내선융화'의 실현 수단이자 상징이 되었다. 3·1운동 이후 조선군 참모부는 민족 간의 "의지 소통, 사상 융화의 유효한 수단으로서는 아마 내선인(内鮮人)의 잡혼만한 것은 없을 것"이라고 했다.[44] 판단의 근거는 당시 유력한 친일 인사로서 두 민족의 지렛대 역할을 하는 조선인 남성 중에 일본인 여성과 결혼한 사람이 많다는 사실이었다. 1918년 『매일신보』에 '일선동체의 가정'으로 소개된 조중응, 구연수(具然壽), 안상호(安商浩) 등이 그에 해당할 것이다. 조선군 참모부는 결혼이라는 정적(情的) 결합을 통해 협력자를 얻을 뿐 아니라 자녀에게도 영향을 미칠 것이므로, '내선결혼'이 조선인을 풍속, 습관, 언어 모두 일본인에 가깝게 해서 동화를 이룰 수 있는 지름길이라고 평가했다.

일본 정부와 조선총독부는 조선인에게 '내선융화'의 모습을 보여주려고 애썼다. 1920년 4월 28일에는 영친왕 이은과 나시모토노미야 마사코 여왕의 결혼식이 전격 거행되었다. 이들의 결혼은 1916년에 결정되었고 1919년 1월에 혼례를 치를 예정이었으나, 1919년 고종의 사망과 1920년

---

42 齋藤實, 1923, 「年頭の感」, 『朝鮮』 94, 3쪽.

43 水野錬太郎, 1923, 「在鮮三年を追懐して」, 『朝鮮』 100, 7쪽.

44 朝鮮軍 參謀部, 「騷擾ノ原因及朝鮮統治ニ注意スベキ件並軍備ニ就テ(1919. 7. 14.)」, 姜德相·梶村秀樹 編, 1967, 『現代史資料』 26, みすず書房, 651쪽.

나시모토노미야 가문의 상례(喪禮) 때문에 두 번이나 연기되었다.[45] 그러자 일제는 나시모토노미야 가문이 상복을 벗은 지 일주일 만에 결혼식을 거행하고는,[46] 이들 부부를 '내선일가(內鮮一家)'의 친밀함을 드러낸 살아 있는 동화의 모범이라고 칭송하였다.[47] '내선융화'의 상징으로 선전하기 위해 혼례를 서두른 속내를 엿볼 수 있다. 실제로 일본과 조선 황족의 결혼이 갖는 상징성은 작지 않았다. 그리하여 이를 두 황족 가문만의 일이 아니라 일본과 조선의 영원한 장래를 약속하는 일이라고 평가하고, 귀족이나 일반 백성도 황족을 본받아서 우정보다 친밀한 혈족 관계를 맺어나가면 밝은 미래가 찾아올 것이라며 대대적으로 선전했다.[48]

그러나 일반인에게 적용될 '내선결혼' 법제는 여전히 마련되지 않은 상태였다. 「조선통치사견」에서 수상 하라 다카시는 현재 호적법 때문에 '내선결혼'이 인정받지 못하는데, 조선인을 동화시키려면 가급적 빨리 제도를 개선해야 한다고 했다.[49] 하지만 이후에도 조선총독부와 일본 정부 사이의 의견 차이 때문에 시간이 지체되었다. 결국 조선인의 민심에 전전긍긍하던 조선총독부가 원래의 계획을 양보함에 따라, 1921년 6월에 비로소 조선총독부령 제99호 「조선인과 일본인의 혼인의 민적 절차에 관한

---

45 『매일신보』, 1919. 1. 23; 「李王世子 殿下의 嘉禮 吉日 延期」, 『매일신보』, 1920. 1. 22; 「王世子 殿下 御婚儀 延期 決定」, 『매일신보』, 1920. 1. 24.

46 「御延期中의 王世子의 嘉禮期」, 『매일신보』, 1920. 1. 31; 「李王世子 御婚儀」, 『매일신보』, 1920. 2. 11; 「李王世子 殿下의 御婚儀 決定」, 『매일신보』, 1920. 3. 29; 『매일신보』, 1920. 4. 28.

47 1920. 6, 「李王世子殿下の慶典を祝す」, 『朝鮮彙報』, 1쪽.

48 「嘉禮에 對하야」, 『동아일보』, 1920. 4. 28.

49 原敬, 「朝鮮統治私見(下)」, 高麗書林 編, 1990, 『齋藤實文書』 13, 高麗書林, 79~80쪽.

건」(이하 '부령 제99호')이 제정되었다.[50] 이 법령은 1921년 7월 1일부터 시행되었다. 사실 부령 제99호는 조선의 호적제도를 일본 측 기준에 맞추지 못한 채 급조한 법령이라 불완전했지만, 조선에서 한 '내선결혼' 신고를 일본에서 인정받을 수 있는 길을 열어준 것은 분명했다. 이것이 조선총독부가 기존의 수세적인 입장을 벗어나서 1920년대 '내선결혼' 선전을 본격화할 수 있었던 세 번째이자 결정적인 배경이었다.

그렇다면 이제 1920년대 '내선결혼' 선전의 내용을 살펴보자. 한마디로 요약하자면, '내선결혼'은 일본인과 조선인 사이의 사랑의 연쇄책, '내선융화'의 지름길이었다. 『매일신보』는 1921년 '내선결혼' 법제의 제정을 촉구하면서 또는 제정을 축하하면서 관련 기사를 쏟아내었다. 2월의 사설에서는 '내선융화'에는 물질적 협력보다 정신적 협력이 중요하다고 전제한 후, 사랑의 연쇄책인 '내선결혼'이야말로 진정한 융화책이자 융화의 지름길이라고 주장했다. '내선결혼' 법제의 마련은 내연 관계에 머물러야 했던 이들을 법적 부부로 인정하는 것이었으므로, '내선융화'와 두 민족의 공존공영을 위한 길이며 일본과 동양의 장래를 위해서도 축하할 만한 일이라고 찬양하였다.[51] 부령 제99호가 제정된 6월의 사설에서는, 일본인과 조선인이 10여 년을 함께 지내왔음에도 불구하고 철저히 융화 병합의 열매를 거두지 못한 이유를 혈통적 관계가 드물었던 것에서 찾았다. 일반적으로 결혼은 개인 사이에서도 소원한 이들을 친근하게 하고 대립하는 이들을 소통하게 하므로, '내선결혼'은 개인은 물론 민족 전체를 융화 친밀

---

50 「朝鮮總督府令 第99號 朝鮮人ト內地人トノ婚姻ノ民籍手續ニ關スル件」, 『朝鮮總督府官報』, 1921. 6. 7.

51 「사설: 內鮮人 結婚法 實現 未久」, 『매일신보』, 1921. 2. 4.

하게 만들 수 있는 핵심이자 지름길이라는 것이었다. 또 부령 제99호는 민족 통혼을 장려하기 위해 혼인 절차를 간단히 한 것이니, 앞으로는 '내선결혼'이 격증할 것이라고 기대했다.[52] 다른 기사에서는 결혼은 권리·의무의 문제가 아니라 순전히 연애의 결과인데, 그동안 외국인과의 결혼도 아니고 같은 국민이라면서도 일본인과 조선인의 결혼을 인정하지 않은 것은 고의적이고 진실한 차별이었다고 꼬집었다. 그러므로 '내선결혼'을 법적으로 뒷받침하는 게 민족 융화책 중에서 근본책이자 첫걸음이라며, 앞으로 더 많은 차별적 제도가 철폐되기를 기대하였다.[53]

정리해 보자면, '내선융화'를 주창하면서도 '내선결혼'을 법적으로 뒷받침하지 못하는 것은 모순이었으므로,[54] '내선결혼' 법제의 제정은 그 자체로 '내선융화'를 위한 하나의 시책이었다. 또한 '내선융화'가 서로 반목하던 일본인과 조선인이 이해하고 협력하기를 바라는 정책이라고 할 때, 두 사람이 사랑을 바탕으로 결합하는 '내선결혼'은 '내선융화'의 실천이자 상징이었다. 게다가 부부의 사랑은 그들의 부모와 친척, 주변 사람들까지 친밀하고 소통하게 만들어서, 사랑의 연쇄 작용을 통하여 일본인과 조선인 민족 전체를 결합시킬 '내선융화'의 지름길이었다.

'내선결혼'이 민족 결합에 효과적이라고 생각된 또 다른 이유는 그것이 생물학적 결합이기 때문이었다. 『매일신보』는 타인과의 친밀한 관계 가운데 우정의 가치가 1냥이라면 결혼의 가치는 5~10냥에 달한다고 했다. 결혼은 혈통적 관계이기 때문이다. 일본인과 조선인 사이에서도 장

52 「사설: 內鮮人의 通婚」, 『매일신보』, 1921. 6. 16.

53 肯巖生, 「日鮮融和의 根本政策과 民籍手續法」, 『매일신보』, 1921. 6. 16.

54 總督府 法務局 民事課長 談, 「民籍法 改正에 就ᄒᆞ야」, 『매일신보』, 1921. 2. 7; 「日鮮人結婚問題」, 『조선일보』, 1921. 2. 8.

벽을 철폐하고 서로 흉금을 털어놓으며 끈끈한 관계를 맺으려면, '내선결혼'이야말로 중차대하고 긴급한 문제였다. 그러므로 '내선융화'를 도모하려면 먼저 '내선결혼'을 장려하지 않으면 안 되고, 이는 두 민족의 사활을 좌우하는 관건이라고 주장하였다.[55] 1926년에는 캐나다 장로교회 감독 스타지의 말을 빌려서, 앞으로 일본인과 조선인은 '내선융화'를 혈통적 결합에서 구하고 당국도 그를 힘껏 장려해야 한다고 주장했다. 혈통적 관계가 여러 세대를 거쳐 거듭되면, 조선인은 조선인의 자손이면서 일본인의 자손이 되고 일본인도 일본인의 자손이면서 조선인의 자손이 된다. 이로써 완전한 '동포 형제', '일근일원(一根一源)'의 혈통이 된다면, 당연히 서로 충돌하거나 질시하지 않고 진심에서 서로 사랑하고 친목하게 될 것이었다.[56] 조선총독부의 기관지 『조선』은 영친왕 부부의 첫아들이 태어난 지 1년도 못 되어 사망하자, 비록 단명했지만 그 이외에는 누구도 할 수 없는 사업을 성취했다고 애도하였다.[57] 일본인과 조선인 사이의 자녀는 사랑의 열매이자 혈통적 결합의 산물로서 태어나는 것 자체가 업적이었다.

이러한 '내선결혼' 선전은 언론의 주장에 그치지 않았다. 1923년 일본의 외교 전문지에는 조선 총독 사이토 마코토의 이름으로 '내선결혼'을 옹호하는 기사가 실렸다. 사이토 마코토는 동화정책의 핵심 수단인 '내선결혼'을 국책으로서 장려해야 한다며 다음과 같이 주장하였다.[58]

---

55 「사설: 内鮮人의 結婚增加와 血統的融和의 捷徑」, 『매일신보』, 1921. 4. 20.

56 「논설: 内鮮人 融和의 要諦」, 『매일신보』, 1926. 10. 29.

57 1922, 「李晉殿下を悼み奉る」, 『朝鮮』 87, 2~3쪽.

58 斎藤実, 1923, 「日鮮の実際的融和」, 『外交時報』 37-440, 110~111쪽.

조선은 일본의 보호국도 아니고 식민지도 아니며, 혼연융화(渾然融和)된 동일 국민이 되는 것이 궁극적인 희망이다. 이 희망을 완성하는 데는 동일심(同一心)이 아니면 안 된다. 동일심은 동일한 피와 육체에 깃듦이 본칙이기 때문에, 일선인(日鮮人)의 잡혼이 제일의 요건이다. 이러한 의미에서 법령상으로도 작년 이래 결혼은 본토(本土)와 반도(半島) 사이에 차별이 없어졌다. 즉, 이 법령은 보통 행정상의 취급 규정으로 생긴 것이 아니라, 이로써 양자의 잡혼을 용이하게 하여 궁극적인 대목적에 다가가게 하려는 지도적 법령이다. (중략) 이렇게 말하면 결혼을 정략적으로 이용하는가 하고 한 마디로 냉평(冷評)할지도 모르지만, 물론 정략적이다. 심지어 국민으로서의 경복(慶福)을 증진할 국책적이다.

또한 조선총독부는 1910년대부터 매년 조선에 거주하는 '내선결혼' 부부의 수를 집계하다가, 1919년 『조선총독부관보』를 통해 처음 공개하였다.[59] 이 역시 선전의 재료로 활용되었다. "조선인과 내지인의 통혼율은 나날이 늘어가는 터",[60] "내선인 간의 결혼은 근년래로 점차 증가하여 가는 추세"[61] 등 통혼이 증가함을 강조하였다.[62] 또한 "그 가정은 모두 원만

59 「内地人ト朝鮮人トノ雜婚数」, 『朝鮮總督府官報』, 1919. 7. 17.

60 「內鮮人通婚數 해마다 느러간다」, 『매일신보』, 1926. 4. 4.

61 「해마다 느러가는 內鮮人間結婚數」, 『매일신보』, 1928. 8. 22.

62 「內鮮人結婚數 年年增加」, 『매일신보』, 1928. 8. 28; 「最近五年間 內鮮人配偶數 해를 짜라 증가의 상태」, 『매일신보』, 1929. 11. 16; 「內鮮配偶數 해마다 놀나운 수로 증가」, 『매일신보』, 1934. 5. 12; 「內鮮一體를 表現한 『融和結婚』이 增加」, 『매일신보』, 1938. 9. 27. 등.

하여 매우 행복한 생활을 하여 간다더라"[63]라면서 통혼 가정이 화목하다고 강변하였다. 그리하여 최종적으로 '내선결혼'의 증가가 곧 '내선융화'의 진전을 의미한다고 해석하였다. "내지인과 조선인의 배우자는 해마다 증가 경향을 보여 내선융화상 견고한 매듭이 생겨나고 있는 것",[64] "내선인의 결혼 수는 연년 증가하는 경향으로 내선융화상 실로 좋은 현상"[65]이라는 표현이 상투적으로 등장한다. '내선결혼' 부부의 수를 보도하면서 "혼인에 나타난 내선융화"라는 기사 제목을 붙이거나,[66] '내선결혼' 부부를 결혼을 통해 '내선융화'를 보인 자로 추켜세우기도 했다.[67]

그러자 조선총독부의 선전에 호응하여 '내선결혼'을 실천하는 이들도 생겼다. 1922년 경기도 참여관 김윤정(金潤晶)은 영친왕을 본받아 '내선동포'의 도범이 되기를 자처하며 장남을 일본인 여성과 결혼시켰다. 그 소식을 『매일신보』를 통해 알리면서, '내선융화'를 말로만 외칠 게 아니라 '내선결혼'을 실천함으로써 혈통 관계를 두텁게 하고 혼혈족이 되자고 제안했다.[68]

이처럼 1920년대 본격화된 '내선결혼' 선전에서 '내선결혼'은 일본인과 조선인이 서로 화목하게 결합하기를 바라는 '내선융화'의 상징인 동시에, 공동의 자녀를 낳아 혈통적 관계를 두텁게 함으로써 장래 완전히 하

---

63 「內鮮結婚四百組 모도가 사히 좃케 산다고」, 『매일신보』, 1928. 4. 16.

64 1925, 「著しく增加の傾向を辿る內鮮人の結婚」, 『朝鮮』 122, 38쪽.

65 「京城府人口の縣別職業別, 內鮮人の結婚調べ」, 『京城日報』, 1930. 4. 19.

66 1933, 「婚姻に現はれたる內鮮融和」, 『朝鮮』 218.

67 「迷信を尻目に芽出度い結婚數」, 『釜山日報』, 1933. 4. 19.

68 京畿道 參與官 金潤晶, 「日鮮融和를 論ᄒᆞ야 結婚問題에 及홈」, 『매일신보』, 1922. 1. 27; 京畿道 參與官 金潤晶, 「日鮮融和를 論ᄒᆞ야 結婚問題에 及홈(下)」, 『매일신보』, 1922. 1. 28.

나의 동포·민족이 될 수 있는 유일한 방법으로 부각되었다. 그리하여 한편에서는 '내선결혼'을 개인 간 사랑의 산물로 강조하면서도, 다른 한편에서는 국가와 민족을 위해 실행해야 할 국책의 하나로 의미 부여하였다. 조선인은 일제의 식민통치에 반감을 가졌지만 적어도 국내에서는 '내선융화'를 대놓고 반대할 수 없었으므로, '내선결혼'을 장려하는 것은 정략결혼을 부추기는 것이라고 비판하였다. 사랑하는 연인이라면 누구와도 결혼할 수 있겠지만, '내선융화'라는 정치적 목적을 위해서 결혼을 장려하거나 자녀에게 결혼을 강제하는 것은 이익을 위해서 인생의 큰일을 이용하려는 야비하고 천박한 처사라는 것이다.[69] 1920년대에는 자유연애와 연애결혼을 이상적으로 보는 생각이 유행하였다. 그래서 '내선결혼'을 선전하는 쪽은 '내선결혼'이 자유연애의 산물임을, '내선결혼'을 반대하는 쪽은 자유연애의 산물이 아님을 강조하였다. 하지만 사실 이들에게 '내선결혼' 당사자가 연애결혼을 했는지 아닌지는 그리 중요하지 않았다. '내선융화'로 표현된 조선인 동화정책에 찬성하느냐 반대하느냐에 따라 '내선결혼'에 대한 입장이 갈렸을 뿐이다. 이처럼 1920년대 '내선결혼' 장려 선전이 본격화된 이후로, 일본인에게도 조선인에게도 '내선결혼'을 민족의 관점에서 이해하려는 시각이 확산되었다.

2) '내선일체'와 '내선결혼' 선전

1930년대 일제는 이른바 '15년 전쟁기'에 들어섰다. 1931년 만주사변을 일으켜 중국 동북 지역에 괴뢰국인 만주국을 수립(1932)했고, 국제 사

69 「政略結婚을 斥하노라, 功利觀念을 破하라」, 『동아일보』, 1922. 1. 29.

회가 만주국을 독립된 국가로 인정하지 않자, 그에 반발해서 1933년 국제연맹을 탈퇴했다. 이어서 1937년 중일전쟁을 일으켜 대륙 침략을 본격화했고, 1941년에는 하와이의 진주만을 기습 공격하며 동남아시아로 침략 범위를 확대하였다. 그리고 1945년 8월 15일 연합국에 무조건 항복하기까지 15년 동안 전쟁을 계속했다.

그와 동시에 일제는 이들 전쟁은 침략 전쟁이 아니며, 일본의 지도 아래 아시아의 현지 민족들과 협력하면서 서구에 대항하는 새로운 국제 질서를 만들고 있다고 주장하였다. 만주국은 국내의 한족, 만주족, 몽골족, 조선인, 일본인의 5개 민족이 평등하게 공존공영을 도모한다는 '오족협화(五族協和)'를 건국 이념으로 내세웠다.[70] 일본 정부는 1938년 '동아신질서' 성명을 발표해서 중국 국민당에게 일본과 제휴하여 동아협동체를 이룩하자고 제안했고, 1940년에는 동남아시아까지 영역을 넓혀 '대동아공영권'을 건설하는 것을 일본의 국책으로 삼았다.[71] 일본은 아시아 전역으로 침략 전쟁을 확대하면서도 현지 민족의 저항을 최소화하기 위하여 민족협화 및 공존공영의 이상을 내걸었다. 또 서구의 백인종 국가를 그러한 이상 실현을 방해하는 세력으로 규정한 후, 아시아의 민족들은 일본을 중심으로 힘을 합쳐야 한다고 주장하였다.

국제 정세 변화 속에서 일제의 조선 통치 슬로건도 '내선융화'에서 '내선일체'로 바뀌었다. 조선 총독 미나미 지로(南次郎)는 1938년 1월의 도지사 회의에서 조선 통치의 목표는 "반도의 일본화, 즉 내선일체(內鮮一體)

70 윤휘탁, 2013, 『만주국: 식민지적 상상이 잉태한 '복합민족국가'』, 혜안.

71 고바야시 히데오 지음, 이정선 옮김, 2018, 『일본의 아시아 침략』, 와이즈플랜, 84~95쪽.

의 구현"에 있다고 선언하였다.[72] 1940년 국민정신총동원조선연맹의 모임에서 미나미 지로가 한 다음의 인사말은 '내선일체'가 무엇인지를 잘 드러낸다.[73]

> '내선일체'는 서로 손을 잡는다거나 외형이 융합한다거나 하는 등의, 그런 뜨뜻미지근한 것이 아니다. 손을 잡는 자는 떨어지면 또 헤어진다. 물과 기름도 억지로 흔들어 섞으면 융합한 모양새가 되지만 그것으로는 안 된다. 외형[形]도 마음[心]도 피[血]도 육체[肉]도 모두가 일체가 되지 않으면 안 된다.

한시적이나마 조선 민족의 독자성을 인정하고 일본인과 조선인이 서로 화목하기를 바랐던 이전의 '내선융화'가 서로 손을 잡고 있거나 물과 기름을 흔들어 섞어놓은 단계였다면, '내선일체'는 거기서 한발 더 나아가 절대로 분리되지 않도록 완전히 하나가 된 단계를 가리켰다. 일본인과 조선인이 완전히 하나가 되지 않는다면, 일본인이 외부에서 전쟁을 벌이는 동안 조선인이 내부에서 다시금 대대적인 독립운동을 벌일지도 모르는 일이었다. 게다가 일제는 전쟁을 벌이는 내내 자원 부족에 시달렸기 때문에 조선인을 노동자나 군인으로 강제 동원해야 했다. 그리하여 '내선일체' 단계에서는 조선인의 지식과 부를 향상시켜서 마음을 얻겠다는 발상은 사라졌다. 이득을 얻기 위해 협력하는 조선인은 이득이 없을 때 협력하지

72 1938, 「(彙報) 重大聲明に關し道知事會議その他開催」, 『朝鮮』 273, 183~184쪽.

73 朝鮮總督府, 1940, 「國民精神總動員朝鮮聯盟役員總會席上總督挨拶」, 『朝鮮に於ける國民精神總動員』, 101쪽

않을 것이기 때문이다. '내선일체' 단계에서 조선총독부는 조선인에게 일본인이라는 국민의식, 일본과 하나라는 운명 공동체 의식을 심는 데 주력하였다. 이것이 '내선일체' 또는 '황국신민화' 정책이었다.

그런데 일부 조선인은 '오족협화' 및 '동아신질서'라는 새로운 국제 질서가 일본 국내에도 적용되어야 한다고 주장했다. 민족의 독립성을 보존한 상태에서 민족과 민족의 협동을 도모하는 관계가 일본 국내의 조선인과 일본인 사이에 적용되는 것, 그것이 '내선일체'라고 해석한 것이다. 이러한 생각을 '협화적 내선일체론'이라고도 부른다. 하지만 1942년 조선총독 고이소 구니아키(小磯國昭)는 '내선일체'는 일본과 조선의 평등이나 서로 간의 정신적 연합을 뜻하는 것이 아니라 조선인을 황국신민으로 육성하는 것이라고 하면서, 협화적 내선일체론을 완전히 부정하였다.[74]

1941년 조선총독부 학무국에 근무하던 안용백(安龍伯, 창씨명 竹山龍伯)도 '내선일체'의 궁극적인 모습은 조선 민족이 발전적으로 해소해서 일본 민족에 통합되는 것이라고 썼다. 그러한 '내선일체'는 당시 일본이 표방하던 세계 신질서 건설의 기초가 되고, 그렇기 때문에 단순한 국내 문제가 아니라 세계사 차원의 문제가 된다고 의미를 부여하였다. 조선인은 독자성을 버리고 완전히 일본인에게 동화되는 것이 세계사적인 사명이라는 뜻이다. 또한 이러한 '내선일체' 혹은 '민족적 통합 일체화'는 결혼이라는 피의 결합을 통해 촉진될 것이었다.[75]

---

74 홍종욱, 2000, 「중일전쟁기(1937~41) 사회주의자들의 전향과 그 논리」, 서울대학교 국사학과 석사학위논문.

75 朝鮮總督府學務局在勤 竹山龍伯, 1941, 「民族統合と內鮮通婚」, 『內鮮一體』 2-1, 46~51쪽; 한국역대인물종합정보시스템(http://people.aks.ac.kr) 인물 생애 정보 「안용백」 항목.

국외의 '민족협화'와 국내의 '내선일체'를 구분하는 방식은 결혼 정책에서도 확인된다. 일제는 만주국 황제 푸이(溥儀)의 남동생 푸제(溥傑)를 일본 화족 사가 히로(嵯峨浩)와 결혼시켰다. 대한제국 구 황실의 계승권자 영친왕 이은을 나시모토노미야 마사코와 결혼시킨 것과 마찬가지로, 만주국 황실의 계승권자를 일본인 여성과 결혼시킨 것이었다.[76] 하지만 일반 사람들에게는 통혼을 권장하지 않았다. 오히려 일본 정부는 척무성, 문부성, 농림성이 중심이 되어서, 일본인 여성을 만주국에 사는 일본인 남성에게 보낼 '대륙 신부'로 양성하는 사업을 1938년부터 본격화했다. '오족협화'를 표방했지만, 가급적 일본인끼리 결혼하기를 바란 것이다.[77]

그에 비해 조선에서는 '내선결혼'이 다시금 '내선일체'의 상징으로 선전되었다. 또한 1932년 일본 정부의 척무성과 육군성이 일본에 살던 '내선결혼' 가족을 만주국으로 보낸 사실이 있어서 흥미롭다. 이들은 후쿠시마현(福島縣)의 탄광에서 일하던 노동자 가족이었는데, 탄광이 폐광되자 일본 정부의 알선으로 만주국 봉천(奉天)으로 집단 이주하였다. 일본 정부는 집단 이주 대상자 중에서도 조선인 남편과 일본인 아내로 구성된 60가족 159명을 가장 먼저 보냈다. '내선융화의 이민단'이었다.[78] 갓 건국된 만주국에서 일본인에 대한 불신이 가득했을 만주족에게 이들은 존재 자체만으로도 '오족협화'와 '내선일체'를 보여주는 좋은 선전물이 되었을 것이다.

---

76 야마자키 도모코 지음, 김경원 옮김, 2013, 「1장 2개의 인신공양 결혼-이방자와 아이신줴뤄 히로」, 앞의 책.

77 야마자키 도모코 지음, 김경원 옮김, 2013, 「2장 버림받은 일본 여성들-'내선결혼'과 '대륙의 신부'」, 위의 책; 今川勳, 1990, 앞의 글.

78 「内鮮融和の移民団, 六十家族満洲へ」, 『釜山日報』, 1932. 5. 12.

이제 '내선일체' 단계의 '내선결혼' 장려 선전에 대해 알아보자. 조선인의 외형, 마음, 피, 육체 모두를 일본인화한다는 '내선일체'의 목표 아래에서는 정신적 동화(국민의식)를 촉진할 수단으로서 문화적 동화(언어, 생활양식)를 중요시했고, '내선결혼'은 정신적 · 문화적 동화를 촉진하면서 생물학적 동화까지 실현할 수 있는 명실상부한 '내선일체'의 수단임이 강조되었다. 다음 인용문은 1940년 12월 19일 『매일신보』에 실린 사설 「내선결혼의 장려」의 일부이다.[79]

> 그러면 왜 내선인 간의 결혼이 필요한가. 내선결혼은 내선일체의 견지로 보아 그 실천 운동에 있어서 제일 먼저 우리가 실행해야만 될 문제이기 때문이다. 내선일체를 완성시키자면 먼저 내선인 간의 사상을 통일시켜야 할 것이며 내선인 간의 사상을 통일시키자면 무엇보다 먼저 내선인 간의 결혼을 장려하여 우리들의 가정으로부터 참된 황국신민으로서 새로운 출발을 해야 할 것이며 내선인이 한 가족을 이룸으로써 서로 믿고 사랑하고 협력하여 단결을 굳게 해야만 될 것이니, 이는 내선일체를 실현하는 데 근본적 문제가 된다. (중략) 역사적 근거로 보더라도 대화(大和) 민족과 조선 민족은 동근동조로서 그 혈액이 교류되어 오늘의 내선일체가 약속되어 있는 것이다. (중략) 내선인 간의 결혼은 가장 타당한 일이요, 또한 현실적으로 급속히 보급시키지 않으면 안 될 문제이로되, 그 실현에 있어서는 다소 곤란한 점이 없는 것은 아니다. 그러나 이러한 곤란한 점을 극복하고 타개함으로써만 우리들의 생활은 합리화하고 행복될 것이다. 우리들은 대화 민족의 성

79 「사설: 내선결혼의 장려」, 『매일신보』, 1940. 12. 19.

격을 체득해야 하고 또 그리하기 위하여는 대화 민족의 문물 양식에 합치하도록 생활을 하지 않으면 안 된다. 먼저 우리는 국어(일본어: 인용자)를 일상 생활화하여 국어를 사용하고 국어로써 사물을 생각하는 동시에 내선 간의 결혼을 장려하여 내선일체를 이름이나 실제에 있어서 실지로 일상생활에 실천함으로써 황국신민된 의식을 함양해야만 될 것이다.

'내선융화' 단계의 선전과 비교해 보면, 우선 '내선결혼'을 통해 조선인을 언어, 사상, 일상의 생활양식, 성격, 혈액 등 모든 방면에서 일본인화해야 한다는 내용이 강조되어 있다. 조선총독부는 '내선융화' 시기에도 내심 통혼을 통한 조선인의 일본인화를 기대했지만, 한글 신문 등 조선인을 상대로 한 선전에서는 동화보다는 민족의 상호 협력과 친밀함을 더 강조했다. 하지만 '내선일체' 시기가 되자 조선인의 일본인화라는 목표를 전면에 내세운 것이다. 그와 함께 '내선결혼'을 개인 간 사랑의 산물로 묘사하는 선전은 사라졌다. 이 시기에는 자유연애와 연애결혼을 일본의 전쟁 상대였던 서구의 영향을 받은 자유주의적 방종으로 비난하고 일본인에게 국가를 위한 희생을 부추겼기 때문에, 국책 선전에서 자유연애 개념은 거의 중요하지 않았다.

신문은 각종 미담을 보도하며 '내선결혼'을 선전했다. 첫 번째 유형은 '내선결혼'을 통해 생활양식이 일본인화된 사례이다. 조선총독부 사무관 정용신(鄭用信, 창씨명 靑山信介)은 조선인 아버지와 일본인 어머니 사이에서 태어나, 호적상의 신분은 조선인이었지만 어릴 때부터 일본인과 다르지 않게 생활하였다. 아내도 조선인이었지만 일본인과 여학교를 같이 다니고 일본인 학생과 교제했으며 가정에서도 일본어를 사용했다. 그리하여 결혼 후 부부와 자녀들은 완전히 일본인처럼 생활하고 일본어를 사용하였으며 일본인풍으로 창씨개명했다. 부모의 '내선결혼'으로 시작해서 일본인화된 이들에게 '내선일체를 선각한 가정'이라는 이름이 붙었다.[80]

두 번째 유형은 일본인과 조선인 사이에서 결혼이나 입양을 통해 한 가족이 된 사람들이 군인이 되어 전쟁터에 나가거나 총후(銃後)의 후방에서 가정을 지키는 사례이다. 일본인 남성만 병역의 의무를 지녔기 때문에, 군인과 관련된 사례는 대개 일본인 남성과 조선인 여성 부부의 이야기이다. 1941년 경북 대구에서는 조선인 여성이 전쟁에서 살아 돌아오면 결혼하기로 약속했던 일본인 남성과 결혼해서, "대륙의 전야에서 생사를 모르고 싸우는 한 병졸과 반도의 총후를 지키는 한 농촌 처녀와의 사이에서 피어난 소설과 같은 내선일체의 로맨스"라는 칭송을 받았다.[81] 일본인 남성과 결혼해서 자녀를 낳아 기르던 조선인 여성은 1940년 남편이 전사하자 야스쿠니(靖國) 신사에 유족으로 참배했다. 죽은 일본인 남편은 '대일본제국'을 지키는 신으로 추앙되었고, 조선인 아내는 남편의 유지를 받드는 '군국(軍國)의 어머니'로 자리매김했다.[82] 드물지만 조선인 남성이 일본인에게 입양되면서 군인이 된 사례도 있다. 경남 출신의 자동차 운전수 오인상은 군인이 되고 싶어서 여러모로 방법을 알아보다가, 1938년 일본인에게 입양된 다음 징병검사를 받음으로써 갑종에 합격했다.[83] 1943년 황해도 사리원에서는 일본인 여성이 자기 가게에서 일했던 조선인 남성이 지원병이 되자 생활비를 지원해 주다가, 입양해서 모자(母子)의 인연까

80 「創氏名 家庭化의 披露談」, 『매일신보』, 1940. 8. 28.

81 「내선결혼의 아름다운 꽃」, 『매일신보』, 1941. 7. 27.

82 「軍國美談의 二重奏」, 『매일신보』, 1943. 4. 25.

83 「名譽의 兵籍을 憧憬 내지인에게 양자간 반도 청년」, 『매일신보』, 1938. 11. 19.

지 맺었다.[84] '내선일체'의 도달점은 이와 같은 군인 가정이었을 것이다.

세 번째 유형은 '내선결혼' 정책에 대한 선전이다. 1939년 「조선민사령」 개정에 즈음하여, 조선 총독 미나미 지로는 창씨개명, '내선결혼', '내선입양'을 사법상에서 '내선일체'를 구현한 항목으로 꼽았다. 조선인이 일본인식·일본인풍의 씨명을 가질 수 있으며 일본인과 더 많이 결혼하고 입양할 수 있도록 민사령을 개정했다는 것이다. 이로써 '내선일체'를 구현할 길이 완전히 열린 셈이어서 조선인의 복지를 위해서 참으로 기쁜 일이라고 평가했다. 흥미로운 것은 이때 미나미 지로가 과거에 일본에 건너가 일본인풍의 이름을 사용한 무수한 한반도 출신 도래인이 이제는 흔적도 없이 일본인화되었다고 언급한 대목이다. 미나미 지로는 이를 근거로 '내선일체'의 이상을 발휘하면 현재의 조선인도 과거의 도래인처럼 가까운 장래에 황국신민화될 수 있을 것이라고 기대했다.[85] 1941년 국민총력조선연맹이 1940년에 결혼한 '내선결혼' 부부에게 통혼을 장려하는 의미에서 선물한 족자에는 총재 미나미 지로가 쓴 '온고지신(溫故知新)'이라는 글자가 담겼다.[86] 옛것을 익혀서 새것을 안다는 이 사자성어를 통해서 그가 전파하려 한 것은 조선인의 일본인화가 과거에도 있었고 미래에도 반드시 실현될 것이라는 믿음이었다.

아울러 혼혈인의 미담도 간접적으로 '내선결혼' 선전의 한 부분을 이뤘다. 이 글 4절에서 다루겠지만, 1940년대 일본 정부에는 '내선결혼'과 혼혈에 회의적인 시각이 급속히 확산되었고, 조선총독부 역시 '내선결혼'

84 「內鮮一體의 垂範」, 『매일신보』, 1943. 3. 16.

85 「內鮮一體의 具現 內地人式 氏의 設定」, 『매일신보』, 1939. 11. 10.

86 「內鮮人結婚調査」, 『매일신보』, 1940. 12. 21; 「十三組의 內鮮結婚」, 『매일신보』, 1941. 5. 16.

을 장려한다고 선전하면서도 장려책에 대해서는 조심스러워했다. 이러한 머뭇거림을 『매일신보』에서도 엿볼 수 있다. 일제는 일본과 중국이 가까워짐에 따라 혼혈아도 늘어날 것을 예상하고, 일본인과 중국인의 혼혈아가 의학적으로 우량아인지 아닌지를 조사했다.[87] 또 대동아공영권 건설에 따라 민족 교류가 성행하자 혼혈 문제가 부상했는데, 우생학자는 혼혈이 순혈보다 우수하다고 하고 동맹국 독일은 순혈 민족이 가장 우수하다고 하는 수수께끼를 풀어서 대동아공영권 내 민족 정책을 수립하는 데 활용하고자 했다.[88] 이러한 머뭇거림 속에서도 『매일신보』는 혼혈의 우수성을 선전하기를 멈추지 않았다. 제주도의 재래종 수컷 말을 일본의 암컷에게 장가보냈더니 2세의 발육 상태가 좋았다는 소식을 전하며, 사람만 '내선일체' 되는 것이 아니고 말에서도 좋은 성적을 보인다고 썼다.[89] 또 필리핀에서는 필리핀 아버지와 일본인 어머니 사이에서 태어난 양국 "친선의 혼혈아"가 팔뚝에 히노마루(日の丸)를 새기고 일본군의 삐라를 들고 다니며 활약했다. 그는 일본어를 전혀 몰랐지만, 자기에게도 일본인의 피가 흐르고 있으므로 군인은 될 수 없어도 무엇이든 하겠다고 다짐하였다.[90]

1937년 일장기 말소 사건 이후의 언론 통제와 1940년 한글 신문 통폐합 조치로 인하여, 이 시기 한반도에서 발행된 신문·잡지에서는 조선총독부의 정책을 비판하는 기사를 찾아보기 어렵다. 하지만 조선인 식자층이 조선인의 일본인화를 목표로 한 '내선결혼' 장려에 반감을 가졌음은 분명하다. 미국에서 발행된 『신한민보』는 1941년에 창씨개명 단행과 '내

87 「소식통: 日支混血兒 優生學」, 『매일신보』, 1940. 11. 5.

88 「소식통: 優生上 混血兒 問題」, 『매일신보』, 1941. 7. 19.

89 「良馬增産에도 內鮮一體」, 『매일신보』, 1941. 7. 17.

90 「皇軍傳單에 活躍」, 『매일신보』, 1942. 1. 12.

선결혼' 부부 표창 소식을 듣고, '내선결혼' 장려 정책은 한국 사람을 핏줄로부터 왜놈으로 만들고 전쟁 중 인구의 손실을 보충하려는 독한 수작이라고 비난하였다.[91] 광복 이후 1947년 남조선과도입법의원은 처벌해야 할 부일협력자 유형에, 일본인과 결혼한 자로서 일본 또는 자기 이익을 위하여 동포에게 해를 끼친 악질 행위자를 포함시켰다.[92] 1948년 대한민국 정부 수립 이후 설치된 반민족행위특별조사위원회는 박재홍(朴在洪)을 체포하고 그의 아내 요시다 요시코(吉田芳子)를 불러다 취조했다.[93] 역시 반민족행위특별조사위원회의 조사를 받던 박흥식(朴興植)은 일제시기에 자신이 '내선결혼'을 장려했다고 시인하고, 조선인이 일본인과 결혼하기를 원하지 않음을 알았지만 통혼이 조선인에게 간접적이나마 도움이 될 줄 알고 권장했다고 변명하였다.[94] '내선결혼' 장려 정책에 대한 민족적 반감이 광복 이후 친일파 청산 과정에서 분출한 것이다.

이처럼 1930~1940년대 '내선결혼'을 바라보는 민족주의적 시각은 더욱 강고해졌다. 조선총독부는 '내선결혼'을 통해서 조선인이 일본 국민, 일본 민족으로 동화될 것이라면서 통혼을 장려한다고 선전해 댔다. 반대로 조선 민족이 독립하기를 바랐던 조선 사람들은 '내선결혼'한 사람들 및 '내선결혼'을 장려한 사람들을 대부분 친일파 혹은 반민족행위자일 것이라고 인식했다. 조선총독부의 선전에 대한 반작용이었다. 하지만 실제 '내선결혼'의 실상은 그렇게 단순하지 않았다.

---

91 「소위 내선결혼의 장려」, 『신한민보』, 1941. 1. 30.

92 「附日協力者, 民族反逆者, 戰犯奸商輩에 對한 特別法律條例(草案)」, 『조선일보』, 1947. 3. 5.

93 「反民 朴在洪 妻 日女 吉田을 問招」, 『조선일보』, 1949. 2. 24.

94 「內鮮結婚 勸告했죠」, 『조선일보』, 1949. 2. 26.

3. '내선결혼' 제도와 결혼의 실상들

1) '내선결혼' 제도와 법률혼 가정의 신분

1910년 대한제국을 식민지 조선으로 삼은 일본은 조선인이 일본인과 유사한 '동문동종(同文同種)'이어서 동화시킬 수 있다고 보았고, 천황은 조선인을 일본인과 차별 없이 똑같이 사랑한다는 의미의 '일시동인(一視同仁)'을 강조했다. 하지만 일제는 일본·대만·조선의 법체계를 다르게 했다. 세 지역에 각기 서로 다른 법령을 시행했다는 뜻이다. 이에 따라 본토 일본에는 시행되는 법령이 식민지 대만이나 조선에 시행되지 않기도 하고, 같은 목적을 지녔지만 서로 다른 법령이 세 지역에 시행되기도 했다. 일본 국적을 가진 자를 등록하고 그의 가족관계를 파악하는 데 활용된 호적 제도도 그러한 법령 중 하나였다. 일본에는 「호적법(戶籍法)」(1898), 대만에는 「호구규칙(戶口規則)」(1905), 조선에는 「민적법(民籍法)」(1909)이 각각 시행되었다. 조선에서 「민적법」은 1923년 7월 1일부터 「조선호적령(朝鮮戶籍令)」(1922)으로 대체되었다.

이러한 지역적 구별은 인적 구별로 연결되었다. 〈그림 4-1〉은 「조선호적령」의 호적 기재 양식이다. 일본 「호적법」을 모델로 만들어져서 일본, 대만, 조선 세 지역 호적의 기본 원리는 거의 유사하다. 먼저 한 장의 호적에는 호주(戶主)를 중심으로 그의 가족들을 등록한다. 〈그림 4-1〉을 보면, 아랫줄 오른쪽에 박스 표시한 호주의 왼쪽으로, 어머니[母], 아내[妻], 장남(長男), 호주가 혼외 관계에서 낳아온 아들인 서자 남(庶子男)이 기재되어 있다. 이렇게 같은 호적에 등록된 호주와 그 가족들이 법적으로

〈그림 4-1〉 조선 호적 기재 양식

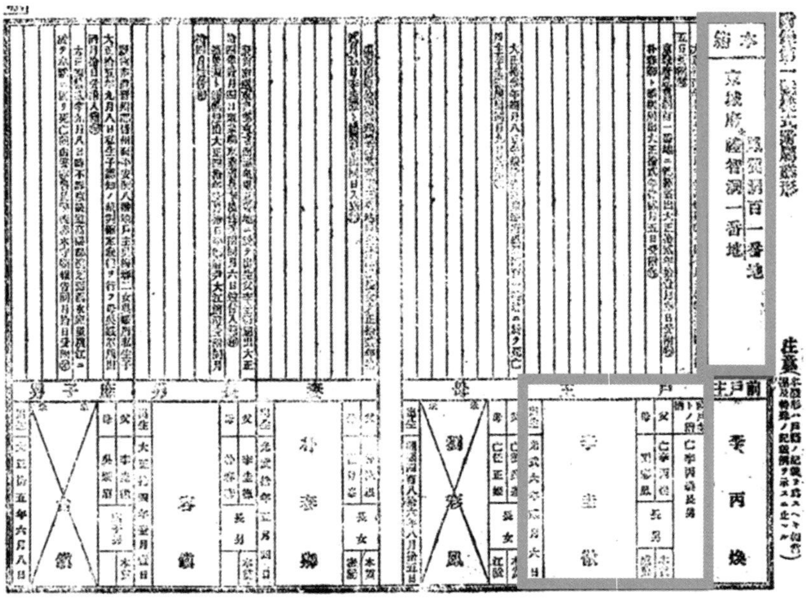

출전: 「朝鮮總督府訓令 第15號 朝鮮戶籍令施行手續」, 『朝鮮總督府官報』, 1923. 3. 27.

인정받는 하나의 가족이 된다. 또한 호적을 보관·관리하기 위해 본적(本籍) 개념이 도입되었다. 처음 조선에서 「민적법」이 제정될 때는 집안이 대대로 살아왔던 집의 주소가 본적으로 설정되었다. 〈그림 4-1〉에는 윗줄 오른쪽 박스 안에 경성부 예지동 1번지가 본적으로 기재되어 있다. 그곳의 동사무소에서 호적을 보관하면서 변동 사항을 기록했다.

앞서 설명한 것처럼 일제는 한국 병합과 동시에 모든 한국인의 국적을 일본으로 취급했다. 모든 한국인은 본인의 의사와 관계 없이, 한반도를 떠났어도 무조건 일본 국민이라는 것이다. 그러면서도 일본 국적을 가진 사람을 호적의 원리를 활용해서 본적을 기준으로 일본인, 대만인, 조선인으로 구별했다. 본적이 「호적법」이 시행되는 일본에 있으면 일본인, 「호구규칙」이 시행되는 대만에 있으면 대만인, 「민적법」이 시행되는 조선에 있으면 조선인이 되는 것이다. 자녀는 보통 부모의 호적에 올라가기 때문에 호적은 혈통에 따라 민족을 구별하는 제도였다.

그런데 1910년 대한제국 병합 시점에는 아직 식민지민이 일본에, 혹은 일본인이 식민지에 본적을 옮길 수 있는지, 가능하다면 조건은 무엇인지 결정되어 있지 않았다. 사실 호적제도에서는 호주가 임의로 본적을 바꿀 수 있고, 결혼이나 입양을 해서 하나의 가족을 이루려면 당사자 한 명이 상대방의 호적으로 옮겨가야 했다. 각 지역 안에서 시행되는 이 원리가 일본, 대만, 조선의 다른 지역 사이에서도 가능한지가 관건이었다. 1910년대 '내선결혼' 법제가 만들어지지 못한 이유는 이러한 제국 전체의 큰 그림이 완성되지 못했기 때문이었다. 이는 서로 다른 법령이 시행되는 일본 제국 내 지역과 사람의 관계를 결정하는 문제였기 때문에, 8년이라는 시간을 거쳐 「공통법(共通法)」(1918)으로 결정되었다. 이때 만약 제국 내 지역 간에도 자유롭게 본적을 옮길 수 있게 했다면 호적은 민족을 구별하는 제도로 활용되지 않았을 것이다. 하지만 일제는 지역 간의 본적 이동을 금지했고 일본인과 식민지민을 엄격히 구별했다.

「공통법」 제정 과정을 보면,[95] 일본 정부는 원래 국적법의 귀화에 준하여 일정한 조건을 충족하면 호주가 본적을 옮기는 전적(轉籍)을 지역 간에도 허용할 생각이었다. 하지만 조선총독부는 조건을 걸어 외국인처럼

95 『共通法規調査委員長上申共通法案法制局へ回付ノ件』(일본 공문서관 소장); 「共通法草案」, 「共通法草案(1917. 1)」, 『鈴木三郎關係文書』(일본 국회도서관 헌정자료실 소장); 「第40回帝國議會衆議院議事録(大正 6年 12月~大正 7年 3月), 共通法案の審議録」(아시아역사자료센터 소장, Ref. A07050016900).

심사하면 조선인이 불만을 가질 거라고 걱정하면서, 원칙적으로 전적의 자유를 인정하자고 제안했다. 그러자 일본 정부는 식민지민이 대거 일본에 전적하지 못하도록 아예 전적을 허용하지 않기로 했다. 호적으로 민족을 구별한다는 원칙은 이로써 확립되었다.

그런데 일본 정부는 전적과 달리, 가족관계로 인해 다른 지역의 호적으로 옮겨야 하는 경우는 혼인뿐 아니라 입양, 사생자인지(私生子認知), 친족입적(親族入籍)에 이르기까지 모두 허용하도록 했다. 아래 「공통법」 제3조 가(家)의 이동에 대한 내용이 그것이다.[96] 결국 일본인과 가족관계를 맺는 것이 조선인이 조선인 신분을 벗어날 수 있는 유일한 길이 되었다.

> ① 한 지역의 법령에 의해 그 지역의 가(家)에 들어가는 자는 다른 지역의 가를 떠난다.
> ② 한 지역의 법령에 의해 가를 떠날 수 없는 자는 다른 지역의 가에 들어갈 수 없다.
> ③ 육해군의 병적(兵籍)에 있지 않은 자와 병역에 복무할 의무가 없기에 이른 자가 아니면 다른 지역의 가에 들어갈 수 없다. 단, 징병종결처분을 거쳐 제2국민병역에 있는 자는 이에 해당되지 않는다.

이러한 방식은 두 가지 측면에서 흥미롭다. 첫째, 원칙적으로 결혼 지역(식민지/일본 본토)이나 성별 조합(조선인 남성·일본인 여성/일본인 남성·조선인 여성)에 따른 제한이 없다는 점이다. 사실 일본 정부는 원래 서로 다른 지역에 속하는 일본 국민들 사이의 가족관계에 국적에 관한 법률들을

---

96 「法律 第39號 共通法」, 『朝鮮總督府官報』, 1918. 4. 22.

준용하려 했다. 이 경우 조선인 남성이 데릴사위의 일종인 입부(入夫)·서양자(壻養子)로서 일본 호적에 입적하려면 내무대신의 허가를 받아야 했다. 그런데 조선총독부는 국적 관계 법률을 준용하면 일본이 조선인을 외국인으로 취급한다는 느낌을 주어 식민통치에 악영향을 미칠 것이라고 걱정했다. 일본 정부도 그를 인정하고 공통법에서 국적에 대한 언급을 제거하여 일본인과 식민지민의 사이가 외국인보다 가까움을 강조하려 했다. 하지만 실제로는 국적법의 귀화에 준하는 자기 의사에 따른 전적을 금지해 일본인과 식민지민을 외국인보다 강력히 구별하였다.

둘째로, '내선결혼' 부부는 결혼 유형에 따라 일본인이 되기도 하고 조선인이 되기도 했음이 흥미롭다. 모두 일본인으로 삼아 우대하거나 조선인으로 삼아 차별하거나 혹은 제3의 신분으로 만들어 특별 취급하지 않고, 결혼 유형에 따라 법적 신분을 결정한 것이다. 그 양상을 정리한 것이 〈표 4-1〉, 〈표 4-2〉이다. 먼저 〈표 4-1〉에서 부부의 법적 신분을 보자. 혼인신고를 한 법률혼 부부라면, 일반적으로 아내가 남편의 호적에 들어가서 남편의 법적 신분을 얻는다. 단, 입부·서양자 혼인을 했다면, 남편이 아내의 호적에 들어가서 아내의 법적 신분을 얻는다. 혼인신고를 하지 않으면 법적으로 혼인 관계를 인정하지 않으므로 신분도 바뀌지 않는다.

〈표 4-1〉 '내선결혼' 부부의 법적 신분

	법률혼 관계		혼외 관계
	혼인	입부·서양자	
조선인 남성+일본인 여성	조선인	일본인	신분 변동 없음
일본인 남성+조선인 여성	일본인	조선인	

〈표 4-2〉 '내선결혼' 자녀의 법적 신분

	법률혼 관계		혼외 관계	
	혼인	**입부·서양자**	**서자**	**사생자**
조선인 남성+일본인 여성	조선인	일본인	조선인	일본인
일본인 남성+조선인 여성	일본인	조선인	일본인	조선인

다음으로 〈표 4-2〉를 보면, 법률혼 관계인 경우 부부의 법적 신분은 고스란히 자녀의 법적 신분으로 이어진다. 하나의 가족이기 때문이다. 혼외 관계는 조금 복잡하지만, 결혼의 유형에 따라 법적 신분이 달라지는 원칙은 동일하다. 혼외 관계에서 태어난 자녀는 일단 사생자로 어머니의 호적에 넣고 누군가 아이 아버지라고 나서서 사생자인지 신고를 하면 서자로서 아버지의 호적으로 옮겼다. 그러므로 사생자는 어머니의 신분, 서자는 아버지의 신분을 따르게 된다.

일본 정부는 이처럼 가족관계 유형에 따라 신분을 결정함으로써 호적에 의한 민족 구별이 차별로 보이지 않게 하려고 노력했다. 하지만 호적상의 신분에 따른 법적·사회적 차별은 엄연히 존재했다. 그 결과로, 일본인 여성이 조선인 신분이 되지 않으려고 '내선결혼'을 꺼리거나, 반대로 조선인이 일본인 신분을 얻기 위해서 '내선결혼' 제도를 활용하려는 정황도 엿보인다.

이번에는 '내선결혼' 제도의 변천을 간단히 살펴보자. 조선인과 일본인은 병합 이전부터 결혼하고 있었고, 「민적법」이 제정된 1909년에는 조선인 남성과 결혼한 일본인 여성을 조선 민적에 기재하라고 했다.[97] 그런

97 「明治42年 9月 30日 統監府照會, 隆熙3年 10月 8日 內部回答」, 「隆熙3年 10月 8日 民

데 병합 이후 1911년에 조선총독부가 '내선결혼'에 대해 내놓은 첫 번째 시책은 다음과 같이 일본인 아내나 양자의 조선 민적 입적을 정지시키는 것이었다.[98]

일본인과 조선인 간의 혼인 또는 입양으로 인한 호적상 처리 방법에 관한 건

(1) 조선인이 혼인 또는 입양으로 인해 일본인의 가(家)에 들어가고자 하는 경우에는, 호적법 제104조 또는 제90조에 의해 일본인인 남편 또는 양친(養親)의 본적지 호적리(戶籍吏)에게 신고[届出]하여 남편 또는 양친의 가에 들어갈 수 있지만,

(2) 일본인이 위와 같은 원인으로 인해 조선인의 가에 들어가고자 하는 경우에는, 아직 조선에 호적법이 실시되지 않았고 또한 친족법상의 관계에서도 아직 해결하기 어려운 점이 있기 때문에, 따로 규정을 둘 때까지 입적(入籍) 절차를 정지하도록 하고 싶다.

'내선결혼'을 제한한 이 조치는 일제의 동화주의에 어긋난다. 하지만 (1) 일본인의 배우자나 양자·양녀가 된 조선인은 일본 호적에 들어간 것에서 알 수 있듯이, 모든 통혼을 금지한 것은 아니었다. 당시 친족법에서 일본인은 당사자가 결혼을 결정하고 혼인신고도 부부가 직접 해야 했는데, 조선인은 부모가 결혼을 결정하고 혼인신고도 호주가 했다. 또한 조선

籍課長通達」, 內部 警務局 編纂, 1910, 『民籍事務概要』, 日韓印刷株式會社, 39쪽.

98 「明治44年 5月 2日 警收第3211號ノ2, 內地人ト朝鮮人間ニ於ケル婚姻又ハ養子緣組ニ因ル戶籍上處理方ニ關スル件」, 警務總監部 警務課 民籍係 編纂, 1914, 『民籍要覽』, 京城印刷所, 108~109쪽.

에 시행되던 「민적법」은 경찰의 호구조사 성격이 강해서 일본 측에서는 호적제도로 인정하지 않았다. 조선총독부는 이러한 법적 문제 때문에 일단 취급을 정지한 것이다. 그러고 나서 한편으로는 일본 정부에 「공통법」 제정을 촉구하고 다른 한편으로는 조선의 호적제도를 마련하기 위해 나섰다.

1915년 「민적법」 개정 이후 민적 사무를 경찰이 아니라 행정기관이 담당하게 돼서,[99] 「민적법」은 호적제도에 조금 가까워졌다. 마침 그즈음에 조선인 남편이 일본인 아내를 자신의 조선 민적에 넣을 수 있게 해달라고 청원하자, 조선총독부는 관통첩 제240호를 통해서 앞으로는 일본인과 조선인 사이의 혼인과 입양에 관한 사실을 민적에 기재하라는 방침을 통지하였다.[100] '내선결혼'이 조선인 동화의 가능성을 증명하는 근거이자 동화를 촉진할 수단으로 평가되는 상황에서 당국이 법률혼을 인정하지 않는 것은 동화 및 일시동인의 이념에 어긋나고, 쓸데없이 조선인에게 차별당하는 느낌을 주어 통치를 불안정하게 만들 우려가 있기 때문이었다.

그러나 일본 정부는 여전히 「민적법」을 호적제도로 인정하지 않아서 조선에서 한 혼인신고를 무시했다. 호적제도가 아닌 것은 대만의 「호구규칙」도 마찬가지였다. 그래서 일본 정부는 1918년에 「공통법」을 제정하고도 지역 간 호적 이동에 관한 제3조의 시행만큼은 나중으로 미뤘다.[101]

이렇게 조선총독부는 조선의 호적제도를 만들려 했으나 성과를 얻기도 전에 1919년 3·1운동이 폭발했다. 이 글의 2절에서 본 대로 일제는

---

99 「朝鮮總督府令 第17號 民籍法 改正」, 『朝鮮總督府官報』, 1915. 3. 20.

100 「官通牒 第240號 民籍事務取扱ニ關スル件」, 『朝鮮總督府官報』, 1915. 8. 7.

101 「勅令 第144號 共通法ノ一部ヲ施行スルノ件」, 『朝鮮總督府官報』, 1918. 5. 22.

조선인의 민심을 달래려고 1920년 4월 영친왕의 '내선결혼'을 단행했지만, 이로써 일반인의 통혼을 법으로 뒷받침하지 못한다는 모순이 더욱 두드러졌다. 결국 조선총독부는 급한 대로 결혼에 대해서만 일본 측 기준을 충족시키는 방식으로, 1921년 부령 제99호 「조선인과 일본인의 혼인의 민적 절차에 관한 건」을 제정했다.[102] 「공통법」 제3조도 부령 제99호와 함께 1921년 7월 1일 시행되었다.[103] 그러나 부령 제99호는 조선인과 일본인 사이의 혼인과 이혼에 대해서만 다뤘고, 일본에서는 사생자인지 등 조선에서 「민적법」에 따라서 한 다른 신고들은 인정하지 않았다.[104] 이 문제는 1922년 제정된 「조선호적령」이 1923년 7월 1일 시행되면서 완전히 해결되었다.[105] 조선에 호적제도가 마련된 이때부터 조선인과 일본인 사이의 모든 가족관계가 인정되고 본적도 이동하기 시작했다.

여기서 하나 더 지적해 두고 싶은 것은 관통첩 제240호(1915), 「공통법」 제3조(1918), 부령 제99호(1921) 등 '내선결혼'을 뒷받침한 모든 법령에 '민적에서 지운다', '가를 떠난다', '제적한다' 등의 표현이 등장한다는 점이다. 이 법령들이 시행되기 전에는 다른 지역의 호적에 입적된 사람을 원래 지역의 호적에서는 제적하지 않아서 한 사람이 2개의 본적을 가졌다. '내선결혼' 법령들은 이러한 이중 본적을 제거해 법제상의 신분 구

---

102 「朝鮮總督府令 第99號 朝鮮人ト內地人トノ婚姻ノ民籍手續ニ關スル件」, 『朝鮮總督府官報』, 1921. 6. 7.

103 「大正10年 6月 22日 勅令 第283號 共通法 第3條ノ規定 及 大正10年 法律 第48號 戶籍法 中 改正 法律 施行期日ノ件」, 『朝鮮總督府官報』, 1921. 7. 1.

104 「大正10年 12月 24日 江原道知事 宛 法務局長 指令, 內鮮人間ノ民籍事務ニ關スル件」, 朝鮮總督府 法務局 編纂, 1922, 앞의 책, 212~213쪽.

105 「制令 第13號 朝鮮民事令 中 改正」, 『朝鮮總督府官報』, 1922. 12. 7; 「朝鮮總督府令 第154號 朝鮮戶籍令」, 『朝鮮總督府官報』, 1922. 12. 18.

별을 완성하는 역할을 했다.

마지막으로 부령 제99호와 「공통법」 제3조가 시행된 1921년 7월 이후 가족관계로 인한 조선인과 일본인 사이의 신분 변동 양상을 간단히 살펴보자.[106] 먼저 〈표 4-3〉 일본 호적에서 조선 호적으로 이동하는 경우는 혼인, 즉 일본인 여성이 조선인 남성과 결혼하는 경우가 절대다수이다. 두 번째로 많은 것은 일본인 어머니의 호적에 있던 혼외 자녀가 (사생자)인지를 통해서 조선인 아버지의 호적으로 옮기는 경우이다. 법률혼이든 아니든 조선인 남성과 일본인 여성의 결혼이 많음을 엿볼 수 있다. 그에 비해 입부혼인, 서양자입양, 입양은 거의 없다. 조선 법령에서도 1923년 7월 「조선호적령」이 시행되면서부터 남편이 아내의 호적에 들어가는 초서(招壻) 제도를 인정했지만, 공통법 제3조 ③항에 따라 일본인 남성은 병역 의무를 마치기 전에는 조선 호적에 들어갈 수 없었다. 또 조선 법령에서는 입양을 동성동본(同姓同本) 남성에 한정했기 때문에 일본인은 조선인에게 입양될 수 없었다. 창씨개명 및 이성양자(異姓養子) 제도를 도입한 개정 「조선민사령」이 1940년에 시행된 후에야 초서와 입양자가 약간 등장한다.

106 표를 작성하는 데 활용한 자료와 구체적인 내용은 이정선, 2017, 앞의 책, 제1부를 참조할 것.

〈표 4-3〉 가족관계로 인한 신분의 변동: 일본 호적→ 조선 호적(1921. 7.~1943)

<table>
<tr><th></th><th>혼인</th><th>입부혼인</th><th>서양자입양</th><th>입양</th><th colspan="2">친족입적</th><th colspan="2">인지</th><th colspan="2">이혼</th><th colspan="2">파양</th></tr>
<tr><td>1921. 7~
1923. 6</td><td>60</td><td></td><td></td><td></td><td colspan="2"></td><td colspan="2"></td><td colspan="4">1</td></tr>
<tr><td>1923. 7~
1923. 12</td><td>14</td><td></td><td></td><td></td><td colspan="2"></td><td colspan="2">1</td><td colspan="4"></td></tr>
<tr><td>1924</td><td>29</td><td></td><td></td><td></td><td colspan="2"></td><td colspan="2"></td><td colspan="4">2</td></tr>
<tr><td>1925</td><td>26</td><td></td><td></td><td></td><td colspan="2"></td><td colspan="2">2</td><td colspan="4"></td></tr>
<tr><td>1926</td><td>40</td><td></td><td></td><td></td><td colspan="2"></td><td colspan="2">4</td><td colspan="4">1</td></tr>
<tr><td>1927</td><td>45</td><td></td><td></td><td></td><td colspan="2"></td><td colspan="2">12</td><td colspan="4"></td></tr>
<tr><td>1928</td><td>59</td><td></td><td></td><td></td><td colspan="2"></td><td colspan="2">5</td><td colspan="4">1</td></tr>
<tr><td>1929</td><td>66</td><td></td><td></td><td></td><td colspan="2"></td><td colspan="2">11</td><td colspan="4">5</td></tr>
<tr><td>1930</td><td>87</td><td></td><td></td><td></td><td colspan="2"></td><td colspan="2">14</td><td colspan="4">12</td></tr>
<tr><td>1931</td><td>98</td><td></td><td></td><td></td><td colspan="2"></td><td colspan="2"></td><td colspan="4"></td></tr>
<tr><td>1932</td><td>109</td><td></td><td></td><td></td><td colspan="2">1</td><td colspan="2">10</td><td colspan="4">9</td></tr>
<tr><td>1933</td><td>135</td><td></td><td></td><td></td><td colspan="2"></td><td colspan="2">29</td><td colspan="4">2</td></tr>
<tr><td>1934</td><td>240</td><td></td><td></td><td></td><td colspan="2"></td><td colspan="2">20</td><td colspan="4">14</td></tr>
<tr><td>1935</td><td>229</td><td></td><td></td><td>2</td><td colspan="2">4</td><td colspan="2">38</td><td colspan="4">21</td></tr>
<tr><td>1936</td><td>207</td><td></td><td></td><td>1</td><td colspan="2">1</td><td colspan="2">24</td><td colspan="4">8</td></tr>
<tr><td>1937</td><td>237</td><td></td><td></td><td></td><td colspan="2"></td><td colspan="2">27</td><td colspan="4">12</td></tr>
<tr><td>1938</td><td>340</td><td></td><td></td><td></td><td colspan="2">5</td><td colspan="2">41</td><td colspan="2">8</td><td colspan="2">11</td></tr>
<tr><th></th><th>여</th><th>남</th><th>남</th><th>남</th><th>남</th><th>여</th><th>남</th><th>여</th><th>남</th><th>여</th><th>남</th><th>여</th></tr>
<tr><td>1939</td><td>271</td><td></td><td></td><td></td><td>4</td><td>5</td><td>19</td><td>16</td><td>6</td><td>4</td><td>7</td><td>5</td></tr>
<tr><td>1940</td><td>310</td><td></td><td></td><td>3</td><td></td><td></td><td>18</td><td>19</td><td>10</td><td>4</td><td>10</td><td>5</td></tr>
<tr><td>1941</td><td>440</td><td></td><td></td><td>3</td><td>1</td><td>1</td><td>60</td><td>46</td><td>7</td><td>2</td><td>12</td><td>6</td></tr>
<tr><td>1942</td><td>421</td><td></td><td></td><td>6</td><td>2</td><td>2</td><td>17</td><td>32</td><td>10</td><td>7</td><td>15</td><td>2</td></tr>
<tr><td>1943</td><td>533</td><td>1</td><td>1</td><td>9</td><td>20</td><td>6</td><td>68</td><td>57</td><td>7</td><td>6</td><td>8</td><td>3</td></tr>
<tr><td>합계</td><td>3,996</td><td>1</td><td>1</td><td>24</td><td colspan="2">52</td><td colspan="2">590</td><td colspan="4">243</td></tr>
</table>

비고: 1935~36년 입양 3건은 일본인에게 입양되었던 조선인 남성이 다시 입양되어 들어온 사례이다.

〈표 4-4〉 가족관계로 인한 신분의 변동: 조선 호적 → 일본 호적(1921. 7.~1943)

<table>
<tr><th></th><th colspan="2">혼인</th><th>입부혼인</th><th>서양자입양</th><th colspan="2">입양</th><th colspan="2">친족입적</th><th colspan="2">인지</th><th colspan="2">이혼</th><th colspan="2">파양</th></tr>
<tr><td>1921.7~
1923.6</td><td colspan="2">4</td><td>9</td><td>12</td><td colspan="2">1</td><td colspan="2"></td><td colspan="2"></td><td colspan="2">2</td><td colspan="2"></td></tr>
<tr><td>1923.7~
1923.12</td><td colspan="2">3</td><td>1</td><td></td><td colspan="2">4</td><td colspan="2"></td><td colspan="2"></td><td colspan="2"></td><td colspan="2"></td></tr>
<tr><td>1924</td><td colspan="2">2</td><td>3</td><td>3</td><td colspan="2">3</td><td colspan="2"></td><td colspan="2">1</td><td colspan="2"></td><td colspan="2"></td></tr>
<tr><td>1925</td><td colspan="2">1</td><td>2</td><td></td><td colspan="2">7</td><td colspan="2"></td><td colspan="2"></td><td colspan="2"></td><td colspan="2"></td></tr>
<tr><td>1926</td><td colspan="2"></td><td>11</td><td>3</td><td colspan="2">5</td><td colspan="2"></td><td colspan="2"></td><td colspan="2"></td><td colspan="2"></td></tr>
<tr><td>1927</td><td colspan="2">3</td><td>4</td><td>5</td><td colspan="2">9</td><td colspan="2"></td><td colspan="2"></td><td colspan="2"></td><td colspan="2"></td></tr>
<tr><td>1928</td><td colspan="2">3</td><td>5</td><td>4</td><td colspan="2">10</td><td colspan="2"></td><td colspan="2"></td><td colspan="2"></td><td colspan="2"></td></tr>
<tr><td>1929</td><td colspan="2">5</td><td>14</td><td>9</td><td colspan="2">8</td><td colspan="2">3</td><td colspan="2"></td><td colspan="2">2</td><td colspan="2"></td></tr>
<tr><td>1930</td><td colspan="2"></td><td>9</td><td>1</td><td colspan="2">16</td><td colspan="2">1</td><td colspan="2"></td><td colspan="2">3</td><td colspan="2"></td></tr>
<tr><td>1931</td><td colspan="2">4</td><td>13</td><td>8</td><td colspan="2"></td><td colspan="2"></td><td colspan="2"></td><td colspan="2">6</td><td colspan="2"></td></tr>
<tr><td>1932</td><td colspan="2">7</td><td>22</td><td>8</td><td colspan="2">27</td><td colspan="2"></td><td colspan="2">1</td><td colspan="2">9</td><td colspan="2"></td></tr>
<tr><td>1933</td><td colspan="2">8</td><td>27</td><td>14</td><td colspan="2">42</td><td colspan="2">2</td><td colspan="2">1</td><td colspan="2">15</td><td colspan="2"></td></tr>
<tr><td>1934</td><td colspan="2">18</td><td>37</td><td>14</td><td colspan="2">72</td><td colspan="2">7</td><td colspan="2">5</td><td colspan="2">13</td><td colspan="2"></td></tr>
<tr><td>1935</td><td colspan="2">25</td><td>58</td><td>21</td><td colspan="2">56</td><td colspan="2">5</td><td colspan="2">8</td><td colspan="2">10</td><td colspan="2"></td></tr>
<tr><td>1936</td><td colspan="2">29</td><td>55</td><td>10</td><td colspan="2">53</td><td colspan="2">24</td><td colspan="2">4</td><td colspan="2">20</td><td colspan="2"></td></tr>
<tr><td>1937</td><td colspan="2">27</td><td>77</td><td>32</td><td colspan="2">39</td><td colspan="2">9</td><td colspan="2">2</td><td colspan="2">14</td><td colspan="2"></td></tr>
<tr><td>1938</td><td colspan="2">40</td><td>115</td><td>30</td><td colspan="2">94</td><td colspan="2">38</td><td colspan="2">11</td><td colspan="2">27</td><td colspan="2"></td></tr>
<tr><th></th><th>남</th><th>여</th><th>남</th><th>남</th><th>남</th><th>여</th><th>남</th><th>여</th><th>남</th><th>여</th><th>남</th><th>여</th><th>남</th><th>여</th></tr>
<tr><td>1939</td><td></td><td>53</td><td>135</td><td>14</td><td>79</td><td>29</td><td>12</td><td>7</td><td>6</td><td>5</td><td></td><td>19</td><td></td><td></td></tr>
<tr><td>1940</td><td></td><td>50</td><td>108</td><td>30</td><td>88</td><td>20</td><td>18</td><td>20</td><td>3</td><td>3</td><td></td><td>18</td><td></td><td></td></tr>
<tr><td>1941</td><td></td><td>90</td><td>134</td><td>72</td><td>94</td><td>28</td><td>19</td><td>18</td><td>6</td><td>15</td><td></td><td>39</td><td></td><td>1</td></tr>
<tr><td>1942</td><td></td><td>103</td><td>184</td><td>63</td><td>108</td><td>44</td><td>17</td><td>12</td><td>7</td><td>5</td><td></td><td>21</td><td></td><td></td></tr>
<tr><td>1943</td><td>7</td><td>93</td><td>155</td><td>71</td><td>112</td><td>41</td><td>36</td><td>33</td><td>6</td><td>4</td><td>3</td><td>21</td><td>3</td><td></td></tr>
<tr><td>합계</td><td colspan="2">575</td><td>1,178</td><td>424</td><td colspan="2">1,089</td><td colspan="2">281</td><td colspan="2">93</td><td colspan="2">242</td><td colspan="2">4</td></tr>
</table>

그에 비해 〈표 4-4〉의 조선 호적에서 일본 호적으로 이동하는 경우는 조선인 남편이 일본인 아내의 호적에 들어가는 입부혼인·서양자입양이 일반 혼인보다 훨씬 많다. 조선인 남성은 병역 의무가 없었기 때문에 「공통법」의 제약을 받지 않았고, 입부혼인·서양자입양은 조선에 전례가 없는 제도라는 이유로 조선인 남성의 일본 호적 입적이 폭넓게 허용되었다. 또한 일본 법령에서는 일본인이 입양하는 데 혈통이나 성별의 제한을 두지 않았으므로, 조선인이라도 일본인 가정에 입양될 수 있었다. 게다가 이렇게 한 번 일본 호적에 들어간 조선인은 친족입적이라는 제도를 통해 자신의 친족을 일본 호적으로 불러올 수 있었다. 〈표 4-3〉과 〈표 4-4〉를 아울러 생각해 보면, 조선인 남성과 일본인 여성의 결혼이 전체적으로 많았다는 것, 그리고 이 경우 조선인 남성은 가능하다면 입부·서양자로서 일본인 신분까지 얻으려 했고, 친족입적을 활용해서 특별한 가족관계 없이 일본인 신분을 얻으려는 조선인도 있었음을 알 수 있다.

물론 이것은 일제가 바랐던 양상이 아니었다. 일제는 허용해도 무방하며 바람직하다고 생각한 '내선결혼'을 법적으로 뒷받침하고 이중 본적을 해소해 조선인과 일본인의 법적 구별을 명확히 하기 위해 '내선결혼' 법제를 마련했다. 하지만 무차별의 상징으로 선전하며 장벽을 최대한 제거한 법제는 사람들의 선택에 따라 일제의 예상과는 다른 방향으로 활용되었다. 그렇지만 국제결혼과 달리, 1920년대 마련된 '내선결혼' 법제에는 국가가 개입할 수 있는 여지가 없었다. 이것 때문에 1940년대가 되면 일본 정부는 '내선결혼' 제도의 변경을 모색하게 된다.

2) '내선결혼' 부부의 거주 지역과 직업

조선총독부는 1921년 부령 제99호 제정을 전후해서 '내선결혼' 선전을 본격화했고, 조선에 거주하는 통혼 부부의 수도 선전 재료로 활용하였음은 앞에서 언급하였다. '내선결혼'이 매년 증가하며 또 그 가정은 모두 원만하다면서 '내선융화'가 진전되고 있다고 설명하는 식이었다. 그런데 이때 활용된 통계는 각 도에서 경찰이 호구조사를 하며 조사한 결과로, 혼인신고를 하지 않은 내연 관계까지 포함해서 매년 말 현재 조선에서 동거하고 있는 부부의 총수였다.[107] 조선총독부는 이러한 유형의 통계를 1937년까지 작성한 것으로 보이는데,[108] 같은 시기 일본 정부는 일본에 거주하는 '내선결혼' 부부의 수를 체계적으로 정리하지 않았다. 1910년대부터 통계를 작성했던 조선총독부가 '내선결혼' 문제에 더 많은 관심을 기울였음을 짐작할 수 있다.

〈표 4-5〉는 이 통계를 관련된 자료들로부터 정리한 것이다.[109] 매년

---

107 「創氏關係資料」, 『大野綠一郎關係文書』 R-150, 360코마(일본 국회도서관 헌정자료실 소장). '내선결혼' 통계의 종류에 대해서는, 金英達, 1999, 앞의 글, 17~22쪽을 참조.

108 朝鮮總督府官房文書課, 1941, 「第79回 帝國議會說明資料」(민족문제연구소 편, 2000, 『일제하 전시체제기 정책사료총서』 6, 한국학술정보, 290~291쪽).

109 「内地人ト朝鮮人トノ雜婚数」, 『朝鮮總督府官報』, 1919. 7. 17; 朝鮮銀行調査部, 1921, 「内鮮人結婚數」, 『朝鮮事情: 大正十年七月上半』, 48쪽; 儒道振興會, 1921, 「内鮮人結婚數」, 『儒道』 4, 112~113쪽; 「內鮮人結婚數, 逐年減少す」, 『讀賣新聞』, 1921. 7. 13; 1925, 「著しく增加の傾向を辿る內鮮人の結婚」, 『朝鮮』 122, 38쪽; 「内地人ト朝鮮人ノ配偶者数調査」, 『朝鮮總督府官報』, 1926. 7. 12; 1927, 「内鮮配偶數」, 『朝鮮社會事業』 5-9, 52쪽; 朝鮮総督府, 1927, 『朝鮮の人口現象』, 314쪽; 善生永助, 1935, 「内鮮人の通婚状態」, 『朝鮮及滿洲』 326; 朝鮮總督府, 1940, 『施政30年史』, 475쪽; 1940, 「統計に示す内鮮人の結婚」, 『内鮮一體』 1, 87쪽; 「朝鮮関係参考統計表: 内鮮人配偶關係」, 『大野緑一郎関係文書』 R-135; 「創氏関係資料」, 『大野緑一郎關係文書』 R-150, 360코마.

〈표 4-5〉 조선 거주 '내선결혼' 부부 총수(각 연말 현재) (단위: 쌍)

연도	혼인		입서(入壻)		총수	
	일본인 남성 조선인 여성	조선인 남성 일본인 여성	조선인 남성 일본인 여성	일본인 남성 조선인 여성	실수	증감
1912	56	57		3	116	
1913	42	70		2	114	-2
1914	29	48		2	79	-35
1915	35	38	3		76	-3
1916	59	85	3	2	149	73
1917	54	62	3	2	121	-28
1918	42	68	2	3	115	-6
1919	24	40			68	-47
1920	31	50	4		85	17
1921	56	63	1	4	124	39
1922	80	131	15	1	227	103
1923	102	131	11	1	245	18
1924	125	203	23	9	360	115
1925	187	197	19	1	404	36
1926	222	219	18		459	55
1927	245	238	14	2	499	40
1928	266	238	21	2	527	28
1929	310	277	27	1	615	88
1930	386	350	46	4	786	171
1931	438	367	41	6	852	66
1932	533	364	48	9	954	102
1933	589	377	48	15	1,029	75
1934	602	365	43	7	1,017	-12
1935	601	391	40	6	1,038	21
1936	625	430	47	19	1,121	83
1937	664	472	48	22	1,206	85

증감의 정도가 일정하지 않은 가운데 1910년대에는 오히려 전년도보다 '내선결혼' 부부의 수가 감소한 경우가 많았다. 이것이 조선총독부가 1910년대에는 이 통계를 공개하지 않은 이유일지도 모르겠다. 3·1운동이 일어나 민족 갈등이 최고조에 달했을 1919년에는 '내선결혼' 부부의 수도 가장 많이 줄어들었다. 반대로 관통첩 제240호(1915), 부령 제99호(1921)가 나온 다음 해에는 통혼 부부의 수가 급증하는 경향을 보였다. 이를 본 조선총독부에서도 통혼의 증감은 "그때그때의 사회 사정, 특히 시대사상에 밀접한 관계를 가지며 사조의 지배를 받음이 적지 않다"라고 판단하였다.[110] 그나마 1920년대 이후에는 1934년 한 해를 제외하면 조금씩이라도 매년 증가하였다. 하지만 '내선융화'의 실적을 거두고 있다는 조선총독부의 선전과 달리, 내연 관계를 포함했어도 1912~1937년 통혼 부부가 조선 인구에서 차지하는 비율은 최대 0.01%(1937년)에 불과했다.

〈표 4-5〉를 유형별로 보면, 아내가 시가에 거주하는 일반 혼인이 절대다수이고, 남편이 처가에 거주하는 입서(入壻)의 비중은 크지 않다. 민족 구성을 보면, 혼인의 경우 초기에는 조선인 남성과 일본인 여성 부부, 일본인 남성과 조선인 여성 부부가 비슷했지만 대체로 전자가 많은 편이었다. 그런데 1926년부터 후자의 수가 더 많아지기 시작했다. 특히 1930~1934년 사이에 일본인 남성과 조선인 여성 부부의 수가 급증하는데 주목할 필요가 있다. 이 시기 조선인 남성과 일본인 여성 부부 수는 그다지 늘지 않거나 1934년에는 오히려 감소하기도 했다. 이는 농업 위주의 조선인 산업이 경제공황의 타격을 더 크게 받았기 때문일 것이다.

---

110 朝鮮総督府 庶務部 調査課, 1924,「朝鮮人と内地人との配偶狀況」,『調査彙報』10, 93쪽.

그로 인해 조선인 남성은 일본인을 아내로 얻어 부양할 수 있는 경제력을 상실하고, 조선인 여성은 자의 혹은 타의로 일본인 남성의 처첩이 되어 생계를 의지한 것으로 보인다. 입서는 조선인 남편이 일본인 아내의 집에서 거주하는 숫자가 더 많다. 하지만 입서를 포함하더라도 1931년 이후부터는 조선에 거주하는 '내선결혼' 부부 중에 일본인 남성과 조선인 여성 부부가 더 많아졌다.

또한 '내선결혼' 부부의 수는 거주 지역과 직업에 따라서도 달랐다. 조선에 거주하는 통혼 부부의 지역별·직업별 통계가 모두 확인되는 해는 1916~1917년,[111] 1923년,[112] 1924~1937년이고,[113] 1939년에는 지역별,[114] 1920년에는 직업별 통계만 남아 있다.[115] 〈표 4-6〉 지역별 통계를 보면, '내선결혼' 부부가 가장 많이 거주하는 도는 경기도와 경상남도였다. 3~4위는 전라남도나 경상북도가 차지했다. 또한 1924년을 제외한 모든 해에 최하위를 기록한 충청북도는 전체적으로 '내선결혼' 부부가 증가하는 속도도 다른 도보다 현저히 느리다. 이러한 '내선결혼' 부부의 분포 양상은 대체로 재조일본인의 거주지 분포에 비례했다. '내선결혼' 부부

---

111 朝鮮駐箚憲兵隊司令部·朝鮮總督府警務總監部, 1917,「内地人ト朝鮮人トノ雑婚数」,『大正五年警察統計』, 79~81쪽; 朝鮮憲兵隊司令部·朝鮮總督府警務總監部, 1918,「内地人ト朝鮮人トノ雑婚数」,『大正六年警察統計』, 89~90쪽.

112 朝鮮總督府 庶務部 調査課, 1924, 앞의 글, 93~94쪽.

113 조선총독부가 발간한『朝鮮總督府官報』,『調査月報』,『朝鮮』각 호에 수록됨.

114 朝鮮總督府 警務局 保安課, 1940,「民情調査」,『高等外事月報』9, 24~26쪽(宮田節子 編·解說, 1988,『十五年戰爭極秘資料集』6, 不二出版); 1940,「朝鮮民事令一部改正(創氏制度)に關する特殊言動」,『思想彙報』23, 80~81쪽;「平南에 內鮮結婚이 百五十餘組」,『매일신보』, 1940. 4. 8.

115 朝鮮銀行調査部, 1921, 앞의 글, 47쪽; 儒道振興會, 1921, 앞의 글, 112~113쪽; 江原道儒道闡明會, 1922,「内鮮人結婚數」,『會報』1.

〈표 4-6〉 조선 거주 '내선결혼' 부부의 지역별 분포(각 연말 현재) (단위: 쌍)

연도	경기	충북	충남	전북	전남	경북	경남	황해	평남	평북	강원	함남	함북	합계
1916	44	2	12	10	10	10	22	5	10	3	2	10	5	145
1917	29	2	3	13	8	11	18	5	9	3	3	10	7	121
1923	43	3	4	21	31	30	41	10	12	16	10	15	9	245
1924	72	15	25	22	35	36	65	8	18	18	13	17	16	360
1925	85	11	25	21	33	41	73	12	25	27	12	25	14	404
1926	97	11	17	20	42	42	87	19	25	27	20	34	18	459
1927	113	9	19	23	53	50	80	22	28	29	14	41	18	499
1928	106	12	23	32	51	49	80	22	32	35	28	34	23	527
1929	111	15	24	35	67	54	79	20	68	50	30	36	26	615
1930	141	22	36	47	79	78	101	30	71	55	44	46	36	786
1931	169	18	32	50	91	80	112	34	64	63	54	57	28	852
1932	193	14	37	53	100	97	112	49	51	80	48	72	48	954
1933	173	14	54	54	111	110	106	45	59	78	88	83	54	1,029
1934	197	18	46	65	108	83	115	53	48	73	53	96	62	1,017
1935	183	18	50	71	88	88	145	60	50	82	58	86	59	1,038
1936	204	20	61	79	98	91	145	62	50	90	70	82	69	1,121
1937	227	15	63	77	105	106	157	76	70	80	63	84	83	1,206
1939	389	70	147	101	291	238	514	129	166	140	144	197	152	2,678

비고: 1916년 통계에는 일본인 남성과 조선인 여성 부부 4쌍이 누락되어서 부부의 총수는 145쌍임.

의 지역별 분포에서 하나 더 언급해 둘 것은 이들이 주로 부(府)에 거주했다는 점이다. 예컨대 경기도에 사는 '내선결혼' 부부 중 절반이 경성부에 살았다.[116] 사람이 고향을 떠나 개별화되어 있고 이동과 접촉이 활발한 도시에서 조선인과 일본인이 마주칠 기회도 많았기 때문일 것이다.

〈표 4-7〉의 직업별 통계를 보면, 상업 및 교통업, 공무 및 자유업이 압도적인 1~2위를 차지하고 있다. 이 역시 재조일본인의 직업 순위와 비슷하고, 사람을 접할 기회가 많은 직종인 것이 특징이다. 3위는 농림 및 목축업과 공업이 각축하는 가운데 1930년대 들어 공업이 급상승한다. 식민지 조선 공업화의 영향으로 공업에 종사하는 일본인 남성이 증가하는 동시에, 면방직 공장 등에서 일하는 조선인 여성도 증가한 결과이다. 직업에서도 민족 간의 접촉 기회가 많을수록 '내선결혼'이 쉽게 이루어진 것이다.

민족별로 나누어 보면, '내선결혼'한 조선인 남성의 직업에서는 상업 및 교통업이 압도적인 1위였다. 공무 및 자유업, 농림 및 목축업이 그 뒤를 이었다. 조선인의 절대다수가 종사하는 농림 및 목축업의 '내선결혼' 부부 수가 3위에 불과한 것이 오히려 특이한데,[117] 이 직업에서는 외부인을 접할 기회가 적었기 때문일지도 모른다. 조선총독부 촉탁 젠쇼 에이스케(善生永助)도 1933년 말 '내선결혼' 부부 통계를 분석하면서, 중부 이남이 일본과 지리적·경제적 관계가 깊기 때문에 도별 차이가 생기고, 직업마다 조선인과 일본인이 접촉하는 깊이가 다르기 때문에 직업별 차이가 생겼다고 설명했다.[118]

---

116 京城府, 『戶口統計』, 1933~1938년판 참조.

117 朝鮮総督府 庶務部 調査課, 1924, 앞의 글, 94쪽.

118 善生永助, 1935, 「内鮮人の通婚状態」, 『朝鮮及滿洲』 326.

〈표 4-7〉 조선 거주 '내선결혼' 부부의 직업별 분포(각 연말 현재) (단위: 쌍)

연말	농림 및 목축업	어업 및 제염업	공업	상업 및 교통업	공무 및 자유업	기타 유업자	무직 및 직업을 신고하지 않은 자	합계
1916	28		5	44	31	29	12	149
1917	20		13	36	10	34	8	121
1920	20			36	16	10	3	85
1923	43	2	25	72	69	31	3	245
1924	51	5	38	115	102	37	12	360
1925	36	14	53	146	112	32	11	404
1926	51	11	52	163	127	34	21	459
1927	59	4	60	165	142	47	22	499
1928	67	5	65	175	161	36	18	527
1929	71	6	78	219	165	55	21	615
1930	104	13	97	280	193	72	27	786
1931	120	10	109	284	194	100	35	852
1932	145	17	129	278	262	83	40	954
1933	150	26	164	305	270	84	29	1,029
1934	124	27	168	343	235	77	43	1,017
1935	135	16	171	336	254	85	41	1,038
1936	141	28	214	335	282	79	42	1,121
1937	158	30	241	355	294	86	42	1,206

비고: 〈어업 및 제염업〉 항목은 1920년 통계부터 설정되었음.

'내선결혼' 부부의 수는 민족의 사회적·경제적 지위 차이도 반영했다. 앞서 언급한 대로 경제공황의 영향이 '내선결혼' 유형에 따라 달리 나타난 것이 대표적이다. 또한 〈표 4-5〉의 입서에서 거주지가 조선임에도 조선인 남성이 자기 집을 떠나 일본인 아내의 집에 사는 경우가 많은 것 역시 사회적·경제적 조건 때문일 가능성이 높다. 〈표 4-4〉의 법률혼에서 조선인 남성의 입부혼인·서양자입양이 많았던 것과 마찬가지이다. 조선인 남성은 경제적 이익을 얻을 수 있는 경우, 법적으로나 실제로나 일본인의 데릴사위가 되는 것까지 감수했음을 엿볼 수 있다.

요컨대, 조선총독부가 선전에 활용한 통계를 분석해 보면 1920~1930년대 '내선결혼' 부부는 국책에 호응해서 결혼했다기보다 일상에서 자연스럽게 접촉하며 결혼에 이르렀음을 알 수 있다. 이는 조선총독부가 '내선결혼'이 바람직하다고 선전했을 뿐, 당사자가 통혼을 결심하는 데 도움이 되는 실질적인 장려책을 시행하지 않고 현실에 방임한 결과이기도 하다. 그리하여 조선총독부는 '내선결혼' 부부가 매년 증가한다고 선전했지만, 그 속도는 그다지 빠르지 않았고 조선에 거주하는 인구 대비 '내선결혼' 부부의 비율도 매우 미미했다. 또한 유형에 따라 '내선결혼' 부부 수가 다른 것에서 민족의 사회적·경제적 지위 차이를 읽어낼 수도 있었다. 어떤 일본인은 '내선결혼'의 총수가 증가하는 동시에 유형에 따라서도 숫자에 차이가 없어질 때에야 비로소 조선인 동화정책이 성공에 가까워졌다고 말할 수 있을 것이라고 지적하기도 했다.[119]

1920~1930년대 일본 정부는 조선총독부와 달리 일본에 거주하는 '내선결혼' 부부의 총수를 집계하지 않았다. 다만 특정 연도, 일부 지역이나마 경찰이 관할 구역 내 거주하는 '내선결혼' 부부 수를 조사한 결과가 남아 있고, 법률혼과 내연 관계를 구분하고 있어서 참고할 만하다.

---

119 難波可水, 1917,「内鮮人通婚の状態如何」,『朝鮮及滿洲』125.

〈표 4-8〉은 1924년 9월 현재 도쿄에 사는 조선인 남성의 배우자 조사표이다. 일본 경시청 특별고등과 내선고등계가 집계하였다.[120] 배우자가 있는 조선인 남성 372명 중 조선인 여성과 결혼한 사람이 255명(68.5%), 일본인 여성과 결혼한 사람이 117명(31.5%)으로, '내선결혼'의 비중이 매우 높다. 비슷한 시기 오사카(大阪)에서는 배우자가 있는 조선인 남성 2,278명 중 87명(3.8%), 조선인 여성 2,146명 중 36명(1.7%)이 '내선결혼'한 상태였다.[121] 도쿄의 '내선결혼' 비율이 다른 지역에 비해 현저히 높은 것이다. 도노무라 마사루(外村大)에 따르면, 재일조선인의 인구 비율이 높고 집단 거주지가 형성된 지역에서는 '내선결혼' 비율이 낮았다고 한다.[122] 이 역시 민족의 접촉 기회가 많을수록 '내선결혼'이 이뤄질 수 있었다는 말이다.

〈표 4-8〉 도쿄 거주 조선인 남성의 배우자 관계(1924. 9) (단위: 명)

<table>
<tr><th rowspan="3"></th><th rowspan="3">조선인 여성</th><th colspan="3">일본인 여성</th></tr>
<tr><th colspan="2">혼인</th><th rowspan="2">서양자입양</th></tr>
<tr><th>입적</th><th>내연</th></tr>
<tr><td></td><td>255</td><td>12</td><td>101</td><td>4</td></tr>
<tr><td>합계</td><td>255</td><td colspan="3">117</td></tr>
</table>

비고: '서양자입양'은 원문에 '입양'으로 기재되었으나, 혼인 유형임을 감안해 서양자입양으로 해석함.

120 警視廳 特別高等課 內鮮高等係, 『(大正 13年 9月末 調査)事務概要』, 68~70쪽.

121 「內鮮人結婚激增」, 『매일신보』, 1924. 1. 31.

122 도노무라 마사루 지음, 신유원·김인덕 옮김, 2010, 『재일조선인 사회의 역사학적 연구』, 논형, 342~344쪽.

그런데 일본 경시청은 조선인 남성이 조선인 여성과 결혼한 경우는 숫자만 기재하고, 일본인 여성과 결혼한 경우는 결혼의 유형을 자세히 구분하였다. 조선인 남성이 일본인 여성과 혼인신고 해서 입적까지 마친 경우는 12명에 불과하고, 나머지 101명은 혼인신고도 하지 않고 동거 중이었다. 이때 조사된 조선인 남성의 직업은 일용직(134명), 토공(62명), 직공(44명), 행상인(18명), 학생(17명) 등의 순이었으므로, '내선결혼'한 조선인 남성도 대부분 식자층이 아니라 노동자 계급이었을 것이다. 노동하기 위해 일본에 단신 이주한 조선인 남성이 일본인 여성을 만나 혼인신고 없이 함께 생활하다가, 조선에 돌아올 때가 되면 헤어지거나 함께 들어왔을 것임을 짐작할 수 있다. 조선에 들어오면, 이들은 조선에 사는 '내선결혼' 부부로 집계되었다.

일본에 거주하는 '내선결혼' 부부의 통계 가운데 가장 자세한 것은 1939년이다. 역시 경찰 계통인 내무성 경보국 보안과가 1939년 말 현재를 기준으로 일본에 거주하는 '내선결혼' 부부의 총수를 조사 집계하고, 그 결과를 『특고월보(特高月報)』 1940년 9월호에 수록하였다.[123] 이 통계에는 거주 지역, 결혼의 유형뿐 아니라 '내선결혼' 가정의 자녀 수까지 포함되어 있다.

〈표 4-9〉를 보면 1939년 말 현재 일본 본토에는 총 9,760쌍의 '내선결혼' 부부가 살고 있었는데, 재일조선인 21만 7,380세대의 4.5%에 해당할 정도로 많은 숫자였다. 1937년 말 조선에 거주하던 '내선결혼' 부부가 1,206쌍이었음을 기억한다면, 이것이 얼마나 많은 숫자인지 알 수 있

123 内務省 警保局 保安課, 1940. 9, 「朝鮮人運動の狀況: 三. 內鮮人通婚に對する朝鮮人の動向」, 『特高月報』, 96~100쪽.

〈표 4-9〉 일본 거주 '내선결혼' 부부의 총수(1939년 12월 말)

'내선결혼' 부부 총수					
부부 수(쌍)			자녀 수(명)		
입적	내연	계	남	여	계
2,413	7,347	9,760	7,941	7,925	15,866

	조선인 남성 + 일본인 여성						일본인 남성 + 조선인 여성					
	부부 수(쌍)			자녀 수(명)			부부 수(쌍)			자녀 수(명)		
	입적	내연	계	남	여	계	입적	내연	계	남	여	계
총계	2,363	7,214	9,577	7,855	7,837	15,692	50	133	183	86	88	174
도쿄	524	1,282	1,806	1,336	1,372	2,708	8	22	30	9	12	21
홋카이도	217	670	887	908	850	1,758	7	21	28	17	16	33
오사카	150	467	617	414	429	843	2	7	9	4	3	7
후쿠오카	122	360	482	406	333	739	5	12	17	6	9	15
아이치	92	278	370	308	295	603	5	6	11	6	7	13
가나가와	79	234	313	247	258	505	2		2			
후쿠시마	77	236	313	283	312	595						
나가노	91	214	305	327	263	590	1	3	4	6	5	11
야마나시	81	200	281	245	285	530	1		1	1		1
교토	47	193	240	164	195	359		4	4		1	1

비고: '내선결혼' 부부의 수 상위 10위에 해당하는 지역만 발췌 수록함. 원문에서 '도쿄'는 '경시청'

을 것이다. 또 도쿄, 홋카이도(北海道), 오사카, 후쿠오카(福岡), 아이치(愛知) 등 '내선결혼' 부부가 많은 지역은 대개 공장이나 탄광이 밀집하여 조선인 노동자가 많았던 지역이다. 전시체제기 일제가 조선인을 집단으로 강제 노무 동원함에 따라 일본 내 조선인 남성이 급증했고, 그와 함께 '내선결혼'도 증가했음을 알 수 있다. 〈표 4-8〉과 〈표 4-9〉에서 도쿄에 거주하는 조선인 남성의 '내선결혼'만 비교해 봐도 1924년 117쌍에서 1939년 1,806쌍으로 급증하였다.

유형별로는 조선인 남성과 일본인 여성 부부가 9,577쌍, 일본인 남성과 조선인 여성 부부가 183쌍으로 전자가 압도적으로 많았다. 조선인 남편과 일본인 아내는 입적이 2,363쌍, 내연이 7,214쌍이어서 여전히 혼인신고를 하지 않은 부부가 3배 이상 많았고, 따라서 1만 5,692명에 달하는 자녀 가운데에도 서자 또는 사생자의 혼외 자녀가 훨씬 많았을 것이다. 일본인 남편과 조선인 아내도 입적보다 내연이 많지만, 상대적으로 입적 비율이 높은 것은 눈여겨볼 만하다.

또 하나 흥미로운 것은 이들 부부의 직업이다. 김영달이 고서점에서 입수한 내무성 경보국 보안과 내부 문건에는 〈표 4-10〉과 같이 직업 통계까지 기재되었는데,[124] 현재 '내선결혼'한 여성의 직업이 언급된 통계는 이것뿐이다. '내선결혼'한 조선인 남성은 고물상 및 행상인, 토목건축 노동자, 직공 등 노동자가 많고, 일본인 여성은 농업, 섬유 여공 등 노동자, 접객업자가 많았다. 또 일본인 남성도 노동자가 많고 조선인 여성도 농업, 접객업자, 노동자가 많았다. 전체적으로 유식적 직업보다는 중하층 농민·노동자 계급에서 통혼이 이루어졌음을 확인할 수 있다. 여성의 직업은 기타의 비중이 너무 높아 단언하기 어렵지만, 접객업이 많은 것은 사회 활동의 기회가 적었던 여성에게 접객업이 다른 민족을 접할 기회를 제공했음을 의미한다.

---

124 金英達, 1999, 앞의 글, 33쪽.

〈표 4-10〉 일본 거주 '내선결혼' 부부의 직업(1939년 12월 말) (단위: 명)

	조선인 남편	일본인 아내	일본인 남편	조선인 아내
유식적 직업	245	44	9	2
자동차 운전자	435	1	4	
토목건축 노동자	1,211	81	11	5
하역 노동자[仲士]	195	5	7	
직공	939	93	23	1
섬유 여공		812		8
기타 노동자	1,684	695	33	11
고물상 및 행상인	2,508	319	8	7
농업	541	1,369	14	24
접객업자	336	836	10	23
기타	1,483	5,322	64	102
합계	9,577	9,577	183	183

1930년대 후반 이후 '내선결혼' 부부가 일본에 몰려 있었음은 〈표 4-11〉에서도 확인된다. 압도적 비중을 차지하는 조선인 남편과 일본인 아내가 대부분 일본에 살았다. 내연 관계인 경우가 많지만 1944년에는 1939년보다 법률혼 비중이 높아졌다. 조선에서는 일본인 남편과 조선인 아내의 비율이 일본보다 높지만, 숫자로는 역시 조선인 남편과 일본인 아내 부부가 더 많다. 조선인 남성이 일본에서 결혼하고 조선으로 돌아오면서 조선에서도 이 유형의 통혼 부부가 더 많아지게 된 것으로 추정된다. 또 법률혼이 내연보다 많은 것이 특이하다. 일본 정부 후생성 건민국(健民局) 지도과의 자료에 따르면, 1941년에도 조선에 1,416쌍, 일본에 9,761쌍의

'내선결혼' 부부가 거주했다고 한다.[125] 즉, 통혼 가정의 90% 가량이 일본에 살고 있었다.

〈표 4-11〉 거주 지역별 '내선결혼' 부부의 총수 (단위: 쌍)

	조선인 남편 + 일본인 아내			일본인 남편 + 조선인 아내		
	법률혼	내연	합계	법률혼	내연	합계
일본 (1939. 12)	2,363	7,214	9,577	50	133	183
조선 (1942. 12)	872	734	1,606	364	645	1,009
일본 (1944. 3)	4,253	6,175	10,428	107	165	272

출전: 內務省 警保局 保安課, 1940. 9, 「朝鮮人運動の狀況: 三. 內鮮人通婚に對する朝鮮人の動向」, 『特高月報』; 「朝鮮台灣人の參政權に關する參考資料」, 『大野綠一郎關係文書』 R-150.

지금까지 살펴본 것처럼 '내선결혼' 부부의 거주 지역과 직업의 양상은 일제가 생각한 바람직한 모습과는 거리가 멀었다. 통혼을 통해 동화되기를 기대한 장소는 식민지 조선이었지만, '내선결혼' 부부는 일본에서 만나 일본에 살며 아이를 낳아 기르는 경우가 많았다. 또한 황실 결혼을 본받아 일반인에게 모범을 보일 만한 귀족이나 식자층보다는 중하층의 노동자층이 주로 결혼했다. 심지어 식민지 조선인 남성이 제국의 일본인 여성과 결혼하면서 혼인신고를 하지 않고 내연 관계를 맺은 경우가 절대적으로 많았다. 식민지가 아닌 제국 본토에서 식민지 출신의 하층민 남성이 제국의 여성을 처첩으로 삼고 있는 일종의 역전 현상이 발생한 것이다.

---

125 1987, 「(資料)在日朝鮮人に対する同化政策の「協和事業」(1943)」, 『在日朝鮮人史研究』 17 139~140쪽.

3) '내선결혼'의 동기와 가정의 생활양식

조선총독부는 '내선결혼' 가정이 사랑으로 맺어지고 모두 화목하게 지내서 '내선융화'가 진전되고 있다고 선전했지만, 상식적으로 생각해 봐도 금방 이것이 허위·과장 광고임을 알 수 있다. 애초에 조선에는 연애결혼보다 부모가 정해 준 상대와 어릴 때 결혼하는 조혼(早婚)이 일반적이었고, 모든 가족이 화목할 거라는 이상 자체가 허상이기 때문이다. 또 영친왕의 결혼은 명백한 정략결혼이었다. 가난하고 기댈 곳 없는 일본인 여성은 조선인 남성과 결혼해서라도 살아야 했다.[126] 1930~1934년 경제공황기 조선에 거주하는 '내선결혼' 부부의 숫자 변화를 살펴보면서도 언급한 것처럼, 경제적 이해관계가 결혼에 미친 영향은 결코 적지 않았다.

이는 실제 사례에서도 확인된다. 1936년 수원에서는 어떤 일본인 남성이 자기에게 진 빚을 갚지 못한 조선인 남성의 아내를 빚 대신 빼앗아서 5~6년 동안이나 동거했던 일이 화제가 되었다.[127] 이 조선인 여성은 1930년경에 일본인 남성의 아내로 팔려 간 것이고, 내연 관계를 포함한 조선총독부의 통계에는 이들도 '내선결혼' 부부로 집계되었을 것이다. 경제공황기 일본인 남성과 조선인 여성 부부가 증가한 이면에 이러한 부부가 얼마나 있을지 알 수 없다. 다만 조선인 여성이 결국 다른 조선인 남성과 함께 도망친 것에서도 '내선결혼' 가정의 불화를 엿볼 수 있다.

이처럼 심한 경우, '내선결혼'은 사랑은커녕 당사자의 의사와 무관하게 이루어지기도 했다. 특히 조선인 남성이 일본인인 것처럼 속이고 일본

---

126 「日鮮同化의 一例」, 『매일신보』, 1913. 3. 1; 「日鮮同化의 種々」, 『매일신보』, 1913. 3. 11.

127 「빗으로 뺏은 人妻 不義한데 憤慨한 債鬼」, 『동아일보』, 1936. 5. 29.

인 여성에게 접근한 사례들이 흥미롭다. 일례로 1932년 『부산일보』에는 도쿄에서 조선인 남성을 만나 결혼을 승낙했던 일본인 여성의 이야기가 실렸다. 이 여성은 경제공황의 어려운 상황 속에서 상대가 부유한 일본인인 줄 알고 만났는데, 임신하고 나서야 남편이 조선인임을 알았다. 어쩔 수 없이 '내선결혼'을 받아들이고 남편과 조선에 건너와 보니 시가는 찢어지게 가난했고 심지어 남편에게 본처와 아이까지 있었다. 결국 경찰이 일본인 여성을 일본으로 돌려보낼 여비를 조달하기 위해 나섰다.[128]

일본에 혼자 이주한 조선인 기혼 남성이 미혼 일본인인 척 하기는 그다지 어렵지 않았던 것 같다. 일본인 여성은 임신한 다음에야 상대가 조선인이라는 사실을 알게 되면 결혼을 받아들이기도 했다. 반대로 일본인이 조선인을 사칭한 사례는 아직까지 보지 못했다. 조선인 남성의 행동은 조선인의 낮은 사회적·경제적 지위의 산물인 것이다. 일본인 남성의 경우에는 그들의 사회적·경제적 지위를 이용해 조선인 여성에게 '내선결혼'을 강요하거나 강간한 사례가 확인된다.[129]

물론 보통의 '내선결혼'이 민족 간 일상생활의 접촉을 계기로 이루어진 만큼, 당사자의 연애는 가장 중요한 결혼 동기였다. '내선결혼' 선전이 통혼 부부의 사랑과 가정의 원만함을 강조한 것은 역설적으로 일본인과 조선인 사이에 강한 마음의 벽이 존재하기 때문이었다. 사랑처럼 강렬한 감정이 아니고서는 현존하는 민족 갈등을 극복할 만한 다른 힘이 없었던 것이다.

---

128 「廿万円の大ホラに釣られた内地人娘」, 『釜山日報』, 1932. 7. 16.

129 「日人色魔에 蹂躪되야, 運命에 우는 女性」, 『동아일보』, 1926. 1. 14; 「愛子까지 빼앗기고 南山公園에서 飮毒」, 『동아일보』, 1929. 5. 5.

하지만 연인의 사랑이 결혼으로 이어지기는 쉽지 않았다. 무엇보다도 부모가 자녀의 '내선결혼'에 반대했다. 1910년대 결혼해서 '내선결혼'의 선구자로 손꼽힌 요시노 도조(吉野藤藏)는 결혼해서 3~4년은 식구들이 이래저래 투덜대고 호의적이지 않았다고 회고했다. '내선결혼'은 로미오와 줄리엣의 사랑 같았다.[130] 어떤 젊은 일본인 여성은 '내선일체'를 위해서는 조선인과 결혼하는 것이 상책이라고 생각해서 부모에게 이야기했다가 호되게 혼났다.[131] 서울에서 백화점 점원으로 일하다 조선인 여성을 사랑하게 된 일본인 남성은 여성의 어머니가 결혼을 허락해 주지 않자 자살을 시도했다.[132] '내선결혼'을 장려하려는 선전이 최고조에 달한 전시체제기에조차 일본인이든 조선인이든 흔쾌히 자녀를 다른 민족과 결혼시키려는 부모는 거의 없었다. 만약 요시노 도조의 사례처럼, 부모의 반대를 무릅쓰고 결혼해서 시간이 얼마나 지나든 언젠가 부모의 이해를 받는다면 '내선결혼' 선전에서 말했던 사랑의 연쇄도 가능할 것이다. 하지만 보통학교 교사, 서대문경찰서 고등주임, 체신국 방송감독계에서 관료로 근무했던 그와는 달리, 중하층에 속하는 대다수의 '내선결혼' 당사자는 가족과 인연을 끊고 살아가기 어려웠다.

'내선결혼'은 지배 민족과 피지배 민족의 결혼이었기 때문에, 심지어 아무런 이해관계가 없는 주위 사람들도 '내선결혼' 가족에 고까운 시선을 보냈다. 조선인은 특히 일본인 여성과 결혼한 조선인 남성을 친일파로 간주했다. 1921년 히로시마(廣島)에서는 조선인 남성과 일본인 여성이 부모

---

130 1940,「愛の契りは堅し-內鮮一體結婚の先駆, 吉野氏家庭訪問記」,『內鮮一體』1, 45쪽.

131 長田かな子, 1982,「四五年八月十五日」,『季刊三千里』31.

132 「딸안주는 어머니 압헤 사나희 死의 抗議」,『동아일보』, 1938. 4. 19.

의 허락을 받고 정식으로 결혼해 아들까지 낳고 피로연을 열기로 했다. 그런데 주위 조선인들이 이는 일본인에게 학대와 업신여김을 당하는 조선인 동포의 처지를 돌아보지 않고 제멋대로 사는 것이라고 분노하였다.[133] 일본 경시청도 1924년 도쿄에 거주하는 '내선결혼' 부부 총수를 기록한 문건에서, 조선인 남성은 '내선결혼'을 희망해도 일본 부인을 취하면 즉시 친일파로 지목당해 동포의 위협을 받게 되는 문제가 있어 표면상 피하는 분위기라고 적었다. 다만 노동자 중에는 일본인 여성과 내연 관계를 맺은 사람이 적지 않다고 했다.[134] 이를 통해 민족 감정을 바탕으로 '내선결혼'에 반대한 조선인은 대개 식자층이었음을 짐작할 수 있다. 홋카이도 탄광에 징용되었다가 일본인 여성과 결혼한 한 조선인 남성은 1946년 한반도로 돌아오면서 반일 감정이 생각보다 강한 것에 놀라서 아내가 일본인임을 숨겼다고 한다.[135]

지배 민족으로서 우월의식을 가졌던 일본인은 식민지 조선인과 결혼한 일본인을 열등한 사람으로 취급했다. 정부의 '내선결혼' 장려 정책에 비판적이었던 어떤 일본인은 지식 계급의 조선인 남성은 구식인 조선인 아내를 버리고 신식인 일본인 아내를 원하는 반면, 비교적 교양이 적은 일본인 남성은 조선인 아내로도 만족하는 경향이 있다고 비꼬았다.[136] 일본인 여성은 조선인 여성보다는 '신식'이라고 간주되었지만, 조선인 남성과 연애하거나 결혼하는 여성은 일본인의 '수치'였다. 1927년 평남 순천

133 「廣島中學의 朝鮮敎諭 朴永의 일본녀자와 혼인함을 금지코자 조선학싱들이 권고」, 『동아일보』, 1921. 5. 23.

134 警視廳 特別高等課 內鮮高等係, 『(大正 13年 9月末 調査)事務槪要』, 68쪽.

135 藤崎康夫, 1972, 「在韓日本人にとっての戰後」, 앞의 책, 26~32쪽.

136 難波可水, 1917, 「內鮮人通婚の狀態如何」, 『朝鮮及滿洲』 125.

에서는 부모도 묵인한 '내선연애'에 대해 경찰서장이 일본 여자와 조선 남자가 서로 연애를 하게 된 것은 일본인의 큰 수치라면서 부모를 설득해 일본인 여성을 일본으로 보내고 조선인 남성은 지역에서 퇴거시켰다.[137] 1921년 친일파 민원식(閔元植)을 살해한 양근환(梁槿煥)의 아내 이시카와 가쓰코(石川勝子)도 조선인의 아내가 되었다는 이유만으로 주위의 일본인에게서 곱지 않은 시선을 받았다.[138] 1940년 일본인 여성 다우치 지즈코(田內千鶴子)는 목포에서 고아원을 운영하던 조선인 남성 윤치호(尹致浩)와 결혼해서 국민총력조선연맹의 표창까지 받았지만, 일본인은 민족의 수치라면서 길에서 만나도 모르는 척했다.[139]

이러한 분위기에서는 '내선결혼' 가정의 자녀들도 환영받기 어려웠다. 1927년 평양에서는 야마네 요시오(山根義雄)라는 23살의 청년이 이편에도 저편에도 서지 못하는 혼혈아의 처지를 비관해 자살을 시도했다. 그는 평소 이웃과 상종하기도 싫어하고 부모 이야기가 나오면 말을 피하다가 결국 자살을 택한 것이었다.[140] 야마네 요시오는 일본인 아버지와 조선인 어머니에게서 태어났고, 이름으로 보건대 법적으로 일본인 신분이었을 것이다. 하지만 사건 당시 아버지는 남부 지방에 가서 토목 공사를 하고 있었다. 일본인이면서 조선인 어머니와만 살던 그가 일본인 사회에서도 조선인 사회에서도 어울리기 어려웠을 것을 짐작할 수 있다. 또 어떤 '내선결혼' 부부는 통혼 사실을 주변이나 친척에, 심지어 자녀에게까지 감추

---

137 「자명종」, 『조선일보』, 1927. 9. 19.

138 「咀呪된 運命의 二生命」, 『동아일보』, 1921. 8. 12.

139 田內基, 1984, 『母よ, そして我が子らへ』, 新聲社, 142~143쪽.

140 「日本人과 朝鮮人의 混血兒 飮毒」, 『중외일보』, 1927. 11. 26.

었는데, 보통은 아내나 남편이 조선인 출신임을 숨겼다.[141] 이들이 유독 조선인 혈통을 부정한 이유는 같은 국민이라면서도 조선인을 열등하게 여기는 일본인의 인식 때문이었다. 아마도 야마네 요시오처럼 법적으로나 이름으로나 일본인인 혼혈 자녀는 조선인 혈통을 감추기 쉬웠겠지만, 자기 부정으로 인한 정체성의 혼란까지 피할 수는 없었다.

정리하자면, 연애가 '내선결혼'의 주된 동기였던 것은 사실이었다. 하지만 당연하게도 조선인과 일본인이 자유연애를 하거나 자유연애를 통해 결혼에 이르렀더라도 그 관계가 반드시 원만하거나 영구히 유지되는 것은 아니었다. 일본인과 조선인 모두 '내선결혼'을 반기지 않는 가운데 연애결혼한 부부는 대개 부모의 반대를 무릅쓴 것이어서 부모·친척, 사회로부터 소외당하기도 했고, 혼혈 자녀는 자기 부정도 경험해야 했다. 또한 조선인과 일본인이 자유연애를 하더라도 중간에 사랑이 식어서 연애 중 혹은 결혼 후라도 결별하는 사례는 비일비재했다. 조선인에게 아직은 조혼이 일반적인 가운데, 자유연애는 오히려 기혼 남성의 축첩이나 이중 혼인, 혹은 기혼 여성의 간통으로도 발현되어 일부일처의 가족제도와 충돌하는 경우도 많았다. 조선총독부의 통계에서는 이들도 '융화'의 상징으로 집계되고 선전되었지만, 이러한 '내선융화'의 가정은 현실에서는 다양한 '불화'를 수반하며 역으로 '내선융화'의 취약성을 드러냈다.

한편, 조선총독부는 '내선결혼'을 통해 조선인이 가정에서부터 일본의 생활양식을 접함으로써 일본인에 동화되기를 기대했다. 하지만 '내선결혼'이 반드시 조선인의 일본인화를 가져오지는 않았다. 관료·귀족 등 상층 조선인 남성의 통혼 가정은 가정의 생활양식도 일본인화되는 경향이

141 1940,「愛の契りは堅し-內鮮一體結婚の先駆, 吉野氏家庭訪問記」,『內鮮一體』1.

있었지만, 이는 통혼의 결과라기보다는 남편이 원래 일본 문화에 익숙했거나 일본인화되려는 의지가 강했기 때문이었다.[142] 그 외에는 거주 지역, 성별 구성, 계층, 부부의 의지 등에 따라 생활양식도 제각기 달랐다. 이때 완전히 조선풍 또는 일본풍으로만 생활하는 극단적인 경우는 드물었고, 대개는 일본에도 조선에도 속하지 않는 새로운 양식으로 생활했다. 양쪽의 풍속을 절충하고 거기에 서양풍을 가미하거나 아예 서양풍으로 생활하기도 한 것이다.[143]

그런데 절충식 생활양식은 조선인의 눈으로 보면 일본인화된 것이고 일본인의 눈으로 보면 조선인화된 것이었다. 그러자 조선인과 일본인은 자기 민족이 '내선결혼' 때문에 일본인화 또는 조선인화될 것을 걱정하면서 제각기 상대방에게 자기 민족으로 동화되라고 요구했다. 1920년대 『동아일보』는 조선인 남성과 결혼한 일본인 여성이 많지만 대개 생활양식을 바꾸지 않아서 가정과 자녀까지 일본인화되는 일이 많아 환영하지 않았다고 했다. 반대로 조선인 시부모를 만나기 위해 조선에 건너오면서 한복을 입고 조선 음식을 먹은 일본인 여성은 분명히 조선 사람이 되려는 것을 알 수 있다고 칭찬하였다.[144] 조선인 남성과 결혼한 서양 여성에 대해서도 그가 조선 음식을 배우고 한복 만드는 법이나 예의범절, 한글까지 배워서 농촌운동에 투신하자, 다른 나라 여성이 완전히 조선화를 각오한

---

142 天來生, 1917, 「內鮮結婚者と其の家庭」, 『朝鮮及滿洲』 125; 「王世子 殿下 嘉禮 前에 日鮮同體의 家庭 訪問: 쟈작 됴즁응 씨와 시영 부인 同苦樂의 卄年」, 『매일신보』, 1918. 12. 8; 「王世子 殿下 嘉禮 前에 日鮮同體의 家庭 訪問: 全然히 內地化한 의사 안샹호 씨의 가뎡」, 『매일신보』, 1918. 12. 10.

143 岩本正二, 1941, 「內鮮結婚の種々相」, 『內鮮一體』 2-2, 41~42쪽.

144 「남편을 짜라 조선사람이 된 직자 부인」, 『동아일보』, 1926. 9. 3.

사례는 처음일 것이라며 환영했다.[145] '내선결혼'은 조선인 남편과 일본인 아내 부부가 대다수였기 때문에, 조선인은 가부장제에 의지해 일본인 아내가 남편을 따라 조선의 생활양식을 받아들이기를 바랐고, 일본인은 서구의 가정 관념에 의지해 일본인 여성이 가정의 주인이 되어 생활양식을 일본풍으로 바꾸기를 기대했다.

그러나 통혼 가정은 편의를 위해 거주지의 생활양식을 취하는 동시에, 가부장제로 인해 아내가 남편이 속한 민족 문화에 맞추는 경향이 있었다. 식민지 조선에서도 대만에서도 마찬가지였다. 그래서 '내선결혼'을 통해 식민지에서 식민지민의 가정을 일본인화하려는 일본인의 기대는 실현될 수 없었다. 대만인 남성과 결혼한 일본인 여성들이 대만에서 대만인화되고 자녀까지 대만인화되는 이유를 설명한 다음 기사를 보면, 당시의 상황을 쉽게 이해할 수 있다.[146]

> 여기에서는 왜 일본인화하고자 시집온 일본인 부인이 반대로 본도인화(本島人化)되어 버리고 마는가에 대해서, 먼저 몇 가지 원인을 들어 보기로 한다.
>
> 1. 처는 남편에게 복종해야 하기 때문에
>
> 1. 시집가서는 그 가풍을 배워야 하기 때문에
>
> 1. 경제적이기 때문에
>
> 1. 편리해서 중과부적이기 때문에

---

145 「사랑엔 國境이 없다(一) 思想에 共鳴된 國際結婚」, 『동아일보』, 1934. 8. 11; 「國際結婚의 佳話(二) 歸農運動에 共鳴 愛에 合致」, 『동아일보』, 1934. 8. 12.

146 須田清基, 1936, 「共婚会設立の提唱」, 『社會事業の友』 95, 111쪽.

1. 열대 생활에 적합하기 때문에
1. 가족에게 권유받기 때문에
1. 일본인과 만날 기회가 적기 때문에
1. 친척이나 형제가 가까이에 없기 때문에
1. 따돌림당하고 싶지 않기 때문에
1. 집안[深窓]에 갇혀 있기 때문에
1. 가정을 지도할 입장에 있지 않기 때문에
1. 경제력이 없기 때문에

대체로 이러한 것이 중요 원인이 되어 점차 대만화되어 버리고 만다고 생각된다. 그리고 그 결과는,
1. 가정에서 대만어가 상용되고
1. 의식주도 대만식이며
1. 제반 예식은 구관(舊慣)에 따르고
1. 태어난 아이의 이름도 대만어로 부르고
1. 대만식으로 양육되어
1. 소학교 입학이 곤란하기 때문에 공학교에 입교시키고
1. 일본인과의 교제가 적고
1. 일본인으로서 의식을 발휘할 기회는 없고
1. 점차 일본 정신이 몽롱해진다.

사람들이 무엇을 기대했든, 민족 간 접촉이 증가함에 따라 '내선결혼'은 점점 증가했다. 이와 관련해서 흥미로운 것은 2~3세대에 걸친 '내선결혼' 가족이다. 일례로 함경남도 장관 신응희(申應熙)와 일본인 여성 사이

에서 태어난 딸이 1917년에 일본인 남성과 결혼했다. 호적상으로는 분명히 '내선결혼'이었다. 그런데 신응희의 딸은 도쿄에서 태어났고 일본식 교육을 받았으며 조선에서도 일본식 가정에서 자랐기 때문에 문화적으로는 일본인이나 마찬가지였다.[147] 굳이 '내선결혼' 가족이 아니더라도 조선에서 나고 자란 일본인은 조금이나마 조선인화되었고, 일본에서 나고 자란 조선인은 조금이나마 일본인화되었다. 그렇게 호적상의 신분과 일상의 생활문화가 일치하지 않는 영역이 늘어났다. 일제는 호적으로 민족을 구별하고는 식민지민을 차별하기 위해서가 아니라 민족 고유의 생활문화와 풍습을 존중하기 때문에 구별하는 거라고 주장했다. 하지만 문화적으로 일본인화된 조선인이 일본 호적에 전적할 수 있는 길은 없었다. 오로지 '내선결혼' 등 가족관계를 통해서만 본적을 옮길 수 있었다. 이와 같이 호적으로 일본인과 조선인을 혈통에 따라 구별하는 체제에서 호적상의 일본인과 문화적 일본인은 불일치하고, '내선결혼'과 혼혈이 계속됨에 따라 과연 일본인이란 누구인가라는 의문이 떠오르게 된다.

또한 일본인은 우월의식을 가져서 자신과 식민지 조선인을 구별하고 조선인을 차별하고 싶어 했다. 그러는 한, 일본인은 조선인화되는 것, 그리고 일본인에 조선인이 섞여 드는 것을 경계할 수밖에 없었다. 이러한 경계심은 일본인과 조선인이 같은 황인종에 속해서 외모로는 구별하기 어려웠다는 점, 그리고 당국의 주장처럼 언어와 풍습이 비교적 비슷해서 서로 동화되기 쉬웠다는 점 때문에 더욱 강화되었다. 호적은 민족을 구별하기 위한 마지막 안전판이었다.

147 「申長官令孃 南山神宮에서 結婚」, 『매일신보』, 1917. 1. 24.

4. '내선결혼'에 대한 기대와 배신

1) 친일 조선인의 '내선결혼' 장려론

일제는 '내선결혼'을 통해서 조선인이 일본인화되기를 기대했지만 통혼을 증가시킬 수 있는 실질적인 장려책을 도입하지는 않았다. '내선결혼'을 어렵게 하는 제도를 바꿔서 통혼 가능한 범위를 넓히고 통혼을 긍정적으로 선전했을 따름이다. 사실 일제의 동화정책에서 주의와 시책의 괴리는 거의 모든 영역에서 드러났다. 그래서 연구자들은 이데올로기로서의 동화(주의)와 정책으로서의 동화(정책)를 구분하고, 일본이 동화의 주의를 표방하고도 정책으로는 시행하지 않았기 때문에 이념과 실제 사이에 괴리가 존재했다는 점에 주목하였다.[148] 어떤 이들은 일제의 조선 동화정책은 그 괴리가 해소되는 때, 즉 내지연장주의가 표방된 1920년대,[149] 또는 1937년 전시체제기 이후 본격적으로 시작됐다고 평가하기도 한다.[150] 1920년대 조선과 일본 사이 법제의 통일이 추진되었고, 전시체제기에는 '황국신민화' 정책이라고 불리는 조선인의 일본인화를 위한 시책들이 본격적으로 입안·시행되었기 때문이다. '내선결혼' 정책이 1920년대 시작해서 전시체제기 최고조에 달했다고 본 선행연구들도 대체로 이러한 관점에 입각해 있다.

---

148 山本有造, 1992, 『日本植民地經濟史硏究』, 名古屋大學出版會.

149 保坂祐二, 2002, 『日本帝國主義의 民族同化政策 分析』, J&C.

150 권태억, 2001, 「동화정책론」, 『역사학보』 172.

나아가 고마고메 다케시(駒込武)는 정책도 법제도적 측면(평등화·차별화)과 문화적 측면(동일화·차이화)이 다름을 지적했다. 그리고 둘의 결합 방식에 따라 통치 정책을 동화·융합(평등화/동일화), 계층화(차별화/동일화), 분리(차별화/차이화), 다원주의(평등화/차이화)라는 네 가지 유형으로 나누었다. 이로써 일제가 문화적 측면에서 동일화를 추진하면서도 법제도적 측면에서는 차별을 유지한 식민통치 방식을 동화정책의 특징으로 이해하고, 이러한 특징을 다시 이념적 동화주의와 연결해서 분석할 것을 제안했다.[151] 이정선은 고마고메의 정책 구분에 생물학적 측면을 추가해, 법제적 동화, 정신적·문화적 동화, 생물학적 동화로 나누기를 제안했다.[152] 일제의 동화주의는 제국과 식민지의 인종적 유사성을 강조했고, 그 점이 서구의 제국·식민지 관계와 달랐다. 따라서 일제의 동화정책을 분석하는 데 생물학적 측면은 특수하고도 핵심적이다.

이렇게 보면 전시체제기 '내선결혼' 장려 정책의 양상은 독특하다. 이 시기 정신적·문화적 동화를 실현하기 위해 '황국신민화' 정책이 강력히 추진되고, 법제적 동화도 느리기는 하지만 조선과 일본의 법제를 통합하고 조선인 차별을 완화하기 위한 시책들이 도입되었다. 그런데 생물학적 동화에서는 이전처럼 슬로건적으로는 '내선결혼'을 장려하면서도 실상은 현실에 방임하는 시책으로 일관하였다. 이정선은 그 이유가 일본 정부와 조선총독부에서 '내선결혼'과 혼혈에 대한 회의론이 대두함에 따라 일본의 동화주의 이념이 흔들렸기 때문이라고 본다. 일본인과 조선인은 인종적으로 유사하므로 동화시킬 수 있다는 독특한 동화주의가 사라지고, 일

151 駒込武, 1996, 『植民地帝國日本の文化統合』, 岩波書店.

152 이정선, 2017, 앞의 책.

제도 서구와 마찬가지로 동화정책을 포기하기에 이르렀다는 것이다. 조선총독부와 일본 정부의 이러한 동요는 친일 조선인의 '내선결혼' 장려론과 비교해 볼 때 보다 분명히 드러난다.

전시체제기 조선총독부는 조선인의 언어와 생활양식을 일본인화하기 위한 각종 실질적 시책들을 도입·강화하는 한편, 내외에 '내선일체' 실현을 위한 방책을 제안하라고 했다. 1938년 9월에 조선총독부 시국대책조사회에서는 '내선일체'를 강화, 철저히 하기 위한 시책으로 "내선인의 통혼을 장려할 적당한 조치를 강구할 것", "일본과 조선의 역사적 관계를 천명할 것" 등을 의결하였다. 이때 역사적 관계를 천명하기 위한 실천 사항으로는 "1. 국사(일본사: 인용자) 및 조선사를 통해 내선의 국교, 문화의 교류, 혈연의 교착 관계를 분명히 할 것, 2. 백제, 신라, 고려, 가야 등 일본과 인연이 많은 지방에 박물관을 설치하거나 향토사연구회 등을 조직하게 하여 내선인의 교류 및 혈연적 관계에 관한 인식을 깊게 할 것" 등이 결정되었다.[153] '내선일체'를 촉진하기 위하여 두 민족의 혈연적 관계, 즉 '내선결혼'의 역사를 드러내 예로부터 일본과 조선이 친밀했음을 알리는 동시에, 현재에도 '내선결혼'을 장려하자는 이야기였다.

또한 조선총독부는 같은 해 제19회 중추원 회의에 일반 국민의 일상생활에서 '내선일체' 정신을 실천·구현하기 위한 방책에 대해 자문을 구했다. 중추원은 조선 총독의 자문기관으로서, 대체로 조선총독부에 협력적인 친일 조선인이 참의(參議)에 임명되어서 회의에 참석했다. '내선일체'의 실천·구현 방책을 묻는 조선 총독에게 이들 중 상당수가 '내선결혼'을 장려해야 한다고 대답했다. '내선결혼'이야말로 부부, 부모 자식이 사

153 朝鮮總督府, 1938, 『朝鮮總督府時局對策調査會諮問答申書』, 3쪽, 6쪽.

랑으로 결합하는 것이므로 정신적 결합을 꾀하는 데 가장 중요하고, 피를 섞어 자손의 번영을 도모하고 한솥밥을 먹으며 고락을 함께 하는 것이므로, 두 혈족을 연결하고 혈연적 일체를 도모하는 방법이기 때문이었다.[154] 중추원 참의들은 조선총독부의 선전을 그대로 수용해서, '내선결혼'을 정신적·문화적 동화뿐 아니라 생물학적 동화를 촉진해 '내선일체'를 일상에 구현할 수 있는 수단으로 이해한 것이다.

이러한 생각에서 일부 조선인 참의는 식민통치 당국이 '내선결혼'을 직접적·실질적 시책으로 장려해달라고 요청했다. 이때 조선총독부의 현실 방임적 태도를 직간접적으로 비판하면서 적극적으로 장려해야 한다고 주장한 이들이 있어서 흥미롭다. 인창환(印昌桓)은 '내선일체'가 먼 장래에는 필연적으로 이뤄지리라고 믿지만, 현재의 시국에서는 '내선결혼'을 촉진하여 가정생활에서 긴밀한 관계를 맺게 해야 한다고 했다. 필연적·자연적인 동화를 넘어서는 정책적 개입이 필요하다는 말이다. 석명선(石明瑄)도 결혼 적령기 남녀를 통혼시키고 서양자도 힘써 영입해야 비로소 국민 일체의 정신이 생활에 항구적으로 드러날 것이라면서, 양 민족이 가정을 이루는 일이 중요하다고 역설했다. 그런데 이를 "자연에 맡기는 것은 소위 백년하청(百年河淸)을 기다리는 것"이라면서, 원래는 개개인의 의사에 따라야겠지만 무언가 국가적으로 장려해 주기를 희망했다. 박영철(朴榮喆) 역시 "기존처럼 자연의 흐름에 맡길 것이 아니라 어떤 방법을 통해 적극적으로 장려할 필요"가 있다고 했고, 어담(魚潭)도 "내선인의 결혼을 당국은 구체적으로 장려"하라고 요청했다.[155] 이들은 모두 '내선일체'

154 朝鮮總督府 中樞院, 1938,『第19回中樞院會議參議答申書』, 112쪽, 55쪽, 155쪽, 62쪽, 160쪽.

155 朝鮮總督府 中樞院, 1938, 위의 책, 46쪽, 25쪽, 107쪽, 266쪽.

를 실현하는 데 '내선결혼'이 중요하다고 전제한 다음, 조선총독부의 방임적 태도를 비판하고 적극적으로 나서줄 것을 촉구했다.

혹은 조선총독부가 시행할 만한 시책을 직접 제안하기도 했다. 이승우(李升雨)는 조선에 사는 관리나 유력자가 적당한 상대를 발견하면 혼인이나 입양을 권유하는 것이 지름길이라고 보았다. 노영환(盧泳奐)은 지역의 유력자나 관리부터 솔선수범하도록 종용하여 점차 서민 계급까지 통혼하게 하는 게 가장 시대에 적합하고 유효한 방책이라고 보았다. 장직상(張稷相)은 중추원 회의에서 계속 '내선결혼'을 장려해야 한다고 주장한 사람이었는데, 정부가 관리들에게 통혼을 장려한다는 내훈을 보내고 통혼한 사람을 직업적·사회적으로 우대해 주라고 제안했다. 황종국(黃鍾國)은 일본인 남성이 조선인 여성과 결혼하는 게 좋다고 한정하기는 했지만, 역시 조선인 여성을 아내로 맞은 일본인 관리를 특별히 우대하고 편의를 제공해 주기를 바랐다.[156]

실제로 1920년대와 다르게 전시체제기에는 국가가 개인의 결혼에 개입해도 이상하지 않았다. 일제는 예상보다 중일전쟁이 길어지는 바람에 노동력과 병력 수급에 어려움을 겪었고, 양질의 인구를 증식하는 것을 중요한 정책 과제로 삼았다. 1938년 1월 일본 정부에 신설된 후생성은 국가적 차원에서 인구를 관리하는 것을 목적으로 삼은 기구였다. 1940년에는 「국민우생법」을 제정하였다. 유전 질환을 가진 사람에게는 단종 수술을 실시해 자녀를 낳지 못하게 하고, 일반인에게는 임신 중단 수술을 금지해서 자녀를 최대한 낳게 하는 법률이었다.[157] 그와 함께 일본 본토에서는

156 朝鮮總督府 中樞院, 1938, 앞의 책, 164~165쪽, 146쪽, 226쪽, 89쪽.

157 藤野豊, 1998, 『日本ファシズムと優生思想』, かもがわ出版, 262~342쪽.

결혼과 출산을 장려하는 각종 시책이 시행되었다. 1939년에는 군사보호원을 중심으로 전쟁에서 부상 당한 상이군인에게 배우자를 알선해 주는 사업을 시작했다. 부상이 심할수록 우선적으로 아내를 소개받을 수 있었다. 만주국에 보낼 대륙 신부를 양성한 것도 비슷한 취지의 정책이었다. 상이군인과 만주국 이민자처럼 국책상 필요하지만 배우자를 얻기 어려운 사람들을 위해서 국가가 중매에 나선 것이다. 1940년에는 우량아를 10명 이상 낳은 가정을 표창하기 시작했다. 표창받은 가정에는 보통 상장과 기념품을 수여하였고, 생활용품과 국공채를 부상으로 제공한 지역도 있었다. 후생성은 이어서 1941년 「결혼 장려에 관한 건」을 각 지방 장관에게 내려보내어 결혼 상담 시설을 설치하게 했으며, 1943년 3월까지 일본 본토 전역에 무려 893개의 결혼 상담 시설이 설치되었다.[158] 전시체제기 결혼과 출산은 개인의 사적 영역이 아니라 국가가 규제 또는 장려할 수 있는 공적 영역으로 취급되었다.

정부가 국가 관리에게 '내선결혼'을 장려한다는 훈령을 내려보내고, 결혼할 만한 사람을 찾아서 알선하며 결혼한 사람에게는 편의를 제공해 주라는 중추원 참의들의 제안은 당시 일본 정부의 인구정책과 동일한 흐름 속에 있었다. 조선총독부가 선전한 대로 '내선결혼'이 국가적 사명을 넘어 세계사적 사명이기까지 한 '내선일체'의 실현 수단이라면, 할 수 있는 일이었다. 하지만 조선총독부는 이 중 어떤 것도 하지 않았다.

조선에서는 '내선결혼' 당사자이자 잡지 『내선일체』의 발행인이었던 내선일체실천사 사장 박남규(朴南圭)가 1940년 내선결혼상담부를 개설하였다. 내선결혼상담부의 목적은 '내선일체'를 실천하기 위해 '내선결혼'

---

158 今川勳, 1990, 「産めよ殖えよ国のため」, 『現代結婚考』, 田畑書店.

에 관하여 조사, 알선, 해결, 상담, 지도하는 것이었는데, 결혼의 이상은 자기를 희생해서 남을 살리는 무아애(無我愛)의 경지라고 전제하였다.[159] 국가라는 남을 위해 자기를 희생해서 '내선결혼'을 실천하라는 의미이다. 대만에서도 1936년에 '내대결혼' 당사자를 중심으로 대만공혼회(臺灣共婚會)를 조직하고 당국의 지도와 원조를 받아 통혼을 조사, 알선, 장려하자는 주장이 있었다.[160] 식민통치 당국이 자연에 맡기는 자세를 취하자 통혼 당사자가 더 적극적으로 움직인 것이다.

나아가 일부 조선인은 '내선일체'를 실현하기 위해서는 '내선결혼'을 장려해야 한다는 식민통치 당국의 선전을 명분 삼아서, 조선인에 대한 법제적 차별을 철폐하라고 요구하기도 했다. 앞서 다룬 1938년 중추원 회의에서 현준호(玄俊鎬)는 '내선결혼'이 상당히 증가하고 있지만 진정 이해 있는 결혼이 몇 쌍이나 될지는 의문이라면서, 결혼 이후의 법률관계가 가장 중요한 문제라고 했다. 현준호는 문제가 무엇인지 구체적으로 언급하지는 않았다. 다만 일본인 남성이 조선인 여성과 결혼하면 아무 문제도 생기지 않지만, 반대의 경우에는 간단히 해결하기 어려운 사정이 있다고 했다. 그리고 조선인에게도 헌법상 제국 신민(臣民)에게 인정되는 모든 권리와 의무를 부여할 것을 해결책으로 제시했다. 이러한 근본적 법률관계가 해결되면, '내선결혼'은 굳이 장려하지 않아도 자연히 증가할 것이라고 했다.[161] 여기서 현준호가 말한 문제란 호적으로 민족을 구분하는 것이다. 일반 혼인에서 일본인 남성이 조선인 여성과 결혼하면 가족이 전부 일본

159 1940,「內鮮結婚相談部開設に就て」,『內鮮一體』1, 88~89쪽.

160 須田淸基, 1936, 앞의 글, 113쪽.

161 朝鮮總督府 中樞院, 1938, 앞의 책, 72~73쪽.

인이 되지만, 조선인 남성과 일본인 여성이 결혼하면 모두 조선인이 된다. 그런데 호적상 조선인에게는 일본인과 동등한 국민의 권리와 의무가 부여되지 않는다. 현준호는 일본인이 '내선결혼'의 결과로 자신과 자녀가 식민지 조선인으로 전락할 것을 두려워하는 현실을 지적한 것이다. 민족의 법제적 구별과 차별이 '내선결혼'을 막는 근본적인 요인이었다.

조선인이 일본인화라는 정신적·문화적 동화와 무차별이라는 법제적 동화를 일치시키려 한 것은 우연이 아니었다. 조선 총독 미나미 지로는 '내선일체'의 궁극적인 모습은 무차별 평등에 도달하는 것이라고 했다. 또 「내선일체의 이념 및 그 실현 방책 요강」이라는 문건에서는 '내선일체'가 조선인에게 희망에 찬 유일한 지도 원리라고 썼다. 조선인의 자발성을 끌어내기 위해서 무차별이라는 카드를 꺼낸 것이다. 이로 인해서 조선인 중 일부는 '내선일체' 정책이 민족 차별에서 벗어날 수 있는 방법이라고 믿고 적극 호응하기도 했다.[162] '내선결혼' 장려 정책에 대해서도 마찬가지였다. 철저한 '내선일체'를 주장한 현영섭(玄永燮)은 '내선결혼'을 장려하려면 조선인과 일본인의 경제적 수입을 평등하게 만들어야 한다고 주장했다. 조선인 순사와 결혼한 일본인 여성이 남편의 월급이 생각보다 적어서 놀랐다거나, 조선인 군서기와 결혼한 일본인 여성이 가난해서 도망쳤다는 등의 사례를 들면서, 현영섭은 자신도 일본인 여성과 결혼하고 싶지만 가난해서 독신으로 살 생각이라고까지 이야기했다.[163] 법제적 측면에서도 현준호는 조선인과 일본인의 구별은 두고 차별을 없애라고 했다

162 宮田節子 著, 李熒娘 譯, 1997, 「제4장 일본의 조선지배정책의 본질-'내선일체'의 구조를 중심으로-」, 『조선민중과 「황민화」정책』, 일조각.

163 玄永燮, 1938, 「内鮮一体と内鮮相婚」, 『朝鮮及滿洲』 365.

면, 광주변호사회 회장 지영구(池永九)는 조선에도 「호적법」을 시행해서 민족 구별 자체를 없애달라고 일본 정부에 요청했다. 일본에 「호적법」, 조선에 「조선호적령」을 시행해서 일본인과 조선인을 구별하는 것은 병합의 취지에도 맞지 않을뿐더러, 「호적법」을 조선에 시행하면 조선인은 앞다투어 일본인과 결혼해 진정한 일본인을 낳을 것이므로 통치하기에도 징병하기에도 유리할 것이라는 이유였다.[164] 하지만 일제는 호적상의 구별과 차별을 없애는 작업을 마지막까지 고려하지 않았다.

그러면 이러한 친일 조선인의 '내선결혼' 장려론을 염두에 두고, 전시체제기 조선총독부가 새롭게 시행한 '내선결혼' 장려 시책이 어떠한 것이었는지 간단히 살펴보자. 첫 번째는 1939년 11월의 「조선민사령」 개정이다. 이로써 씨제도를 도입하고, 양친이 살아 있을 때에 한해 이성양자를 허용하면서 서양자입양 제도도 도입했다.[165] 이에 대해 미나미 총독은 씨명의 공통, '내선결혼', '내선입양'이라는 "사법상의 내선일체 구현의 길"이 완전히 열렸다고 평가했다.[166] '내선결혼'에서 씨제도가 필요했던 이유는, 그렇지 않으면 조선인 남성과 결혼해 조선 호적에 들어간 일본인 여성이 자기의 원래 씨명을 그대로 사용해야 했기 때문이다.[167] 가족이 같은 씨를 사용해야 하는 일본인은 아내와 남편의 씨가 다르면 법률혼이 아니라 내연 관계라고 생각했다. 씨제도의 도입으로 '내선결혼'에서 발생했던

---

164 「新聞紙法改正及戸籍法ヲ朝鮮ニ施行ノ請願ノ件」, 『朝鮮人關係雜件-建言及陳情關係』(일본 외교사료관 소장, JACAR Ref. B05014016700).

165 「制令 第19號 朝鮮民事令中改正」, 『朝鮮總督府官報』, 1939. 11. 10.

166 1939, 「(彙報) 內地人式氏の設定に就き總督談」, 『朝鮮』 295, 133~134쪽.

167 朝鮮總督府 法務局 編纂, 1943, 『朝鮮戶籍及寄留例規』, 鮮光印刷株式會社, 508~509쪽.

이러한 심리적 장벽이 제거되었다.

또한 이성양자를 허용함으로써 일본인 남성이 조선인에게 입양될 수 있는 길이 열렸다. 변호사 야스다 미키타(安田幹太)는 조선의 친족법이 엄격히 부계 혈통의 동성동본만 입양할 수 있게 했다면 일본인과 조선인 사이의 피의 구별은 영원히 소멸되지 않았을 거라면서, 이성양자와 서양자 제도의 도입이 피의 교류에서 가장 중요한 의의를 갖는다고 평가했다.[168] 평양복심법원장 노무라 조타로(野村調太郎)도 이로써 '내선통혼'과 '내선입양'에 남겨진 유일한 장벽이 철폐되었다고 하였다.[169] 조선총독부 법무국 역시 1941년 12월 일본 제국의회에 제출한 설명자료에서, 이제 '내선결혼'을 촉진하는 데 법제상 방해가 되는 점은 없다고 단언했다.[170] 조선총독부는 조선인이라는 법적 신분은 문제가 되지 않는다고 판단한 것이다. 법제적 측면에서 '내선결혼'을 장려하기 위한 시책은 조선의 친족법을 개정해 통혼이 가능한 범위를 넓히는 데 한정되었다.

두 번째로 시행된 '내선결혼' 장려 시책은 국민총력조선연맹(이하 '총력연맹')이 통혼 부부를 표창한 것이다. 총력연맹은 1940년 중에 결혼한 부부를 조사하고, 1941년 3월 표창장과 함께 조선 총독이 쓴 '온고지신' 글자를 담은 족자를 선물했다.[171] 하지만 표창 계획이 점점 축소된 흔적이

---

168 安田幹太, 「朝鮮民事令中改正に關する制令解說(二) 異姓養子と婿養子」, 『京城日報』, 1939. 11. 11.

169 野村調太郎, 1940, 「朝鮮家族制度の推移」, 『朝鮮』 296, 19~20쪽.

170 朝鮮總督府 法務局, 1941, 「第79回帝國議會說明資料 十一冊ノ內 法務, 學務, 警務, 厚生」(민족문제연구소 편, 2000, 『일제하 전시체제기 정책사료총서』 13, 한국학술정보, 211~212쪽).

171 1941, 「(彙報) 內鮮結婚の表彰者決定す」, 『朝鮮』 311, 99~100쪽.

보인다. 1940년 12월 『부산일보』는 내연 부부도 표창할 거라고 했지만,[172] 실제로는 법률혼만, 그중에서도 일부만 표창했다. 총력연맹 사무국 총장은 1940년 12월 내선일체실천사 사장 박남규와의 인터뷰에서 '내선결혼' 부부에게 공채를 줄 예정이라고 했다. 호불호가 있는 기념품보다는 소액이라도 현금 성격의 공채를 주면 오래 보존하고 애국심도 생기리라는 생각이었다. 박남규는 통혼 부부를 우대하거나 '내선결혼' 촉진 운동 기관을 정부가 원조하는 등 다른 적극적 장려책을 시행할 계획은 없는지 물었지만, 사무국 총장은 상호 이해와 풍속 동화를 위해 노력해야 한다고 답할 따름이었다. '내선결혼'을 증가시키려면 차별적인 제도를 개선해야 한다는 말에도, 차별 철폐를 바라기 전에 차별당하지 않도록 훈련하면 차별은 자연히 없어질 것이라고만 말했다.[173] 결국 '내선결혼' 부부를 표창하면서는 상징성 가득한 '온고지신'을 적은 족자만 주었고, 그마저도 1941년 한 차례 표창한 것을 끝으로 중단되었다.

이처럼 조선총독부는 전시체제기 '내선결혼' 선전을 강화했지만, 통혼 장려 시책은 전과 마찬가지로 현실 방임하는 정도에 그쳤다. 같은 시기 조선총독부는 '내선일체'를 표방하며 조선인에게 일본어와 신사참배를 강제하는 등 정신적·문화적 측면에서는 동화의 시책을 적극 시행했고, 친일 조선인은 생물학적 동화를 위해 '내선결혼'을 촉진할 수 있는 실질적 장려책을 시행하고 법제적으로도 조선 민족에 대한 구별과 차별을 철폐하라고 요구했다. 또 일본 정부는 인구정책을 강화하며 일본인의 결혼을 장려하고 출산을 통제하기 위한 시책을 도입하였다. 이러한 상황을 종

---

172 「"記念品"附きで內鮮結婚を奬勵」, 『釜山日報』, 1940. 12. 18.

173 1941, 「內鮮結婚奬勵方針を川岸中將に聞く」, 『內鮮一體』 2-1.

합적으로 고려하면 '내선결혼' 장려 정책이 소극적·간접적이었음은 분명해진다.

2) 식민통치 당국의 '내선결혼' 회의론

'내선결혼'에 대한 조선총독부의 애매한 태도에는 단순히 전처럼 소극적·간접적으로만 장려하겠다는 것 이상의 의미가 있었다. 1940년대 시책과 공문서를 보면 이 시기 일제의 인식이 통혼 장려 정책에 회의적이거나 '내선결혼' 자체를 부정하는 쪽으로 변했음을 확인할 수 있다.

먼저 조선총독부는 '내선결혼' 중에서도 모범적인 것과 그렇지 않은 것을 구별하기 시작했다. 1941년 12월 내선일체실천사와의 인터뷰에서 국민총력조선연맹 사무국 총장은 '내선결혼'의 수를 늘리는 것이 능사가 아니라는 생각을 내비쳤다. '내선결혼'도 환영받는 것과 그렇지 않은 것이 있어서 젊은 기세에 생각 없이 결혼하고 후회하는 가정도 적지 않은데, 결혼을 파탄시키지 않고 영원히 유지하는 것이 중요하다고 말한 것이다. 또 '내선결혼'을 잘하려면 중산층 이상의 조선인 가정이 더 개방적으로 생활해야 한다고도 했다.[174] 앞에서 살펴본 것처럼, 당시 '내선결혼'은 대개 하층에서 자유연애를 통해 부모의 반대를 무릅쓰고 이루어지는 것이 현실이었다. 많은 '내선결혼'이 파탄에 이르러서 '내선융화'의 진전뿐만 아니라 조선인과 일본인의 불화를 드러내고 있기도 했다. 사무국 총장의 발언에서 조선총독부가 선전과 다른 '내선결혼'의 실상을 예의주시하고 있었음을 알 수 있다. 그리하여 현재의 바람직하지 않은 결혼 대신 중매

174 1941,「內鮮結婚奬勵方針を川岸中將に聞く」,『內鮮一體』2-1.

결혼 또는 정략결혼 위주인 중상층 가정에서 '내선결혼'의 모범을 보이기를 바랐다.

파탄에 이를지도 모르는 '내선결혼'을 양적으로 늘리기보다 질적으로 향상시키는 데 집중해야 한다는 조선총독부의 인식은 다른 자료에서도 드러난다. 미나미 총독 시기에 정무총감이었던 오노 로쿠이치로(大野緣一郎) 소장 자료에는 「내선일체의 이념 및 그 실현 방책 요강」(1941)이라는 문서가 있다. 이를 보면, 문화의 동일성은 생활 감정을 일체화하는 데 필수적인 토대이므로 '내선일체'를 실현하는 데는 문화정책이 중요하다고 했다. 조선 문화정책의 근본 방침은 일본 문화를 조선에 이식 배양하는 것이었다. 그런데 조선의 문화가 점점 일본화되면 '내선결혼' 장려책이 문제가 될 것이었다. 이에 대해서는 '내선결혼'은 일본과 조선의 문화가 일체화됨에 따라서 장려되어야 하는 것이지 문화를 일체화시키기 위한 전제로서 장려할 것이 아니라고 단언했다. 문화와 습속이 여전히 다른 상태에서는 통혼 수를 늘리려고 서두를 것이 아니라, 문화 통합이 이뤄짐에 따라 '내선결혼'을 소개 알선 지도하는 데 힘쓰고 호적상의 융통도 간단히 하는 정도여야 한다는 것이다.[175]

정리하자면, 이 시기 조선총독부는 선전과 달리 '내선결혼'을 조선인 동화의 수단으로 보며 양적 증가를 서두르지 않고, 오히려 조선인 동화의 결과로서 이뤄져야 한다면서 당분간은 상층 위주로 안정적인 통혼만 이루어지기를 바랐다. 그리하여 여전히 '내선결혼'을 긍정적으로 보면서도, 최우선 목표인 정신적 동화를 촉진하기 위해 문화적 동화를 강화했을 뿐

175 「內鮮一体の理念及其の實現方策要綱」, 『大野緣一郎關係文書』 R-149, 484코마, 489코마(일본 국회도서관 헌정자료실 소장).

생물학적 동화를 위한 직접적 장려책은 시행하지 않았다.

일본 정부의 '내선결혼'에 대한 태도 변화는 조선총독부보다 더 극적이다. 전시체제기 조선인 강제 동원으로 일본 본토의 조선인 남성 수가 급증함에 따라 '내선결혼'도 급증하고, 주로 일본에서 조선인 남성과 일본인 여성 사이에서 결혼이 이루어졌음은 앞에서 언급하였다. 내무성 경보국 보안과가 1939년 말 처음으로 일본 본토 전역의 '내선결혼' 부부 수를 집계한 것은 이러한 상황을 주시했기 때문이었다. 당시 일본에서는 갑자기 늘어난 조선인을 동화시키고 통제하기 위해 협화(協和) 사업을 추진하고 있었다. 경보국 보안과는 협화 사업이 실시된 이래 재일조선인이 일본에 동화되려는 기운이 높아진 한편, 조선총독부가 보급한 '내선일체'의 시정 방침을 근거로 현재 상황을 비판하는 동향이 있으므로 협화 사업을 수행할 때 주의해야 한다고 지적했다. 비판적 언동 가운데 '내선일체'를 구현하려면 조선인과 일본인의 결혼과 혼혈이 제일이라면서 당국이 '내선결혼'을 적극 지도해야 한다는 주장도 있었다.[176] 경보국 보안과는 조선인 중추원 참의들처럼 재일조선인이 '내선일체'에 기대서 조선인 차별을 비판하고 '내선결혼'을 적극 장려하라고 주장하는 것을 경계한 것이다.

또 이때 '내선결혼' 부부 수를 조사하면서 자녀 수까지 조사한 것은 혼혈에 대한 경계심 때문이었다. 전시체제기 인구정책이 강조되어 우생학이 발흥함에 따라, 혼혈이 일본인의 정신적·신체적 자질에 미치는 영향에 대한 관심이 매우 높아졌다. 결국 1939년 내무성 경보국 보안과는 '내선일체'의 성과를 확인하기 위해 '내선결혼' 가정을 조사한 것이 아니라, 통혼과 혼혈이 증가하는 현실을 걱정하는 마음에서 조사를 시작한 것

176 內務省 警保局 保安課, 1940. 9, 앞의 글.

이다. 조사 결과에 대해서도 '내선결혼'으로 자연 현상적인 혼혈이 이뤄지는데, '내선협화'와 관련해서 한 번 생각해 볼 만하다고만 언급하였다. 바람직하다는 평가는 없었다.

실제로 당시 조선총독부가 '내선일체'를 표방하며 황민화 정책을 급속히 추진하자, 이로 인해 조선인 차별이 사라질까, 다른 말로 하면 일본인이 누려왔던 특권이 사라질까 불만을 품는 일본인이 늘어났다. 이들은 식민지 동화정책을 폐기하고, 일본인과 다른 민족의 혼혈을 방지해야 한다고 주장하기도 하였다. 일본 정부도 이를 진지하게 고려하였다. 1941년 1월 결정된 「인구정책확립요강」의 초안에는 원래 '황국 민족의 통일성 및 지도력 확보'라는 조항이 포함되어 있었다. 동아공영권에서는 일본인과 현지 민족의 잡혼을 극력 억제하고, 조선 민족과 대만 민족의 일본 본토 유입은 필요한 최소한에 그쳐야 한다는 내용이었다.[177] 일본 정부의 인구정책은 일본인, 조선인, 대만인, 외국인을 모두 구별하고 인구를 배치할 장소를 고려하되, 일본인과 일본 본토의 이익을 중심에 두고 수립되었다.[178] 식민지민을 노동자로 일본 본토에 동원하면서도 일본인과의 접촉과 혼혈은 최소화하려 한 일본 정부의 의도가 엿보이는 조항이다. 다만 일본 정부는 「인구정책확립요강」을 최종 결정하는 단계에서 이 조항을 삭제했다. 이것이 '내선일체'와 '대동아공영권'이라는 말로 내세운 전쟁 목적과 정면충돌하기 때문이었다.

하지만 1940년대 일본 정부는 민족 접촉에 대한 정책 자체를 재검토

177 松村寛之, 2000, 「國防國家の優生學」, 『史林』 83-2, 288~298쪽.

178 이정선, 2023, 「총력전체제 하 일본의 인구정책과 식민지 조선인」, 『역사문제연구』 50.

하기 시작했다. 일본 정부는 대동아공영권에서 일본인이 아시아의 맹주이기를 자처하고 일본인을 양적·질적으로 발전시키는 것을 인구정책의 목표로 삼았다. 일본인을 증식시켜 대동아공영권 각지에 지도자로 파견하려는 구상이었다. 그런데 이때 현지에서 일본인과 현지 민족의 접촉이 일본인의 자질에 어떠한 영향을 미치는지가 관건이었다. 만약 일본인의 양과 질, 지도자성을 확보하는 데 부정적인 영향을 미치는 것으로 확인된다면 다른 민족과의 접촉과 혼혈은 방지해야 할 것이었다.

일본 정부는 일본인과 다른 아시아 민족의 혼혈을 연구하는 학자들에게 일본학술진흥회를 통해서 연구비를 지원했다. 일본학술진흥회는 1939년 10월 민족과학에 대한 제11특별위원회를 설치하고 민족 접촉 및 혼혈의 문제 등을 연구하게 했다. 당시의 시국에서 인적 자원을 확보하려면 민족 소질을 선천적으로 개선해야 하는데, 그러려면 민족위생학적 대책을 실시하는 동시에 국민 체력을 저하시키는 사정들을 제거하거나 수정해야 한다고 보았기 때문이었다.[179]

'내선혼혈' 아동에 대한 연구도 일본학술진흥회 또는 문부성 과학연구비의 예산 지원을 받아 진행되었다.[180] 일본인의 혼혈에서 '내선결혼'이

179 藤野豊, 1998, 앞의 책, 313~314쪽; 1940, 「(彙報) 財団法人日本学術振興会民族科学に関する第11特別委員会の設置」, 『人口問題研究』 1-1, 85쪽.

180 水島治夫·三宅勝雄, 1942, 「內鮮混血問題」, 人口問題研究會 編, 『人口政策と國土計画』, 人口問題研究會; 水島治夫, 1942, 「日本民族の構成と混血問題(一)」, 『優生學』 220; 三宅勝雄, 1944, 「內鮮混血兒の身体発育に就て」, 『人口問題』 6-2; 野田一夫, 1943a, 「內地人ト朝鮮人トノ混血兒ニ就テノ遺傳生物學的研究(第1編)-混血家族ニ就テノ人類學的研究」, 谷口虎年 編, 『人類學·人類遺傳學·體質學論文集(第三冊)』, 慶応義塾大学医学部; 野田一夫, 1943b, 「內地人ト朝鮮人トノ混血兒ニ就テノ遺傳生物學的研究(第2編)-混血兒ノ身體發育(身長, 體重及ビ胸圍)ニ就テ」, 谷口虎年 編, 『人類學·人類遺傳學·體質學論文集(第三冊)』, 慶応義塾大学医学部.

차지하는 비중이 큰 만큼, '내선혼혈'은 중요한 연구 대상이었다. 연구자는 하나같이 전선이 확대됨에 따라 각지에서 일본인과 현지인의 접촉이 증가하고 있으므로, 혼혈 정책을 근거에 입각해서 근본적으로 재검토해야 한다고 지적했다. 이들은 '내선혼혈' 아동의 신장·체중·가슴둘레·얼굴형 등 신체적 특징과 학업 성적·지능 등 정신적 특징을 조사했다. '내선결혼' 부부의 거주지가 조선인지 일본인지, 부부의 유형이 아버지가 조선인이고 어머니가 일본인인지 아니면 아버지가 일본인이고 어머니가 조선인인지 등도 결과에 영향을 미치는 변수로 고려되었다. 조선에서는 조선총독부가 학교에 공문을 내려보내서 재학 중인 혼혈 아동을 파악하고 연구자에게 조사 대상을 제공하였다. 이처럼 '내선혼혈'에 대한 연구가 일본 정부의 예산으로, 조선총독부의 협조를 받아 진행되었다는 것은 이 연구가 국책 과제임을 보여준다. 하지만 일본인과 조선인을 이민족 취급하며 시작한 연구의 설정 자체가 '동조동근(同祖同根)', '동문동종(同文同種)'을 전제로 삼은 동화주의를 부정한다.

그런데 짐작 가능하게도, 연구 결과 '내선결혼'은 일본인에게 생물학적·유전적으로 문제없다는 결과가 나왔다. 연구자들은 조사 대상 아동 수가 적고 조사하지 못한 항목도 많아서 바로 결과를 단언하기는 어렵다고 주저했다. 그러면서도 인종적으로 봤을 때 조선인, 일본인, '내선결혼'에서 태어난 혼혈인이 서로 현저히 다르다고 보기는 어렵다거나,[181] 일본인과 조선인은 가장 가까운 관계에 있는 종족이므로 둘 사이의 혼혈로 나쁜 결과를 초래할 걱정은 없다는 결론을 내렸다.[182] 오히려 생물학적 측면

---

181 野田一夫, 1943a, 위의 글.

182 水島治夫·三宅勝雄, 1942, 앞의 글, 21쪽.

에서는 잡종강세 현상을 보여서, '내선혼혈' 아동이 부모가 모두 일본인이거나 조선인인 아동보다 신체 발육이 우수하다는 결과도 나왔다.[183] 일본인과 조선인, 중국인, 인도네시아인의 혼혈 아동을 각각 조사한 게이오대학(慶應大學) 의학부 연구팀은 연구 결과를 종합해서 "일본인과 근접 여러 민족 사이의 혼혈은 생물학적으로 보아 그다지 유해하다고는 생각되지 않는다"는 결론을 제시하기도 했다.[184] 일본 『요미우리신문(讀賣新聞)』은 이러한 연구를 "동아공영권 건설 일로에 미소 짓게 하는 빛을 던져 준 연구 성과"라고 높이 평가하였다. 혼혈아는 대개 열등하다는 세계 학계의 통설을 뒤집어 장래 '필요'에 의해 이루어질 아시아 민족 간 피의 교류에 '괜찮다'는 결론을 내려 주었다는 것이다.[185]

그렇다고 혼혈을 장려하는 것은 또 다른 문제였다. 경성제국대학에 재직하며 조선총독부의 협조를 받아 '내선혼혈'을 연구했던 미즈시마 하루오(水島治夫)는 우생결혼의 법칙에 따라 자질이 우수한 가계에서는 우수한 자손이, 열등한 가계에서는 열등한 자손이 태어나는 것이 당연하다고 전제했다. 따라서 일본인이 외지에서 현지인과 결혼하는 경우에는 우수한 상대를 골라야 하고, 상대가 우수하다면 크게 통혼을 장려해도 괜찮다고 하였다.[186] 그러는 한편, 일반적으로 혼혈인은 소속된 민족이 둘 이상으로 나뉘는 까닭에 한쪽 국가에 대한 국민정신이 흐릿한 것이 문제라고 지적했다. 일본인이 아시아 민족과 혼혈하는 경우에는 생물학적 측면이

---

183 水島治夫·三宅勝雄, 1942, 위의 글; 野田一夫, 1943b, 앞의 글.

184 谷口虎年, 1944, 「東亞共栄圈內に於ける混血に就いて」, 『亞細亞硏究』 31-7, 49쪽, 52~54쪽.

185 「東亞民族間の混血, 逞しく伸びる」, 『讀賣新聞』, 1943. 8. 20.

186 水島治夫, 三宅勝雄, 1942, 앞의 글, 21쪽.

문제가 아니라 그들이 순수한 일본인과 같은 일본 정신을 갖느냐 아니냐가 문제이므로, 생물학적 결과만 가지고 널리 혼혈해도 괜찮다고 속단하면 안 된다고 주장했다.[187] 조선총독부가 '내선결혼'을 섣불리 늘리지 않고 황민화된 중상층의 결혼을 바란 이유도 여기에 있을 것이다.

게다가 진짜 문제는 외지가 아니라 일본 본토에서 이뤄지는 혼혈, '내선결혼'이었다. 당시 일본에 거주하던 조선인은 대부분 노동자였다. 미즈시마는 조선인 노동자는 "반도에서조차 대개 최하층에 속하고 자질은 우수하지 않다"라고 생각했다. 그리고 그 엄청난 수가 일본에 영주하면서 2대, 3대 세대를 거듭해 마침내 끝까지 혼혈한다면, 그들로 인해서 야마토(大和) 민족의 자질 저하를 초래할 우려가 있으므로 심각하게 고려하지 않으면 안 된다고 주장했다.[188]

그러자 일본 정부는 이제 '내선결혼'과 동화정책 자체를 재검토하기 시작했다. 특히 인구정책의 주무 부서였던 후생성은 '내선결혼'이 식민지 조선이 아니라 일본 본토에서, 그것도 조선인 남성 노동자와 일본인 여성 사이에서 확산되는 것을 보고만 있지 않았다. 후생성 산하 인구문제연구소는 1940년 8월에 재일조선인의 출산력(出産力)을 조사하면서 '내선결혼'과 혼혈에 대해서도 조사하였다. 조선인의 출산력을 조사한 이유는 하층에 속하는 조선인이 일본에 집단 유입된 후에도 고유한 생활양식과 태도를 고수해 일본 사회에 "유해한 분해 작용"을 미치고 있다고 판단했기 때문이었다. 후생성은 동화되지 않은 많은 하층 조선인이 일본에 거주하며 아이를 낳는 현상을 경계했다. 조선인이 자녀를 얼마나 낳는지에 따라

187 水島治夫, 1942,「日本民族の構成と混血問題(二)」,『優生學』221, 3쪽, 6쪽.

188 水島治夫 · 三宅勝雄, 1942, 앞의 글, 21쪽.

장래의 인구 규모가 달라질 것이므로, 인구문제연구소는 출산력을 조사하여 일본인의 민족적·문화적 순수성을 해치지 않으면서 조선인을 어떻게 동화시킬 수 있을지 결정할 참고 자료를 얻고자 했다.[189]

후생성 인구문제연구소는 중앙협화회의 도움을 받아서 홋카이도, 도쿄, 가나가와(神奈川), 도야마(富山), 아이치, 오사카, 야마구치(山口), 후쿠오카 등 8개 지역의 조선인에게 조사표를 배포하여 기재하게 했다.[190] 이를 통해 4만 7,776쌍의 부부 정보를 얻었는데, 그중 '내선결혼'을 한 조선인 남편과 일본인 아내 부부가 1,559쌍이었다. 〈표 4-12〉를 보면, 조선인 남편·일본인 아내 부부는 부부가 모두 조선인일 때보다 법률혼 비율이 낮고 내연 관계가 훨씬 많음을 알 수 있다. 또 중혼적(重婚的) 내연 관계란 배우자가 있는 상태에서 다른 사람과 다시 부부 관계를 맺는 것인데, 조선인 남편·일본인 아내 부부 쪽이 8.2%로서 조선인 부부의 6배가 넘었다.[191] '내선결혼' 가정은 조선인 부부에 비해 법률혼보다 내연 관계가, 그중에서도 '두 집 살림'이 많은 상태였던 것이다. 이는 조선인 남성이 일본인 여성과 혼인신고도 하지 않고 부부 관계를 맺으면서, 심지어는 본처를 따로 두고서 일본인 여성을 첩으로 삼고 있었음을 뜻한다.

189 厚生省 人口問題研究所, 1942, 「序說」, 『(極祕)大東亜建設民族人口資料14: 内地在住朝鮮人出産力調査概要』.

190 1940, 「(彙報) 内地在住朝鮮人出産力調査の施行」, 『人口問題研究』 1-4.

191 厚生省 人口問題研究所, 1942, 앞의 책, 47쪽.

〈표 4-12〉 후생성 조사 재일조선인의 부부 유형

		조선인 부부		조선인 남편 + 일본인 아내 부부	
		실수(쌍)	백분율(%)	실수(쌍)	백분율(%)
법률혼	일반혼인	44,376	96.0	858	55.0
	입부혼인	256	0.6	132	8.5
내연관계	중혼적	599	1.3	128	8.2
	단혼적	781	1.7	429	27.5①
미상		205	0.4	12	0.8
합계		46,217	100.0	1,559	100.0

비고: ① 원문 27.8

사실 후생성 인구문제연구소는 '내선결혼' 가정이 일반 가정보다 열등하다고 생각했다. 그러한 생각을 전제로 조사 항목을 설정하고, 조사 결과를 다시 자기 주장의 근거로 삼았다. 이러한 후생성의 생각을 잘 보여주는 것이 〈표 4-13〉이다. 인구문제연구소는 '내선결혼' 부부의 결혼 동기 중 가장 숫자가 많은 '사랑'을 대부분 부모가 허락하지 않은 '불의(不義)한 밀통'이라고 해석했다. 부부 관계가 대개 원만한 이유는 현재 동거하는 부부만 조사했기 때문이고, 조선인 남편의 범죄 이력이 없는 이유도 자기가 기재해서 그렇지 실제 범죄자 비율은 더 높을 것이라고 했다. 일본인 아내의 친정 경제 상태가 중하류에 속하는 것에 대해서도 "잡혼하는 부부는 민족의 평균자보다도 사회적 지위가 낮다는 원칙"을 확인할 수 있다고 단정지었다.[192]

192 厚生省 人口問題研究所, 1942, 위의 책, 54~60쪽.

〈표 4-13〉 후생성 조사 재일조선인의 '내선결혼' 실태

	남편의 범죄 이력			결혼 동기							부부 관계			아내의 친정 경제 상태			
	유	무	기재×	허혼	맞선	사랑	사기	협박	폭행	기재×	원만	불화	기재×	상류	중류	하류	기재×
홋카이도	30	221	155	11	128	112	5	1		150	253	3	151	3	105	149	150
도쿄	84	371	27	5	133	308	15		1	15	442	19	15	14	215	231	15
가나가와	26	103	3	1	68	64	3				132	5		5	51	81	
아이치	8	103	9		21	64	3			32	97	4	19	1	38	57	25
오사카	5	96	101	4	18	68	7			105	97	3	102		53	46	103
야마구치	4	58	12	1	26	32				15	56	3	15	1	29	29	15
후쿠오카	2	76	1	1	36	37	1			4	74	2	3	1	25	49	4
도야마	4	49			18	32	2			1	48	4	1	3	16	21	13
합계	163	1,077	308	23	448	717	36	1	1	322	1,199	43	306	28	532	663	325

출전: 厚生省 人口問題研究所, 1942, 『(極秘)大東亜建設民族人口資料14: 内地在住朝鮮人出産力調査概要』, 55쪽.
비고: 일부 합계 오류 수정함

후생성 인구문제연구소는 조선인 남성과 일본인 여성이 '내선결혼'하는 현실에 대해서도 매우 비판적이었다. 보통의 지배 관계에서는 지도 민족 또는 정복 민족의 남성이 피지도(被指導) 민족 또는 피정복 민족의 여성을 아내로 삼는 게 원칙인데, 일본에서는 정반대가 되어 있다는 것이다. 그래서 일본 본토에서 이루어지는 '내선결혼'에 대해 아래와 같이 혹독하게 매도했다.[193]

---

193 厚生省研究所 人口民族部, 1943, 『大和民族を中核とする世界政策の検討』, 328~330쪽.

일본에 거주하는 조선인이 대부분 조선의 하층민임에도 불구하고 지도 민족인 일본인 여자와 성관계를 맺는 경우가 많은 것은 한편으로는 일본인 여자를 아내로 삼음으로써 정복감을 만족하는 데 있지만, 또한 일본인 여자의 부주의에 기인한다. 조선에 거주하는 일본인 여자가 조선인 남자와 결혼하는 경우는 심히 적은데도 불구하고 일본에서는 일본인 여자가 조선인 남자와 결혼하는 경우가 심히 많은 것은 일본인 여자가 조선인의 성정을 알지 못하고 그들을 일본인으로 오인하거나 또는 그 감언[歡言]에 속아서 자포자기의 상태가 되는 것을 나타낸다. (과도한 내선일체론 및 창씨개성에서 기인한 비극적 측면) 따라서 이로부터 태어난 혼혈아는 지능, 체력에서 내지인과 현저한 차이가 없음에도 불구하고, 성격이 비뚤어지고 부끄러움을 모르며 국가 정신이 희박한 자가 많은 것은 당연할 것이다.

후생성 건민국 지도과 역시 협화 사업 상황을 설명하기 위해 작성한 1943년 제84회 제국의회 참고자료에서, '내선결혼'은 점차 증가하는 경향에 있으므로 신중한 연구와 대책이 필요하다면서 통혼의 증가를 경계했다.[194] 이러한 후생성의 조사 결과와 대책 촉구 노력이 1945년 8월 일본이 패전하기까지 구체적인 시책으로 공표되지는 않았다. 하지만 '내선결혼'에 대한 태도가 변했음은 조선총독부와 일본 정부가 조선인의 처우를 개선하기 위한 방법 중의 하나로서 1944년 말 조선인의 전적(轉籍)을 허용할 방침을 논의한 자료에서도 엿볼 수 있다.

---

194 1987, 「(資料)在日朝鮮人に対する同化政策の「協和事業」(1943)」, 『在日朝鮮人史研究』 17, 139~140쪽.

이때 조선총독부는 조선 및 일본 거주자를 포함하여 황민화된 조선인 가족에게 일본 호적으로의 전적을 허가해서 조선인의 국민 의식, 즉 정신적 동화를 촉진하고자 했다. 황민화되었는지는 전쟁에 대한 협력 또는 '내선결혼'으로 판별하려 했다. 하지만 이전처럼 혼인신고만으로 결혼할 수 있는 게 아니라 재판소의 허가를 받도록 '내선결혼' 법제를 바꾸는 방안까지 검토했다. 그 방안에 따르면 범죄 이력이나 유전 질환이 있는 자는 '내선결혼'할 수 없었다.[195] 조선총독부는 '내선결혼' 자체는 긍정적으로 보되 모범적이지 못한 '내선결혼'을 배제할 방법을 찾은 것이다.

그에 비해 일본 내무성은 일본에 일정 기간 이상 거주하면서 생활·사상·감정 등이 완전히 일본인과 다를 바 없게 된 조선인과 대만인에게만 일본 호적으로의 본적 이동을 허용하겠다는 입장이었다. 이는 일본인의 순수성을 보호하기 위해서였다. '내선결혼' 법제를 바꾸려 하지 않았지만, 조선총독부와 달리 통혼 가정이라고 일본 호적을 취득하는 데 우대할 생각도 없었다.

그리하여 일제는 패전 직전에 병합 이래 유지해 오던 '내선결혼' 장려의 슬로건마저 부정하기에 이르렀다. 그동안 '내선결혼' 장려와 조선인 동화정책에 더 적극적이었던 조선총독부가 1944년 제국의회를 상대로 '내선결혼'에 대해서는 "별다른 장려책을 강구하고 있을 리 없는 것은 물론"이라고 말했다.[196] 1945년 일본 정부의 내무성 역시 '내선결혼'과 '내대공혼'에 대해서 그동안 "정부로서는 특별히 장려하지 않고 억지하지도 않는

195 「(秘)内地朝鮮間ノ転籍等ニ関スル法律案(昭和19. 10. 11. 民事課)」, 『本邦内政關係雜纂-植民地關係-第三卷』(일본 외교사료관 소장).

196 朝鮮總督府官房, 1944, 「第86回帝國議會說明資料三冊ノ內一」(민족문제연구소 편, 2000, 『일제하 전시체제기 정책사료총서』 22, 한국학술정보, 73쪽).

태도"를 지녀왔다고 설명했다.[197] 일제 당국자는 이제 더 이상 '내선결혼'을 조선 통치에 바람직하다고 생각하지 않았다.

이와 같이 병합 초기 일제가 '내선결혼'에 대해 지녔던 낙관적 인식은 통혼의 확산과 일본 본토로의 역류를 계기로 부정적으로 전환되었다. 동시에 생물학적 인종주의 대신 문화적·계층적 차이를 핑계로 통혼과 혼혈이라는 궁극적 동화를 스스로 부정하기에 이르렀다. 이는 곧 인종적·혈연적 유사성을 강조한 일본 특유의 동화주의가 포기되는 과정이었고, 조선인에 대한 실질적인 동화의 시책은 전쟁에 즉각 동원하는 데 필요한 정신적·문화적 측면에 국한되었다.

---

197 「朝鮮及臺灣在住民政治處遇ニ關スル質疑應答(內務省管理局, 昭和20. 3. 6) '第1-10. 內鮮, 內臺結婚ニ對スル政府ノ方針如何'」, 『本邦內政關係雜纂-植民地關係-第六卷』(일본 외교사료관 소장).

5. 맺음말

이 글에서는 일제의 '내선결혼' 장려 정책을 통혼의 실제 양상과 함께 분석함으로써, 일본인과 조선인의 인종적 유사성을 전제로 수립된 조선인 동화정책이 동요·포기되는 과정을 살펴보았다. '내선결혼'은 일본 특유의 생물학적 동화 이념과 직결되는 동시에, 법제적(호적), 정신적(국민의식)·문화적(생활양식), 생물학적(혼혈) 동화의 각 측면을 종합적으로 검토할 수 있는 주제이다. '내선결혼'은 혼혈 자녀를 낳고, 가족이라는 1차적 사회화 기관을 형성해 조선인을 사상과 생활양식까지 일본인화할 수 있는 수단으로 선전되었으며, 또 '내선결혼'을 위한 법제는 조선인과 일본인의 속인적 구별을 바꾸는 유일한 길이었기 때문이다. 따라서 '내선결혼' 정책을 통해서 일제의 조선인 동화정책을 총체적으로 살필 수 있다.

본문에서 다룬 내용을 다시 동화의 세 측면으로 나누어 정리해 보면 다음과 같다. 제국 일본은 조선인의 완전한 일본인화를 최종 목표로 삼되, 정신적·문화적 동화를 우선 과제로 삼고 법제적 동화는 정신적·문화적으로 동화된 결과로서 가장 마지막에 이뤄질 것으로 설정했다. '내선결혼'을 통한 생물학적 동화는 시기에 따라 위상이 변했다. 한국 병합 초기에는 자연 발생적으로 이루어지던 '내선결혼'을 조선인의 정신적·문화적 동화를 촉진할 수단으로 주목했다. 그리하여 전적을 금지하면서도 '내선결혼'과 그로 인한 당사자의 호적 이동은 관대하게 허용했다. 하지만 전시체제기가 되면, 생물학적 동화라는 목표는 사실상 포기되었다. 조선총독부는 통혼은 동화의 결과여야 한다면서 정신적·문화적 동화에 집중했고, 일본 정부는 재일조선인의 정신적·문화적 동화를 촉구하는 한편 조선인과 통혼 가족의 정신적·계층적 열등함을 이유로 '내선결혼'을 거부했다. 이로써 일제의 조선인 동화정책은 생물학적 동화를 포함했던 독특성을 상실했다. 또한 조선총독부는 정신적·문화적으로 동화된 조선인의 일본 전적을 허용해 법제적 동화의 수준을 높이려 했지만, 일본 정부는 조선인의 거주 지역 및 정신·문화의 차이를 기준으로 법제적 동화에 벽을 쌓았다. 이처럼 일제는 전시체제기 황민화 정책을 추진하면서 조선인의 정신적·문화적 동화를 압박했을 뿐 법제적 동화는 거의 진행하지 않았다.

이때 기억해야 할 것은 '내선결혼'의 현실이 일제의 식민통치 정책 변화를 가져온 동력이었다는 점, 그리고 민족·계급·젠더라는 권력관계의 중층적 결합이야말로 일제의 기대에 어긋나는 현실을 만들어 낸 근본적 요인이라는 점이다. '내선결혼' 정책에 대한 기존 연구는 대체로 전시체제기의 선전과 시책에 무게를 두고, 식민통치 당국이 조선인에게 동화를 일방적·적극적으로 강제했다고 이해했다. 하지만 '내선결혼'에 대해서는 전반적으로 슬로건적으로 장려하는 가운데 현실 방임하는 정책이 취해졌다. 이로써 '내선결혼'의 양상은 식민 당국의 의도보다도 민족·계급·젠더의 권력 관계들이 서로 교차하는 현실과 그 속에 놓인 당사자들의 선택에 크게 좌우되었다. 그리고 이와 같은 의식적·무의식적 행위가 다시 '내선결혼' 정책, 나아가 동화정책에 균열을 일으켰다.

한편 최근까지도 한국 사회에서는 역사를 이해할 때 민족이나 계급을 우선시하는 경향이 강했다. 그래서 모든 '내선결혼'을 영친왕 이은과 나시모토노미야 마사코의 결혼 같은 정략결혼으로 이해하고, 일본인과 결혼한 조선인을 모두 친일파로 비난하곤 했다. 하지만 그렇게 일반화하기에는 '내선결혼'의 양상이 너무나 다양했다. 또 일제에 협력하며 정략결혼한 사람보다도 서로 생계를 의지해야 했던 하층민이 결혼하는 경우가 많았고, 젠더 권력에서 우위를 점한 조선인 남성이 일본인 아내를 조선인으로 동화시키기도 했다. 그리고 이렇게 일본의 기대와 달랐던 현실이 일제가 '내선결혼'에 회의를 품게 만들었다. 앞으로 민족·계급·젠더의 권력관계가 교차하며 만들어 내는 다양한 역사상을 고려할 필요가 있다.

부록

■ 연표

연월일	주요 법령 · 정책 및 주요 사건
1910. 8. 22	「한국병합에 관한 조약」 체결
1910. 8. 29	「한국병합에 관한 조약」 공포
1910. 9. 29	「조선총독부관제」
1910. 10. 1	데라우치 마사타케(寺內正毅), 육군대신 겸 조선총독에 임명됨
1911. 9. 1	「조선교육령」
1911. 10. 20	「보통학교규칙」, 「고등보통학교규칙」, 「여자고등보통학교규칙」, 「실업학교규칙」, 「사립학교규칙」
1911. 10. 27	「천장절 축하 차제의 건」
1911. 12. 13	「대마 및 역 반포에 관한 건」
1912. 3. 16	「교육에 관한 칙어의 해설서 출판 반포의 건」
1912. 6. 1	「교과용도서 검정규정」
1915. 3. 24	「사립학교 규칙 중 개정」, 「사립학교 교원 시험규칙」, 「전문학교규칙」
1915. 7. 1	「축제일 당일 사립종교학교 거식 예배에 관한 건」
1915. 8. 7	「민적사무 취급에 관한 건」
1915. 8. 16	「신사사원규칙」, 「포교규칙」
1915. 10. 23	「어진영 배하에 관한 건」
1916. 7. 19	「신사의 신직에 관한 건」
1917. 3. 22	「신사에 관한 건」
1918. 4. 16	「공통법」
1919. 8. 18	조선신사 창립 내각 고시
1920. 3. 1	「사립학교 규칙 개정」
1920. 4. 7	「포교규칙 중 개정」
1920. 11. 12	「조선교육령 중 개정에 관한 건」, 「보통학교 규칙 중 개정」
1921. 6. 7	「조선인과 일본인의 혼인의 민적 절차에 관한 건」
1921. 7. 1	「조선인과 일본인의 혼인의 민적 절차에 관한 건」 및 「공통법」 제3조 시행

연월일	주요 법령·정책 및 주요 사건
1922. 2. 6	「조선교육령 개정에 관한 건」
1922. 2. 15	「보통학교 규정」, 「실업학교 규정」
1922. 2. 16	「고등여학교 규정」
1922. 2. 17	「여자고등보통학교 규정」
1922. 2. 20	「고등보통학교 규정」
1924. 10. 17	충남 강경공립보통학교 생도 신사참배 거부
1925. 5. 23	「사립학교 규칙 중 개정」
1925. 6. 27	조선신사를 조선신궁으로 사호를 개칭하는 내각고시 공표
1925. 9. 16	「조선신궁직원령」
1925. 10. 15~ 10. 17	조선신궁 진좌제(15일) 및 예제(17일)에 서울 시내 기독교계 학교 불참
1925. 11. 25	관폐대사 조선신궁 제식
1931. 9. 18	만주사변 발발
1932. 1	'만주사변에 대한 기원제' 전남 광주 기독교계 학교 참가 거부
1932. 9. 18	'만주사변 1주년 전몰자 위령제' 평양 기독교계 학교 불참
1935. 5	「학교에서 경신숭조의 염 함양 시설에 관한 건」
1935. 11. 14	평양 기독교계 중등학교장 신사참배 거부
1936. 8. 11	「신사사원규칙 폐지」, 「신사규칙」, 「사원규칙」, 「신사에 관한 건 중 개정」
1937. 7. 7	중일전쟁 발발
1938. 3. 4	「조선교육령 개정」
1938. 3. 30	「사립학교 규칙 중 개정」
1938. 4. 9	「국민정신총동원 총후보국강조주간 실시에 관한 건」
1939. 11. 10	「조선민사령 중 개정의 건」
1940. 2	조선총독부 법무국, 『씨 제도의 해설』 발간
1941. 12. 8	태평양전쟁 발발
1945. 8. 15	일본의 항복으로 광복

■ 법령

⊙「민적사무 취급에 관한 건」(정무총감 관통첩 제240호, 1915. 8. 7)[1]

8. 혼인에 관한 사항

(4) 조선인 여자가 혼인으로 인해 일본인[內地人]의 가(家)에 들어간 때는 그 뜻을 민적의 사유란에 기재하고 민적에서는 그를 지울 것

(5) 조선인이 일본인을 처로 삼은 때는 혼인으로 인한 입적의 취급을 할 것

10. 양자에 관한 사항

(2) 조선인 남자가 양자 또는 서양자입양으로 인해 일본인의 가에 들어간 때는 그 뜻을 민적의 사유란에 기재하고 민적에서는 그를 지워서는 안 될 것

---

1 「民籍事務取扱ニ關スル件」, 『朝鮮總督府官報』, 1915. 8. 7.(발췌)

⊙ 「신사 사원 규칙」(조선총독부령 제83호, 1915. 8. 16)[2]

제1조 신사(神社)를 창립코자 할 때는 다음과 같은 사항을 갖추어 창립지에서 숭경자가 될 만한 자 30인 이상이 연서하여 조선총독의 허가를 받아야 한다.

1. 창립의 사유
2. 신사의 칭호
3. 창립 지명
4. 제신
5. 건물 및 경내지의 평수, 도면 및 경내지 주위의 상황
6. 창립비 및 그 마련 방법
7. 유지 방법
8. 숭경자 수

제2조 사원(寺院)을 창립코자 할 때는 다음과 같은 사항을 갖추어 창립지에서 단신도가 될 만한 자 30인 이상이 연서하여 소속종파 관장의 승인서를 첨부하여 조선총독의 허가를 받아야 한다.

1. 창립의 사유
2. 사원의 칭호
3. 창립 지명
4. 본존 및 소속 종파의 명칭
5. 건물 및 경내지의 평수, 도면 및 경내지 주위의 상황

2 「神社寺院規則」, 『朝鮮總督府官報』, 1915. 8. 16.(발췌)

6. 창립비 및 그 마련 방법

7. 유지 방법

8. 단신도 수

제3조 신사(神社)에는 신전 및 배전을 갖추어야 한다.

제4조 사원에는 본당 및 고리(庫裏, 절주지의 거실)를 갖추어야 한다.

제5조 ① 신사(神社) 또는 사원 창립의 허가를 받은 자는 허가일로부터 2년 내로 신전, 배전, 또는 본당, 고리를 건설치 아니할 때는 허가는 그 효력을 잃는다. 단, 특별한 사유가 있을 때는 조선총독의 허가를 받아야 그 기간을 연장할 수 있다.

② 건설이 준공되었을 때는 조선총독에게 신고하여야 한다.

제6조 ① 변재에 의하여 신전, 배전, 또는 본당, 고리를 잃었을 때, 또는 신전, 배전, 또는 본당, 고리를 재건할 때는 조선총독에게 신고하여야 한다.

② 신전, 배전, 또는 본당, 고리를 소실한 날로부터 6년 내에 재건치 아니할 때는 창립허가는 그 효력을 잃는다.

제7조 신사 또는 사원을 이전하고자 할 때는 다음과 같은 사항을 갖추어 조선총독의 허가를 받아야 한다.

1. 이전 사유

2. 이전할 지명

3. 건물 및 경내지의 평수, 도면 및 경내지 주위의 상황

4. 이전비 및 그 마련 방법

제8조 제5조의 규정은 신사 또는 사원을 이전하는 경우에 이를 준용한다.

제9조 신사 또는 사원을 폐지 또는 합병코자 할 때는 그 사유 및 재산의 처분 방법을 갖추어 조선총독의 허가를 받아야 한다.

제10조 ① 다음에 게재한 것과 같은 경우에는 조선총독의 허가를 받아야

한다.

1. 신사의 칭호를 변경하며 또는 제신을 증감 변경코자 할 때

2. 사원의 칭호를 변경하며 또는 본존을 증감 변경코자 할 때

3. 사원의 소속 종파를 변경하고자 할 때

4. 신사 또는 사원의 유지 방법을 변경하고자 할 때

5. 건물 또는 경내지의 평수를 증감코자 할 때

② 전항 제5호의 경우에는 그 도면을 신청서에 첨부하여야 한다.

제11조 ① 사원에는 주직을 두고 사원에 관한 사무를 관리케 해야 한다.

② 주직에 임명될 때는 본인, 사망 기타 때문에 주직에 변동이 있을 때는 단신도 총대로부터 이를 조선총독에게 신고하여야 한다.

제12조 ① 신사에는 숭경자 총대, 사원에는 단신도 총대 각 3인 이상을 두고 그 주소 씨명을, 그 신사 사원 소재지를 관할하는 도장관에게 신고하여야 한다. 그 이동(異動)이 있을 때도 역시 같다.

②·③ (생략)

제13조 신사 또는 사원은 그 소유에 속한 부동산 및 보물에 관하여 다음과 같은 사항을 갖추어 조선총독에게 신고하여야 한다. 그 이동이 있을 때도 역시 같다.

1. 토지에서는 소재지, 지번호, 지목, 면적 및 경내지 경외지의 구별

2. 건물에서는 소재지, 건평, 명칭, 구조, 종류 및 경내지에 있는 것과 경외지에 있는 것의 구별

3. 보물에서는 그 명칭, 원수(員數), 품질, 형상, 촌척, 작자 및 전래

제14조 신사 또는 사원은 재산대장을 갖추어 그 소유에 속한 부동산 및 보물에 관하여 전조 각 호의 사항을 등재해야 한다.

제15조 다음에 게재한 것과 같은 경우에는 조선총독의 허가를 받아야 한다.

1. 부동산 또는 보물을 매각, 양여, 교환, 질입(質入) 또는 저당으로 하고자 할 때
2. 경내지에 서있는 대와 나무를 벌채코자 할 때
3. 부채를 하고자 할 때

제16조 경내지 및 그 건물은 도장관의 승인을 받은 것이 아니면 신사에서는 제전의식의 집행, 사원에서는 전법, 포교, 법요 집행 및 승니 지주(止住)의 목적 이외에 함부로 이를 사용하거나 또는 사용케 할 수 없다.

제17조 제5조 제1항 단서, 제7조, 제9조, 제10조 또는 제15조에 의하여 사원에서 제출하는 (청)원서에는 그 소속 종파 관장의 의견서를 첨부해야 한다.

제18조 본령에 의한 신고는 그 사고가 생긴 날로부터 2주간 내로 이를 해야 한다.

제19조 본령 중 사원에 관한 규정은 내지(일본 본토)에 있는 불도(佛道) 각 종파에 속한 것에 한한여 이를 적용한다.

제20조 허가를 받지 않고 신사 사원 또는 이와 유사한 건조물을 건설한 자는 1년 이하의 금고 또는 200원 이하의 벌금에 처한다.

부칙

본령은 1915년(大正 4) 10월 1일부터 이를 시행한다.

본령 시행 때에 현재에 존재하는 신사 또는 사원은 본령 시행일부터 5월 이내로 제1조 또는 제2조의 절차를 밟아야 한다.

⊙「신사(神祠)에 관한 건」(조선총독부령 제21호, 1917. 3. 22)[3]

제1조 본령에서 신사(神祠)라 칭함은 신사(神社)가 아니되 공중에게 참배케 하기 위하여 신기(神祇)를 봉사(奉祀)하는 것을 일컫는다.

제2조 신사(神祠)를 설립코자 할 때는 숭경자가 될 만한 자 10인 이상이 연서하고 다음 사항을 갖추어 조선총독의 허가를 받아야 한다.

1. 설립 사유
2. 신사(神祠) 칭호
3. 설립 지명
4. 제신
5. 건물 및 부지의 평수와 건물의 구조, 도면
6. 설립비 및 그 마련 방법
7. 유지 방법

제3조 전조 제2호 내지 제5호 또는 제7호에 게재한 사항을 변경코자 할 때는 그 사유를 갖추어 조선총독의 허가를 받아야 한다.

제4조 신사(神祠)를 폐지코자 할 때는 그 사유 및 부지, 건물 등의 처분방법을 갖추어 조선총독의 허가를 받아야 한다. 다른 신사(神祠)에 합사코자 할 때도 같다.

제5조 신사(神祠)에는 숭경자의 협의로써 총대를 정하고 그 주소 및 씨명을 신사(神祠) 소재지를 관할하는 도장관에게 계출해야 한다. 그 이동(異動)이 있을 때도 같다.

3 「神祠ニ關スル件」,『朝鮮總督府官報』, 1917. 3. 22.

제6조 숭경자 총대는 신사(神祠)에 속한 일체사무를 담임한다.

제7조 ① 숭경자 총대는 신사(神祠)의 제사를 신직(神職)에 위탁하고 그 주소 및 씨명을 도장관에게 계출해야 한다. 그 이동(異動)이 있을 때도 같다.

② 지방의 상황에 의하여 전항의 위탁을 할 수 없을 때는 그 사유를 갖추어 도장관의 인가를 받아야 한다.

부칙

본령은 발포일부터 이를 시행한다.

⊙「공통법」(일본 법률 제39호, 1918. 4. 16)[4]

제1조 ① 본법에서 지역으로 칭하는 것은 내지, 조선, 대만 또는 관동주를 말한다.

② 전항의 내지에는 화태를 포함한다.

제2조 ① 민사에 관해 한 지역에서 다른 지역의 법령에 의할 것을 정한 경우에는 각 지역에서 그 지역의 법령을 적용한다. 둘 이상의 지역에서 동일한 다른 지역의 법령에 의할 것을 정한 경우 그 상호 간 역시 같다.

② 민사에 관해서는 전항의 경우를 제외한 외 법례를 준용한다. 이 경우에는 각 당사자가 속한 지역의 법령을 그 본국법으로 한다.

제3조 ① 한 지역의 법령에 의해 그 지역의 가(家)에 들어가는 자는 다른 지역의 가를 떠난다.

② 한 지역의 법령에 의해 가를 떠날 수 없는 자는 다른 지역의 가에 들어갈 수 없다.

③ 육해군의 병적(兵籍)에 있지 않은 자와 병역에 복무할 의무가 없기에 이른 자가 아니면 다른 지역의 가에 들어갈 수 없다. 단, 징병종결처분을 거쳐 제2국민병역에 있는 자는 이에 해당하지 않는다.

부칙

본법 시행의 기일은 칙령으로 정한다. 단, 제3조의 규정은 따로 그 시행기

4 「共通法」, 『朝鮮總督府官報』, 1918. 4. 22.(발췌)

일을 정할 수 있다.

본법은 본법 시행 전에 발생한 사항에 대해 역시 이를 적용한다. 단, 제11조 제1항과 제18조 제1항의 규정의 적용에 대해서는 사람[人]의 자격에 기초하여 기성한 효과를 저해하지 않는다.

본법 시행 전에 선고한 파산에 대해서는 따라서 종전의 예에 따른다.

⊙「조선인과 일본인의 혼인의 민적 절차에 관한 건」(조선총독부령 제99호, 1921. 6. 7)[5]

제1조 조선인과 일본인[内地人]이 조선에서 혼인한 때는 혼인일로부터 10일 이내에 당사자 쌍방이 부윤 또는 면장에게 신고[届出]해야 한다.

제2조 혼인 신고는 남편의 본적지 또는 소재지에서 해야 한다. 단, 조선인이 여호주인 일본인과 입부혼인한 경우에는 처의 소재지에서 해야 한다.

제3조 ① 혼인 신고서[届書]에는 다음 사항을 기재하고 신고인이 서명 날인해야 한다.

1. 당사자의 씨명 또는 성명, 출생 연월일, 본적과 직업
2. 부모의 씨명 또는 성명과 본적, 부모와의 관계
3. 당사자가 가족일 때는 호주의 씨명 또는 성명과 본적, 호주와의 관계
4. 조선인이 여호주인 일본인과 입부혼인한 때 또는 입부가 호주가 된 때는 그 뜻

② 당사자 일방이 일본의 혼가로부터 다시 혼인으로 인해 조선의 가에 들어온 경우는 전항에 든 사항 외에 친가 호주의 씨명 또는 성명과 본적을 기재해야 한다.

③ 신고서에는 만 20세 이상의 증인 2인 이상이 출생 연월일과 본적을 기재하고 서명 날인해야 한다.

---

5 「朝鮮人ト內地人トノ婚姻ノ民籍手續ニ關スル件」, 『朝鮮總督府官報』, 1921. 6. 7.

제4조 혼인으로 적출자 신분을 취득한 자녀가 있는 경우에는 혼인 신고서에 그 자의 씨명 또는 성명, 출생 연월일과 본적, 적출자가 된 사유를 기재해야 한다.

제5조 ① 혼인에 호주, 부모, 후견인, 친족회, 기타의 동의를 요할 때는 신고서에 동의를 증명하는 서면을 첨부해야 한다. 단, 동의한 자에게 신고서에 그 뜻을 부기하게 하는 것으로 족하다.

② 혼인에 관청의 허가를 요할 때는 신고서에 허가서 등본을 첨부해야 한다.

③ 제1항의 동의를 증명하는 서면 또는 신고서에는 동의한 자가 출생 연월일과 본적을 기재하고 서명 날인해야 한다.

제6조 신고인, 증인, 동의자가 본적에 있지 않을 때는 신고서 또는 동의서에 그 소재를 기재해야 한다.

제7조 ① 구두로 신고하려면 신고인은 부청 또는 면사무소에 출두하여 신고서에 기재해야 하는 사항을 진술해야 한다.

② 부윤 또는 면장은 진술을 필기하고 신고 연월일을 기재하여 신고인에게 들려주고 또 그 서면에 서명 날인하게 해야 한다.

제8조 제3조 제3항, 제5조, 제6조의 규정은 앞 조 제2항의 서면에 준용한다.

제9조 민적법 제5조 2~제5조 6의 규정은 혼인 또는 이혼으로 조선의 가를 떠난 자와 일본의 이에를 떠나 조선의 가에 들어온 자의 민적 기재 절차에 준용한다.

부칙

제10조 본령은 공통법 제3조 시행일부터 시행한다.

제11조 ① 본령 시행 전 조선인과 일본인 사이에 한 혼인 또는 이혼으로 민적법 또는 호적법에 따라 신고(申告) 또는 신고[届出]한 것에 대해, 부윤 또는 면장은 본령이 정한 바에 준하여 입적, 제적, 기타의 절차를 행해야 한다.

② 당사자, 호주, 기타 이해관계인은 당사자의 본적지 부윤 또는 면장에게 전항의 신고(申告) 또는 신고[届出]가 있었던 뜻을 자진 신고[申出]해야 한다.

⊙「신사규칙」(조선총독부령 제76호, 1936. 8. 11)[6]

제1조 신사(神社)를 창립하고자 할 때는 다음 사항을 갖추어 숭경구역인 부읍면에 주소를 가진 숭경자인 50인 이상이 연서하여 조선총독의 허가를 받아야 한다.

1. 제신(祭神) 및 신사명
2. 유서(由緖), 예제일 및 진좌지(鎭座地)
3. 경내지의 평수와 아울러 신전 기타 경내지에 공작물의 도면 배치도 및 설계서
4. 경내 주위의 상황 및 도면과 아울러 숭경구역의 개황 및 약도
5. 창립비 예산 및 그 마련 방법
6. 1개년 수지 예산 및 유지비 부담의 방법
7. 숭경구역 및 숭경자 호수
8. 기본 재산 조성의 방법

제2조 신사(神社)는 신전, 옥원(玉垣), 신찬소, 배전, 수수사(手水舍), 조거(鳥居) 및 사무소를 갖추어야 한다.

제3조 ① 신사창립 허가를 받은 자는 그 허가를 받은 날로부터 2년 이내에 전조 공작물의 건설을 준공할 수 없을 때는 허가는 그 효력을 잃는다. 단, 특별한 사유가 있을 때는 미리 조선총독의 허가를 얻어 그 기간을 연장할 수 있다.

② 전조 공작물의 건설을 준공했을 때는 지체없이 신사에서 별기

6　「神社規則」,『朝鮮總督府官報』, 1936. 8. 11.(발췌)

양식에 의하여 명세장을 만들어 이를 조선총독에게 제출하여야 한다.

③ 전항의 명세장에 이동이 있을 때는 그때마다 지체없이 총독에게 계출해야 한다.

제4조 신사를 이전하고자 할 때는 다음 사항을 구비하여 총독의 허가를 받아야 한다.

1. 이전 사유
2. 이전지
3. 제1조 제3호 및 제4호의 사항
4. 이전비 예산 및 그 마련 방법

제5조 제3조 제1항 및 제2항의 규정은 신사 이전의 경우에 이를 준용한다.

제6조 신사를 폐지 또는 병합하고자 할 때는 그 사유 및 재산의 처분 방법을 갖추어 조선총독의 허가를 받아야 하고, 폐지 또는 병합을 완료할 때는 그 전말을 갖추어 지체없이 조선총독에게 계출하여야 한다.

제7조 ① 제2조의 공작물을 멸실하거나 또는 현저히 훼손하였을 때는 바로 총독에게 계출하여야 한다.

② 전항의 경우에는 신전 또는 배전을 멸실 또는 훼손한 때로부터 5년 이내에 복구를 마칠 수 없을 때는 신사를 폐지한 것으로 간주한다. 단, 특별한 사유가 있을 때는 미리 조선총독의 허가를 얻어 그 기간을 연장할 수 있다.

③ 전항의 규정에 의하여 신사를 폐지하고자 할 경우에 신사 재산에 잔여가 있을 때는 도지사 조선총독의 인가를 받아 이를 처분한다.

제8조 ① 다음 게재한 경우에는 조선총독의 허가를 받아야 한다.

1. 신사명을 변경하거나 또는 제신을 증감 변경하고자 할 때
2. 유지비 부담의 방법을 변경하고자 할 때
3. 경내지에 건물의 신축, 개축, 증축 또는 모양을 바꾸고자 할 때
4. 조거(鳥居), 옥원(玉垣), 등롱(燈籠), 계단, 비표(碑表), 형상 기타 공작물의 신설, 증설 또는 개조하고자 할 때
5. 경내지의 증감 또는 모양을 바꾸고자 할 때

② 전항 제3호 내지 제5호의 경우에는 그 공작 설계서, 도면, 소요 경비예산 및 그 마련 방법에 관한 조서를 허가 신청서에 첨부하여야 한다.

③ 전 2항의 규정은 전조 제1항의 경우에 공작물의 복구에 이를 준용한다.

제9조 경내지에는 제신 또는 국가를 대상으로 하는 것이 아니라면 비표 또는 형상을 건설할 수 없다.

제10조 ① 신사는 도지사의 지휘를 받아 경내에 소속 관할 도명의 제찰(制札)을 건설할 수 있다.

② 제찰(制札)에 기재해야 할 사항의 개목(概目)은 다음과 같다.

1. 청정을 유지할 것
1. 화기에 주의할 것
1. 건물을 오손하지 말 것
1. 수목(樹木)을 금양(禁養)할 것
1. 어조(魚鳥)를 애호할 것

제11조 도지사로서 경내지의 임수(林藪)경영상 필요하다고 인정될 때는 신사에 대하여 그 방법을 지정할 수 있다.

제12조 ① 경내지 및 경내지에 있는 건물은 도지사의 허가를 받은 것이 아니면 제전 및 의식의 집행 목적 이외에 사용하거나 또는 사용하게 할 수 없다.

② 경내지에서는 상제(喪祭)를 행할 수 없다.

제13조 도지사는 다음 각 호의 하나에 해당하는 경우에는 경내지의 사용을 금지하거나 또는 정지하거나 또는 공작물의 개조, 철거 기타 필요한 조치를 명할 수 있다.

1. 제규의 수속을 거치지 않았을 때
2. 공익상 필요하다고 인정될 때
3. 법령 또는 허가 조건에 위배 될 때

제14조 ① 신사에 숭경자 총대회를 둔다.

② 총대회는 숭경자의 협의로 선임된 숭경자 총대 5인이상으로 이를 조직한다.

③ 총대회는 총대 중에서 총대장을 선임해야 한다.

④ 총대회는 총대 중에서 부총대장 약간 명을 선임할 수 있다.

⑤ 총대 총대장 및 부총대장을 선임할 때는 그 주소 직업 및 씨명을 지체없이 도지사에게 계출해야 한다. 그 이동이 있을 때도 역시 같다.

⑥ 도지사는 총대 총대장 또는 부총대장을 부적임이라고 인정될 때는 이를 변경하게 할 수 있다.

제15조 총대회는 신사의 사무에 관하여 다음 사건을 협의한다.

1. 수지 예산을 정하는 일
2. 신사비의 분부 및 부담 방법을 정하는 일
3. 기본재산의 설치, 관리 및 처분에 관한 일

4. 적립금의 설치, 관리 및 처분에 관한 일

5. 차입금에 관한 일

6. 전 각 호 외 신사의 유지 경영에 관한 중요한 일

제16조 총대회에 관하여 필요한 사항은 총대회의 협의로 이를 정한다.

제17조 ① 총대장은 신사의 유지 경영에 관하여 상석(上席) 사장(社掌)을 보좌하고 신사에 관한 (청)원계에 연서하여야 한다.

② 총대장이 사고가 있을 때는 부총대장을 둔 신사에서는 부총대장, 기타 신사에서는 총대 중의 연장자가 그 직무를 대리한다.

제18조 도지사는 신사의 감독에 관하여 기타 법령에 규정이 없는 사항에 대하여 필요한 규정을 설치할 수 있다.

제19조 제1조 내지 제13조의 규정은 관국폐사의 섭사 및 말사에 대하여 이를 준용한다.

제20조 신사는 그 소유에 속한 부동산 및 보물에 관하여 다음 사항을 구비하여 조선총독에게 계출해야 한다. 그 이동이 있을 때도 역시 같다.

1. 토지에서는 소재지, 지번, 지목, 지적 및 경내지 또는 경외지의 구별과 아울러 경외지에서는 그 용도

2. 건물에서는 소재지, 명칭, 구조의 종류, 건평수 및 경내지에 있는 것과 경외지에 있는 것의 구별과 아울러 경외지에 있는 것에 대하여는 그 용도

3. 보물에서는 그 명칭, 원수(員數), 품질, 형상, 촌척, 작자 및 전래

제21조 신사는 재산대장을 구비하여 그 소유에 속하는 부동산 및 보물에 관하여 전조 각 호의 사항을 등재해야 한다.

제22조 ① 신사는 조선총독의 인가를 받아 차입금을 할 수 있다. 단, 예산

내의 지출을 위하여 일시 차입을 하는 경우는 도지사의 인가를 받아야 한다.

② 전항 단서의 차입금은 그 회계년도 내의 수입으로 이를 상환해야 한다.

제23조 신사의 회계년도는 매년 4월 1일에 시작하여 익년 3월 31일에 마친다.

제24조 ① 상석(上席) 사장(社掌)은 회계년도의 수지예산을 정하여 연도 개시 한 달 전까지 도지사에게 인가를 받아야 한다.

② 예산의 추가경정을 하고자 할 때는 도지사의 인가를 받아야 한다.

③ 도지사가 전 2항의 인가를 할 때는 조선총독에게 보고하여야 한다.

제25조 ① 신사의 출납은 익년도 4월 30일로 이를 폐쇄한다.

② 상석(上席) 사장(社掌)은 매 회계년도의 수지예산서 및 기본재산 명세서를 만들고, 익년도 5월 31일까지 총대회의 인정을 거쳐 도지사에게 보고해야 한다.

③ 도지사가 전항의 보고를 받을 때는 조선총독에게 보고해야 한다.

제26조 ① 기본재산은 신사유지를 위해 부득이한 경우가 아니면 이를 소비할 수 없다.

② (생략)

제27조 기본재산에서 생기는 수입은 경비로 충당 사용할 수 있다.

제28조 보물을 처분하고자 할 때는 조선총독의 인가를 받아야 한다.

제29조 다음 사항에 대하여는 도지사의 인가를 받아야 한다.

1. 기본재산의 처분에 관한 일
2. 부동산 처분에 관한 일
3. 심어진 죽목(竹木)의 처분에 관한 일

제30조 ① 조선총독은 신사를 유지경영하기 어려운 특별한 사유가 있다고 인정될 때는 이를 폐지하게 할 수 있다.

② 제7조 제3항의 규정은 전항의 규정에 의하여 신사를 폐지할 경우에 이를 준용한다.

제31조 허가 받지 않고서 신사를 설립 또는 이와 유사한 시설을 한 자는 1년 이하의 금고 또는 200원 이하의 벌금에 처한다.

부칙

본령은 발포일로부터 이를 시행한다. 단, 제24조의 규정은 1937년도(昭和12)분부터 이를 적용한다.

본령 시행 전 신사사원규칙에 의하여 창립 허가를 받은 신사는 본령에 의하여 허가를 받은 것으로 간주한다.

전항의 신사에서 제2조의 공작물을 갖추지 않을 때는 본령 시행일로부터 2년 이내에 이를 완비해야 한다. 단, 특별한 사유가 있을 때는 미리 조선총독의 허가를 받아 그 기간을 연장할 수 있다.

제2항의 신사에서는 제3조 제2항의 규정에 준하여 명세장을 본령시행일로부터 한 달 이내에 제출해야 한다.

제2항의 신사에서는 본령 시행일로부터 두 달 이내에 총대 및 총대장을 선임해야 한다.

본령 시행 때 현재에 구령에 의하여 창립 출원중인 것은 본령에 의하여 출원한 것으로 간주한다.

⊙「신사(神祠)에 관한 건 중 개정」(조선총독부령 제79호, 1936. 8. 11)[7]

제2조 제5호를 다음과 같이 개정한다.

5. 건물 및 부지의 평수 아울러 건물 기타 공작물의 구조, 도면 및 배치도

제5조 ① 신사(神祠)에 숭경자 총대회를 둔다.

② 총대회는 숭경자의 협의로 선임된 숭경자 총대 3인 이상으로 이를 조직한다.

③ 총대회는 총대 중에서 총대장을 선임해야 한다.

④ 총대 및 총대장을 선임할 때는 그 주소, 직업 및 씨명을 지체없이 소속 관할 부윤, 군수 또는 도사(島司)에게 계출해야 한다. 그 이동이 있을 때도 역시 같다.

⑤ 도지사는 총대 또는 총대장을 부적임자라고 인정될 때는 이를 변경시킬 수 있다.

제6조 ① 총대장은 신사(神祠)에 관한 일체의 사무를 담임한다.

② 총대장 사고가 있을 때는 총대 중의 연장자가 그 임무를 대리한다.

제7조 총대장은 신사(神祠)의 유지 경영에 관한 중요한 사항을 총대회의 협의에 부쳐야 한다.

제8조 ① 총대장은 신사(神祠)의 제사를 신직에게 위탁하고 그 주소 및 씨명을 도지사에게 계출해야 한다. 그 이동이 있을 때도 같다.

---

7 「神祠ニ關スル件中改正」,『朝鮮總督府官報』, 1936. 8. 11.

② 지방의 사정에 따라 전항의 위탁을 할 수 없을 때는 도지사의 허가를 받아 숭경자 중 신사봉사(神社奉祀)에 심득(心得)한 자로 이에 충당할 수 있다.

제9조 ① 총대장은 신사(神社)의 예를 따라 매년도 수지예산을 정하고 장부를 만들어 그 수입을 명확히 하여야 한다.

② 총대장은 신사(神祠)에 속한 재산의 대장을 만들어 그 증감을 명확히 해야 한다.

제10조 신사규칙(神社規則) 제12조, 제13조, 제26조, 제29조 및 제30조의 규정은 신사(神祠)에 대해서도 이를 준용한다. 단, 동령 제12조 중 도지사라는 것은 부윤, 군수, 또는 도사(島司)로 한다.

제11조 허가를 받지 않고서 신사를 설립한 자는 1년 이하의 금고 또는 200원 이하의 벌금에 처한다.

부칙

본령은 발포일부터 이를 시행한다.

본령 시행 때 현재에 있는 신사(神祠)에서는 본령 시행일부터 두 달 이내에 총대 및 총대장을 선임해야 한다.

■ 주요 자료

『씨제도의 해설-씨란 무엇인가, 씨는 어떻게 정하는가-』

(『氏制度の解說-氏とは何か 氏は如何にして定めるか-』)

조선총독부 법무국, 1940.2(朝鮮總督府 法務局, 昭和 15年 2月)

목차

사법상에서 내선일체의 구현-내지인식 씨의 설정에 대하여

미나미 총독

역사적 고증에 의하면, 조선은 태고의 소위 '뿌리의 나라'라고 깨닫고, 야마토(大和)민족과 조선민족이란 동조동근(同祖同根)이었고, 일관불리(一串不離)의 혈연적 연계를 갖고 있다. 따라서 양 민족은 지리적 환경이 다르기 때문에 저절로 풍속 문물이 다르게 되었다 해도, 병합 이래 일시동인의 인정(仁政)으로 인해서 내선(內鮮)이 융화 통합하여 본래의 일체의 모습으로 환원하고 있는 것이다. 특히 이번 사변을 계기로 하여 반도 민중이 제국을 견지(堅持)하는 확고부동한 대륙정책 속에서, 공동의 이상, 공동의 사명, 공동의 운명을 감득(感得)하고, 황국신민으로서의 국민의식에 불타서 진실로 내선일체가 되고자 하는 사상 동향과 생활태도를 공고화 진전해 온 상황이다. 그리하여 황국신민이라는 신념과 긍지를 가진 반도인의 일부에서, 법률상 내지인식의 씨를 칭하고 싶다는 희망을 가진 사람이 생겨나기에 이르렀다는 것은 전부터 나도 알고 있는 바이지만, 동조동근의 내선 양 민족이 혼연일체가 되는 가을 즈음에, 개인의 칭호를 동일한 형식에 의거하고자 하는 요망이 대두된 것은 질(質)과 서로 표리를 이루는 형식상에서도, 내선일체의 구현이 고조되기에 이르렀다고 할 수 있다.

이번 조선민사령이 개정되어 그 내용은 친족법의 제종(諸種)의 점에 걸치지만, 그 안에 반도인의 진지하고도 열렬한 요망에 대해 반도인이 법률상 내지인식의 '씨'를 칭할 수 있는 길을 열어준 점은 개정에서 중요하게 눈에 띄고, 내선일체의 연장선에서 친족법상 획기적 개정이라고 할 수 있다.

일체 내부 정신의 충실 긴장이 충분하다면, 형식 외관이 여하한가는 굳이 물을 필요도 없다고 생각하지만, 해탈, 열반의 유현(幽玄), 표묘(縹緲)의 경지도, 그 제일보는 오욕칠정(五慾七情)을 억누르는 육체의 고행에서 시작하는 것이고, 예로부터의 마음을 정리하는 제일의 첩경은 우선 형식을 정돈하는 데에 있다고도 하며, 마음가짐에 미치는 형식의 영향은 중대한 것이라고 믿는다.

본령의 개정은 말할 것도 없이 반도 민중에게 내지인식의 '씨'의 설정을 강제하는 성질의 것이 아니고, 내지인식의 '씨'를 정할 수 있는 길을 열어준 것뿐이지만, 반도인이 내지인식의 '씨'를 칭하는 것은 무엇보다 새로운 문제는 아니다. 곧 지난 날 내지에 도항했던 다수의 반도인이 내지인식의 '씨'를 칭한 이래 이미 2천 년을 거친 것은, 「간무천황기(桓武天皇紀)」, 사가(嵯峨)천황의 칙령을 받들어 찬한 『신찬성씨록(新撰姓氏錄)』에 기재되어 있는 것은 분명 명료한 것이어서, 금일 명백히 그 다수의 씨를 지적할 수 있는 단계이다.

그래도 내지인식의 씨를 칭했던 그 무수한 반도인들은 야마토민족에 훈화(薰化)융합되어, 금일 조금도 반도인의 후예로 머물러 있지 않은 정도로 황국신민화한 상태이다. 그러므로 내선일체의 이상에서 말하면, 전 반도 민중이 가까운 장래에 지난날의 도항반도인과 같이, 형식과 내용 모두 황국신민화하는 날이 도래하기를 바라는 상황이다.

오직 사법의 영역에 내선일체의 구현에 관해서는 (1) 씨명의 공통 (2) 내선통혼 (3) 내선연조의 3항목을 들 수 있지만, '이름'에 관해서는 1937년(昭和 12) 이후 반도인도 내지인과 같은 형식의 '이름'을 붙일 수 있게 되었고, 내선통혼이 매년 격증하여 반도인이 내지인의 양자가 되는 수도 해마다 늘어나는 것은 현저한 사실이다. 이번 「조선민사령」의 개정으로 인해, 전술한 바와 같이 반도인도 내지인식의 '씨'를 따를 수 있게 되었고 성이 다른 사람도 양자가 될 수 있게 되었으므로, 내지인도 반도인의 양자가 되는 것이 가능해졌기 때문에, 전술한 3항목이 전부 실현을 보았고, 이에 사법상에 내선일체 구현의 길을 바르고 완전하게 개척한 셈이다. 우리 반도 민중의 복지를 위해 매우 기쁘다 하겠다.

서양자, 이성양자 및 씨제도의 제정에 관해서

법무국장 미야모토 하지메

현재 반도인의 친족 상속에 관해서는, 원칙으로 민법에 의하지 않고 재래의 관습을 따르고 있는데, 관습 중에는 시세의 진운에 걸맞지 않는 것이나 그때그때 추이(推移)하여 사람으로 하여금 적종(適從)하지 못하게 하는 때가 있으므로, 법적 생활의 합리성 및 안전성을 확보하기 위해, 관습의 정서(整序) 및 성문화를 필수로 하는 것은 말할 것도 없다. 그 때문에 사법 법규 개정 조사위원회에서는 예의(銳意) 친족상속에 관한 전반적 성문화를 기도하고 있고, 착착 그 일은 진보를 보고 있다 해도, 민법의 친족편 및 상속편의 개정이 20여 년의 세월을 지나고 있음에도 불구하고, 아직 확정안을 얻지 못하였다는 점에 비추어도 알 수 있듯이, 조급하게 그 실현을 기약하는 것은 불가능하다.

그런데 오래전부터 대두되어 온 서양자제도의 실현에 대한 요청은 요즘 더욱 치열하게 되고, 또한 황도정신의 심간(心肝)에 투철한 반도인의 일부에서, 열렬하게 내지인식 '씨'의 설정을 요망하는 경향이 있어서, 그러한 제도들의 실현은 세월만 흘려보내면서 전반적인 입법 완성의 시기까지 미룰 수 없는 실정에 다다랐다. 그래서 이번에 「조선민사령」을 개정하여, 친속상속에 관한 전반적 입법의 일부로서 서양자, 씨와 그것과 연관 있는 이성양자 및 재판상의 이연(離緣) 제도에 관한 규정을 설정했던 단계였고 그 골자는 아래와 같다.

(1) 서양자

① 형식적 요건

서양자 연조는 양자연조와 혼인을 결합한 법률행위이기 때문에, 동시에 양자(兩者)를 부윤 또는 읍면장에 계출하면 비로소 그 효력을 발생한다[제11조의 2 제2항 서양자 연조는 양자연조의 계출과 동시에 혼인의 계출을 하기 때문데 그 효력을 발생한다].

양자연조 후 양자(養子)와 가녀(家女)가 혼인한 경우는 소위 호내(戶內) 혼인이고, 서양자 연조는 아니기 때문에 후술하는 "혼인 또는 연조가 무효인 때 또는 취소한 때의 연조 또는 혼인의 취소"에 관한 규정의 적용이 없다.

② 실질적 요건

서양자 연조의 실질적 요건은 그것을 구성하는 2요소, 즉 양자연조와 혼인에 분석하고 고찰하는 것을 필요로 한다. 본 개정에서는 후술하는 것과 같이 종래의 양자연조의 요건인 동성동본의 원칙을 완화하는 것뿐이기 때문이다[제11조의 2 제1항 양자는 양친(養親)의 성(姓)을 같게 하는 것을 필요로 한다]. 이 이외의 요건에 관해서는 재래의 관습에 따르기로 한다.

③ 효력

ㄱ. 부(夫)의 입가(入家)

양자(養子)는 양친(養親)의 가(家)에 들어가고, 처는 남편의 가(家)에 들어가도록 되어 있기 때문에, 서양자 연조의 경우에서는 적용될 수 없는 점이 있어서 본령의 개정에서는 민법 제788조 제2항과 같은 서양자가 처의 가(家)에 들어가야 한다고 규정되고 있다[제11조의 2 제3항 서양자는 처의

가(家)에 들어간다].

ㄴ. 이연(離緣) 또는 연조(緣組)가 취소되는 경우 직계 비속의 거취

재래의 관습에 따르면, 양자(養子)가 이연(離緣)으로 인해서 양가(養家)를 떠난 때 또는 양자연조가 취소되는 때는 처자(妻子)는 남편에게 수반되어 그 가(家)를 떠나지만, 서양자 연조는 가녀(家女)와 양자의 사이에 생긴 자(子)를 제2차의 상속인으로 삼는 취지이기 때문에, 서양자가 이연 또는 연조의 취소로 인해서 그 집을 떠나도, 가녀와 서양자 사이에 태어난 직계비속은 가(家)에 남지 않으면 안 된다. 이 취지를 담은 것이 제11조의 2 제4항에서 (중략) 라고 규정되어 있다.

ㄷ. 서양자 연조의 경우에 혼인 또는 연조가 무효인 경우 또는 취소된 때 연조 또는 혼인의 취소

서양자 연조에서는 연조와 혼인을 일련탁생(一蓮托生)의 운명에 둘 필요가 있기 때문에 혼인 또는 연조가 무효인 때 또는 취소된 때는 같은 사유로, 연조 또는 혼인까지 취소할 수 있어야 한다. 양자(兩者)의 견련성(牽連性)에 관해서는 민법의 규정(민법 제 786조)을 의용하고 있다.(제11조 제1항)

(2) 이성양자(異姓養子)

관습에 의하면 동성동본인 자가 아니면 양자의 적격(適格)을 갖지 못한다. 한편 동성은 서로 혼인하지 않는 것이 관습이기 때문에, 서양자 제도의 실현을 위해서는 이 양립(兩立)할 수 없는 양(兩) 원칙의 어느 것을 버리지 않으면 안 된다. 이에 본 개정에서 이성(異姓)인 자라도 양자를 할 수 있도록 정해졌다(제11조의 2 제1항 조선인의 양자연조에 있어서 양자는 양친과 성을 같이 함을 요하지 않는다). 원래 조선에서 양자제도는 제사가 끊어지지 않고 혈통이 이어지는 것을 목적으로 하기 때문에, 직계의 혈통이 단

절했을 때 의제(擬制)의 자(子)를 가급적 자연자(自然子)에 가깝게 하기 위한 모양으로 동성동본의 원칙이 확립되었던 것이어서 지극히 훌륭하다. 단지 그것에만 집착하여, 가명(家名)을 보지(保持)하며 제사를 계승하기에 충분하고 적당한 이성남자(異姓男子)가 있어 친자(親子)처럼 친하게 지내는 데도 불구하고, 그를 배척하고 적임자가 없는 동성 중에서 반드시 양자를 뽑지 않으면 안 되는 것은 인정과 자연의 추이를 저지하는 것이 아닐 수 없다. 이상의 점을 감안하여, 본 개정에서 일반적으로 양자는 양친과 동성동본인 것을 필요로 하지 않기로 정한 것이다. 그러나 사후양자의 경우에도 이를 적용하면 양자의 선정에 분쟁을 발생하기 쉽다는 우려가 있기 때문에, 제11조의 2 제1항 단서에서 "단, 사후양자의 경우에는 이 제한이 적용되지 않는다"라고 규정된 셈이다.

(3) 씨

① 씨의 본질

민법에서 말하는 '씨'는 가(家)를 나타내기 위한 법률상의 명칭이지만, 조선에서는 법률상 가(家)의 존재가 인정되는데도 불구하고, 가의 칭호는 없었다. '성'은 남계(男系)의 혈족을 표시하는 칭호로, 가에 붙은 것이 아니라, 사람에 붙어 있는 것이다. 그렇기 때문에 사람에 속한 가(家)가 변해도, 비유하면 혼인하여 갑가(甲家)에서 을가(乙家)로 들어가도 성은 변하지 않는다. 원래 사회구성의 단위인 가(家)에 그것을 표징하는 칭호가 없다는 것은 나라에 국명이 없는 것과 같고, 매우 미묘할 뿐 아니라, 이성양자(異姓養子)가 인정된다 해도, 상속이 개시되는 경우 상속인의 성과 피상속인의 성은 다르게 되어 상속의 관념에 해당되지 않기 때문에, 본 개정에서 각 가(家)에서 그 칭호인 '씨'를 정한 호주 및 가족은 그 '씨'를 칭하는 것을 규정한 상황이다(제11조 제1항).

② 씨의 설정

'씨'를 칭하기 위해서는 우선 '씨'를 정하는 것이 전제가 된다. '씨'의 설정권의 법률상 성질은 호주권에 속하기 때문에, '씨'는 호주 또는 호주권을 행하는 자(친권자 및 후견인)에게서 그것을 정하지 않으면 안 된다. "제11조 제3항 씨는 호주(법정대리인인 때는 법정대리인) 그것을 정한다." 그리하여 '씨'를 설정하는 것만으로는 어떠한 효력을 발생시키지 않기 때문에, 본 개정령의 시행 후 곧 1940년(昭和 15) 2월 11일부터 6개월 이내에 그것을 부윤 또는 읍면장에 계출하여 그 효력을 발생한다. "부칙 제2항 조선인 호주(법정대리인일 때는 법정대리인)는 본령 시행 후 6개월 이내에 새로운 씨를 정하고 그것을 부윤 또는 읍면장에게 계출하는 것을 필요로 한다." 호주 또는 호주권을 행하는 자가 약 6개월 이내에 위의 계출을 하지 않는 경우는, 본 개정령이 시행되었던 때에 호주의 성이 씨가 되는 것이다. 다만 그 호주가 여호주라면 전 남호주의 성이 씨가 된다. (부칙 제3항 전항의 규정에 의한 계출을 하지 않는 때는 본령 시행할 때에 호주의 성으로써 씨로 한다. 다만 일가를 창립할 때가 아니면 여호주일 때 또는 호주상속인이 분명하지 않은 때는 전 남호주의 성으로써 씨를 삼는다.)

③ 씨의 설정에 관한 제한

전술한 바와 같이 본령 개정의 기회에서, 반도인이 내지인식 '씨'를 칭할 수 있는 길을 열었지만, 역대 어휘(御諱) 및 어명(御名)은 숙어[熟字] 그대로 '씨'에 사용하는 것은 절대로 허용하지 않는다. (조선인의 씨명 변경에 관한 건 제령 20호 제1조) 또한 궁호(宮號), 왕공족(王公族)의 칭호, 신사명(神

社名), 역사상 및 현대에 저명한 현신현관의 씨를 그대로 사용하는 것도 안 된다. 타인의 '성'을 채택하여 '씨'를 정하는 것은 의미가 없을 뿐만 아니고, 혼동이 생기기 쉽기 때문에 이것도 금지하고 있다(동령 제1조 제2항).

④ 씨명의 변경

씨 및 이름은 변경할 수 없는 것이 원칙이지만, 정당한 사유가 있는 경우는 재판소의 허가를 받아서 변경할 수 있다(동령 제2조).

그 수속에 대한 법령은 바로 발포되기로 되어 있다. 모처럼 내지인식의 '씨'를 설정해도, 이름이 재래 그대로는 대나무에 나무를 이은 느낌이 들기 때문에, 당연히 이름을 변경하지 않으면 안 될 것이고, 이러한 경우는 이름의 변경에 관해 정당한 사유가 있다고 할 수 있을 것이다.

이상은 이번 조선민사령 개정의 주요점에 관해서 상식적으로 서술한 상황이지만, 가까운 기회에 적당한 곳을 골라 법리론적인 해설을 시도하려고 생각하고 있다.

씨제도의 해설-씨란 무엇인가, 씨는 어떻게 정하는가-

제1 씨의 관념

(1) 씨란 무엇인가

내지인이 야마모토(山本)라든가 나카무라(中村)라고 부르고 있는데, 이런 야마모토(山本)라든가 나카무라(中村)라고 하는 것이 씨이다. 부모의 씨가 야마모토이면 자식도 야마모토의 씨를 이어받고, 나카무라에서 야마모토의 가(家)로 온 며느리도 야마모토의 씨를 따른다.

내지인은 이것을 당연한 일로 생각해서, 왜 그럴까 깊게 생각하지 않고 왜 그렇게 되는가 그 근거를 확실히 알고 있는 사람도 적다. 모든 일은 익숙해지면 전부 그런 것이어서, 우리들이 들이마시는 공기, 우리들이 마시는 물이 어떤 성질의 것이고 어디에서 나오는지를 깊이 생각하지 않는 것과 마찬가지이다. 야마모토라든가 나카무라라고 부르는 것은, 어떤 가와 다른 가를 구별하기 위해서 가에 붙여진 칭호이다. 이 칭호를 씨라고 하는 것이다.

그래서 가(家)란 무엇인가라고 말하면, 법률상으로 말하는 가(家)란 우리가 함께 살고 있는 목조나 벽돌의 가(家)를 가리키는 것은 아니다. 내지인의 가정에서도 반도인의 가정에서도 같은 일이지만, 호주가 살고 있는 가족을 통솔하고 있다. 이 호주와 가족으로 결합되어 있는 단체 - 호적상 일가로서 기재되어 있는 단체 - 를 가(家)라고 부르는 것이다.

이 단체에 속한 사람은 때로 죽거나 또는 출생하여 새롭게 더해지기 때문에, 단체원은 수시로 변경되지만 단체 그 자체는 언제까지라도 계속되는 것이 보통이다. 이 단체에 붙은 칭호가 씨이다.

그런데 민법 제746조는 "호주 및 가족은 그 가(家)의 씨를 칭한다"라고 정해져 있기 때문에, 어느 가(家) 곧 앞에서 말한 단체에 속한 사람은 같은 씨를 칭하게 되는 것이다. 호주인 부친이 야마모토라고 하는 씨를 칭하면, 그 처도 자(子)도 모두 같은 야마모토라고 하는 씨를 칭하는 셈이다.

지금 설명한 민법에 정해져 있는 씨의 제도가 이번 조선민사령의 개정에 의한 1940년(昭和 15) 2월 11일부터 조선에서도 행해지기로 되어 있다.

조선에서도 법률상 가(家)가 있었음에도 상관없이, 지금까지 그것을 표하는 칭호가 없었기 때문에, 이번 그것을 만들게 된 셈이다. 씨제도 창설의 하나의 이유는 여기에 있다.

(2) 성이란 무엇인가

반도인이 김(金)이라든가 박(朴)이라든가 칭하고 있지만, 그것은 남계의 혈족을 표시하는 칭호이고 씨와는 전혀 다른 관념이다. 남편이 김인데도 처가 박(朴)인 것은 혈통을 다르게 하고 있기 때문에 그 칭호가 다른 것이다.

(3) 성은 지나(支那)의 모방이다

오늘날 반도인은 여전히 성을 칭하고 있지만, 옛날 반도인은 이름만을 갖고 있는 데 지나지 않는 것이어서, 성은 없었던 것이다. 성을 칭하게 된 것은 신라 말경이어서, 그 기원을 찾아보면, 지나의 성을 모방하여 지나풍의 성을 칭하게 된 것이다. 이 일은 제학자(諸學者)가 확실하게 무수히 많은 자료에 근거하여 논증한 바이기 때문에, 조금도 의심할 여지가 없다. 여기에 그 하나의 증거를 더하면, 『택리지』의 저자 이중환은 "신라 말부터는 중국과 통하면서 비로소 성씨를 갖게 되었다. 그러나 관직에 오른 사족만 성이 있었을 따름이고 서민들은 전부 성이 없었다. 고려가 삼한을 통일하자 비로소 중국을 모방해 성을 내려, 모두가 성을 갖게 되었다"라고 적고 있다.

(4) 씨와 성의 차이

앞에서 설명했던 바에 의거하면, 이미 씨와 성은 전혀 다르다고 판명되었다고 생각되지만, 한 번 더 여기에 그 차이를 서술하면, 씨는 가(家)에 붙은 칭호이지만, 성은 가(家)에 붙은 칭호가 아니고, 사람에 붙은 칭호이다.

제2 씨제도 창설의 이유

왜 조선에 씨제도를 시행하게 되었는가. 그 이유를 여러 각도에서 설명하겠다.

(1) 반도인의 요망-내선일체와 씨제도

대화민족과 조선 민족은 원래 같은 혈통의 민족이다. 옛날 내지와 조선은 황해를 사이에 두어 교통의 편리함이 없었기 때문에, 조선은 만사(萬事)에서 내지와 소원해지기 쉬워서, 지리적으로 연결되어 있는 지나와 교통하여 있었던 것이다. 그래서 지나의 성을 모방하게 된 것이다.

그것으로서 내선인은 역사적으로 논증되어 있는 바와 같이 동조동근의 혈연을 가졌기 때문에, 정신도 외형도 완전히 하나로 융합되지 않으면 안 되는 운명을 지고 있다. 지금 현재 본래의 하나의 모습으로 돌아가고 있다. 이와 같은 시기를 맞아, 반도인의 일부에 법률상 내지인식 씨를 칭할 수 있는 길을 열어 달라고 거듭하는 요망이 일어나게 된 것이다. 곧 통칭(通稱)으로서 내지인식 씨명을 칭하고 있는 사람이, 중요한 경우에는 이름(통칭)을 댈 수 없으니까, 어디에 가더라도 당당하게 내지인식의 씨명을 칭할 수 있게 되기를 바라는 것이다.

내지에서는 2, 30년이나 전부터 홋카이도에 사는 토인이라도, 자유롭게 내지인식 씨를 칭할 수 있도록 하였다. 또한 외국의 귀화인도 좋은 바를 따르도록 내지인식 씨를 정할 수 있도록 하였다. 반도인이 내지인식의 씨를 칭할 수 있도록 하기 위해서 조선에는 원래 씨 그 자체의 제도가 없었던 것이기 때문에, 아무래도 씨제도를 정하지 않으면 안 되는 것이다.

(2) 이성양자

조선의 관습에서는 여자는 반드시 시집을 가야 하기 때문에, 친정의 가(家)에 남는 것은 허락되지 않는다. 남자가 없는 경우에도 마찬가지로, 친자식인 딸은 반드시 그를 다른 가(家)로 내보내고, 혈연이 희박한 양자를 맞아, 그 사람의 재산을 물려주지 않으면 안 된다. 그렇다면 친자식의 정에 반하여, 인생자연의 정의(情誼)에도 반하기 때문에, 딸을 길러서 서양자를 맞을 수 있는 길을 열었으면 좋겠다고 하는 요망이 십수 년 전부터 일어났던 것이다. 그것도 더욱 지극한 요망이다. 그런데 종래 동성(同姓)인 자와는 혼인하지 않고, 동성동본인 자가 아니면 양자를 삼지 않게 되어 있으므로, 그중 어느 쪽인가를 폐지하지 않으면, 서양자 제도를 실현하는 것이 가능하지 않다.

그래서 이번 조선민사령을 개정하여, 이성(異姓)인 사람도 양자로 맞을 수 있도록 했기 때문에, 종래에 해 온 성의 제도만으로 하면, 양부가 사망했던 때에는, 이성의 양자가 상속했기 때문에, 어제까지 호주의 성은 김이었는데, 한순간에 호주의 성이 박으로 변하고, 마치 빼앗아 차지한 듯한 형태가 되어, 상속의 관념에 딱 들어맞지 않는다.

위와 같은 폐해를 피하기 위해서는, 앞에 서술했던 가(家)의 칭호인 씨를 설정하여, 가족은 같은 씨를 칭하도록 하는 것 외에 방도가 없다.

(3) 가(家)의 관념의 확립

옛날 조선에서는 대가족 제도의 생활을 영위하고 있었지만, 근래는 부모를 중심으로 한 소가족제도의 생활로 변해 왔다. 앞에서 설명한 법률상의 가(家)의 관념을 확립해 온 셈이다. 그렇다면 그 가(家)에는 명(名)이 필요하다. 무릇 명(名)이 없는 단체라고 하는 것은 없다. 외국에서도 씨명을 칭하지 않는 나라는 없는 것이다.

제3 씨의 제도가 시행되어도 성은 존속한다

씨와 성의 성질이 전혀 다른 것은 앞에서 서술한 대로이다. 분명히 말하는 것은 성(姓) 외에 새롭게 씨제도가 시행되는 것만으로, 성의 제도에는 전연 영향이 없다. 곧 성이 없어지는 일도 없으므로 성이 변한다고 말할 일도 없다. 씨의 제도가 성의 제도를 대신했던 것인가? 씨의 창설을 개성(改姓)이라고 하는 것은 아무것도 모르는 사람이 말하는 것이다.

제4 내지인식의 씨를 설정하는 것이 강제되는 것은 아니다

이번 씨제도가 시행되기 때문에 누구라도 반드시 씨를 창설하지 않으면 안 되지만, (나중에 설명하듯이 종래의 성을 씨로도 사용하는 사람은 내버려두어도 좋다) 반드시 내지인식의 씨를 설정해야만 하는 것은 아니다.

나중에 서술하는 제한 외에는 각자가 좋은 바를 따라서 씨를 정할 수 있다. 내지인식의 씨를 설정하는 것으로, 강제되고 있다고 이해하는 사람이 있지만, 그것은 오해이다.

제5 옛날 내지인식의 씨를 칭했던 반도인은 무수하게 있다

반도인이 내지인식의 씨를 칭하는 것은 새로운 문제가 아니다. 옛날 내지에 도항했던 무수한 백제인, 임나인, 신라인, 고려인은 조정의 허락을 얻어 내지인식의 씨명을 일컬었다. 그것은 『신찬성씨록』이라든가, 『고사유원(古事類苑)』의 성명부라든가, 국사자료에 하나하나 씨명을 들어서 씌어 있다. 이러한 반도인들은 완전히 대화민족과 혼연일체를 이루어, 오늘날 그 자손은 정신에서도 형식에서도 조금도 내지인과 다른 바가 없다.

제6 씨를 정하는 방법

(1) 씨는 호주가 정한다

씨는 가(家)의 칭호이기 때문에, 일가를 통솔하는 호주가 그것을 정한다. 그러니까 가족은 마음대로 씨를 정하는 것은 가능하지 않지만, 장남이 아닌 자는 분가하여 호주가 되면, 자신이 좋은 씨를 정할 수 있다.

호주가 미성년자 또는 금치산자인 경우는 법정대리인(친권자 또는 후견인)이 그것을 정한다.

(2) 씨를 정하는 데 가해진 제한

씨의 선정에 관해서는 아래와 같은 제한이 있다.

역대 천황의 어휘(御諱), 아울러 어명(御名)은 절대로 사용할 수 없다. 또한 역대 추호(追號), 황족의 궁호, 왕공족의 칭호, 저명한 신궁명, 신사명[예를 들면, 이세(伊勢), 가시하라(橿原), 미야자키(宮崎), 야스쿠니(靖國) 등], 황실에 유서 깊은 가(家)[예를 들면 고노에(近衛), 다카쓰카사(鷹司)와 같은 고셋케(五攝家) 및 쿠니(久邇), 오토와(音羽) 등 신적 강하된 가]의 씨, 역사상 및 현대의 공신의 씨[예를 들면 도고(東鄕), 노기(乃木), 사이온지(西園寺) 등]도 사용하는 것을 피하지 않으면 안 된다. 또한 타인의 성을 골라 자기의 성으로 하는 것도 허용되지 않는다. 예를 들면 박성(朴姓)인 자가 김을 씨로 하는 것은 불가능하다. 씨는 이상의 제한 이외에 임의로 선정할 수 있다. 곧 김, 이, 박, 류 등의 자기의 성을 그대로 씨로 하고 싶은 사람은 그렇게 해도 좋고 또 내지인식의 씨를 칭하고 싶은 사람은 그 희망하는 씨를 설정해도 좋다.

씨는 가(家)를 표하는 칭호이니까 다른 가(家)와 구별할 수 있는 씨를 정해야만 하고 한 문중 수백 가 또는 어느 회사의 사원 전부가 동일한 씨를 설정하는 등은 씨의 성질을 알지 못하는 사람이 하는 것으로, 찬성할 수 없다. 씨를 정하는 방법은 대체로 위와 같지만, 씨는 자기의 자자손손 전해지는 가(家)의 명칭이니까 일단 정한 이상 그 변경은 매우 곤란하기 때문에 신중하게 숙려한 후 정하지 않으면 안 된다.

(3) 씨는 어떻게 언제까지 계출하는가

씨를 정했다면 그것을 정한 호주 또는 법정대리인은 서면으로 본적지 또는 소재지의 부윤 읍면장에게 계출하지 않으면 안 된다. 계출기간은

2월 11일부터 8월 10일까지의 6개월 동안이다. 해외에 있는 자는 관할영사에게, 내지에 거주하는 자는 소재지의 시정촌장에게 계출해도 좋다. 계출의 서식은 별지 제1호 서식과 같다.

(4) 씨의 설정과 이름의 변경

모처럼 내지인식의 씨를 설정했어도, 종래 그대로의 이름으로는 내지인식의 씨명으로서 어울리지 않는 경우가 많다고 생각한다. 씨에 걸맞는 양식으로 이름을 변경하려고 생각하면 재판소의 허가를 얻지 않으면 안 된다. 그 수속에 대해서는 같이 부윤 또는 읍면장에 계출하는 편이 편리하다.

(5) 기간 내에 씨를 계출하지 않은 경우는 어떻게 되는가

1940년(昭和 15) 8월 10일까지 씨의 계출을 하지 않은 경우는 2월 11일에 호주의 성이 그대로 씨가 된다. 그러나 그 당시 호주가 정해지지 않은 가(家)나 여자가 호주(일가를 창립했던 여자는 여기에 제한이 없다)인 가(家)는 그전의 남자 호주의 성이 씨가 된다.

따라서 종래의 김이나 이를 그대로 씨로 하고 싶은 사람은 계출을 하지 않고 두어도 좋다.

(6) 씨가 정해지면 어떻게 되는가

씨가 정해지면(씨를 계출했던 경우도, 기간 내에 계출을 하지 않아서 종전의 호주의 성이 씨가 된 경우도) 일가의 호주 및 가족은 모두 그 가의 씨를 칭하게 된다. 예를 들면, 이대우라고 하는 호주가 천촌(川村)이라고 하는 씨를 설정한다면, 그 씨명은 천촌대우가 되고, 어머니도 처도, 자식도, 손자도,

동생도 누이도 동일 호적에 있는 자는 모두 천촌(川村)이 된다. 곧 아들인 이태산은 천촌태산이 되고, 처인 민정자는 천촌정자가 될 터이다. 이대우라고 하는 호주가 씨를 계출하지 않은 경우는 그 씨명은 종전대로 이대우이지만, 이가 그 가의 씨가 된 결과, 처인 민정자는 이정자가 된다. 그러나 앞서도 서술한 바와 같이 종래의 성은 결코 변경되거나 없어지는 것은 아니다. 금후 법률상 사람의 이름으로서는 씨명을 칭하게 되고, 성명을 사용하지 않게 되지만, 호적부에는 '성급본관' 란을 두어, 각자의 성과 본관을 기재해 두게 된다.

(7) 일단 정한 씨나 이름은 변경할 수 없는가

씨명은 한번 정한 이상 원칙으로는 그것을 변경하는 것은 불가능하다. 그러나 절대로 변경할 수 없는 것은 아니고 정당한 이유가 있는 경우는 재판소의 허가를 얻어서 변경할 수 있다. 앞에서 서술한 내지인식의 씨를 설정하였기 때문에 그것과 조화를 갖는 이름을 변경할 경우, 같은 부읍면에 동일한 씨명을 가진 자가 있어서 혼동되어 곤란할 경우, 또는 종래부터 관습상 인정되었던 이유가 있는 경우 등은 정당한 이유가 있는 것으로서 개명을 허가한다.

또한 전(前) 호주는 내지인식의 씨를 설정하지 않고 종전의 성을 그대로 씨로 했지만 장남이 새롭게 호주상속을 하여, 꼭 내지인식 씨로 고치고 싶다고 하는 경우도 마찬가지로 정당한 이유가 있는 것으로서 씨의 변경이 인정된다.

이상과 같은 이유가 있는 경우에 씨명을 변경하려고 하는 자는 호적등본을 첨부하여 본적지 또는 주소지의 지방법원(또는 지청)에 신청하여 허가를 받지 않으면 안 된다. 여기에 주의하지 않으면 안 되는 것은 이름의 변경은 한 사람 한 사람이 하지 않으면 안 되는 것이다.

의사능력이 있는 자, 바꿔 말하면 꼭 선악을 판별할 수 있는 정도로 지능이 발달한 자(통상 15, 16세 이상)는 미성년자여도, 단독으로 이름의 변경이 가능하지만, 의사능력이 없는 경우는 법정대리인(친권자 또는 후견인)이 그 사람을 대신하여 신청을 하는 것이다. 신청서의 서식은 별지 제2호 서식대로이다. 이 경우 한 사람당 수수료 50전(수입인지)과 허가서의 송달료 10전(집달리증서) 또는 14전(우표)을 납부하지 않으면 안 된다. 허가가 나면 10일 이내에 허가서를 첨부하여 본적지 또는 소재지의 부읍면에 계출을 해야 한다. 그 서식은 별지 제3호 서식과 같다.

또한 개명을 하는 경우에도 씨를 설정하는 경우와 마찬가지로 제한이 있는 점에 유의해야 한다. 종전의 성명을 그대로 이름으로 하는 것, 예를 들면, 김대현인 자가 갑야(甲野)라고 씨를 정한 경우, 그 이름 대현을 김대현이라고 고쳐 갑야김대현 등이라고 일컫는 것은 허가되지 않는다.

이상이 씨제도의 개요이다. 이것으로 씨에 대한 대체의 설명을 한 것이지만 아직도 불명한 점은 조선총독부 법무국 민사과, 지방법원, 동 지청, 부읍면의 호적계로 조회하면 상세한 지시를 받게 되어 있다. 단 서면으로써 조회하는 경우는 반드시 회신료를 첨부하기를 바란다.

(제1호 서식)

씨 설정 신고서(氏設定届)

본 적: 경상남도 동래군 사하면 다대리 1104번지
소 재: 시모노세키시(下関市) 니시나베초(西南部町) 36번지

호주: 잡화상 박대성(朴大成)
광무 6년 8월 3일생

씨를 「甲野」로 정함
상기 씨의 설정신고서를 제출함

소화 15년 8월 5일

신고인 호주 박대성 (인)

동래군 사하면장 한오동 귀하

씨 설정 신고서(氏設定届)

본 적: 경성부 아사히마치(旭町) 1초메(丁目) 3번지
소 재: 경기도 고양군 숭인면 우이리 105번지

호주: 소작농 김봉화(金鳳和)
대정 10년 6월 1일생

씨를 고노(甲野)로 정함
상기 씨의 설정신고서를 제출함

소화 15년 8월 5일
본적: 경성부 아사히마치(旭町) 1초메(丁目) 3번지
소재: 경기도 고양군 숭인면 우이리 105번지

신고인: 법정대리인 모 이정숙(李貞淑) (인)
광무 2년 1월 20일생

경성부윤 다카하시 사토시(高橋 敏) 귀하

주의
1. 직업은 자작농, 소작농, 잡화상, 이발업, 세무서 속(屬) 등 가능한 한 구체적으로 기재할 것.
2. 본적지 외의 소재지에서 신고하는 경우는 수신인명을 소재지 부윤읍면장으로 하는 신고서 2통을 제출할 것.

(제2호 서식)

명(名) 변경 허가 신청

본 적: 경상남도 동래군 사하면 다대리 1104번지
소 재: 경성부 옥인정 28번지

신청인: 포목상 김재룡(金在龍)
명치 44년 2월 3일생

신청의 취지

신청인은 그의 이름「재룡」을「노보루(登)」로 변경하고자 이에 허가를 구함

신청의 이유

신청인은 가네야마(金山)라는 내지인식 씨를 정하고 있는 바 가네야마 재룡으로는 씨명이 조화롭지 않으므로 그의 이름「재룡」을 내지인식으로「노보루」로 변경하고자 이에 신청함

첨부서류

1. 호적등본(초본) 1통

소화 15년 7월 10일

위 신청인 김재룡 (인)

경성지방법원 귀중

주의

1. 동일호적에 있는 자라 하더라도 1인마다 신청할 것
2. 신청서에는 수입인지 50전을 첨부하고, 재판소 소재지에서는 10전(집달리 송달료, 부득이한 경우 우표), 그 외의 지역에서는 14전(우표)을 송달료로서 예납할 것.
3. 직업은 구체적으로 기재할 것.
4. 동일호적에 있는 자가 동시에 신청할 경우는 1통의 호적등본을 첨부하여 원용할 수 있음. 다만 신청서에 그 취지를 기재할 것.
5. 신청서는 우편에 의해 제출할 수 있음.

(제3호 서식)

명 변경 신고서(名變更届)

본 적: 경상남도 동래군 사하면 다대리 1104번지 호주
소 재: 경성부 옥인정 28번지

김재룡(金在龍)

소화 15년 7월 30일 경성지방법원 허가 결정에 의해 그의 이름「재룡」을「노보루(登)」로 변경

위의 명 변경은 별지로 재판 등본을 첨부하여 제출함

소화 15년 8월 5일

신고인 김 노보루 (인)
명치 44년 2월 3일생

동래군 사하면장 한오동 귀하

조선민사령 중 개정의 건(제령 제19호, 1939.11.10)

조선민사령을 아래와 같이 개정한다.

제11조 제1항 중 「다만,(但シ)」 아래에 「씨,」를, 「인지,」 아래에 「재판상의 이연(離緣), 서양자 연조의 경우에 혼인 또는 연조가 무효인 경우 또는 취소된 경우의 연조 또는 혼인의 취소」를 덧붙이고, 같은 조에 아래의 1항을 덧붙인다.

③ 씨는 호주(법정대리인이 있을 때는 법정대리인)가 이를 정한다.

제11조의 2를 제11조의 3으로 하고, 제11조에 다음을 넣는다.

제11조의 2 ① 조선인의 양자연조에 있어서 양자는 양부모와 성을 같이 하지 않아도 된다. 다만, 사후양자의 경우에 있어서는 이 제한을 받지 않는다.

② 서양자연조는 양자연조의 신고와 동시에 혼인신고를 함으로써 그 효력을 발생한다.

③ 서양자는 처의 가(家)에 입적한다.

④ 서양자이연 또는 연조의 취소로 인해 그 가를 떠나더라도 가녀(家女)의 직계비속은 그 가를 떠나지 않으며, 태아가 생긴 때에는 그 가에 입적한다.

제11조의 9를 제11조의 10으로 하고, 이 조에서 「제11조의 3 및 제11조의 4」를 「제11조의 4 및 제11조의 5」로 한다.

부칙

본령 시행의 기일은 조선총독이 정한다.(소화 14년 조선총독부령 제119호로 소화 15년 2월 11일부터 시행)

조선인 호주(법정대리인이 있을 때에는 법정대리인)는 본령 시행후 6월 이내에 새롭게 씨를 정하여 이를 부윤 또는 읍면장에게 신고할 것을 요한다.

전항의 규정에 의한 신고를 하지 않은 때에는 본령 시행 당시의 호주의 성을 씨로 한다. 다만, 일가를 창립하지 아니하는 여성호주인 때 또는 호주상속인이 분명하지 않은 때는 이전의 남호주의 성을 씨로 한다.

조선인의 씨명에 관한 건(제령 제20호, 1939.11.10)

제1조 ① 역대 어휘(御諱) 또는 어명(御名)은 이를 씨 또는 명으로 사용할 수 없다.
② 자기의 성 이외의 성은 씨로 사용할 수 없다. 다만 일가창립의 경우는 이에 제한을 받지 않는다.

제2조 씨명은 이를 변경할 수 없다. 다만 정당한 사유가 있는 경우에 조선총독이 정한 바에 의해 허가를 받은 경우는 이에 제한을 받지 않는다.

부칙

본령의 시행 기일은 조선총독이 정한다.(소화 14년 조선총독부령 219호로 소화 15년 2월 11일부터 시행)

조선인의 씨명 변경에 관한 건(조선총독부령 제222호, 1939.12.26)

조선인의 씨명 변경에 관한 건을 다음과 같이 정한다.

소화 14년 12월 26일
조선총독 미나미 지로

제1조 ① 씨명의 변경을 하려는 자는 그 본적지 또는 주소지를 관할하는 재판소에 신청하여 허가를 받아야 한다.
② 불허가의 재판에 대해서는 불복을 신청할 수 없다.

제2조 ① 허가의 신청은 서면으로 하여야 한다.
② 신청서에는 아래의 사항을 기재한 호적등본을 첨부한다.
1. 본적, 주소, 씨명, 출생의 연월일 및 직업
2. 변경하고자 하는 씨명
3. 변경의 이유

제3조 ① 허가의 신청을 위한 수수료로 50전을 납부할 것을 요한다.
② 전항의 수수료는 수입인지로 이를 납부한다.

부칙

본령은 소화 14년 제령 제20호 시행일로부터 이를 시행한다.
명치 44년 조선총독부령 제124호는 이를 폐지한다.
본령 시행 전, 위 조선총독부령에 의한 명 개칭에 관한 출원에 대하여는 종전의 예에 의한다.

참고문헌

제1장

1. 자료

『官報』
『國家學會雜誌』
『臺灣時報』
『臺法月報』
『매일신보』
『朝鮮』
『朝鮮及滿洲』
『朝鮮總督府官報』

高麗書林 編, 1990,『齋藤實文書』13, 高麗書林
大藏省 管理局, 1947,『日本人の海外活動に關する歷史的調査』3(朝鮮篇 第2分冊)
外務省 編, 1957,『外地法制誌 2: 外地法令制度の槪要』, 文生書院
朝鮮總督府, 1940,『朝鮮に於ける國民精神總動員』
海野福寿 編, 2004,『外交史料韓國併合』下, 不二出版

『大野緣一郎關係文書』(일본 국회도서관 헌정자료실 소장)

2. 단행본

宮田節子 著, 李熒娘 譯, 1997,『조선민중과「황민화」정책』, 일조각
保坂祐二, 2002,『日本帝國主義의 民族同化政策 分析』, J&C
야스마루 요시오 지음, 이원범 옮김, 2002,『천황제 국가의 성립과 종교변혁』, 소화
오구마 에이지 지음, 조현설 옮김, 2003,『일본 단일민족신화의 기원』, 소명출판

최유리, 1997, 『일제 말기 식민지 지배정책연구』, 국학자료원
토드 A. 헨리 지음, 김백영 · 정준영 · 이향아 · 이연경 옮김, 2020, 『서울, 권력 도시』, 산처럼
한중일3국공동역사편찬위원회 지음, 2012, 『한중일이 함께 쓴 동아시아 근현대사』 1, 휴머니스트

駒込武, 1996, 『植民地帝國日本の文化統合』, 岩波書店
朴慶植, 1973, 『日本帝國主義の朝鮮支配』, 靑木書店

3. 논문

강창일, 1994, 「일제의 조선지배정책」, 『역사와현실』 12
강창일, 1999, 「일제초기 식민통치의 전략과 내용」, 『일제식민통치연구』 1, 백산서당
권태억, 2001, 「동화정책론」, 『역사학보』 172
권태억, 2008, 「1910년대 일제의 조선 동화론과 동화정책」, 『한국문화』 44
김명구, 2008, 「중일전쟁기 조선에서 '내선일체론'의 수용과 논리」, 『한국사학보』 33
김창록, 1993, 「일본 제국주의의 헌법사상과 식민지 조선」, 『법사학연구』 14
김창록, 1994, 「일본에서의 서양 헌법 사상의 수용에 관한 연구」, 서울대학교 법학과 박사학위논문
김창록, 1995, 「식민지 피지배기 법제의 기초」, 『법제연구』 8
김창록, 2002, 「制令에 관한 연구」, 『법사학연구』 26
나카바야시 히로카즈, 2015, 「조선총독부의 교육정책과 동화주의의 변천」, 연세대학교 사학과 박사학위논문
박양신, 2013, 「도고 미노루의 식민정책론」, 『역사교육』 127
小野一一郎, 1983, 「제1차 대전 후의 식민정책론」, 김영호 편, 『근대 동아시아와 일본 제국주의』, 한밭출판사
손애리, 2013, 「근대 일본 식민정책학의 전개와 귀결」, 『한림일본학』 22
유지아, 2018, 「메이지유신 150년과 천황의 '원수화'」, 『일본역사연구』 48
이정선, 2018, 「공간에 속박된 사람들」, 『한림일본학』 33
장용경, 2003, 「일제 식민지기 인정식의 전향론」, 『한국사론』 49
장용경, 2005, 「'조선인'과 '국민'의 간극」, 『역사문제연구』 15
전영욱, 2014, 「한국병합 직후 일본 육군 및 제국의회의 '제국통합' 인식과 그 충돌의 의미」, 『아세아연구』 57-2

정긍식, 1998,「日帝의 植民政策과 植民地 朝鮮의 法制」,『법제연구』 14
정연태, 2005,「조선총독 데라우치(寺內正毅)의 한국관과 식민통치」, 권태억 외,『한국 근대사회와 문화』Ⅱ, 서울대학교출판부
차기벽, 1985,「일본제국주의의 식민정책의 형성 배경과 그 전개 과정」,『일제의 한국식민통치』, 정음사
함동주, 1995,「명치기 일본의 아시아주의와 국권의식」,『일본역사연구』 2
홍종욱, 2000,「중일전쟁기(1937~41) 사회주의자들의 전향과 그 논리」, 서울대학교 국사학과 석사학위논문

4. 기타
국사편찬위원회 한국사데이터베이스(https://db.history.go.kr)
한국역대인물종합정보시스템(http://people.aks.ac.kr)
일본 아시아역사자료센터(https://www.jacar.go.jp)

제2장

1. 자료
『매일신보』
『동아일보』
『조선일보』
『조선』
『조선총독부관보』

2. 단행본
高橋濱吉, 1927,『朝鮮教育史考』,帝國地方行政學會朝鮮本部.
大野謙一, 1936,『朝鮮教育問題管見』, 朝鮮教育會.
藤谷俊雄, 1970,「國家神道の本質」,『靖國鬪爭』, 東京:新教出版社.
文部省, 1937,『國體の本義』.
山住正己, 1987,『日本教育小史』, 東京: 岩波書店.
森田芳夫, 1945,『朝鮮に於ける國民總力運動史』, 國民總力朝鮮聯盟.

森田芳夫, 1964,『朝鮮終戰の記錄』, 巖南堂書店.
小笠原省三 編, 1953,『海外神社史』上卷, 海外神社史編纂會.
穗積八束, 1937,『國民道德大義』, 國民精神文化研究所.
神祇院總務局 監輯, 1941,『最新 神社法令要覽』, 東京:京文社.
岩下傳四郎 編, 1941,『大陸神社大觀』, 大陸神道聯盟.
日本基督教聯盟編, 1930,『神社問題に就て』, 日本基督教聯盟.
朝鮮神職會 編, 1937,『朝鮮神社法令輯覽』, 帝國地方行政學會朝鮮本部.
朝鮮總督府 官房文書課 편, 1941,『諭告 · 訓示 · 演述總攬』, 朝鮮行政學會.
朝鮮總督府 編, 1927,『朝鮮神宮造營誌』.
朝鮮總督府 編, 1935,『施政二十五年史』, 조선총독부.
朝鮮總督府 編, 1940,『施政三十年史』, 조선총독부.
佐藤虎雄, 1943,『神社と教育』, 小學館.
青井哲人, 2005,『植民地神社と帝國日本』, 東京: 吉川弘文館.
村上重良, 1982,『國家神道と民衆宗教』, 吉川弘文館.
村上重良, 1970,『國家神道』, 岩波書店.
幣原坦, 1919,『朝鮮教育論』, 六盟館.
河野省三, 1940,『神社神道』, 三笠書房.
戶村政博 編, 1970,『靖國闘爭』, 東京:新教出版社.

김승태 편역, 1996,『일제강점기 종교정책사 자료집』, 한국기독교역사연구소.
김승태 편역, 2014,『신사참배문제자료집 II』, 한국기독교역사연구소.
김승태, 2012,『식민권력과 종교』, 한국기독교역사연구소.
마루야마 요시오, 이원범 옮김, 2002,『천황제 국가의 성립과 종교변혁』, 도서출판 소화.
守本順一郎, 김수길 옮김, 1985,『동양정치사상사연구』, 동녘.
스즈키 마사유키, 류교열 옮김, 1998,『근대 일본의 천황제』, 도서출판 이산.
아오노 마사키, 배귀득 · 심희찬 옮김, 2017,『제국신도의 형성』, 소명출판.
히우라 사토코, 이언숙 옮김, 2016,『신사 · 학교 · 식민지』, 고려대학교출판문화원.

3. 논문

김승태, 1991,「일제하 '천황제' 이데올로기와 기독교 학교」,『신학사상』 74집.
金根熙, 2003,「'皇民化政策期'の神社政策について」,『(姜德相先生古希 · 退職記念)日朝關係史論集』, 東京: 新幹社.

제3장

1. 자료

『大韓帝國官報』

『東亞日報』

『每日新報』

『朝鮮日報』

『朝鮮總督府官報』

『民籍事務概要』, 內部 警務局, 1909.

『(日鮮對照)朝鮮民籍要覽』 斯道館, 1915.

『韓國警察一般』, 內部 警務局, 1909.

『韓國戶口表』, 政府財政顧問本部, 1907.

정주수 옮김, 1989, 「창씨제도의 민심동향보고서」, 『사법행정』 1989년 5월호, 한국사법행정학회.

정주수 옮김, 1989, 「창씨제도의 민심동향보고서(2)」, 『사법행정』 1989년 10월호, 한국사법행정학회.

정주수 옮김, 1989, 「창씨제도의 민심동향보고서(4)」, 『사법행정』 1989년 12월호, 한국사법행정학회.

정주수 옮김, 1990, 「창씨제도의 민심동향보고서(5)」, 『사법행정』 1990년 2월호, 한국사법행정학회.

『고등학교 한국사』, 리베르스쿨, 2014.

『고등학교 한국사』, 지학사, 2014.

2. 단행본

宮田節子 著, 李熒娘 譯, 『조선민중과 「황민화」정책』, 일조각

문정창, 1967, 『(군국일본)조선강점 36년사』 하, 백문당

미야타 세쓰코 해설·감수, 정재정 옮김, 2002, 『조선총독부 고위관리의 육성증언 - 식민통치의 허상과 실상』, 혜안

미즈노 나오키 외, 정선태 옮김, 2007, 『생활 속의 식민지주의』, 산처럼
미즈노 나오키, 정선태 옮김, 2008, 『창씨개명』, 산처럼
정운현 편역, 1993, 『창씨개명』, 학민사
송우혜, 2017, 『윤동주 평전』(제3판 8쇄), 서정시학
이승일, 2008, 『조선총독부 법제 정책』, 역사비평사
정긍식 편역, 2001, 『(개역판) 관습조사보고서』, 법제연구원

福島正夫, 1967, 『日本資本主義と「家」制度』, 東京大學出版會

3. 논문
구광모, 2005, 「창씨개명정책과 조선인의 대응」, 『국제정치논총』 45-4
김필동, 2010, 「일제의 창씨개명 정책과 족보: 지역 종족집단의 대응 전략」, 『사회과학연구』 21-4
김혜숙, 2009, 「1950~70년대 江景 商人의 존재양상과 상거래 관행 연구」, 한국학중앙연구원 한국학대학원 박사학위논문
박병호, 1996, 「일제하의 가족정책과 관습법형성과정」, 『가족법논집』, 진원
서호철, 2007, 「1890~1930년대 주민등록제도와 근대적 통치성의 형성」, 서울대학교 사회학과 박사학위논문
이대화, 2010, 「20세기 金泉 지역 연안이씨 종중의 지속과 변화」, 한국학중앙연구원 한국학대학원 박사학위논문
이대화, 2012, 「'창씨개명' 정책과 조선인의 대응」, 『숭실사학』 26
이대화, 2017, 「근대 호적제도의 변화가 종중촌락의 관습에 미친 영향」, 『한국민속학』 66
이승일, 2000, 「일제시기 조선인의 일본국민화 연구」, 『한국학논총』 34
이승일, 2003, 「조선총독부의 법제정책에 대한 연구: 조선민사령 제11조 '관습'의 성문법화를 중심으로」, 한양대학교 사학과 박사학위논문
이승일, 2011, 「식민지 조선과 대만의 창씨개명, 개성명 비교 연구」, 『대동문화연구』 76
이정선, 2015, 「조선총독부의 조선인 이름 정책과 이름의 변화 양상」, 『역사민속학』 49
최재성, 2010, 「'창씨개명'과 친일 조선인의 협력」, 『한국독립운동사연구』 37

宮田節子, 1991, 「皇民化政策の構造」, 『朝鮮史研究會論文集』 29

제4장

1. 자료

『京城日報』

『救濟』

『內鮮一體』

『讀賣新聞』

『동아일보』

『매일신보』

『釜山日報』

『思想彙報』

『社會事業の友』

『신한민보』

『亞細亞研究』

『外交時報』

『優生學』

『人口問題』

『人口問題研究』

『調査彙報』

『調査月報』

『朝鮮』

『朝鮮及滿洲』

『朝鮮社會事業』

『조선일보』

『朝鮮總督府官報』

『朝鮮彙報』

『중외일보』

『太陽』

『特高月報』

姜德相·梶村秀樹 編, 1967,『現代史資料』26, みすず書房

江原道儒道闡明會, 1922,「内鮮人結婚數」,『會報』1
警務總監部 警務課 民籍係 編纂, 1914,『民籍要覽』, 京城印刷所
京城府,『戶口統計』, 1933~1938년판
警視廳 特別高等課 內鮮高等係,『(大正 13年 9月末 調査)事務概要』
高麗書林 編, 1990,『齋藤實文書』13, 高麗書林
谷口虎年 編,『人類學 · 人類遺傳學 · 體質學論文集(第三冊)』, 慶応義塾大学医学部
宮田節子 編 · 解說, 1988,『十五年戰爭極秘資料集』6, 不二出版
內部 警務局 編纂, 1910,『民籍事務概要』, 日韓印刷株式會社
민족문제연구소 편, 2000,『일제하 전시체제기 정책사료총서』6 · 13 · 22, 한국학술정보
儒道振興會, 1921,「内鮮人結婚數」,『儒道』4
人口問題硏究會 編, 1942,『人口政策と國土計画』, 人口問題研究會
朝鮮銀行調查部, 1921,「内鮮人結婚數」,『朝鮮事情: 大正十年七月上半』
朝鮮駐箚憲兵隊司令部 · 朝鮮總督府警務總監部, 1917,「内地人ト朝鮮人トノ雜婚数」,『大正五年警察統計』
朝鮮総督府, 1927,『朝鮮の人口現象』
朝鮮總督府, 1938,『朝鮮總督府時局對策調査會諮問答申書』
朝鮮總督府, 1940,『朝鮮に於ける國民精神總動員』
朝鮮總督府, 1940,『施政30年史』
朝鮮總督府 法務局 編纂, 1922,『民籍例規』, 大成印刷社
朝鮮總督府 法務局 編纂, 1943,『朝鮮戶籍及寄留例規』, 鮮光印刷株式會社
朝鮮總督府 中樞院, 1938,『第19回中樞院會議參議答申書』
朝鮮憲兵隊司令部 · 朝鮮總督府警務總監部, 1918,「内地人ト朝鮮人トノ雜婚数」,『大正六年警察統計』
厚生省研究所 人口民族部, 1943,『大和民族を中核とする世界政策の検討』
厚生省 人口問題研究所, 1942,『(極祕)大東亜建設民族人口資料14: 内地在住朝鮮人出産力調査概要』
1987,「(資料)在日朝鮮人に対する同化政策の「協和事業」(1943)」,『在日朝鮮人史研究』17

『共通法規調査委員長上申共通法案法制局へ回付ノ件』(일본 공문서관 소장)
『本邦内政關係雜纂 - 植民地關係 - 第三卷 · 第六卷』(일본 외교사료관 소장)
『朝鮮人關係雜件 - 建言及陳情關係』(일본 외교사료관 소장).

「第40回帝國議會衆議院議事録(大正6年12月～大正7年3月), 共通法案の審議録」(아시아역사 자료센터 소장)

『大野緣一郞關係文書』(일본 국회도서관 헌정자료실 소장)
『鈴木三郎關係文書』(일본 국회도서관 헌정자료실 소장)

2. 단행본
고바야시 히데오 지음, 이정선 옮김, 2018, 『일본의 아시아 침략』, 와이즈플랜
宮田節子 著, 李熒娘 譯, 1997, 『조선민중과 「황민화」정책』, 일조각
김동명, 2006, 『지배와 저항, 그리고 협력』, 경인문화사
김호연, 2009, 『우생학, 유전자 정치의 역사』, 아침이슬
도노무라 마사루 지음, 신유원·김인덕 옮김, 2010, 『재일조선인 사회의 역사학적 연구』, 논형
박형지·설혜심 공저, 2004, 『제국주의와 남성성』, 아카넷
保坂祐二, 2002, 『日本帝國主義의 民族同化政策 分析』, J&C
山本有造, 1992, 『日本植民地經濟史硏究』, 名古屋大學出版會
야마자키 도모코 지음, 김경원 옮김, 2013, 『경계에 선 여인들』, 다사헌
윤휘탁, 2013, 『만주국: 식민지적 상상이 잉태한 '복합민족국가'』, 혜안
이정선, 2017, 『동화와 배제: 일제의 동화정책과 내선결혼』, 역사비평사
이정선, 2023, 『'동화'라는 양날의 검: 일제강점기 '내선결혼' 정책과 그 실상』, 동북아역사재단
하야시 노리코 지음, 정수윤 옮김, 2020, 『조선으로 간 일본인 아내』, 정은문고

嘉本伊都子, 2001, 『國際結婚の誕生 - 〈文明國日本〉への道』, 新曜社
駒込武, 1996, 『植民地帝國日本の文化統合』, 岩波書店
今川勳, 1990, 『現代結婚考』, 田畑書店
藤崎康夫, 1972, 『棄民』, サイマル出版会
藤野豊, 1998, 『日本ファシズムと優生思想』, かもがわ出版
鈴木裕子, 1992, 『從軍慰安婦·內鮮結婚』, 未來社
北出明, 2009, 『釜山港物語: 在韓日本人妻を支えた崔秉大の八十年』, 社會評論社
上坂冬子, 2010(개정판: 초판 1984), 『慶州ナザレ園』, 中央公論新社

石川奈津子, 2001,『海峡を渡った妻たち』, 同時代社
田内基, 1984,『母よ, そして我が子らへ』, 新聲社
竹下修子, 2000,『国際結婚の社会学』, 学文社
伊藤孝司, 1996,『(新版)日本人花嫁の戦後』, LYU工房
後藤文利, 2010,『韓国の桜』, 梓書院

Saliha Belmessous, 2013, *Assimilation and Empire*, Oxford

3. 논문

가노 미키요, 2008,「'일본인 처'라는 문제: 한국 가부장제와 관련해서」,『한일 역사인식 논쟁의 메타 히스토리』, 뿌리와이파리
곽은희, 2011,「낭만적 사랑과 프로파간다」,『인문과학연구』 36
권은혜, 2011,「인종 간 결혼에 대한 법적 규제와 사회적 금기를 넘어서」,『미국사연구』 34
권태억, 2001,「동화정책론」,『역사학보』 172
김경연, 2011,「내선일체의 멜로드라마와 식민주의의 균열: 이광수의 내선 연애결혼 소설을 중심으로」,『어문학』 114
김문길, 2005,「재한일본인 유골 문제와「부용회」에 관한 연구」,『외대논총』 31
김미영, 2007,「일제강점기 내선연애(결혼)소설에 나타난 일본여성에 관한 표상 연구」,『우리말글』 41
김미현, 2005,「조선인과 일본인의 결혼」,『혼인과 연애의 풍속도』, 두산동아
김석란, 2007,「재한일본인 아내의 국적에 관한 연구: 광복 이전 결혼자를 중심으로」,『일어일문학』 35
김수영, 2007,「'동화 이데올로기'-그 이상과 현실의 변주」,『한민족문화연구』 22
김수자, 2013,「재한일본인처의 경계인으로서의 삶과 기억의 재구성」,『이화사학연구』 46
김응렬, 1996,「재한일본인 처의 생활사」,『한국학연구』 8
김종욱, 2014,「근대기 조선 이주 일본인 여성의 삶에 대한 연구: 경주 나자레원 할머니를 중심으로」, 경주대학교 문화재학과 박사학위논문
김주리, 2010,「동화, 정복, 번역: 한국 근대 소설 속 혼혈 결혼의 의미」,『다문화콘텐츠연구』 8
김철, 2006,「전복의 가능성-'내선결혼'과 한국 소설」,『우리 소설 우리말』 16-2
김춘식, 2012,「제국주의 공간과 인종주의: 독일제국의 인종위생과 식민지 교주만의 인종

정책을 중심으로」, 『역사와 문화』 23
김효순, 2017, 「식민지시기 재조일본인의 내선결혼 소설에 나타난 여성 표상」, 『한일군사문화연구』 23
노상래, 2004, 「국민문학 소재 한국작가의 일본어 소설 연구」, 『한민족어문학』 44
노상래, 2004, 「이중어 소설 연구: 『국민문학』 소재 비친일 일본어소설을 중심으로」, 『어문학』 86
노윤지, 2023, 「『아시아 여성 교류사 연구』에 나타난 재한일본인처에 대한 인식 고찰」, 『인문사회21』 14-1
니이야 도시유키, 2000, 「한국으로 시집온 일본인 부인」, 서울대학교 인류학과 석사학위논문
渡邊淳世, 2004, 「일제하 조선에서 내선결혼의 정책적 전개와 실태: 1910-20년대를 중심으로」, 서울대학교 국제대학원 한국학전공 석사학위논문
박광현, 2009, 「식민지/제국의 경계와 혼혈의 기억」, 『일어일문학연구』 70-2
小野一一郎, 1983, 「제1차 대전 후의 식민정책론」, 김영호 편, 『근대 동아시아와 일본 제국주의』 한밭출판사
스즈키 스미에, 2018, 「조선인/일본인 외할머니의 여정: 가족사를 통해 바라보는 일본과 코리아」, 성공회대학교 NGO대학원 비정부기구학 전공 석사학위논문
신현경, 2011, 「재조일본인 사회의 형성과 조선남성의 일선결혼 연구」, 강원대학교 사학과 석사학위논문
심진경, 2005, 「식민/탈식민의 상상력과 연애소설의 성정치: 내선결혼의 문제를 중심으로」, 『민족문학사연구』 28
역사문제연구소, 2017, 「(저작비평회) 한국의 여성사 연구, 어디까지 왔나?: 내선결혼 정책의 자기모순과 이혼소송에 나선 여성의 주체성」, 『역사문제연구』 38
오오야 치히로, 2006, 「잡지 『內鮮一體』에 나타난 내선결혼의 양상 연구」, 연세대학교 국어국문학과 석사학위논문
유혜영, 2018, 「일제말 내선연애·결혼 소설 연구: 대만과의 비교를 중심으로」, 『한국문학연구』 56
이승신, 2012, 「이시카와 다쓰조의 작품에 나타난 조선인 여성 표상: 소설 「봉청화」를 중심으로」, 『외국문학연구』 47
이승용, 1997, 「포르투갈의 식민지 동화정책에 관해」, 『한국아프리카학회지』 9
이정선, 2008, 「民籍法 시행기(1909~23년) 일제의 '日鮮結婚' 관련 법규 정비와 日鮮人 구

별」, 서울대학교 국사학과 석사학위논문
이정선, 2011,「1910~23년 內鮮結婚 법제의 성립 과정과 그 의미」,『법사학연구』 44
이정선, 2013,「전시체제기 일제의 총동원정책과 '內鮮混血' 문제」,『역사문제연구』 29
이정선, 2015,「1920~30년대 조선총독부의 '내선결혼' 선전과 현실」,『역사문제연구』 33
이정선, 2016,「탈식민 국가의 '국민' 경계: '내선결혼' 가족의 법적 지위를 중심으로」,『법과 사회』 51
이정선, 2018,「'내선결혼'한 일본인 여성의 조선 이주와 가족생활: 일제시기의 경험을 중심으로」,『여성과역사』 28
이정선, 2020,「일제시기 '내선결혼' 담론에서의 사랑과 가족: 연애와 결혼 사이」,『역사연구』 39
이정선, 2023,「총력전체제 하 일본의 인구정책과 식민지 조선인」,『역사문제연구』 50
이토 히로코·박신규, 2016,「잊혀진 재한일본인 처의 재현과 디아스포라적 삶의 특성 고찰」,『일본근대학연구』 51
이혜령, 2003,「인종과 젠더, 그리고 민족 동일성의 역학: 1920~30년대 염상섭 소설에 나타난 혼혈아의 정체성」,『현대소설연구』 18
임종국, 1985,「조선민족 말살의 전략」,『일제하의 사상탄압』, 평화출판사
임회록, 2013,「광복기의 젠더정치」,『코기토』 73
장용경, 2007,「일제 말기 內鮮結婚論과 조선인 육체」,『역사문제연구』 18
전훈지, 2015,「식민지시기 혼혈인의 자아 정체성 연구: 염상섭 소설을 중심으로」,『우리어문연구』 53
조윤정, 2009,「내선결혼 소설에 나타난 사상과 욕망의 간극」,『한국현대문학연구』 27
조진기, 2006,「일제말기 국책소설 연구: 내선결혼소설을 중심으로」,『인문논총』 20
조진기, 2007,「내선일체의 실천과 내선결혼소설」,『한민족어문학』 50
최석영, 2000,「식민지 시기 '내선결혼' 장려 문제」,『일본학연보』 9
최유리, 1999,「일제하 통혼정책과 여성의 지위」,『국사관논총』 83
최주한, 2010,「내선결혼소설의 낭만적 형식과 식민지적 무의식: 일본어 장편『緑の塔』과『綠旗聯盟』을 중심으로」,『어문연구』 38-4
최현식, 2003,「혼혈 혼종과 주체의 문제」,『민족문학사연구』 23
카세타니 토모오, 1994,「재한일본인 처의 형성과 생활적응에 관한 연구」, 고려대학교 사회학과 석사학위논문
토마스 슈바르츠, 2002,「1912년 독일제국의회에서의 혼혈혼 논쟁」,『독일어문학』 19

풍열, 2019, 「식민과 통혼: 식민지 시기 '내대공혼'과 '내선결혼' 소설 비교연구」, 『상허학보』 57

홍종욱, 2000, 「중일전쟁기(1937~41) 사회주의자들의 전향과 그 논리」, 서울대학교 국사학과 석사학위논문

吉岡攻, 1982, 「忘れられたハルモニ」, 『季刊三千里』 31

金子るり子 2015, 「「内鮮結婚」で境界を越えた在韓日本人妻たち」, 『日語日文學研究』 95

金英達, 1999, 「日本の朝鮮統治下における「通婚」と「混血」」, 『關西大學人權問題研究室紀要』 39

南富鎭, 2004, 「内鮮結婚の文学: 張赫宙の日本語作品を中心に」, 『人文論集』 55-1

南富鎭, 2006, 「恋愛と結婚の植民地主義」, 『文学の植民地主義』, 世界思想社

藤崎康夫, 1972, 「棄民にされた韓国の日本人妻の証言」, 『潮』 153

栗原純, 1999, 「台湾と日本の植民地支配」, 『世界歴史』 20, 岩波書店

栗原純, 2004, 「日本植民地時代台湾における戸籍制度の成立」, 『日本統治下台湾の支配と展開』, 中京大学社会科学研究所

山本かほり, 1996, 「在韓日本人妻の生活史」, 『ライフ·ヒストリーを学ぶ人のために』, 世界思想社

森木和美, 2002, 「移住者たちの「内鮮結婚」」, 『植民地主義と人類學』, 關西學院大學出版會

小林孝行, 1986, 「戦後の在韓日本婦人についての基礎的研究」, 『福岡教育大学紀要』 36

小山毅, 1972, 「在韓日本人, 遺棄された同胞たち」, 『朝日ジャーナル』 14-29

松村寛之, 2000, 「國防國家の優生學」, 『史林』 83-2

宇都宮めぐみ, 2016, 「日本人女性の朝鮮引揚と「内鮮結婚」」, 『日本學報』 35

李正善, 2014, 「「内鮮結婚」にみる帝国日本の朝鮮統治と戸籍」, 『朝鮮史研究会論文集』 52

李正善, 2018, 「「内鮮結婚」の子どもたち: 内地人と朝鮮人の狭間で」, 『歴史評論』 815

李正善, 2019, 「帝国日本の「内鮮結婚」: 政策と現実」, 『響き合う東アジア史』, 東京大学出版会

長田かな子, 1982, 「四五年八月十五日」, 『季刊三千里』 31.

浅田喬二, 1990, 「新渡戸稲造の植民論」, 『日本植民地研究史論』, 未來社

黄嘉琪, 2013, 「日本統治時代における「内台共婚」の構造と展開」, 『比較家族史研究』 28

邱純惠, 2001, 「日治時期內臺共婚問題初探」, 『曹永和先生八十壽慶論文集』, 樂學書局有限公司

德田幸惠, 2007,「日本統治下台灣的「內台共婚」: 日本與台灣的「家」制度的衝突和交流」, 淡江大學 歷史學系碩士班 碩士論文

楊裴文, 2010,「跨越邊界的流動與認同: 日治時期「內台共婚」研究」, 國立政治大學 台灣史研究所 碩士論文

Su Yun Kim, 2020, *Imperial romance: fictions of colonial intimacy in Korea, 1905-1945*, Cornell University Press

4. 기타

국사편찬위원회 한국사데이터베이스(https://db.history.go.kr)

한국역대인물종합정보시스템(http://people.aks.ac.kr)

일본 아시아역사자료센터(https://www.jacar.go.jp)

찾아보기

ㅅ

ㅇ

동북아역사재단 일제침탈사 연구총서 32

일제의 '내선일체' 표방과 황민화 정책

초판 1쇄 인쇄 2024년 12월 15일
초판 1쇄 발행 2024년 12월 30일

지은이 이정선 · 김승태 · 이대화
펴낸이 박지향
펴낸곳 동북아역사재단

등 록 제312-2004-050호(2004년 10월 18일)
주 소 서울시 서대문구 통일로 81 NH농협생명빌딩
전 화 02-2012-6065
팩 스 02-2012-6186
홈페이지 www.nahf.or.kr
제작·인쇄 청아출판사

ISBN 979-11-7161-163-8 94910
978-89-6187-669-8 (세트)